新版 アメリカ社会保障の光と陰

マネジドケアから介護とNPOまで

[編訳者] 住居 広士
[著　者] アンドル・アッカンバウム
　　　　 MMPG総研
　　　　 伊原　和人
　　　　 須田木綿子

大学教育出版

新版アメリカ社会保障の光と陰に寄せて

　日本と同様に、米国においても、社会保障政策形成の境界領域がシフトし続けています。1980年代に保守派によって表明された公的年金を民営化したいという願望は、今なお消えずにいます。公的年金改革の責を負う2つの特別委員会は、労働者が自ら負担した保険料がどのように投資されるかについて自らの裁量を認められるべきであり、また、連邦政府は、従来以上に、より高い利回りを約束する投資会社、証券会社その他の金融機関を通して、労働者に対し投資の機会を与えるべきであると提言しました。

　2001年から2002年にかけて生じたエンロン社をはじめとする大企業の破産は、アメリカ人に対し、民営化について再考を迫っています。エンロン社が最盛期のとき、その株は所有するのに非常にお得な株であるかのように見えていました。見かけ上、繁盛しているように見え、その株価は上昇を続けました。その後、バブル経済がはじけると、危険な投機に関する負債を隠すために行われた疑わしい不正な会計処理が次第に明らかになりました。エンロン社の差し迫った倒産の噂が広がった際、主要な幹部は自分たちの株を売却しましたが、その従業員達は、売却することが許されませんでした。快適な引退生活を送るために十分な資金があると思い込んでいた人々は、自分たちが保有している株が二束三文にすぎないことを知らされました。このように資産を失うという危険があったことは、次の2つの点で明らかでした。1つは、たとえ安全な株であっても、危険があるということであり、さらに悪いことは、民間年金基金を規制する法律は、それらが守るはずの消費者を保護していないということでした。エンロン社の破産で、公的年金の民営化に対するアメリカの熱狂が消滅しました。

　しかしながら、アメリカ合衆国において、民営化への抑えがたい衝動は枯れ

ていません。保守派が連邦政府の要職についている限り、彼らは高齢者の世話の責任を、個人、家族、ならびに民間団体に押しつけることを模索し続けることになりそうです。メディケイドとメディケアの改革は、長期にわたって未決着な課題です。第一期クリントン政権における医療改革のとん挫が、その後10年にわたる改革努力の妨げとなっています。しかし、人口動態の重圧が高まっています。日本ほど劇的ではないにせよ、人口が着実に高齢化しています。ベビーブーム世代の両親が終末期のケアを必要とする時期を迎えるにつれて、彼らが直面する費用についての懸念が高まっています。その上、40歳を超えた男性も女性も、費用がかかる治療を必要とする様々な慢性疾患に罹患しつつあります。医療費が国民総生産（GNP）の12％超となっている中で、連邦議会は連邦政府の支出に上限を設ける手段を模索する可能性もあります。歴史は今後10年の間に造られていくことでしょう。

2004年1月9日

アンドル・アッカンバウム

Foreword to the Revised Edition of Social Security

As is the case in Japan, the boundaries of Social Security policy-making continue to shift. The desire to privatize old-age insurance, expressed by conservatives in the 1980s, has not abated. Two blue-ribbon commissions charged to reform Social Security recommended that workers be given more discretion in how their contributions are invested and that the Government provide opportunities for investment through mutual funds, stock brokers, and other financial institutions that promised better rates of return than has been the case.

The collapse of several major corporations, notably Enron in 2001-02, has caused Americans to rethink privatization. In its heyday, Enron seemed to be a very good stock to own. The company seemed to be thriving; the value of its stock continued to rise. Then the bubble burst, when it became increasingly apparent that dubious, unethical accounting practices were being used to hide debts on risky ventures. As news of Enron's imminent demise spread, key executives sold their stock, but Enron employees were not permitted to do so. People who presumed that they would have sufficient funds for a very comfortable retirement found themselves holding stock worth mere pennies. The hazard of lost fortunes was evident in two ways. Clearly even "safe" stocks could be risky; worse, rules governing private pension funds did not protect the consumers they were meant to serve. America's infatuation with privatizing Social Security diminished in the Enron crisis.

The impulse to privatize is not dead in the United States,

however. It is very likely that as long as conservatives occupy key positions in the Federal Government that they will look for ways to shift the responsibility for caring for senior citizens onto individuals, families, and private institutions. Medicaid and Medicare are long overdue for major rehauling. The failure to enact reforms during President Clinton's first term of office stymied efforts for a decade. Yet demographic pressures mount. There is the graying of the population, not as dramatic as in Japan, but steady nonetheless. And there is increasing concern about the costs that baby-boomers face as their parents require end-of-life care. Men and women over forty, moreover, are themselves experiencing various chronic ailments that demand costly intervention. It is likely that Congress will look for ways to place a cap on Federal expenditures, as its health-care bill represents more than 12% of the Gross National Product. History will be made by the end of the decade.

January 9, 2004

W. Andrew Achenbaum

――新版アメリカ社会保障の光と陰――
はじめに

　日本の社会保障はいままで、政府や自治体などの行政が定めた制度において、その提供者から私たちが配給を受け取るという受動的な体制でした。しかし21世紀には社会保障制度が多種多様となり、私たちがそれらを選択して契約しなければならない時代になりました。それぞれの社会保障を組み合わせて、利用者自身が判断して能動的に契約しなければなりません。その選択の責任が、利用者側と提供者側の当事者同士の自己責任に転嫁されて、政府と自治体は主に社会サービスに伴う費用の管理をする側として社会保障を運用していきます。
　1990年代日本は北欧型の高福祉高負担をめざした社会保障の拡大の時代でありましたが、21世紀に入り本格的な少子超高齢社会に向かい、社会保障は抑制の時代を迎えることになりました。そこで自由競争に伴う市場原理による自己責任を伴う自助自立の本場であるアメリカ社会保障の黒船が来航して、社会保障制度全般にわたり自由競争を伴う市場原理が導入される時代が到来したのです。これから日本の社会保障のシステムに、アメリカの社会保障の光と陰を可能なかぎり模倣しながら日本型に転換されて導入される時代なのです。利用者側と提供者側には、自由競争に伴う市場原理が優先されることになり、政府と自治体はそれらの費用の監視管理が主な役割となっています。拡大した社会保障が過負担になったからこそ、その反動として抑制に伴う社会保障の削減が機能する時代になります。社会保障の抑制による不良保障を解消するために、利用者側、提供者、行政側のそれぞれにおける三位一体の「三方一両損」が求められる時代になりました。
　社会保障全体の器が大きくならない現状では、勝ち続けるために悪貨が良貨を駆逐する（「グレシャムの法則」）ことに繋がりかねません。明治維新と同様

に、この社会保障の自由競争に伴う市場原理では勝てば官軍、負ければ賊軍となるのです。新しい社会保障時代へと意識改革をして、アメリカの社会保障の光と陰を先取りした側が勝ちつづけ官軍となり、その意識もなく旧態を求めていれば賊軍となる時代であります。明治維新の時に文明開化と富国強兵のもとに、全ての様式を欧米化して来たように、さらに勝ち続けるために、日本にも社会保障の光と陰が増長されるようにもなります。だからこそ、アメリカの社会保障の光と陰をいち早く国民のそれぞれの立場で認識していただき、21世紀の社会保障に対する意識改革をしていただきたいのです。

　2000年1月に発刊しました「アメリカ社会保障の光と陰─マネジドケアから介護まで─」だけでは、すべてのアメリカ社会保障を捉えきれていません。その発刊からあっという間に完売しました。その間に日本の社会保障では新たに介護保険制度（2000年度）や支援費制度（2003年度）等がスタートしており、本書も「新版アメリカ社会保障の光と陰」として再出発することになりました。そのために第1章アメリカ社会保障の光と陰に、新たに第3節連邦医療制度と社会保障の翻訳を追加しました。さらに第4節と第5節に最近に至るまでのアメリカ社会保障の削減の過程、第6節にアメリカ社会福祉の光と陰を、それぞれ若手専門家である難波利光氏、江原勝幸氏により最新情報を追加していただきました。第2章マネジドケアとは何かについては、MMPG総研の川原邦彦社長ならびに坂井浩介氏にお願いして、その第6節にマネジドケアの行方等を追加していただきました。さらに2003年4月から日本で初めて実施された特定機能病院等の入院医療費に対する診断群分類（DPC）包括評価に基づく定額払いの診療報酬を念頭に、アメリカにおけるコーディングの現状についても、追加していただきました。第3章アメリカの高齢者介護については、アメリカJETROから厚生労働省に戻られました伊原和人氏に、改めまして日本の介護保険制度をふまえてアメリカの高齢者介護の最新情報を基に見直しをしていただきました。第4章アメリカNPO制度の光と陰を、東洋大学社会福祉学科の須田木綿子氏により、ミズーリ州のセントルイスで実際に民間非営利組織（NPO）で活動されていた体験から、日本では1998年から始まったばかりの特定非営利活動法人（通称NPO法人）に向けてご提言をいただきました。アメリカで

市民のレベルからNPOを通じて、社会保障の構築を目指す民間非営利組織の先駆的かつ重要な役割の光と陰をご紹介いただきました。

　21世紀は強国アメリカの一国主義が大きく世界に影響を与えながら介入していく時代になります。アメリカは生活の質（QOL: Quality of Life）を向上させる自己実現が最高の欲求であり最大の幸福としている社会保障の思想を原点としています。しかしそのアメリカの社会保障制度自体が危機的状況にあり、それを緊急避難する手段として社会保障の光と陰が行使されています。利用者側・提供者側・行政側ともに、その被害を多大にしながら、未だにその将来的な解決策も見いだせないままに、自由競争に伴う市場原理という藁にもすがって、自己責任による自助自立を強要しているのです。21世紀に至るまでアメリカがどの分野にも生活の質を至上主義として、その質と量の向上を求め続け過ぎた反動として、自由主義の規制と自己負担の拡大に追い込まれています。限りある地球の社会資源のなかで、自己実現を求め続けても、いつかは限界に達してしまいます。自己実現の最高の要求から原点に還り、尊厳のある生活（ROL: Respect of Living）の中にこそ21世紀の最大の幸福があるとする意識改革が必要であります。だからこそ生活の質の向上を求めるための手段としての社会保障を導入するだけではなく、尊厳のある生活を構築することを求めるために、社会保障の文明開化を展開するべきなのです。

　最後になりましたが、再出版をお引き受けいただきました大学教育出版の佐藤守さんに心より感謝申しあげます。今回もアメリカと日本の多数の協力者にご厚情を賜りましたことを心よりお礼申しあげます。これからも私たちは、日本の社会保障の光と陰を、世界の社会保障を求める友のための羅針盤としてお返しできますことを祈念申しあげます。

2004年4月

住居　広士

The Preface to the New Edition of Social Security in the USA

Until now, the social security of Japan was a one-way system in which recipients only received social services from the providers which the national and local governments had set-up. However, the social security system will become more complex in the 21st Century, and we will all have to select and contract with the providers individually. It will be necessary for the user and the provider to choose and coordinate the social services independently. The responsibility of the selection is imputed to that of the person concerned. The government will be taking a passive role, in that it will chiefly try to control the cost to reflect the social resources.

In the 21st century, Japan faces a society of fewer children and many super-aged people, a world record. Social security will enter a time of decline, though the decade of the 90's was the time for expansion, with an advanced welfare system similar to that of Northern Europe. Now, the social security system in the USA, which incorporates self-help independence with self-responsibility, using a free competition on the market scheme, will be imposed on Japan. The visions and revisions of social security in the USA will be converted and imitated for the system of social security in Japan in the very near future. Free competition will force self-help and responsibility on both the user and the provider, and a major role of the government will be to regulate managed care to control these costs. The trend will be to change the previous expansion to reduce the overburdened costs. Many disadvantages will occur for the users, providers, and administrators.

Unacceptable social security will drive out the good, just as "bad money drives out good" (Gresham's law), because there is a certain limit in the growth of social security. It will become a "rebel" army if defeated and "might is right" will rule, as in the law of the jungle of free competition, which is what happened in the Meiji Restoration. Victory or defeat would be determined according to the visions and revisions of the United States system, which will occur before the Japanese system mimics these programs. The financial cliques of the health and welfare-industrial complex, which increasingly accumulate political and economic power, will always be on the winning side. The reform of the social security system of the 21st Century in Japan will reflect the outcomes of the social security system of the USA.

In our first edition, published in January 2000, we were not able to accomplish as much as we would have liked, but it sold out with surprising swiftness. For the first time in the history of social security in Japan, the long-term care insurance system (from the year 2000) and contractual payment for the welfare system (from the year 2003) were begun, and, to update our original book, we publish this new edition. The translation of "Federal Health and Social Security" (Cambridge University Press), written by Dean W. Andrew Achenbaum, was added to Chapter One. In addition, the chapters on the process up to now and the latest information were written by Mr. Toshimitsu Nanba and Mr. Katsuyuki Ehara. In Chapter 2, I asked Mr. Kunihiko Kawahara, MMPG chairman, and Mr. Kosuke Sakai, to add the following information about our new managed care: for the first time in Japan, in April 2003, the medical treatment fee for hospitalization was inclusively fixed, based on the diagnosis procedure combination (DPC), similar to the DRG/PPS system in the USA. In Chapter 3, Mr. Kazuhito Ihara, who returned from the United States to become a senior staff in Ministry of Health, Labor and Welfare, Japanese Government, provided his thoughts and the latest information about the long-term care for the elderly in the United States. In Chapter 4, Ms. Yuko Suda, who has actually worked in an NPO (non-profit organization) for the poor in St. Louis, Missouri, before the NPO act was established in Japan in 1998, provides us with an introduction of her experiences with the vision and revision of the American NPO system. She writes about the role of private NPO activity, which aims at reconstructing the defective social security system from the citizens' level in the United States.

The dogmatism in the USA will greatly influence the world, for it is the now biggest power in the 21st Century. The principle that the maximum happiness for individuals in the USA is self-actualization and improvement of QOL (Quality of Life) is not an achievable daydream. Moreover, the present social security system in the USA will result in a "security crisis", and many changes will have to occur. The administrative side creates the largest damage, and independence and self-responsibility is forced on the user and provider through the free competition market, without a future solution. Liberty is critically limited on the earth, and the expansion of expenses to be paid individually will hinder the improvement of QOL. It would certainly reach a limit if social resources continue to upgrade. The high demand for self-actualization should be traded in for ROL (Respect of Living), the real maximum happiness in the 21st Century. Therefore, it is necessary to create a civilization of enlightenment for the social security system on the citizens' level in the 21st Century.

I wish to express my sincere gratitude to Mr. Mamoru Sato of the University Education Publication Co., Ltd. for accepting to republish this book and bearing with us all on the long and winding road. I deeply appreciate the thoughtfulness and support from my friends in both the United States and Japan. Hereafter, we will look forward to introduce visions and revisions of the social security system in Japan, for those who need it in a world with fewer and fewer children and a growing super-aged society.

January 2004

Hiroshi Sumii

はじめに

　いままで日本の将来における社会保障像のお手本は世界にたくさんありました。日本では、その良い面だけが強調されていました。しかしそこには、光と陰が必ずあるのです。ですからその国の社会保障の両面から評価しなければなりません。光陰矢の如く社会保障が変遷している今こそ、社会保障の光と陰の歴史的検証をしなければならないのです。

　とかく日本人は、内にあるものを良しとせず、外にあるものを良く見がちです。日本で生活していますと、その視点が狂いがちになるのはこのためです。つまり、島国の中のさらに井の中の蛙になりやすいということです。さらに外国の情報はことのほか乏しいだけに、その欠点も少なく感じられます。より多くの正確な情報をたくさん仕入れてから、社会保障を判断しなければならないのです。

　1998年に私はミシガン大学へ文部省在外研究員として留学し、そこで生活しました。すると、日本で想像していた以上に厳しいアメリカ社会保障の現実に数多く遭遇しました。アメリカではもっと自由で、自立でき、チャンスもたくさんあり、差別も少ないと思っていましたが、その多くが錯覚でした。大国であるからこそ、その悩みも深く広大です。1つの解決策だけでは、ほとんど雀の涙にしかすぎません。

　それを考えると、日本の社会保障は、国際的に比較して、ある面でめぐまれている状況にも気づきました。多くの日本人が当たり前に受けている社会保障は、他の国では夢のような社会支援でもあります。多くの国にとって、日本の社会保障は、国際的にもお手本となるシステムです。めぐまれた日本にいると、他国に比較してめぐまれている人が、さらに高度な社会保障を要求していることがあります。逆にめぐまれない人は、さらにそのギャップを強く感じてしま

う現状もあります。

　私は、1994年にミシガン大学夏期セミナー（ユニベール財団主催、田辺製薬協賛）の研修を受けました。その時に、ミシガン大学ターナークリニックにおける専門職のチームアプローチによる先進的な高齢者への取り組みを学びました。その時の感銘から、ぜひとももう一度その研修を受けるために留学したいと心に誓いました。その後、数多くのハードルを乗り越えて、4年ぶりの1998年にそのチームに再会できました。なんとその間にクリニックが、巨大な老年医学センターに生まれ変わっているではないですか。高齢者のための実践が、国際的にも認められたのです。今年1999年は国際高齢者年です。だからこそ、21世紀から始まる日本の介護保険ならびに社会保障構造改革のためにも、アメリカ社会保障（特に今回は高齢者に焦点をあてて）についてまとめました。

　第1章を執筆されたアッカンバウム（W. Andrew Achenbaum）教授（その当時ミシガン大学老年学研究所教授、現在ヒューストン大学学部長）は、アメリカ社会保障における高齢者の歴史、特にその中でも年金の大家です。彼の著書"Social Security –Visions and Revisions–"（Cambridge University Press、1986年）を和訳させていただきました。この機会は、留学の労を取っていただいたその当時アメリカ老年医学会会長であるホルター（Jeffrey B. Halter）教授（ミシガン大学老年医学センター所長）のご尽力によるものです。私はホルター教授から彼をご紹介いただきました。その本の前半部分、ルーズベルト大統領が世界ではじめて社会保障法を創設し、その後の社会保障法改正の過程から老齢障害医療保険（メディケア）と医療扶助（メディケイド）の導入に至るまでを和訳しました。アッカンバウム教授から、「日本とアメリカの国民は、高齢者のニーズに対応できるシステムを開発しています。両国ではいま高齢者の数が増加することに圧倒されています。両国における専門家が、他の国の主導者として協調していくことが大切です。だから我々は、皆様方の比較研究を実現されることにとても感謝しています」という暖かいメッセージをいただきました。

　第2章は、私が留学する前に、菱和メディカルの斉藤成一氏から紹介されたＭＭＰＧ総研作成のアメリカ医療に関するＭＭＰＧ海外研修資料が基になって

います。その資料を手にした時、私はいままでの書籍では理解しにくいアメリカ医療の現状が、あまりにもわかりやすく、しかも詳しく掲載されているのに驚嘆しました。アメリカの医療関係者、患者らの口癖になっているキーワードは、Managed Care（マネジドケア）でした。すべての矛盾と不満が、医療費抑制のためのマネジドケアから発せられていました。出来高払いから定額抑制のマネジドケアへとアメリカは社会保障を変革しています。帰国して、この現状をぜひとも併せ日本に紹介したいと、川原邦彦ＭＭＰＧ総研社長にお願いし、ＭＭＰＧ総研の稲津隆夫氏らに執筆していただきました。

　第3章は、1998年私が留学中のミシガン大学の夏期セミナーにて、ニューヨークのＪＥＴＲＯ（日本貿易振興会）に厚生省から出向中の伊原和人氏が、アメリカの高齢者介護について報告された内容をさらに詳しくしたものです。介護保険法を策定した厚生省高齢者介護対策本部課長補佐のご経験を生かして、その報告には今日本で最も知りたいと思われるアメリカの高齢者介護の現状がまとめられていました。そして、アメリカの独居老人へのターミナルケアの訪問に同行させていただいた時、彼の社会保障に対する情熱にとても感銘を受けました。その思いが伊原和人氏により、「アメリカの高齢者介護」の最新版としてまとめられました。

　私は多くの人のご支援でアメリカに留学させていただいたことに対して、唯一私にできることは、このアメリカ社会保障の光と陰の現実を、アメリカと日本の友人や仲間に力を借りて、日本に紹介することでした。私は、彼らの執筆による「アメリカ社会保障の光と陰─マネジドケアから介護まで─」の編集の任と和訳をさせていただきました。

　今回だけで、すべてのアメリカ社会保障を捉えきれているとは思ってもいません。今まで、日本は世界の社会保障の良いとこ取りをしてきました。これからの21世紀は、逆に世界の社会保障の陰を見習い、その陰から光のある方向を探っていかねばならない社会保障時代の分岐点を迎えています。このアメリカ社会保障の光と陰は、21世紀の日本の社会保障における一つのすばらしい教材にもなりえると確信し、みなさまに紹介いたします。これから私たちは、日本の社会保障の光と陰を、全世界の社会保障を求める友のための羅針盤

として提供していかねばならない時代を迎えているのです。この道の前途には多くの苦難が待っています。その道をともに歩んでいこうではありませんか。

　最後になりましたが、出版をお引き受けいただきました大学教育出版の佐藤守さんに心より感謝申しあげます。また、アメリカと日本の友人や仲間から、留学から出版までいろいろお世話になりご厚情をいただきましたことを、心よりお礼申し上げます。また、本書の編集の一部にあたっては、厚生省長寿医療研究「高齢者の総合診療システムの構築に関する研究」の研究委託費の補助を受けました。

1999年11月

　　　　　　　　　　　　　　　　　　　　　　　　　　　住居　広士

Social Security from Managed Care to Long-Term Care in the USA
–Visions and Revisions–

Introduction

The world has introduced many models of social security to Japan, and only the good aspects of them were emphasized. However, every model casts both a light and a shadow. It is necessary to evaluate them with consideration to both their advantages and disadvantages. Often, the Japanese look down on their own social security, while it could be better, and see the foreign models as more effective. Our point of view becomes limited when living in Japan. It is easy to become a person with narrow views being isolated by the island country. In addition, the faults of foreign models look few because the information from outside is scarce. Significantly more accurate information must be collected in order to judge foreign social security systems. It is necessary only now to verify the light and shadow of them historically, because the times and changes fly like an arrow.

In 1998, I lived abroad in Ann Arbor, Michigan and studied at Michigan University. During my stay, I actually encountered a more severe condition of American social security than had been portrayed in Japan. There were many mistakes in my idea that it was easy to become independent, to get more freedom, and to be given many chances without discrimination in the USA. The worry is deeper and vaster in a large country, too. The tear of the sparrow is hardly passed by only one solution.

I noticed that Japanese social security could be accomplished preferably on a certain respect compared with it internationally. In other countries, the social security, which a lot of Japanese are naturally undertaking, is seemed to be such a productive and sufficient system that Japan is viewed as an ideal country. The social security of Japan, in itself, is a system that serves as a good international model. In Japan, the person who is in need of aid and is given the social security is occasionally demanding and receiving its benefits with the highest degree. On the other hand, the person in need of aid and not given the social security is satisfied with the current state and does not demand more.

I took the US-Japan Training Institute in Geriatric Care 1994 at the Michigan University (organized by the Univers Foundation, sponsored by the Tanabe Seiyaku Co.Ltd.). At that time, the work on the elderly through the team approach by advanced professionals was introduced in the Turner Clinic. I was impressed by what I saw at the short seminar, and set my mind on studying the team approach abroad in more depth. After getting over some hurdles, I was able to meet the team again in 1998, four years later. To my surprise, the clinic had been promoted to a huge geriatric center which was admitted internationally as the practice for the senior citizen. 1999 is the international year of older persons. That is why I focused this book on the elderly in American social security system, which is also useful for long-term care insurance system and social security structural reform for the 21st century in Japan.

Professor W. Andrew Achenbaum of the University of Michigan (now Dean, University of Houston) is a historian in the social security of the elderly in the United States and specializes in the pension aspect of social security. I translated Introduction, and Part I (section 1 and 2) of "Social Security –Visions and Revisions–" (Cambridge University Press, 1986) written by Professor Achenbaum into Japanese. In the Chapter I of this book, he explains how President Franklin Delano Roosevelt founded social security for the first time in the world, and details into how the medical insurance for the aged and the disabled (Medicare) and medical treatment to help the poor (Medicaid) were introduced from the process of the social security amendments. It is Professor Jeffrey B. Halter (Director at the Geriatrics Center of the University of Michigan and Chairman of the American Geriatrics Medicine Association) who made my translation possible. He had coordinated my study abroad, taking me as an overseas researcher of the Japanese Ministry of Education,

Science, Sports and Culture, and introduced me to Professor Achenbaum. He sent us a warm message; "Nations such as Japan and the United States, which created progressive mechanisms for dealing with the needs of their senior citizens, now find themselves overwhelmed by increasing numbers of long-lived citizens. It is important for experts in both countries to keep track of developments in other pacesetters. So we are all grateful for their efforts to make such comparative analyses possible."

Chapter 2 is based on the overseas training material of the American medical treatment of MMPG (Medical Management Planning Group) General Institute, which Mr. Seiichi Saitou introduced to me before I went to study abroad. I was surprised to learn about the current state of American medical care system that could not be fully understood from currently published books that were incomprehensible and too detailed. The keyword, which is now well known to the medical physicians and patients in the United States, was "Managed Care". All contradiction and dissatisfaction has originated from Managed Care for the medical treatment expense control. The United States is revolutionizing the social security from the fee-for-service payment system to the fixed amount payment system. On my return to Japan, I asked Mr. Kunihiko Kawahara, chairman of MMPG General Institute, to unify this current state by all means, and to introduce it to Japan, centering on Mr. Takao Inazu and Kousuke Sakai, et al. in the MMPG General Institute.

In the seminar at Michigan University, I was introduced to Mr. Kazuhito Ihara who presently works for JETRO (Japan External Trade Organization) in New York. Mr. Kazuhito Ihara is the author of Chapter 3 about the United States long-term care for the elderly. His experience of the long-term care for elderly people comes from his experience in Ministry of Health and Welfare, Japanese Government where he was engaged in the establishment of the long-term care insurance system. It became my intention to introduce the current state of the United States long-term care, so I asked Mr. Kazuhito Ihara to write a chapter of this book. I was very impressed and undertaken by his zeal of the long-term care for the elderly.

During my study abroad I was not able to accomplish much, but I realized

I wanted to bring the truths of the United States social security system to Japan. With my limited knowledge, I needed the support and hard work of many people and turned to my friends in both the United States and Japan. With their power and assistance, I have been able to introduce this light of the American social security and the reality of its shadow to Japan. I was only able to translate Professor W. Andrew Achenbaum's "Social Security–Visions and Revisions–" and edit "Social Security from Managed Care to Long-Term Care in the USA –Visions and Revisions–" which both depended on the writing and work of others.

In addition, it is not my thought that I can understand and inform others of all aspects of American social security with only this studying abroad. Japan has only been absorbing the sunshine of other social security up to this point. As we approach the 21st century and the turning point of the social security age, we must first unveil the shadows of worldwide social security system. We will then be lead to the shine, which is oppositely learnt, and ultimately reach the goal of social security. I will introduce the light and the shadow of this American social security to everybody with the conviction of finding this goal. When we reach the goal of social security, its light and shadow can be offered as a compass for the friend of the world who requests the social security. However, we will have to endure a lot of hardships as we wait and follow along this road.

I wish to express our gratitude to Mr. Mamoru Satou of the University Education Press Co. Ltd. for the publication acceptance of walking on the long and winding road with me. I deeply appreciate the thoughtfulness and support from my friends in both the United States and Japan. A part of this edit depended on the Research Grant for Longevity Science (9C-01) from the Japanese Ministry of Health and Welfare.

November 1999

Hiroshi Sumii

新版 アメリカ社会保障の光と陰
―マネジドケアから介護とNPOまで―

目 次

Social Security from Managed Care
to Long-Term Care and NPOs in the USA
―Visions and Revisions― (Second Edition)
CONTENTS

第1章 アメリカ社会保障の光と陰 Social Security —Visions and Revisions—
（アンドル・アッカンバウム W. Andrew Achenbaum 訳：住居広士 Hiroshi Sumii） …… 1
はじめに Introduction …………………………………………………………………… 1

第1節 社会保障時代 Social security comes of age ……………………………… 11
1．社会保障の新生期 Social security: the early years　11
2．大恐慌により生じた避けられない課題
　　The Depression makes action inescapable　13
3．社会保障の誕生 The birth of social security　18
4．社会保障の光と陰 The Vision Revised　27
5．1939年の社会保障法の改正 The 1939 amendments　33

第2節 社会保障成熟期 Social security matures, 1940-1972 ……………………… 39
1．過去に基づいて構築し未来に備える社会保障
　　Building on the past and planning for the future　42
　1）社会保障政策に対する第二次世界大戦の影響
　　　World War Ⅱ's impact on social security policymaking　42
　2）戦後社会保障を実現するための調整
　　　Adjusting for postwar realities　44
2．社会保障の公的と私的領域 The public and private spheres of social security　47
3．貧困の再発見 The rediscovery of poverty　52
　1）偉大なる社会による主導 Great Society initiatives　53
　2）ますます高まる社会保障の重要性 Social security's growing significance　56
4．偉大なる社会を公約実現するための社会保障の変遷
　　Changing social security to fulfill Great Society promise　58

第3節 連邦医療制度と社会保障 Federal health care and social security ……… 65
1．社会保障の一部として容易でない医療保険との連携
　　An uneasy alliance : health insurance as part of social security　67
　1）医療の要求への独自の連邦政府の団体対応
　　　Grouping for a proper federal response to health care needs　68
　2）メディケアとメディケイドに向かう段階的な政策立案の推奨
　　　Incremental policymaking by analogy: toward Medicare and Medicaid　71
　3）医療費を削減する努力 Efforts to contain health care costs　75
2．高齢者、メディケアとメディケイドにおける問題点の再確認
　　Redefining the problem : the elderly, Medicare, and Medicaid　78
3．政策の選択 Policy options　83
参考資料　86

第4節 新連邦主義に基づく社会保障削減期
　　Period of reduced social security based on New Federalism
（難波利光 Toshimitsu Namba）…………………………………………………………… 90
1．レーガン政権による新連邦主義　90

2．新連邦主義による社会保障財政の構造変化　　91
　　3．新連邦主義に伴うメディケイド政策とその影響　　94
　　4．むすびにかえて　　101

　第5節　福祉依存から就労自立による社会保障削減期
　　　　　Period of social security from welfare dependency to occupational independence
　　　　（難波利光 Toshimitsu Namba）……………………………………………… 104
　　1．クリントン政権における社会保障改革の内容　　104
　　2．受給期間制限による福祉依存からの脱却　　105
　　3．受給期間制限による受給者減少の影響　　107
　　4．自由裁量権によるカリフォルニア州のCalWORKs　　108
　　5．むすびにかえて　　110
　　参考文献　　111

　第6節　アメリカ社会福祉の光と陰
　　　　　Social welfare and social services in the USA
　　　　（江原勝幸 Katsuyuki Ebara）……………………………………………… 113
　　1．アメリカにおける社会福祉とは何か　　113
　　2．ソーシャルワーカーの資格と教育　　115
　　3．社会福祉とソーシャルワークの光と陰　　119

第2章　マネジドケアとは何か　What is Managed Care?
　　　　（MMPG総研 Medical Management Planning Group General Institute）…… 125

　第1節　マネジドケアの光と陰
　　　　　Managed care —visions and revisions— ……………………………… 125
　　1．自由主義が招いた医療費の増大　　125
　　2．医療費の負担増にあえぐ企業と国民　　127
　　3．マネジドケアが生まれたHMO法の成立と普及の過程　　128
　　4．強大な抑制力を有したHMO　　128
　　5．マネジドケアのもう1つの組織であるPPO　　129
　　6．マネジドケアが生み出した徹底した医療費コントロール　　130
　　7．被保険者の不満を招致するマネジドケア　　130

　第2節　マネジドケアに至ったアメリカ医療制度の歴史
　　　　　The history of managed care in the USA ……………………………… 131
　　1．拡大期における民間医療保障システムの基礎確立　　131
　　2．拡大期における医療提供施設の充実　　134
　　3．拡大期の連邦政府による高齢者医療の拡充　　135
　　4．調整期の医療費抑制と包括的医療保障を意図した政策　　136
　　5．抑制期における公的医療保障の適正化政策　　138
　　6．抑制期に民間医療保障の中心的存在となるHMO・PPO　　148

第3節　マネジドケアの影響と対応
　　　　The effect of managed care and its correspondence ·················· 153
　1．マネジドケアが急性期病院に与えた影響と対応　153
　2．急性期病院が実施するマネジドケア対応　155
　3．米国におけるコーディングシステムの現状　162

第4節　医療費抑制の中で変化する開業医の光と陰
　　　　The change of independent medical practice under control of the medical bill　175
　1．組織化により独立性が後退しつつある開業医　175
　2．組織規模を拡大するグループ開業　179
　3．共同出資型グループ開業の運営形態　180
　4．グループ開業の発展と運営戦略　181
　5．PPMCの拡大過程における個人開業医の吸収　183

第5節　マネジドケアが生み出した高齢者ケアの光と陰
　　　　The long-term care for the elderly reflected by managed care —visions and revisions—　184
　1．ナーシングホームの新たなニーズ　184
　2．定額払い制を目前に控えた在宅ケアサービスの苦悩　186

第6節　マネジドケアの行方
　　　　The direction of managed care in the future ························· 193
　1．増大に歯止めがかからぬ医療費　193
　2．民間保険会社も業績悪化に　196
　3．マネジドケアの変容　197
　　マネジドケア関係用語の解説一覧　206

第3章　アメリカの高齢者介護　*The Long-Term Care for the Elderly in the USA*
　（伊原和人 *Kazuhito Ihara*）··· 211

はじめに　Introduction ··· 211

第1節　介護を要する高齢者等の現状
　　　　The actual state of the elderly in need of care ······················· 213
　1．高齢化の状況　213
　2．要介護者の状況　214
　3．介護者の状況　216

第2節　介護サービスの提供体制
　　　　The delivery system of the long-term care services ··············· 217
　1．在宅サービス　219

2．地域居住施設サービス　*221*
　　3．施設サービス　*223*

第3節　介護の費用と財源
　　　　The expenditure and funds of the long-term care services ……………… *228*
　　1．メディケア　*231*
　　2．メディケア補足保険　*242*
　　3．メディケイド　*243*
　　4．その他の公的財源　*253*
　　5．民間介護保険　*254*
　　6．自己負担　*265*

第4節　介護サービスの事業者に対する規制・監督
　　　　The control and supervision to the providers of the long-term care services … *266*
　　1．連邦レベルにおける規制・監督　*266*
　　2．州レベルにおける規制・監督　*269*
　　3．介護オンブズマン制度　*270*

第5節　介護サービスの質をめぐる最近の動向
　　　　The recent trends on the quality assurance of the long-term care services …… *272*
　　1．施設サービスにおける介護サービスの質　*272*
　　2．在宅サービスの質　*275*
　　3．介護従事者の業務範囲の拡大　*278*

第6節　介護サービス事業者の第三者評価
　　　　The third-party assessment of the providers of the long-term care services …… *279*
　　1．第三者評価とは　*279*
　　2．介護分野における第三者評価機関　*280*
　　3．第三者評価による「認定」の意義　*282*
　　4．みなし指定　*283*

第7節　高齢者介護をめぐる新しい動き
　　　　The new trends on the long-term care issues for the elderly …………… *285*
　　1．マネジドケアの手法を活用した新たな試み　*285*
　　2．現状　－未だ実験的段階－　*287*
　　3．私的部門（民間介護保険・家族）の役割の強化　*295*
　　4．利用者の自己決定権（self-determination）の尊重　*298*

参考資料　*301*
参考文献　*310*

第4章　アメリカNPO制度の光と陰
Non-Profit Organization (NPO)Providing Human Services in the USA
（須田木綿子 *Yuko Suda*） *313*

はじめに Introduction *313*

第1節　アメリカのNPO制度とは
　　　　The NPO system in the USA *314*

第2節　アメリカNPOの保健福祉領域における公益性
　　　　NPO's contribution to public interest in the USA *316*
　　1．アメリカNPOの公益活動の実態　*316*
　　2．アメリカNPO内部の階層分化　*319*

第3節　アメリカNPOの光と陰
　　　　Challenges of NPOs in the USA *322*
　　1．内在的要因としての「市民セクターの失敗」　*322*
　　2．外在的要因とアメリカNPOの変容　*324*

第4節　「小さな政府」とアメリカNPOの役割
　　　　Shrinking government and the role of NPOs in the USA *328*

　　参考文献　*330*
　　参考資料　*332*

索　引 Index *349*

第1章
アメリカ社会保障の光と陰
Social Security ― Visions and Revisions ―
アンドル・アッカンバウム W. Andrew Achenbaum
(© A Twentieth Century Fund Study, Cambridge University Press, 1986; 訳 住居広士 Hiroshi Sumii)

はじめに Introduction

　社会保障——国民にとって最も巨大であり、高価であり、そして最も成功した家庭生活への支援事業です——その発展はある重大な局面にさしかかっています。その策定者たちが予想していたように、ほとんどすべての稼ぎからの税金が現在社会保障システムへ支払われています。根本的に、すべての市民はその人生のある時期に、社会保障の受給権の適用を受ける資格を持っています。しかし社会保障はもはや大衆の強固な砦にならなくなっています。年輩の市民は自分たちの恩恵が取られてしまうことを心配し、逆に若者は定年後の恩恵について懐疑的になっています。社会保険は、その創設がより重要な政策とみなされていましたが、今ではアメリカにおいて二大政党間の論争の中心課題となっています[1]。

　社会保障の基本的理念は長い間あまり変化していません。それは現代社会のすべての人にとって恐怖である金銭上の不安を、たとえば稼ぎの収入を失った家族の悲劇から老齢に伴う経済的不安定に至るまで、軽減し続けています。その目的をいままで継続している制度ですが、社会保障に対する権利はいまだ契約制とはなっていません。その恩恵は、経済的差異や法律の見地、措置の観点により異なっています。そこで定期的な専門家の予測に基づいて、社会保障システムがいかに実行されるべきか本書で述べていきます。

当初から、社会保障は個人の希望と市民の自己責任が協調するように意図されていました。それは世界大恐慌によって生まれました。アメリカにおいてさえ、その社会経済的猛威が個人の責任の範囲を越えて、大量の失業、飢餓、家族崩壊を引き起こすことがはっきりと立証されました。フランクリン・デラノ・ルーズベルト（Franklin Delano Roosevelt）大統領らは、そのような問題をできるだけ素早く解決するように迫られていたため、社会自身がその危険性を防ぐ途上にある多くの欠陥を補う社会保険を、政策の目標とすることから彼の政権はスタートしました。彼らは、従来の社会制度に、国民に受け入れやすくした福祉国家の政策を追加する政策を貫き通しました。政治家は革新的な理想を実現するこの公約を支持しました。それは、限定された場合において、一時的な問題解決には実用的ではありました。

　今日の社会保障は、主に高齢者に対する事業として捉えられる傾向にあります。しかしその基盤を負担している国民は、家族とその世代間の状況によって扶養されている高齢者の問題が存在していると理解していました。まず社会が高齢者の問題に立ち向かうことで、若い世代と中間世代にある不信感を和らげることを政治家は期待したのでした[2]。これらのグループは、社会的に高齢者を助ける事業によって間接的に安心感が加われば、自分たちの世代自身もやがては直接的に恩恵を受けられるのです。彼らもまた退職後に年金を受けられるようになるのです。一方、1935年の社会保障法によって、その他の社会サービスもあてにすることができました。それらの中には、孤児対策、拡大する州レベルの失業対策、視覚障害者対策、増大する公的保健サービスなどが含まれていました。そのシステムがしだいに受け入れられ、その要望の変化に対応しながら、ゆりかごから墓場まで（from cradle to grave）の安全ネット（safety net）が拡大することにより、確固とした社会保障の可能性が見込まれるようになりました。

　しかし1930年代には、そのような壮大な計画を実行できる時間とその財源はありませんでした。また、そのための責務や明確な計画すらもありませんでした。よって社会保障の実現のためには、すぐさま苦悩や危険に立ち向かわねばなりませんでした。当初は、社会保障では失業や生活保護者の根本的解決ま

でには至りませんでした。1935年の社会保障法は、福祉（welfare）とアメリカ人好みの伝統的な自己責任との垣根にまたがっていました。つまり福祉は、その判定基準に従ってそれぞれ社会支援の適用が決められていましたし、自己責任のため民間保険は、雇用されている間のお金の負担に応じて公平に給付されることが強調されていました。

　長期にわたる目標に影響を及ぼす社会保障案が慎重に協議され、政策立案者は注意深く検討しました。社会保障の立案には変更できる余地を与え、第一優先の議題であることを明らかにするのに時間をかけました。その新しい法律が富の再配分の目的に寄与するかどうかにかかわらず、当初の立案の目標は公式にも非公式にも明確ではありませんでした。高齢期の貧困や扶養の危険性を減少するために、個人の権利とその連帯責任とのバランスをいかにとるのかは依然として未知の状態でした。

　1939年の社会保障改正案に、このような当局の指針とは反して大きな改正があったことは驚くにあたりません。当初は老齢年金が支払われる前でさえ、政治と経済的状況が劇的に変化しました。その状況を十分に明らかにされないままに、役人たちは公平（equity）と適用（adequacy）との均衡を変えながら、より人口構成の大きな世代を保障することを求めていきました。この改正ではすべての人を満足させませんでしたが、評論家たちは好意的になり満足して、そのため逆に政治的課題としての重要な信頼性がそこなわれてしまいました。その政策過程において法律立案者は、うわべは税金を上げない小幅な改正にしながらも、社会保険の総額を倍に引き上げました。巧妙な改正と技術的な調整により、しだいに大規模な社会保険になることが予想されるようになりました。

　第二次世界大戦後の繁栄の最中から、社会保障は専門家たちがすでに指摘していたように拡大していきました。けれどもだれも予想できなかった社会保障の重要な進展が明らかになりました。そのシステム自身が成熟しながら時間の経過とともに、もちろん拡大されていきました。いかにその政策を拡大すれば、有効に作用するかを提示するように変わりました。それは一歩一歩拡大し、その事業をさまざまに統合しながらその基盤を構築しました。時期も良く、景気が向上し、国民の政府に対する信頼度も高く、人々は社会保障の発展に限りが

あることにはあまり関心を寄せていませんでした。新たな負担者が、より多くの恩恵を受けられるかぎりは、社会保障の範囲を拡大し続け、その恩恵を増大することができました。そしていままでの信託基金にかなりの余剰金があることを強調することができました。連邦政府の主導にて相互責任の意味を強調できるようにすべきであったのは自明と考えられていました。ほとんど困難な選択もなされなかったので、単に政策の優先事項として不和を起こすような論理的根拠を明言すべき必要もないように思われていました。多くの社会保障は、このように皮肉にも将来を予想しないで暗黙の政策になっていました。

はじめて事実上1972年に社会保障法における理想のほとんどが最終的に完成された改正法案として成立しました。戦後の重要事項も同様に含まれていました。社会保障の信奉派は、アメリカ人の中年層の利益を奉仕することで、第二次世界大戦後に定評のあるこの裕福な国において貧困を一掃する資産が築かれていることに気がつきました。自己で十分に稼ぐことのできない人々に対して、お金の支給と社会サービスを提供することにより、寡婦、障害者、視覚障害者、超高齢者に対する全国的な社会サービスの基盤が整備されました。ほとんどの人は、そのシステムがどのように機能しているかはわざわざ知ろうとしませんでした。それらはほとんど問題があるようには見えず、典型的なアメリカの価値観で明らかに停滞していたからです。

社会保障はアメリカ人の生活保障の中心的な役割を果たしていました。3,600万人以上もの人々が、老齢遺族障害保険(Old-Age, Survivors, and Disability Insurance: OASDI)の適用を1985年の改正案にて受けていました。全世帯主の約4分の1が、老齢遺族保険(Old-Age and Survivors Insurance: OASI)の恩恵を受けています。65歳以上の高齢者にとり、平均的な彼らの収入である約100ドルのうち42ドルが社会保障から支払われており、それらは最も重要な収入源になっています。加えて、すべての世帯主の9％がメディケイド(Medicaid)の恩恵を受けています。5％は被扶養児童家庭扶助(Aid to Families with Dependent Children: AFDC)や他の現金給付を受けています。これらの数値には、黒肺塵症("black-lung")、食糧スタンプ(food stamps)、低所得家庭エネルギー扶助事業(the low-income home energy assistance program)、退役軍人事業（veterans' programs）あるいは連邦市民サービス（federal civil service）と国鉄退職者年金（railroad retirement pensions）を受けている数百万人のアメリカ人は含まれていません。受給資格は他の連邦政府の機関による社会保障によって部分的に財政的支援や事業がなされています。1,300地方機関、10の地区ブロック機関、BaltimoreとWashingtonにある本部を通じて、毎年4億3,200万件以上の手続きを社会保障庁（Social Security Administration: SSA）で処理し、その適用と支給額を定めています。W-2の書式で給付額を記録し、その使用の結果について公表することで、社会保障庁は他の約3億8,000万件の業務を処理しています。社会保障庁では執行予算の2％以下しか事務経費を見込んでいませんでしたが、時間的にはほんの1％しか期日に遅れていませんでした。これは官僚機構における著しい成果です。

　そのような社会保障の過去の成功と現時点の重要性にもかかわらず、1970年代から社会保障に対する危機感が起こりはじめました。戦後の経済振興の膨張に対して予想外の期待をしようとしました。しかしその期待は間違っていました。相変わらず経済拡大の後にいつも不景気が来ます。第二次世界大戦後の社会保障計画を導いてきた楽観的な社会保障の拡大論が、いままでも守らねばならない希望の1つに変わってきました。皮肉にも、社会保障システムがちょうど最も多くの支持者を集め、良好な財政的状態になりかけた時に、多くの問題が発生してきました。政治家は、常に社会保障の理想的な公約を再び主張し続けるも、しかし彼らは老齢遺族障害健康保険（Old-Age, Survivors, Disability, and Health Insurance: OASDHI）の財政上の問題点や長期間にわたり明らかに抑制のきかない費用を心配していました。社会保障が老朽化しある不安定な状況になった時には、国民はマスコミの報道や経済予想、完全には理解できていない専門的な批判によって混乱していました。都合が悪ければ減額される可能性もあります。

　信託基金の赤字の恐れや他の問題が生じた時、一時的な緩和策として、いつもほとんど大統領や二大政党、専門家による審議によって対策が立てられました。ある専門家が下手にいじり回した時や、ある保険統計専門家がごまかしを働いた時には、社会保障のシステムはいったん健全な状態にあると宣言されて

しまいます。このような巧みな政略は、過去には成功したかもしれませんが、現在では通用しません。1972年から、社会保障において簡単に決議される事項はありませんでした。指導者は、そのシステムが安全であると意見を述べても、有権者に広がり猛威をふるうインフレや自信の喪失から、その意見が腐食されていきました。ジェラルド・フォード（Gerald Ford）大統領らは、すべきことはなされていたことに気がついていましたが、彼らは長期にわたる問題から短期の財政的問題だけを切り離して処理することはできませんでした。ジミー・カーター（Jimmy Carter）大統領は、主としてスタグフレーション（不景気とインフレの併存：stagflation）の到来によって、ほとんど有効な手だてをすることができませんでした。レーガン（Reagan）政権の主要メンバーも、社会保障は傷ついた雌牛なのか金のなる子牛なのか判断できませんでした。その問題はさらに悪化していきました。

　最近の10年間での危機的な観点により、技術的な改正をするということは、社会保障法ができて以来、さし迫る潜在的な政策の問題を払いのけるかあるいは巧みに避けるうわべの手段であるということを、懐疑的な選挙民と保守的な評論家に納得させることは困難でした。1977年と1982年の間に制定された改正案による短期的な解決策は、結局はかなり短命な解決にすぎませんでした。その挫折を経験し、特別に再構築することは無駄ではありましたが、アメリカ社会保険政策上隠されていた社会保障の規模に多くの焦点をあてることの重要性が実証されました。最近は歴史的潮流からかい離しているため、レーガン経済に基づく施政方針は、富から慈善事業のための社会資源を無理して作り出しているという主張を支持しています。

　立法の危機（ジューゲン・ハーバーマス（Jürgen Habermas）の言葉）を回避するために、議会とレーガン大統領は1983年に全米社会保障改革審議会（National Commission on Social Security Reform: NCSSR）によって巧みに策定された妥協的な一括法律案に署名しました。長い間審議しても政策的にまずい変化——非営利組織における従業員と労働者に対しての強制的な保障範囲、通常の退職年齢の段階的引き上げ、裕福層に対する社会保障の優遇課税——1983年における社会保障法の改正によって、これらの条項も法律になりました。そ

の改正案は、あまり賛同は受けませんでした。(下院議員の5分の1と上院議員の4分の1は全く最終法案に投票しませんでした。)その改革案は危機に瀕しても、その厄介な問題には取り扱いされませんでした。しかしもし経済が少なくとも保険統計上の予測と同じくらい成長すれば、この改革案は計算通りの誤差の範囲になるはずでした。この法律の成立により、待ち望まれている社会保障を全体的に再評価するための絶好の機会を提供してくれるでしょう。

　1983年の社会保障法の改正案は、社会保障の政策を特徴づけている過去50年にわたり規模が拡大してきている改正案の傾向と形式的によく適合しています。全米社会保障改革審議会(NCSSR)は、議会への財政的な提言を審議する際に、社会保障の計画の基本的構造を変えるべきではなく、かつその基本的原則を崩すべきではないと宣言しました。退職年齢の引き上げ、裕福層への優遇課税、遅延している生活費調整は、社会保障の伝統的な機能を再確認することで、すべてが正当化されてしまいました。多くのレーガン支持者がOASDHIを確実な年金事業と社会福祉の整備に分割することを主張していた時に、NCSSRの提案した一括の法律案が成立するために、社会保障の現行をできるかぎり維持することの深刻さが強調されました。

　1983年の改正案により一時的に、社会保障を取り囲む危機的な雰囲気が広がってきました。OASDI信託基金は、あと50年間は支払い能力があると報告されました。保険統計士は、少なくとも10年間は健康保険(Health Insurance: HI)信託基金は赤字にならないと予想しています。いまこそ、将来ベビーブーマーの世代が定年を迎える時期のための社会保障の費用が、将来国の歳入を越え赤字とならないことを確認する絶好の時期です。連邦保険拠出法(Federal Insurance Contribution Act: FICA)の税金が逆行し、失業とインフレを生み出すという繰り返される損失によって、OASDHIと他の経済的な面との関係を説明できるマクロ経済的モデルが必要とされました。しかし、社会保険の問題は、実際には単に保険統計学上や財政上だけの問題ではありません。経済的な関係は確かに今日的なことであり、しかしそのことだけが社会保障の問題の核心を占めているわけではありません。

　1983年の改正案での議論にて、下院議員のジェニング・ランドルフ(Jenning

Randolph）が引用したトーマス・ジェファーソン（Thomas Jefferson）の言葉は印象的でした。「新しいことが発見され、新しい事実が明らかになり、周囲の変化とともに生活様式や考え方が変わる時には、社会制度も新たに変革の時代とともに足並みをそろえなければならない」ジェファーソンは、若い世代が変化することを体験して、そして彼と共和国の創立期の仲間たちが、新しい世代の秩序の基盤となるように設計した社会制度をも改革していきました。今日の状況は、その時に類似しています。数多くの人々が社会保障に関係していますので、社会保障の事業を、とても恐れて改正できない誓約として（ジェファーソンの強烈な言葉にあるように）取り扱うことで、巧妙にそそのかされているのです。いまでさえ、最初の社会保障法を策定した世代によって描かれた構造はそのまま基盤として維持すべきであるという筆者と意見を同じくする人々も、その変革は避けられないことを認識しなければなりません。時代は変わっているのです。OASDHI のできた年には、技術的な調整や暗黙の妥協でうまく作動していましたが、それとは異なった社会情勢では意味をなさなくなっています。

　もし社会保障の変革がうまくいったとしても、その変革は将来の窮乏においてこのように歴史的に批判的意見を必ず受けることになります。社会保障は、政治経済における短期の変化に対して弾力性を持つことにより、かなり耐えながらも存続してきました。時代はほとんど似かよっていないとしても、大恐慌で発生した問題は今日でも未解決のままです。しかし OASDHI の基本的構造には、例によって社会保険の意義や機能に関する理論的な討議が優先的には関与していませんでした。政策決定に影響し、あるいは歴史を振り返ってその当時とは異なったことを実行しようとした要因やその阻害因子についてはほとんど明らかにされていませんでした。最初の 50 年間にわたる社会保障の事業の実現を維持し向上させるために、新しい世代の政策者はやむをえず、公文書の記録や助成研究から得ることの多い事実を精査する必要性が出てくるでしょう。政策指導者は、アメリカの同世代の生活を危機から守るには事実からかけ離れた状態にあることを認識しなければなりません。さらに社会保障における個人の権利と連帯責任の今日的な意義について問い直さねばなりません。

1983年の折衷案により、次の危機に備えて結集し、そして社会保障の壮大なる計画を準備する機会を与えられています。しかし全体として社会保険について議論する用意はほとんどなされていません。前例のない連邦政府の財政赤字の削減（レーガノミクスにより提唱されている）によって、社会保障も削減されることが容認されることになります。ピーター・ペターソン（Peter Peterson）、マーチン・フェルドスタイン（Martin Feldstein）、ミシェル・ボスキン（Michael Boskin）らの「新保守主義者（Neoconservatives）」は、OASDHIの範囲を縮小する厳しい法律を提案しています。そしてその縮小を埋めあわす民間部門に期待しています。高齢者の社会保障の支持者は、保守派の非難の強さを過小評価することはほとんどしていませんが、しかし彼らは実際には変化することを望んでいないのです。「新自由主義者（Neoliberals）」は弱々しく社会保障の未来に対する活動がなさすぎました。高度な技術革新に目がくらみ、新たな裕福な時代に備蓄して、社会保障の将来の継続性を確保することに期待しています。しかしグレー・ハート（Gray Hart）の新しい民主主義、ポール・ツォーガン（Paul Tsogan）の現時点からの進路、ロバート・ライヒ（Robert Reich）のネクスト・アメリカ・フロンティアの考え方は、連邦政府の権限を大規模に縮小した状態での社会保障の役割を強調しています。

　本書の命題は、3つあります。1番目にその変革の時機を失う前に社会保障の本質的な再評価を適切にしなければならないこと、2番目に1983年の改正案の成立過程では明らかにされていない予想や、高度の技術的な再基準化による昔からの便宜的かつばらばらの調整では有用性の限界に達していたということ、3番目に国民や政治家が抱いている神話や誤った概念を捨て去り、社会保障の起源とその発達を振り返ることによってのみ、社会保障の近年における問題点が完全に理解できるという3点です。つまり歴史的事実に直面することで、国民も政治家も、時代遅れの予想や不明確な教義から解放されることができるのです。本書の社会保障の光と陰（Social Security–Visions and Revisions–）は、それに先がけて挑戦的に社会保障の変革を批判的に洞察することで、公的な政策討議や法律の立案過程を活性化させることをめざしています。

　本書の前半では、アメリカ社会保障の発展について論述しています。なぜそ

の政策過程が過去50年にわたり、社会保険と社会福祉に対して首尾一貫してアプローチできなかったかをより明確に理解することで、真剣な討議と建設的な変革を促進することが期待されます。後半では、社会保障が4つの面から緊急的に変革の必要性があることを説明しています。つまり、消耗的で非生産的な退職に対する社会と法律の整備、いわゆる見当違いの性（gender-irrelevant）政策における女性問題の重要性、公的保険と民間保険との関係、世代間の負担により収入を維持するシステムに組み込まれた健康保険で引き起こされている問題点の4点から説明しています。最後に社会保障の歴史、社会経済、政策分析に基づいて特別な政策提言を明らかにします。いかに提言した解決策がお互いに関連しているか、いかにそれらが全体として社会保障の継続する意義を再確認し強化しているかを論じています。

　社会保障の創設の理念を守る唯一の方法は、50年にわたり社会保障を維持するために、創作者自身が必要と思われた変革の真相を明らかにすることです。もし社会保障がアメリカ社会問題の核心に残るなら、つまり上院議員のビル・ブラドリー（Bill Bradley）が「社会保障は、今日アメリカにおいて所有する最もすばらしい共同社会の表現方法である」と言ったように、相互責任の誓約は、われわれの伝統において理想的な自己責任と同じくらい重要であることを理解しなければなりません。

　筆者の政策提言をまとめる際に、それらはただちに圧倒的に支持されるという幻想は抱いていません。筆者は、あえて下院や上院議会の賛同を意のままにして、さらに大統領の同意を得ることを望んでいません。ただ読者の方々に正確な財源、つまり結論の章における給付割合を筆者が提唱している、短期ではなく長期の変革に要する財源の予想を間違いなく理解してもらいたいのです。ヘーゲル（Hegel）の「アメリカ人は最初に納税者であることを自覚し、最後に市民であることを認識している」という言葉は、おそらく今日ほどより真実になることはないでしょう。しかしながら啓蒙化されている個人主義は、ほかでもなく社会保障の進展を中断することでしょう。本書が示しているように、最初の50年間における社会保障の実用的な拡大主義と同じ経過をたどるならば、政策指導者は袋小路に至ることでしょう。しかし短期的な気まぐれですべ

ての福祉事業を削減することは、現在と将来にわたる社会福祉をかなり損失するだけで実質的には節約にならないでしょう。

社会保障に関する変革とその予想についての「残念な事実」(brutal truth) から、実際のアメリカ人気質は、ヘーゲルの批評（自分が人よりも優れている、鼻の高い）よりも、ましになってきていることが示唆されています。つまり実のところ強力なアメリカ人の気質に対する伝統的 (Burkean) 要素があるということ、そしてアメリカ人は世代間の契約は活発であり、個人の裕福にはいくらか関連の薄い仲間よりは政府を重要視しているという傾向が示唆されます。

社会保障は国民の福祉に寄与しました。現在の世代と次世代間の生活維持に必要な協定として、陳旧化したり、まさしく廃止されることを予防することは、知的かつ政治的に最善の努力をする価値があります。過去から将来にわたる社会保障について、さし迫って討論された論議に思い切って乗り出していくのは、上記の理由からです。筆者は大きな変革を提言しますが、社会保障自身が時代を超えて存続しても、本書とは大きな意見の違いはないと思われます。簡単な言葉で言えば、社会保障の代わりになるものは何もありません。

第1節　社会保障時代　Social security comes of age

1．社会保障の新生期　Social security: the early years

アメリカ合衆国における社会保障の創設には、大恐慌の歴史が必要でした。主なヨーロッパ諸国ではすでに、社会保険の原理を導入していました。しかし公的な生活費保障の政策は、社会保障の発展期を迎えるまで、アメリカにおいて定着していませんでした。つまりその後に社会保障が、労働者を悩ませる「3つの恐怖」——失業 (unemployment)、老後の貧困 (poverty in old age)、病気 (ill health) ——を予防し、それらに立ち向かう1つの手段として発展していくのでした。社会保険の提案者もまた、自助と倹約を信条としている中間層にあまり負担をさせることなく、より脆弱な市民らの福祉の促進をはかるという「社会的な貢献」を果たすことを国家に求めていました。

強制的な社会保険は、アメリカの革新派に支持を受けるようになりました。しかしそれはまた保守派の強い抵抗にあいました。企業集団は、老齢扶助や公的な退職手当に反対して精力的に活動し、政府による社会保険の提言に対して、アメリカの生活様式には反して相いれないものとして反対しました。労働組合の指導者たちは、社会保険に反対意見を提出しました。一方、農業地帯の労働者組織は、国家レベルの老後の保障を求めて活動していました。しかしサミュエル・ゴンパーズ（Samuel Gompers）は、政府による社会保険の創設は、組合組織の年金の発展を阻害し、給料の賃上げと労働条件の改善の必要性から目をそらせるものであると反対していました。

　しかしながら、大恐慌によりそのような経済的な不幸は、いつも個人の無責任や素質の欠如の結果によるものではないということが証明されました。1930年代以前から、経済的な不安定は社会的な危機であるという意見がありました。しかし、フランクリン・ルーズベルト大統領が社会保障法を制定するまでは、失業や老後の扶養に対する危険性を予防する政策に対する一般層と上層部からの要望は不十分でした。国家の役割についての新しい精緻な理論もなく、一般常識がその促進する要因となっていました。アメリカの指導者は、無作為にしていると人的ならびに経済的損失が急速に拡大し、後生の世代がその負債を負うことになることを認識していました。

　政府の行動を要求するのも1つですが、実業家、過激派、高齢者、財政保守派、連邦主義、労働組合幹部、憲法専門家、迷い不安である中層階級の人々にとって、相互に許容できる法律案を成立させることももう1つの方法でした。社会保障法には、多様な問題に対して、通常から斬新な対応までを含んでいることが要求されました。窮乏を予防しさらに軽減するのはワシントンの政府の責任だったのでしょうか。アメリカには、ゆりかごから墓場までを保障する1つの連邦政府のシステムがあるべきなのでしょうか。政府の対応は選りすぐられているのでしょうか。いかにして、その当時の対策予算と長期にわたる財政上の責務とを関連づけていくのでしょうか。

　採用された事業は、政策的に悪い兆候をできるだけ早期かつ賢明に打ち消すように立案されました。しかし、大恐慌の重大局面において、連邦政府の政策

者たちは、単に大恐慌に対する首尾一貫した事業という幻想を作り上げました。社会保障法が成立して4年後には、その予想に反して、何人かの人が恐れていたより急進的な対策に賛同するよう劇的に変化しました。その当時でさえ、多くの社会保険を個々の会社や地方公務員へと浸透させることによって、ルーズベルト大統領は伝統的なアメリカの風習をその緊急の要望と一致させていました。議会における彼の諮問機関や支持者たちは、理解できず予想することもできない問題点について、ますます当惑させる発言をしていました。その決断は──優柔不断と迷いも同様に──大恐慌の間に生み出され、アメリカにおける社会保障を深く認知されることに影響を与え続けました。

2．大恐慌により生じた避けられない課題
The Depression makes action inescapable

　1930年代より以前では、できるかぎり長く働いてそして個人の貯蓄に頼るというのが、老後の金銭的な自立に備える好ましい方法でした。しかし高齢者の就業率が、19世紀の後半よりしだいに低下してきました。1930年の国勢調査によりますと、65歳以上の男性の58.4％と女性の8.1％の高齢者のみが、雇われて給料をもらっていました。しかし1936年以降では、かなりの貯蓄と財産を所有しているのはほんのわずかな高齢者だけでした。お金がないために施設に収容されていない高齢者の15％は、最後の時のために貯蓄した財産のみに頼って生活していました。貯蓄だけが最大の収入源の代わりになりました。

　そのうえ高齢者を扶養することは、アメリカにおいてはいつも問題とされていました。アメリカ人は、それらにその場限りの対応をしていました。ヨーロッパのごとく、家族がその根本的な援助者でした。かつて植民地時代以後から、頼るべき身寄りがない場合や家族が扶養の義務を放棄している場合に、地域の組織が高齢者に食事や避難所を提供していました。近年では貧窮者収容施設しか他に採りうる道がない人々がますます増加していることが示されていました。民間の高齢者住宅や慈善救済事業では、65歳以上の高齢者の約5％しか救済されていませんでした。多くの高齢者には、退役軍人の恩給の受給資格がありました。さらに拡大している退役軍人の年金制度は、高齢者の社会的扶養

を軽減する公的で間接的な方法として寄与していました。老年期の能力低下や老化現象に備える他の方法もありました。1910年に約3分の1の労働者が、事故や病気に対する保険に加入していました。民間企業——そして商事会社、労働組合、特に同業組合は、ほとんどに適用範囲のある保険を引き受けていました。第一次世界大戦後に、福祉資本主義（welfare capitalism）の支持者たちは、ますます障害保険や生命保険が割安になることを要求しました。1920年代には障害保険が、これまでで最高の売上げとなりました。退職が目の前に迫る老いた労働者たちは代表して、それらの障害保険の欠陥についての不満を主張していました。

　失業保険は、アメリカの労働者のごく限られた人のみに対し、公的部門に合わせながら適用されていました。19世紀から20世紀にかけて、ほとんどすべてのアメリカの大都市では、消防士や警察官には年金が支給されていました。1916年までに、33の州では小学校と中学校の教師に対する退職金の準備制度が実施されました。19世紀の後半では、連邦政府は陸軍軍人や水兵、海軍の当局とそしてアラスカやインディアン領地における指定された機関での労働者について、老齢化した労働者に恩給を与えて退職させる退職者恩給（superannuation）を創設しました。1920年には連邦市民退職サービス制度（Federal Civil Service Retirement System）が設立されました。

　民間の年金保険の発展は、その当時は非常にゆっくりしたものでした。1915年までにある制度の適用資格を得ている人は、労働力のわずか4％にも達していませんでした。しかしながら、1920年代に連邦税の基準変更により、大企業——主に公益事業、鉄道、製鉄、鉄鋼の関連、重機械工業などの企業——においてそこの従業員に対する年金基金が創設されました。その結果として、1930年までに労働者における年金の適用資格の割合は15％にまで上昇しました。そのような制度は従業員に加入することを要求していませんでした。その代表的な制度では、労働者は20年から30年間の奉職後に、60歳、62歳、65歳、あるいは70歳で退職した時に初めて年金受給が可能となっていました。年金は、一般的に労働者の以前の給与に従って等級がつけられ、めったに配偶者や要扶養者に対しては、支給されていませんでした。

いったん高齢者の扶養が地域的な課題であると認識されると、州政府による身寄りのない高齢の市民の救済が増加しました。1933年までに21の州とアラスカとハワイ州にて、そして他に7つの管轄区域にて、地域ごとに任意の保障の範囲を設定する政策を実施しました。しかし、このような政策だけでは十分ではありませんでした。大恐慌によって、その当時に実施された高齢者の扶養を予防し軽減する方法では、ほとんど不十分であることが明らかになりました。

　アメリカ国民は、それまでに厳しい経済的な衰退を経験していました。しかしこの時のような規模の厳しく、継続した激変は前例がありませんでした。1929年10月から1932年6月にかけて、一般株価指数（common stock price）は、260から90へと激減しました。国民総生産は、1923年から1929年にかけて年に22％上昇しましたが、次の4年間では30.4％も低下しました。5,000近い銀行は、32億ドル以上の預金をかかえたまま、解決できていませんでした。9万近い企業が倒産しました。賃金や月給の総計によると、1933年には1929年の57.5％という低い値にまで低下しました。農家が得た収入の概算では、ほとんど半減しました。農業生産指数は、1928年から1932年にかけて105から51にまで低下しました。1,000以上の地方公共団体は財政再建団体に転落しました。その他の団体は、職員を首にしてそして大幅に切り詰めた社会サービスによって、なんとか破産しないでいました。

　不安がアメリカ全土を浸食しました。大恐慌によって、長年にわたる自助の理念に対して疑問の声が上がってきました。アメリカ人中間層のかなりの割合の人が、彼らが予想していたのとはほど遠く、自立自助ができないことを知りました。失業率は3％から25％にも達し、これまでの最高となりました。100万人以上の大人が浮浪者になりました。1,800万人の人々が、なんとか暮らして生きるために公的な援助を求めました。パンの配給に人々が立ちならび、掘っ立て小屋が、空き地に建てられました。「その当時の世界中において大きく、手にあまる感覚は、幻覚でもなく、単に文明において静止することなく繰り返されるもう一つの現象でもない」と社会学者のロバート・リンド（Robert S. Lynd）が述べました。「われわれは、個人の力を結集しても、当面の範囲内においても調整することのできないより大きな力で完全に抑圧されているように

感じられます」

　不幸なのは、ほとんどふがいなく将来が見えない運命だけではなく、すべての人々に与えた恐怖でした。だからこそ大衆はしだいに年を取っていく人々の問題に対して、より同情するようになりました。1936年にポール・ダグラス（Paul H. Douglas）という後に上院議員となる経済学者が、「大恐慌により、しだいにアメリカ人の大部分の人々は、自分自身では十分に老後の備えをすることができないので、社会はある種のより大きな保障を提供すべきであることに気がつくようになった」と主張しました。大恐慌により、数百万人の年老いた労働者は仕事から追いやられ、ふたたび労働力として採用されることはありそうもないと思われました。

　困難な時期には、離れ離れの高齢者同士の安全ネット（safety net）が活用されました。倒産した会社は、明らかに老齢で退職させた従業員に年金を支払うことができませんでした。10万人もの従業員を保護するはずだった45の事業は、1929年から1932年の期間だけ中断しました。経済が下降線をたどる以前に創設された事業のたった10％だけが、雇用者から従業員に合法的な契約が実施されました。このように多くの企業において、簡単に退職後の給付を支払わないことが決定されました。その代わりに雇用者はこのような年金の基金を、他の財政債務を処理するために、切り回そうとしました。十分な積み立て基金のない経営管理者は、景気が回復するまで、手当は切り詰めることになると提案しました。労働組合の年金は全く改善されませんでした。

　より多くの伝統的な援助の方法もまた不十分であることが判明しました。銀行が倒産した時には、貯蓄も失われました。世代間の緊張も増しました。親類や友人は、より身近な家族を扶養しながら、高齢者の世話をすることは不可能であるとしばしば感じました。民間の慈善事業は、増大する援助の要求のために、圧倒されていました。地域の救済機関は厳しい適用基準を強制しました。それでもなお適用のあるすべての人々を救済することはできませんでした。さし迫った破産者に直面していた州政府は、ほとんど限界に達していました。

　高齢者たちは、死にものぐるいでワシントン政府に援助を嘆願しました。ノースダコタ州のペターブルグからのある婦人の手紙では、「ルーズベルト大統

領夫人殿、高齢であることはとても厳しく、そしてもう何も手元にありません」という書き出しからはじまりました。ジョージア州の高齢な市民も直接大統領に訴えています[3]。

何人かのより高齢な請願者は、自分たちは食べることも、着ることも、子供たちを保護することもできないことを強調しました。中年層の市民は時々、両親や高齢の世代のために嘆願しました。「私の母はいままでどこに行っても何も手に入れることはできませんでした。すべての高齢者たちが、必要物をすぐに得られるように権利を与えていただくことを望みます。高齢者ほど悲惨な状況はありません。というのも、彼らはアメリカにおいて、人生をかけて家族のために最初に生活の基盤を厳しく奮闘して築きながら、彼ら自身がそれを最も必要とする時に、そのことを忘れ去られているからです」。

そのなかで、数百万人のアメリカ人は、高齢者に州政府や民間慈善事業で利用できるよりも、かなり大きな援助が約束される理想的な計画を得ようとしていました。アプトン・シンクレア（Upton Sinclair）は、カリフォルニア州に少なくとも3年以上在住する人すべてに、50ドルの年金を給付するという公約をして州知事に立候補しました。上院議員のヒューイ・ロング（Huey Long）は「福祉を共有する社会（Share Our Society）」にて、年収が1,000ドル以下であり、そして資産が1万ドルを越えない60歳以上のすべてのアメリカ人に、月に30ドルを支給することを提唱しました。ロングの計画では、連邦政府の所得税と相続税、為替取引税によってその財源を充てていました。フランシス・タウンゼンド（Francis E. Townsend）博士は、有給で雇用されておらず、年金が30日以内に底をつくすべての60歳以上の人に、月に200ドルを給付するという支援案に支持を求めました。この計画は、全国取引における新しい租税の収益を財源にしていました。危機的状況によって、このような斬新な考えに、著しい経済的な欠陥がただちに認められました。しかしそれらは、国民の注目をあびると議会の支援を得るようになりました。このような理想案はもし実現しなくとも、その後には他に何かが実施されなければなりませんでした。

たとえば、社会保険について新しい関心がふたたびわき上がりました。アブラハム・エプスタイン（Abraham Epstein）のアメリカ老齢保障協会（American

Association for Old Age Security: AAOAS, 1927年に創立）は、すべての年齢の市民が保護されるようにその活動範囲を拡大するために、1933年にアメリカ社会保障協会（American Association for Social Security）と名称が変更になりました。1932年にアメリカ労働総同盟（American Federation of Labor）は以前の立場を逆転させ、州立の失業保険を支持し、連邦高齢者救済とその保険を要求しました。多くの企業経営者たちも社会保障をより支持するようになりました。

　ハーバート・フーバー（Herbert Hoover）大統領の任期中とルーズベルト大統領の最初の2年間に、議会は数種類の社会保障法の試作を考案しました。ルーズベルト大統領は1934年に鉄道職員退職法に署名しました。ワシントン政府の何人かは、より適用の広い高齢者年金に寄与する政策を、それが注目されている時に実現できることを望みました。しかし、ルーズベルト政権は、第73回の議会がはじまるまでは、なんら社会保険法案の審議を開始したり、それを支持したりすることを決断しませんでした。「ニューディール政策」（New Deal）に対する基盤が完成した後にはじめて、大統領はこの課題に対して前向きに取り組むことを決心しました。

3．社会保障の誕生　The birth of social security

　1934年6月8日、フランクリン・デラノ・ルーズベルト大統領は、議会に対して宣誓しました[4]。ルーズベルト大統領の宣言によって、現代の資本主義経済に伴う危険性を緩和するたゆまない努力をワシントン政府がはじめて示唆しました。もし連邦政府の力を使用し、経済保障の手段の法律を成立させれば、ニューディール政策の「3つのR」――回復（recovery）、救済（relief）、改革（reform）――をさらにより良く補強することになります。

　しかし社会保障は比較的未知の領域であったため、大統領はそのような政策は単に長年にわたるアメリカの自立自助と相互責任に対する伝統を補強するものであることを強調しました。ルーズベルト大統領は当面の危機と、革新主義の公約に従って政治活動をしていました。しかし彼はアメリカの伝統である自立自助と資本主義の原則を、政府をリバイヤサン（巨大な国家権力の象徴 Leviathan：旧約聖書に出てくる巨大な水性動物、Thomas Hobbesの著『リバイ

アサン』(1651年)では、国家を擬した。)にすることで置き換えようと意図していませんでした。すべての大統領の決断と彼を支援する行政と立法の専門家の判断が、この根本にある相対する価値感によって具体化されていきました。政策の策定過程には明確な戦略はありませんでした。法律策定者は、自分たちのできることとできないことを学びました。政策策定者は、従来の価値感と管理上の手段を調和させながら、混乱している経済的な要因を調整するために活動しました。一方、元々の社会保障法案では、現在のシステムを改善して、本来絶対に必要な時にのみ、新たに先導して対応していくことが求められていました。結果として、見たところは大胆な改革すらも、公然のごとく保守的な意味合いを持っていました。

大統領政権の経済保障委員会 (Committee on Economic Security: CES) では、起草すべき法律案をどこまで含めていくかまで専門家の間で活気にあふれた討議が行われました。今日では、社会保障は高齢者を支える社会制度として捉える傾向にあります。しかしながら、1934年には退職してからの長期間にわたる費用を扱うことは、一番の優先事項ではありませんでした。立案する過程の初期において、実際には大統領と議会が老齢保険を考慮することを棚上げされたように見えました。経済保障委員会の委員長であるエドウィン・ヴィッテ (Edwin E. Witte) は、当初は失業補償の事業を立案することに興味を持っていました。彼の努力により、そのことが最も注目され、大いに議論がなされていました。ダグラス・ブラウン (J. Douglas Brown) と、プリンストン大学 (Princeton) の経済学者とヨーロッパの社会保険体系を研究していたバーバラ・ナッハトライブ・アームストロング (Barbara Nachtreib Armstrong) はバークレー大学の法学部教授であり、ともに老齢保障の着想を発展させるよう任命されました。しかし彼らとそのグループは傍観者として従事しただけでした。確かに、経済社会保障国民会議 (National Conference on Economic Security) がはじまる前にヴィッテによって起草された演説において、大統領は「今が高齢者の社会保障に対する国の法律を制定すべき時期かどうかわからない」と述べています。この意見に対してマスコミはすばやくするどく反論しました。そのため大統領とそのスタッフは高齢者の社会保障をより高い優先事項としまし

た。

　ルーズベルト大統領が議会に対して1935年1月17日に議案の提出をした時、高齢者の扶養の問題が皮肉にも最も重要な法案にあてがわれました。政略上の理由により、高齢者への扶助の提言——それは、上院と下院議会において最も強い支持を受ける課題であり——Title I として掲載されていました。経済保障委員会は、高齢者の扶養の問題に対して3段階の対策を提唱しました。両党も高齢者の救済を公約しているので、政府はいくらか例外は伴うも、月給が250ドル以下のすべての労働者（肉体労働や事務系労働者）に対する強制的な老齢保険を確立すべきであり、将来に対して蓄えができるように任意の年金の事業を運営すべきでした。その議案を提出すると予定した前日に、1965年以降に老齢保険の大規模な赤字が、おそらく生じてくることが明らかになりました。その事業の赤字の規模に驚かされたので、ルーズベルト大統領は政府の報告書からその混乱させる数値を削除しました。このように当初から、社会保険における費用の総計は、政治的問題を引き起こすのに十分なほど大規模な金額でした。この新しい法律案とより大きな政治的・社会的・経済的関連を率直に議論するよりも、大統領はその数値を隠すことが方便であると認識しました。ルーズベルト大統領の後継者たちは、しばしば同じような態度をとりました。

　議会は、経済保障委員会の計画を変更して、その事業がより好評となり財政上の信頼がとれるようにしました。政府管掌の任意の年金を支給する提案は、とり下げられました。当初は老齢保障計画に従って、その保障の範囲と給付が変化しました。6月中旬までに、さまざまな意見の相違は解決されました。そして社会保障法案が両議会を通過することになりました。

　控えめに言っても、そのすべての法案の事業を開発し、議論されて、賛成されたその速さは、注目に値しました。ある学者たちは、その実現の要因としては、すなわち大衆からの要望、議会に提出された議案の主要な面にすべてが通過しなければ廃案であるという主張、賛成側に片寄った不公平で専門的な証拠が議員に提出されたこと、そして経済保障委員会自身のほとんどが社会保障賛成という構成であったということをあげていました。大統領がその法案の過程を操作し、社会保障法に対する議会の賛成を得ることに個人的責任がおよぶか

ぎりにおいて、ルーズベルト大統領の政治行動は巧みであり、本当に恐るべきことであったことを、認めなければなりません。しかしながら、この社会保障事業の批判者や支持者も同様に着目していなかったいくつかの事実が存在していました。ルーズベルト大統領は、少なくとも、上院下院の議会が始まるまでに注意深く、社会保障委員会の中から社会保障に批判的な人々を排除しました。ジェームス・マクレガー・バーン（James MacGregor Burn）の隠喩を用いれば、大統領が元来ライオンほど凶暴ではなく、狐のように賢くあったのが慰めでした。ルーズベルト大統領も、経済保障委員会には社会保険の理念に対して熱心な支持者がいなかったことを見抜いていました。結局、アブラハム・エプスタインと I. M. ルビノー（Rubinow）らは、ルーズベルト大統領が国民的な政策に重要な人物になるずっと以前から、社会保険を言い張って提唱していました。おそらくそれらは善良すぎた政策であったのかもしれません。彼らはヨーロッパのロシア系のユダヤ人として移民の経歴がありました。すべてのしいたげられて不利益を被った人々に対する支援は国民の責務であるという彼らの考え方は、これらの人々にとり公共の福祉に貢献しているにもかかわらず、アメリカの利益に合致するようには見られませんでした。エプスタインとルビノーらは社会保険の未来像にとても執着していたので、ある人々から、彼らは頑固であり、意地悪であり、熱狂的であると言われ、原則を曲げてまで実用的な政策にすることができませんでした。ライオンの役割をさけるように、その後にルーズベルト政権は、アメリカにおける理想的な社会保障の創設にまっこうから立ちむかうことを回避しました。このようにして政策をよりなめらかに実現していくようにしむけました。しかしながら、社会保障という船が自国のどの範囲までめざしているのかは、不明瞭な目標でした。社会保障がアメリカ人の生活に不可欠な部分になればなるほど、その疑問はよけいに明らかになっていきました。

　1935年の社会保障法は、高齢者の扶養の問題に対し、2つの一貫した対策に着手しました。「この国に対する効果的な高齢者の社会保障事業は、扶助あるいは保険かの選択をするのではなく、その両者の共同が必要である」と社会保障委員会は宣言しました。「通常の給付は、疑いもなくまず扶助給付金に優

先権を与えるべきです。さらに他に必要な人々からの合法的要求に公平をきたすならば、その扶助のためのすべての給付金は必要最小限に限るべきです。一方で、保険による給付金によって、標準の賃金水準と釣りあわせながら、気楽に生活するには十分に支給されることになります」最初から委託される基金の規模から、連邦政府はその事業の方針について最終的な責任を負いました。この法案のために多くの異なった関係者や選挙民からの要求や必要性について考慮しなければなりませんでした。Title I と II に潜在しているいくつかの予想、妥協、期待を目だたせることは有益でした。

Title I において、議会は当初、各州への財政的補助を供給するには、4,975 万ドルが必要であると予想していました。その限りにおいては、貧困な高齢者個人にも必要な援助が実行できるのでした。州レベルと連邦政府レベルにおいて正式の申請の手段を確立することで、ワシントン政府は、高齢期における国家の救済がもはや御祝儀と見なされていないことを指摘しました。申請者が、連邦政府にて認定された年齢や在住期間、そして必要条件に合致するかぎり、そのような個人はそれ相応の給付をもらう権利を持てるのでした。

しかし Title I の言い回しでは、老齢扶助（old-age assistance）に対する最低限基準は除外されていました。経済保障委員会にて起草された議案は、政府は人並みで健康的にそれらをぎりぎりに両立できる最低の給付を提供することであると明記していました。しかしながら、議会の公聴会の間に企業の幹部とアメリカ商工会議所（U. S. Chamber of Commerce）の議長は、人並みに限定し実行していくことが困難であることを訴えました。南部の法律立案者は、それをアメリカの権利を侵害する最初の前触れであると非難しました。結果として、経済保障委員会からの提案は断念されましたが、アメリカ政府には自らの的確な判定基準と支給金額を確立することが許されました。さらに州の事業に対する連邦政府の交付金が月に15ドルの限度額では、高齢者は貧弱な支援の水準のみしか期待できないことを意味していました。そして貧窮者収容所の入所者は、故意に Title I の給付から排除されていましたので、長期にわたる医療の必要な高齢者に対して支払われる見込みがありませんでした。

老齢保険（old-age insurance, Title II）の事業には、3,000ドルまでの雇用者賃

金に対する1％の税金と雇用者側にもよる同様の税金の総額によって構築された老齢準備基金が必要とされました。大統領は、そのような税金は経済的に考慮するよりも勝る価値をもっていると信じました。「われわれは、保険料の支払い者には、彼らの年金や失業給付を集めて合法的かつ道徳的で政策的な権利を与えるために、このように給与からの保険料の徴収を設定しました。このような納税に対して、酷評をするいかなる政治家でも、私の社会保障法をとりやめさすことはできません」大衆がいったん、社会保障より賭け金をもらったなら、自然に現存する利益を守るため、さらにそれ以上を要求するようになります。

　Title II はそれにもかかわらず、その早期から客観的で長期にわたる目標について難しい問題点が発生しました。すべての労働者がいつか老齢保険事業に関係してきますが、しかし実際の管理を合法的に考慮することで、最初から適用範囲に制限があることを労働者が納得することを政策立案者は期待していました。農家や地域の使用人、政府の雇用者を含めた約940万人の労働者たちは、新しい社会保障事業の適用からはずされていました。その法律では、雇用者が退職後の生活のために保険料を納める必要はありませんでした。そしていかに多くの人々にそのことが関係しているかは不明確でした。経済学者は、断続的あるいは同時期に従業員であったり雇用者であったりする700万から800万人の労働者に関係してくると評価しました。さらに従業員は月々の年金を要求する前に、社会保障の所得税を払うことを条件として、少なくともある特定の期間は働かねばなりません。このように、すべての労働者がこの新しい社会保障システムによって、高齢期に扶養を受ける可能性が減少したわけではありません。適用範囲から除外されたほとんどの貧困な労働者、特に南部の黒人は、政策立案者が政治的に巧みな妥協点を見いだしているだけだと訴えました。社会保障が50年以上経過しても、結果として、社会保障によってすべての適用範囲の目標は達成されていませんでした。

　1935年の社会保障法の策定者たちは、社会保障の適用範囲の質問を避けていただけでなく、ヨーロッパ型の社会保険による福祉主義のような重課税を回避していました。彼らは、個人は自分の福祉について根本的な責任があるとい

うことを信じこんでいましたので、社会保障システムはできるかぎりアメリカ的にしました。可能なかぎり、彼らは市場原理の自由主義にまかせてしまい、それに干渉することを望みませんでした。それゆえにその給付は、その受け取り者の職業歴や稼ぎの記録に従って、満足のいくように累進的になりました。すなわち、より多く支払う人は後でより多くもらえました。すなわち社会保障は、民間の保険に見られる「公平」(equity) の原則はほとんど固守されていませんでした。その代わりに、給付の方法としては、比較的低い総額の給与 (total covered wages) にて退職した人には有利に働きました。革新的な部分は、まず最初からその給付の構造にその特徴が示されました。たとえば Title II の最低の支給額は月々10ドルと設定されました。しかしその数値は十分に慈善的に考慮されたのではなく、管理するのに都合が良いからでした。その法律立案者はこのようにして、富の再配分への願望を制限する必要性に厳しい判断を示しました。(しかしながら次の章に示されるように、いったん最小の月々の支給額が、その社会保障事業の不変原則として認められると、引き続きその支給額が明らかに増加することは避けられなくなりました。) 政策立案者もまた、すべての老いた労働者たちに月々固定した金額を与えるという考えを排除しました。しかしその計画には印象的な由来がありました。かかる費用を検討するればするほど、一定の率で支給される退職年金には不利に働きました。自立自助の理念は見捨てられていないことをすべての受給者に再保障するために、支給額はすべての課税所得に対する保険料率にかなり相関していました。一生にわたる努力にて獲得される労働者のそれぞれ異なった状況を認識することで、「われわれの経済システムにおいては、むしろ通常の報償金に反しているのではなく、それを補強しているのです」。

このように1935年の社会保障法では、何が企画されなかったのかを考慮することは、何を実現しているのかを考えることと同様に重要なことです。時として特別な状況の局面を維持することで、提案された新制度を強化することができるのです。例証しますと、政策立案者は、老齢保険事業を、高齢者の雇用動向を調整できるように立案した方が良かったかもしれないのです。高齢の労働者は、若い労働者に席をゆずるべきであるという考えには幅広い支持があり

ました。もし高齢な労働者と仕事上で競合する人事がないなら、雇用の機会は、過去45年にわたり改善してきたことでしょう。経済保障委員会とルーズベルト大統領は、老齢保険に強制的な退職の条項を含めることを考えましたが、しかし議会にはそれらを提案しませんでした。1935年の条項において、65歳を越えた時に、働き続けたい高齢の従業員には、社会保障の給付を受け取らないように簡単に選択することができました。高齢労働者の価値についての本人の意見にかかわりなく、議員たちは市場からそのような高齢労働者の一斉撤退を望んでいませんでした。彼らは65歳以上で退職するという明確な退職制度を提言しませんでした。そして職を離れる見返りに、相当な年金を与えて、しかしかなり費用はかかりますが、穏やかに退職を勧めていく手段も実際にはとりませんでした。

　いままで、Title I と Title II によって、まるで大恐慌において高齢者に対し給付できるように策定されていることを述べてきました。そのような見通しは、そのこと自体だけでは不十分でした。それは、政策立案者はただちに経済的危機をのり越えて、すべての市民に対する保障法案を提案する範囲を狭く見ていたからです。社会保険によって、ワシントン政府は、すべての年齢層に給付するための収入の再配分の未来像にすべてを託していました。高齢者は安心と将来の備えを受け取るでしょう。中年層は自由に彼らの財産をより多くの子供たちにささげられます。老齢保険事業と老齢扶助システムとを調整することで、連邦政府は「すべての世代から集めた総金額によって、高齢で暮らしておられる人々への支援をする」という計画を採用しました。Title I と Title II に、家族の状況や世代の移り変わりという老年期の浮沈を処理するために、純粋で創造的な配慮がなされました。

　しかしここでもまた、政策立案者は社会保障の発展のために深く関わり合いながら1つの選択をしました。もし彼らが社会保険の考えに全く傾倒していたならば、誕生から死まで世代間の相互による防御手段を提供できていたでしょう。そして彼らが家族の価値感を再補強して個人を防御することを要求したならば、その要求はより具体化していたかもしれませんでした。その代わりに、彼らは種々の社会的危険性によって傷つきやすい人々を認定する基準の代用と

して、年齢を使用した制度を確立しました。この年齢による特異的な基準によってお金を節約し、社会保険の開始時に必要と思われる制約を押しつけました。しかしこのような決定により、後日彼ら自身に重大な責任がかかることになりました。その他に、「社会的需要」と「個人の権利」に対応するしだいに増加する種々の基準を採用することで、社会保障の保守論者たちは、社会保障委員会や議会での議論で述べられた元々の目標をさえぎり、しばしばくい違っていた論理的な根拠を提出しました。

すでに、1935年の社会保障法におけるいくつかの Title では、高齢でない市民の要望にも取り組んでいます。Title III と Title IX のもとで、議会は最初の年に400万ドルを予想し、そして公的部門と民間部門との協力関係を構築する新しい失業保障案に対応するために、少なくとも毎年4,900万ドルを確保しました。ワシントン政府は、各州に支給金額の決定の裁量をかなり与えました。それらは、ほとんどが雇用者の税金で支払われていました。約2,500万ドルが Title IV によって身寄りのない子供の扶養の援助に充てられました。他に約300万ドルが Title X によって視覚障害者の救済のために使われました。ちょうど Title II が一時的な労働者の将来の窮乏に備えているように、社会保障の構造もまた世代間のすべてにわたる福祉がより実現できるように進展していきました。Title V における母子に対する州の基金による肢体不自由児と地域の保健活動、職業リハビリテーションのために、議会は当初約900万ドル以上が必要であると予想しました。他に1,000万ドルが新しい職員の訓練や病気発見のための公的な保健活動に対して与えられました。このような権利により、将来の救済と健康維持費の軽減をはかりました。そのことで納税者の負担をいくらか軽くしました。提案者は、特別の子供だけに給付するという予防的な手段が、間接的には中年層に利益を与えることになると結論づけました。

批判をやわらげるため、連邦政府は社会保障法が制約している事項を強調しました。1935年8月14日に社会保障法が大統領によって署名されて法律が成立した時、ルーズベルト大統領は「われわれは、人生の危険性や浮き沈みのすべて100％に対して、人口のすべて100％に保険給付することは決してできません」と大衆にそのことを認識させました。大統領はその消極的になることに

よる危険性についてはあまり気がついていませんでした。彼は政策上の妥協により基本的に合意することの危険性を予想していました。彼は、そのような「健全な考え、すなわち健全な理想」を、できるかぎり早期に試みようとして信用を傷つけることは好みませんでした。「私たちの将来の文明において、そのような基本的人権はとても重要なので、法外な活動によってそれを危険にさらすことは許されない」彼は歴史が社会保障法の正しさを立証してくれることを疑いませんでした。しかし外国における社会保険についての詳細な研究によって、社会保険はアメリカの経済状態に左右されるので、保険統計と財政上の予想がしばしば誤っていることが示されました。社会保障は、構造的な失業や高齢の生活保護の潜在的な原因を思いどおりにしようとしているのではありません。社会保障は自分の幸福のために根本的な個人責任を軽くすることもなければ、家族の義務を少なくするものでもありません。その法律は手っ取り早く金を得るのが目標でもありません。それは確かに金持ちからだけお金を出させるわけではありません。むしろ、それはアメリカ人に防御のための最低額を給付しようとしているのです。実際は、最低金額の支給よりも基金の方にお金がかかりました。全く社会保障法による助成金や支給金だけの生活では、満足できる標準的な暮らしをすることは困難でした。社会保障法は、それゆえに、現代のアメリカ人の主要な危険に対処するための警告と終わりのない試行錯誤にて構成されていました。いったんすでに実施されていることの意味が明確になれば、より広範な議論のために大きな余地が残されていました。

4．社会保障の光と陰　The Vision Revised

　ルーズベルト大統領と彼の顧問たちは、アメリカにおける社会保険の事業が一歩一歩着実に拡大することを望みましたが、当初はそのようなことが実現するとは確信していませんでした。最高裁判所にてその法律の合憲性を判断されることが期待されましたが、その判断は判然とはしませんでした。保守的な反対は、決して消失しませんでした。1936年、大統領選挙の時に実際に反対は高まりました。過激派は社会保障を公然と批判しました。味方からの批評によりいっそう社会保障の欠陥が明らかにされました。国民は老齢年金の考えを支

持しましたが、それがどのようにシステムが稼働するのかは明確に理解されていませんでした。このようにして、ルーズベルト政権は、1939年に社会保障事業計画を改正することにより、1937年の景気の後退と経済上の社会保障の影響に対する懸念に対応しました。議論が高まり、生まれたばかりのシステムに関して、その提唱者が心に抱いていた不確定な事実さえもしだいに明らかになってきました。

　社会保障法の初期において思い出さねばならない最も重要なことの1つは、それが容易に着手されなかったということです。職員の人数も少なく、管理する人を雇うほどのお金さえありませんでした。そのなかで社会保障委員会の3人の委員とその助手たちは、新しくはじめる事業の混乱に対応する手続きを確立しなければなりませんでした。一方では、連邦政府の補助に期待して、多くの州では1935年から1936年にかけて、新しい条例を可決して現存する制度を改正しました。それにより Title I にて記述されている判断基準に各州の老齢扶助事業を一致させました。たとえばニューヨーク州では、法律で「救済（relief）」という引用を「扶助（assistance）」と書き換え、70歳から65歳へその適用の必要条件を下げました。

　社会保障法の制定により、各州が貧困高齢者に対して扶助を管理する方法がより公平に対応できるようになりました。しかし多くの不公平が残存し、また新たな不公平も出現しました。1937年の後半になっても、アリゾナ、ジョージア、カンサス、ノースおよびサウスカロライナ、テネシー、バージニア州では、ワシントン政府から一切の援助を受けませんでした。なぜならば、それらの州の条例では、まだ救済事業さえも制定されていなかったからです。当初高齢なアメリカ人は同じように貧乏でしたが、社会保障法の試行によりすべての州において適切（adequate）な援助を提供されたにもかかわらず、公平には扱われていませんでした。ミシシッピー州の平均では、高齢者の扶助には1936年に月に3.92ドルが支給されました。一方カリフォルニア州では、平均的な年金の支給額は31.36ドルでした。（同じ月額でもこれほどまでに差があることに着目してください。）生活費や普及する賃金の格差で説明しようとも、そのようなかけ離れた違いにより混乱が生じました。ついには、1935年の社会保障法

の文書により、貧困収容所の減少と老人ホームの増加が加速されました。ある貧困の農家の何人かは、地主の「憩いの家 (Rest Homes)」に移っていきました。というのは、連邦政府の法律では、公的な収容施設の入所者への給付は禁じられていたからでした。しかし立法者の期待に反して、多くの州では救貧院 (Poorhouse) は閉鎖されませんでした。それは、多くの高齢者には施設入所の介護が必要であり、そのために排除することができなかったからです。貧困な高齢者に当面の救済を提供するよう努力しましたが、政策立案者は高齢者人口の各層には、長期にわたる医療が必要であることをほとんど見過ごしていました。

退職後の給付金が何年も支給されなかった事実は、Title II に重大な影響を与えました。新しい退職制度の社会保障事業に加入した労働者らは、1936年12月31日から納税しはじめました。しかしその基になる法律によって、彼らが Title II から給付金を得ることができたのは、最も早くても1942年1月1日からでした。社会保障の職員が用意したポスター、新聞、講義、ニュース映画によって、アメリカの労働者は彼らが支払っている税金が、社会保険の保険料に相当するものであると信じていました。社会保障のカードを持つことは、政府の保険料の口座をひらいていることを意味していました。新しいシステムに保険料を納めることにより、従業員は、失業手当 (dole) の資格を得るのではなく、将来の給付の資格を得ることになったのでした。その支給額もまた、年間にわたる給与から控除した総額に関連していました。しかしながら、労働者はほとんどの部分に将来どのようなものが返ってくるのかを正確に把握できていない状態で、その間お金を政府に支払っていました。

社会保障の提唱者たちが、保険と福祉とを冷酷に区別して議論している時、彼らは社会保障法が直面する合憲性の審査には関心があるものの、民間保険と社会保険との間で発生する混乱については関心があまりなかったのです。問題となっているのは、連邦政府の権利として、税金を使用し、強制的な国民保険を課す権力を行使することでした。Title II の反対者は、社会保障税を強制する議会の権利にうまく異議を唱えられませんでした。しかし彼らは税金を高齢者の給付金に供給することで、第10番目の改正法案で規定されている各州の権限が侵害されることを主張しました。1935年と1936年の初期に、最高裁判

所は7つの主要な新ニューディール計画を無効にしました。そして最高裁長官は、退職年金の財源のために社会保障税を使用することも規則違反であるかもしれないと示唆しました。法律上の協議により、社会保障委員会（Social Security Board: SSB）の情報の提供において公式文書や広報では保険という言葉の使用を控え、給付という見出しに合わせて税金と表記を避けることが忠告されました。役人は社会保障事業を押し売りする方法に裁判所から司法上の判定を下されないように、言葉をかなり曖昧にしておくことは避けられないと行政官は認識していました。

しかしながら、裁判所がその決定を言い渡す前から、当初の法律に失望した人々は、その法律を批判しはじめました。社会保障に最も熱心に反対した人は、それが実際に運用される前に、その事業を妨害する機会を捜し求めていました。高齢者の社会運動は、より幅広く適用される事業を要求しました。1936年から1938年だけでも、カリフォルニア州ですら州民に約80の異なった福祉計画を提示しました。タウンゼンダイツ（Townsendites）らは、340万人以上の会員に100万ドル以上を投入するというタウンゼンド計画を社会保障法と入れ替えることができるように、国民を通じて議会からの十分な支援を結集しました。もしTitle Iの老齢扶助事業を拡大して国民をなだめようとするなら、議会は年金の保険料の規模を拡大することに消極的になるかもしれないと役所は恐れていました。一方で、たとえば、全米製造業者協会（National Association of Manufacturers）などの保守グループは、雇用者にかかる社会保障税を攻撃しました。多くの小さな町の小売店主もいかなる老齢の年金にも反対しました。

社会保障に対する最も劇的な攻撃は、1936年の大統領選のキャンペーン時に起こりました。9月26日の共和党の立候補者であるアルフレッド・ランドン（Alfred Landon）知事は、新しい社会保険事業を非難することで、連邦政府の拡大する一方の活動範囲と権力に対するアメリカ人の恐れを利用しようとしました。ランドン候補の攻撃は、大きな戦略の一部でした。それは共和党における大統領選の暗黙の綱領でした。アメリカの選挙民に、ニューディール政策には消費パターンを助長する恐れがあり、将来の資本形成を危機に陥れることを納得させようとしました。それよりも彼は、経済的問題の対処には、より家族

的な手法による援助を導入することを望みました。

　ランドンは、社会保障法を「不正で、作用しにくい、愚かに起草された、浪費的な財政」として非難しました。「もし現在の強制的な保険計画が実施され続けるなら、高齢の人々は、彼らの戸棚には何もはいっていないことがわかるだけなのです」その後ランドンは、20世紀基金により助成された老齢保障に関するまだ公開されていなかった報告書に対する攻撃に基づいて主張しました。ある報告では、Title II を保障するためにかなり多くの準備金を集めることの危険性を強調していました。しかし一方でランドンは、「残酷なだまし」として保険事業を否定しました。各州の管理のもとに、老齢扶助を拡大することを支持しました。20世紀基金の研究では、Title II の拡大を進め、拠出金の原則を改良して財政の蓄えを変更し、Title I による給付金が身寄りのない高齢者の扶養にとって、本当に適切であることを勧告しました。「社会保障法はある面では改良されているという指摘に対して、基本的な目的や原則に関してなんら批判はない」とその研究では結論づけました。もしランドンがより控えめな態度をとり、あるいはもし彼が20世紀基金の報告書をもっと賢明に活用したなら、彼はルーズベルトの支援者たちを、それぞれの利益によりルーズベルト大統領の反対者にかりたてられたかもしれません。その代わりに、国内総生産を第一に主唱する者は、彼ら自身やその党の内部の両者から非難を受けるようになりました。彼らが選挙で敗北したのは、劇的なニューディール政策が正当性を立証したためでした。

　大統領選挙が過ぎると、社会保障の将来は、より安定したものになりました。1937年5月に最高裁判所にて、社会保障の最も議論のあった事業に合憲性が認められた時、自由主義者は安心しました。当然、裁判所は Title II の見識については決裁していませんでしたが、明らかに合憲であることを認めていました。さらに、世論では、社会保障はまもなく高齢者の問題を取り扱う重要な手段になっていました。1935年12月のギャラップ世論調査にて、調査対象者の89％が、貧困な高齢者に社会的扶助を提供する考えを支持していました。その6年後には、注目すべき91％もの人々は、公的老齢年金に賛成しました。アンケート調査では、世間は拠出による退職制度を支持していました。1937年に

は調査された人々の約73％が、その時点の自分たちの給与からの社会保障税の徴収を認めていました。また83％の人々は、雇用者がその社会保障のすべての財源を提供することに、反対していました。

それにもかかわらず、退職制度の準備積み立て金の規模と Title II の狭い適用範囲、限定された給付、複雑な管理方法に、厳しい制約があることが表明されました。1937年1月に、上院議員のアンソール・バンデンベルグ（Anthur Vandenberg）は、完全な積み立て金方式を廃止し、国内の労働者と農家にその適用を拡大する計画を進展させるよう、社会保障委員会に解決を要求しました。バンデンベルグ上院議員はさらに社会保障委員会に、新しい財政処理にて給付の規制を緩やかにすべきか、10年間拠出率を凍結した方が良いのかのどちらかを勧告することを望みました。長く社会保障を支持した専門家でも、不安を覚えました。評論家は、1936年に発刊されたエベリン・バーンズ（Eveline Burns）の『社会保障へ向けて（Toward Social Security）』とポール・ダグラス（Paul Douglas）の『アメリカ社会保障（Social Security in the United States）』において、広範囲の適用を容認していることを見いだしていました。アブラハム・エプスタインは、「大胆な政府の方策に状況は窮しています。もしアメリカの高齢者保障システムが他の国のように政治とは無関係であったなら、われわれが老後のために一代で備えたすべてが消滅されてしまうかもしれません」と警告しました。

もし役人たちが、そのような指摘された助言を無視したいと思っても、新しい政治的ならびに経済的発展のため、彼らがそれらを無視することはできませんでした。生産の減退と失業の増大に起因して、6月から一時的に激しい景気後退がはじまりました。その次の年にかけて、いままでの4年間の経済的利益の多くを失ってしまいました。政府の支出に比して社会保障税の20億ドルの歳入が急に削減されたことを、大衆は経済的な下降の原因にしました。社会保障の支持者たちは、評論家が経済的な後退により社会保障を非難することを認めることはできませんでした。

そうしているうちに、社会保障委員会は、高齢者の経済的苦境はすでに大きな社会問題となっており、おそらく不確実な将来においてもそうなるであろう

という数値を公表しました。高齢者の34.7％は、所得や貯蓄、年金によって金銭的に自立を維持することが可能であり、その他の19.8％は現実に公的あるいは民間の支援の受給者となっていました。高齢者のその他残り45.5％の状態は、知られていませんでした。このことから、社会保障委員会の意見では、このグループは、連邦政府の補助や慈善事業に依存している可能性があることが示唆されました。社会保障委員会は、公的支援は十分ではありませんが、しかしTitle II は理論にかなった解決を提供していることを強調しました。

　1937年9月に、社会保障委員会委員長のアーサー・アルトメイヤー（Arthur J. Altmeyer）は、ルーズベルト大統領に対して、社会保障への批判を取り除くために外部専門委員会を召集すべきであることを強く主張しました[5]。ルーズベルト大統領は、アルトメイヤーの提言に同意しました。11月5日にはじめて社会保障諮問委員会（Advisory Council on Social Security）が開催されました。

　1938年12月10日に、その諮問委員会は最終報告を公表しました。その報告書では、現存する老齢保険事業を通じて、現在から将来にかけての基本的な要求を提出する広範な変革を提唱しました。その委員会では、老齢扶助事業を受けている人の35％は、1938年には月々15ドル以下しか支給されていませんでした。結婚している受給者の40％以上の配偶者は別々の補助を受けていました。オクラホマ州における高齢者の半分以上は、Title I の給付を受け取り、一方ニューハンプシャー州における同等の人は7.2％しか支給されていませんでした。その委員会では、嘆かわしい状況を検討しました[6]。

　専門家は、高齢になればなるほど社会保障の傘の広がりによって、社会的扶養をよりよく保障することが可能であると主張しました。そして国民は全体としてかかり合う世代間の譲渡により利益を得るようになるのです。大統領と社会保障庁から温かく見守られ、この報告書は元の法律に決定的な改正をするための根拠になりました。その根拠により、たとえ最初の給付が支払われる前でも、Title II の支給人口、保険の基盤、原理原則の土台を変革していきました。

5．1939年の社会保障法の改正　The 1939 amendments

　社会保障法を開始するために、1935年にルーズベルト政権と民主党議員は

親しみのある保険のテーマを引き合いに出しました。その4年後、立法者は保障される最低限の基準を引き上げようとするために、この社会保障という言葉を言及し続けました。その過程において、アメリカにおける社会保険の方向性が微妙に変化しました。

　1939年の社会保障法の改正では、1935年の社会保障法よりも、社会的適用（social adequacy）に重点がおかれました。1935年の保険事業では、船乗りと銀行債務やローンを抱えている従業員にも適用が拡大されていました。最初のTitle II の給付が、当初の予定よりも2年ほど早く、1940年の1月から支払われるようになりました。給付の方式は、すべての範囲にわたる所得ではなく、むしろ標準所得を反映するように変更されました。そのことにより初期の社会保障の実施において、すべての受給者に対し年金の規模を拡大する効果がありました。さらに、社会保障委員会による提案にそって、議会は退職検査（retirement test）を廃止するのではなく、むしろ部分改正することを選択しました。受益者は働いていてもその収入が月に15ドル以下であるかぎり、老齢保険の支給を受けることができました。

　おそらく最も重要な変革は、現役ならびに退職した従業員の遺族と退職労働者の社会的扶養に対して月々の支給が確立されたことでした。ワシントン政府は、税金を上げることなしに給付の再配分をしました。このようにして、はじめて連邦政府は、規模として民間に現存する生命保険に匹敵できる保障範囲を提供したのでした。高齢な主婦、高齢な未亡人、子供をかかえた未亡人、扶養すべき子供、ある状況では働き手の死亡により窮乏した両親に対する新しい支給適用基準や支給計画を導入することにより、議会は家族の健全を保つことの重要性を強調しました。「経済的な危機に対して家族を防御することが、現代の社会法律制定の大きな目的の一つである」と米国下院においてジョン・マコーマック（John McCormack）が述べました。「高齢者の法律、拠出や非拠出金、失業補償、家事援助、ある州の全般にわたる救済とその後の政治的分割、視覚障害者や障害者への援助、それらのすべては、家族生活を維持するうえで重要な基盤である」

　マコーマックの陳述から、立法者は Title I と II に専念していたように、

Title III、IV、X（それぞれ失業、扶養児童、視覚障害者に関する規定）にかなり着目して検討していることが示唆されました。歴史的資料から他の事実も示されました。議会における議論では、家族や世代間の関心事に取り組むなかで、高齢者の問題が強調されていました。立案者は、アメリカの社会保険を、生活の初期の危機に対して直接的に対応できる効果的な方法にするために、あまり多くの議論の過程を取らないことを選択しました。この決定が社会保障のその後の発展に大きく影響したので、いくぶん詳しくその経過を述べていきます。

相互責任という原則は、アメリカ人が高齢者の金銭上の問題を解決するのを支援する権利を拡大することを正当化する理論的なてがかりでした。高齢者の社会的扶養は、最も重要な危険性や現代の生活障害のためだけではありません。政府機関はこの領域により多くの保障を与えることで、国民の志気を高めるだけでなく、自分自身や子供を守るという市民の関心を高めることを期待しました。社会保障は世代間の収入の再配分システムとしては想像する以上のものでした。社会保障税や給付レベルは、国民の優先事項との競合と経済資源の存在を考慮してから決定されるべきでした。そのような方法は、若い世代の人々も高齢者にも相互扶助で利益があるほど、経済的、政治的、倫理的に理にかなったものでした。もし所得税で給付財源に満たなければ、暗黙の了解で連邦政府がその不足分を用意することになっていました。政策立案者は、喜んである年齢層より多くの人々に対して追加的保護を保障しました。そのことにより長期間にわたり長寿社会に恩恵を与えることを信じていたからでした。

社会の危険性の問題に対する年齢別対応では、深遠な政治的結果を伴いました。結局、1939年の改正法では、老齢保険事業は長期にわたり財政的負担が増すようになると思われました。（最近ではほぼ同様の負担になりましたが、実際には、1935年の元の法律で示された負担に比較して、1939年の改正法の方が長期の財政負担はより少なかったのです。）このため1939年の改正を提唱するには、全般にわたる歳出はそれほど劇的には増加しないとして、財政的に保守党を安心させる特別な努力をしました。個々の給与所得者に対する月々の退職金はかなり減額されました。だんだん拡大していた高額の死亡一括払い金は削除されました。社会保障諮問委員会は、配偶者への補足的な支給に対して、

その適用する最低年齢を65歳に設定することを提言しました。そのことで、お金を節約し、年金受給者の配偶者（妻）の権利として、所得の減免措置を受ける女性との間の例外と不公平を防止しようとしました。年金受給者の配偶者に追加的に50％の支援をすることは、合理的な支給として特徴づけられました。それは、1930年代には65歳以上のすべての男性の63.8％が結婚しており、さらに結婚の状況にかかわらず、すべての年金を増額すると不当な負担を伴うことになるからでした。独身の労働者には、世帯単位の保障の利点を受ける可能性があるために、結婚している男性の妻に追加の支給をすることは、不公平であるとは受け取られませんでした。しかしどのような場合でも、未亡人、独身男性、女性労働者たちのすべての場合に、彼ら個人の支払った保険料に対して少なくとも平等に保険の保障を与えるべきです。両者の受給権がある場合、65歳の女性は、さらに以前より高額になった彼女の配偶者の年金の50％やあるいは彼女自身の所得に基づいた年金を受けるようになります。この支給は比較的費用のかからないものであると立法者は認識していました。「ほとんどの主婦は長期にわたり彼女自身の雇用によって所得を得ているので、これらの補足的な給付は、社会保障システムの最終的な費用にはほとんど影響しないでしょう。一方、彼らは結婚した夫婦の窮乏は確かに、独身者よりは重大であると認識されることにより、その適用が広がることでしょう」。

　改正された Title II では、労働者やその家族に対し最低限の支援を保障することで、適用の基準の緩和がはかられました。しかし1939年の改正案では、公平の概念が否定されたわけではありません。民間保険方式での専門用語において、保険の適用について新しく強調されました。給付の保障は、賃金労働者が社会保障システムに支払った保険料の総額に今までどおり関連していました。連邦政府によって運営されている老齢保険が、まだ一般的な権利になってはいませんでした。新しい年金は、その社会保障の適用基準を満たした労働者と特別に関連している扶養者や遺族にのみ、支給されました。

　1939年における社会保障に関する討論を公平に分析すると、いかに議員が行動していることと主張していることに差異があるかがわかるに違いありません。多くのアメリカ人は、福祉国家が創設されることを恐れていたことを認め

ていましたので、社会保険の特徴が強調されました。ルーズベルト大統領は、少し陰険にも Title II の支給条件を満たす人々に、民間保険会社の保険契約と連携できるように要求しました。1935年の Title VIII にて確立された老齢積立口座（Old-Age Reserve Account）は、老齢遺族保険信託基金（Old-Age and Survivors Insurance（OASI）Trust Fund）と呼び名が変わりました。当初の雇用者と従業員に対する税は廃止されました。その代わりに、保険料については、国内歳入基準の一部分として連邦保険拠出法（Federal Insurance Contribution Act, FICA）によって賦課されました。ルーズベルト大統領とその顧問らは、もしアメリカ人が福祉の汚名でけがされていないシステムから給付を受ける権利をかせいで取得できると信じているなら、社会保障を拡大することは容易であることを知っていました。

　社会保障の批判者の多くは、1939年の改正によってゆるやかな富の再配分の特徴を有する福祉国家の起源が Title II に導入されていることを知っていました。その変化を弁護する人々は、この改正法は社会保障システムに特別な変化をもたらすことを意図していると主張しました。その特別な変化とは、福祉の概念の拡大によって保険を調節すること、あるいは逆に保険の概念の拡大によって福祉を調節することです。その解釈もまた全く正論とは言えませんでした。筆者の意見では、革新も保守も実際的に抜け目なく、そして政治の結果による妥協も控えめに活動しました。そのことについて当時は議論がしだいに浸透していきました。政策立案者は1930年代の後半には、社会保険による給付を改善したいと思っていましたが、ヨーロッパの福祉の実践や概念を導入しようとは思いませんでした。かなり偏狭かつ短期的な問題がわき上がりました。とりわけ社会保障法が完全に実施される前から社会保障を廃止したいと思っているヒューイ・ロングやタウンゼンダイツ（Townsendites）などの扇動家や右派の批評家から、社会保障法を防御したいと議案立案者は思っていました。社会保障支持者もまた、ニューディール政策により見込まれる回復をおびやかす経済の衰退に関心を持っていました。彼らは、準備基金の規模が、経済の困難な時代には縮小することを心配しました。しかし彼らは、自分たちの政策的な立案に潜在する危険性については認識していませんでした。彼らは、福祉と民

間保険とをあからさまに選択するよりも、公平と適用という婉曲な表現を使用しました。そして大衆が基本的な社会制度を維持するために社会保険の必要性を認めるのを待つよりも、根本的に現代社会の危険性を軽減するために必須である特徴的な社会事業によって、最も必要としている人々を防御することを決断しました。アメリカ人が福祉を指向している社会事業を常に支持するかぎり、労働者が社会保険制度に参加することで成功をおさめたので、社会保障機関はアメリカ人も福祉を支持することを信じました。なぜ社会保険の目的がしばしば不明瞭にしか見えないのか、なぜ社会保障システムがその後しだいに発展しているのかを説明をするのにはこれらのことが役立ちます。

　Title II において公平の問題と適用の関係を扱う決定により、何が法定の受給資格と大衆の期待との相互関係を形成するのかという提議がなされました。給付が拡大すれば、ますます給付の増大への圧力がより強く高まります。これこそルーズベルト大統領が意図していることでした。「もしわれわれが社会保障を最終結果というより最終目標への途中経過として見なすなら、われわれは最も整然と進歩しているのです」とルーズベルト大統領は主張しました。1940年9月の輸送トラック業者（Teamsters Convention）の面前で、彼は次の段階を示唆しました[7]。

　社会保障提唱者は、人口の割合のより多い層に付加的な保障を追加しようと模索した時に、やはり社会保障システムの拡大には限界があることを認識しました。社会保障諮問委員会の委員長であるダグラス・ブラウンは、このように説明しました。「社会保障の様式は、服のようには大きく仕立てることはできません。与えられる社会保障の程度は、国民の総収入とその収入のうち、特別な目的のために使用できる正確な歳入の割合で規定されねばなりません。高齢者の保障のために、孤児、病人、障害者、失業者の適切な保障を犠牲にしてはなりません」。

　老齢扶助と老齢保険は、1930年代につなぎ合わせた社会福祉事業における単に2つのつぎはぎ細工にすぎませんでした。しかしやがて年月を経るに従い、それらは社会保障自体の基盤となりました。引き続いて起こった社会保障法の改正によって、20世紀後半にかけてのアメリカ人の生活の様式とその覆い

について多くのことが明らかにされました。筆者は、人生サイクルの最後に伴う社会の危険性を力説することで、若い世代の財源負担が軽減したことを述べていきます。そのことで家族や世代間の調和を打ちこわすよりも一層悪い要因が出現しないようになったことを強調したいのです。従来から個人や民間企業、慈善事業、州と地域の機関に任されていた事態に関して、民間保険を広く採用して連邦政府の役割をはっきりと拡大することで、元々の社会保障法の構造により各地域の独自性を守ろうとする試みが不注意にも妨害されたのかもしれません。

第2節　社会保障成熟期　Social security matures, 1940-1972

　社会保障システムは、たとえ1939年の法律上の改正が行われていなくても、しだいに拡大していたでしょう。単に時間が経過しただけの理由で、ますます多くの労働者は、退職給付金を求めるために、社会保障事業に対して十分な保険料を支払いました。1939年の改正法案が制定された時、一般労働者の43.6％は、社会保障システムへ保険料を拠出していました。10年後にはさらにその数字は、56.7％へと上昇しました。1950年には4,830万人もの給与所得者や賃金労働者は、社会保障の課税の対象となる給与を申告していました。もちろん受給者の数も上昇しましたが、しかし保険料納付者の数はそれ以上に急激に増加しました。最初の財源は少なくても、税金の率は適切に維持されていましたので、社会保障システムは、その当時実際は黒字で運営されていました。

　社会保障は予想していたように拡大しましたが、社会保険の当事者は、社会保障システムはいまだにとても脆いものであることを知っていました。社会福祉の団体に対する国内の会報や講演において、社会保障委員会の委員たちは、社会保障はゆっくりと確実に拡大していますが、その攻撃から社会保障を守るには依然として十分とは言えないことに気づいていました。政治的あるいは経済的変化がさらに起こると、政策立案者の社会保障に対する計画はしばしば転覆させられました。第二次世界大戦の最中に、たとえば老齢保険に対する条項

は凍結されました。社会保障事業の規制緩和は断念されました。ほとんどのアナリストは、アメリカ合衆国で第一次世界大戦後に引き続き起こされたのと同様に経済の衰退に陥ることを予想していましたので、保守派の議員は財源の必要な新しい規定を廃案にすることに成功しました。共和党が優勢な議会では、南部の民主党の支持もあり、従業員の給付をより厳格にした Title II の適応基準を設定しただけでなく、国民健康保険を制定する法律を廃案にしました。このようにして、社会保障における最初の10年間での実際上の運営は、1939年の改正案での限度内においてのみ自然に拡大していきました。驚いたことに、戦後の時代に一致して経済的に繁栄したのですが、その後の10年の間に社会保障が拡大するにつれて、政治的に議案を提出すべき余裕がますます多くなりました。

　そのような社会保障の拡大は急に起こったのでもなく、首尾一貫していたわけでもありません。保守的な影響と福祉国家になることへの恐れが広まることで、社会保障に大胆な新しい制度を構築するのにはとても厳しい状況でした。それにもかかわらず、社会保障の運営や立法の支持者たちは、しだいに一段と大きな政治的目標へ作用していく巧みな計画として、社会保障の拡大主義を政策として受け入れていました。社会保障を主に設計したメンバーであるアーサー・アルトメイヤー、ロバート・ボール（Robert M. Ball）、ダグラス・ブラウン、ウィルバー・コーエン（Wilbur J. Cohen）と、ロバート・メイヤー（Robert J. Myers）らは、社会保障の財源の保全を確保することや国民の要望を保障することに深く関わっていました。このような内部の者は、一般的に一致する価値と目標を持った政府支持者でした。彼らは社会保障の運用に関して恐るべき技術的な専門知識があり、政略上いかなる時に勧めることができ、あるいはできないかを抜け目なく見抜いていました。彼らの提言は、例によってまずは公的な機関や民間組織によって支持され、やがて政治の土俵にて成熟し、その後に下院歳入委員会（House Ways and Means Committee）と上院財務委員会（Senate Finance Committee）によって微調整を受けて、社会保障システムに組み込まれていきました。

　社会保障の範囲を拡大するための重要な勝利は、1950年の改正案にて獲得

されました。その勝利には、常勤の小作人や国内の労働者、プエルトリコやバージン諸島の労働者、退職市民サービスシステムでは保障されていないアメリカ国内の一般従業員が、社会保障の事業に正規に加入することを求めました。老齢保障のない州政府や地域の公共団体の職員や非営利組織の従業員（牧師以外）は、社会保障の適用を選択できるようになりました。1954年と1956年の改正案にて、自営の農家、ほとんどの自営の専門職とすべての軍人へ適用する強制保険の適用が拡大されました。牧師や貧困の誓いに拘束されていない宗教の聖職者たちと、退職制度による州政府と地域の公務員（指定された管轄区域の消防士や警察官も含まれています。）もまた社会保障システムへの加入を選択できました。一方では、月々の給付の平均額が上昇しました。このことは、社会保障の給付に基づいている給与がしだいに上昇していった歴史過程をある程度反映していました。しかし、度重なる改正によって、給与以上に給付を増やす社会保障の要望が高まりました。例えば、1950年の9月には、ハリー・トルーマン（Harry S Truman）大統領は、1939年に設定された給付水準を、77％も引き上げる法律に署名しました。引き続き上昇はしばしば起こり、劇的でなくとも、しだいに実際に上昇していきました。

　おそらくこの拡大する社会保障にとって最も注目すべきことは、拡大し続ける適用範囲と給付の増大についての議論が欠けていたことでした。1950年から1972年にかけて、議会は、社会保障の限度を超えて、その修正を認めていました。大統領も社会保障の改正案に対する拒否権は行使しませんでした。党派にかかわらず、保健教育福祉省に任命された者は、その次の段階の社会保障の立法上、運営上の策定に賛同していました。議会における保守派の反対も効果ありませんでした。たとえばアメリカ医師会（American Medical Association, AMA）やアメリカ商工会議所などの特別な利益団体により、過剰な変化は防止することができました。しかしこのことも、拒否された提案が再修正されて制定されることを、防止するまでには至りませんでした。

　しかしながら、この拡大する政策がうまくいったのは、単に鋭い予測やエリート議員への働きかけの結果によるものではありません。予期していなかったアメリカの戦後の復興景気によって、この社会保障の拡大が可能となりました。

社会保障は、手取りの給料やあるいは消費や生産を制限することなく、しだいに大きな歳入予算を社会保障に取り込むことができました。社会保障の将来は、多くの異なった団体の利害関係が一致していたので、より確実なものになりました。より多くの高齢者が、社会保障の給付をあてにするようになり、より若い世代は社会保障システムにより両親が後々自分たちに頼る程度が軽くなることに気づきました。民主党も共和党も同様に、財政が健全であり、選挙民の生活の質を向上させる社会保障の事業を支援することは明らかな利益があると見なしました。経済界や労働団体は、法律の発議の特殊な事項には意見がくい違いましたが、しかし各々の選挙民は、社会保障それ自体は侵すべきでないと見なしていました。ところが、安易な選択は、必ずしも良い選択にはなりませんでした。

　社会保障は、将来の幸運な人口構成の状態と経済状況、そして注意深く創設された後でさえ、その拡大が期待される政治的事情の結果として予想外の過程で発展していきました。1939年以降の社会保障の発展を理解するには、政治経済の傾向、政治や文化の歴史の調査を必要とします。経済的繁栄の状況下で、拡大する社会保障の立法化の変遷を評価し、特に騒然とした最近の歴史を通じて社会保障の対応の限界を把握することが非常に重要です。

1．過去に基づいて構築し未来に備える社会保障
　　　Building on the past and planning for the future

1）社会保障政策に対する第二次世界大戦の影響
　　　World War II's impact on social security policymaking

　1940年代に描かれた社会保障に対して、大恐慌はその陶酔から目を覚まさせるような教訓を与えました。経済的安定と伝統的な政治制度の維持は、西側諸国の最も重要な目標でした。というのも、深刻な経済的混乱の最中に出現した全体主義体制は、民主主義に大きな脅威を与えたからです。国の体制を補強するために、指導者は不幸な人の絶望的な境遇を軽減しながら、経済の復興をはかる事業を展開していきました。しかし第二次世界大戦の勃発により、事態は急を要するようになりました。そのためルーズベルト大統領は、全米資源計

画委員会（National Resources Planning Board, NRPB）を、市民の将来への保障に向けて、その詳細な計画を考案するために設置しました。NRPBは、英国における1942年のベバリッジ報告（Beveridge Report）のように、政府はその国自身がより安定し生産的になるためには、すべての市民に対して最低限の経済的保障を約束すべきであると主張しました。大西洋における両岸の国々の政府は、社会保険を戦争が終結した後に予想される混乱の予防策として認識していました。

それゆえに、多くの立法府と行政部門の有力なメンバーは、社会保障の適用範囲と給付がより拡大することを要求しました。彼らは、ワグナー・マレー・ディンゲル法案（Wagner-Murray-Dingell bill）の支援で団結しました。それは連邦各州が取り決めるTitle Iの代わりに、完全なる連邦政府による高齢者扶助事業を提言しました。そしてTitle IIにより農家や国内労働者まで保障範囲を拡大し、国民健康保険システムを要求しました。社会保障委員会の委員長であるアーサー・アルトメイヤーは、「わが国の市民ほとんどに対して、自分たちの国と人生を自主的に防御するのに必要な、まともな衣食住と基本的な医療サービスが保障されるのも、社会保険のおかげです」と述べました。社会保障を通じて賃金労働者を守ることで、失業者や高齢者の社会的扶養をかなりの程度まで軽減することが期待されました。戦争中は、高齢者はより長期間にわたり職につき、障害者は生産を引き上げるために社会復帰させられました。全国資源計画委員会は、依然として少なくとも7分の1の世帯は最低限の生活水準にも達していないことを報告しました。大衆が彼らの見解を支持していることを示すために、議会工作者は、1943年8月初旬に発表されたギャラップ世論調査を引用しました。それによると、調査された人の64％は、農家や地方公務員、国家公務員、専門職にいたるまでその適用範囲を拡大することを支持していました。

それでも議会は、第二次世界大戦中、いかなる新しい法律も成立することを望みませんでした。もちろん、たとえ1935年と1939年の改正法によって保険料率を上げることが要求されても、戦争中は社会保障法の計画どおりに実施されていました。まずは戦争に勝つことが、社会福祉よりも優先されました。多

くの社会保障推進派は落胆しましたが、ルーズベルト大統領は平和がもどった新しい時代に期待しました。1944年の年頭教書 (state of the union) にて、ルーズベルト大統領は、「われわれは、国や人種、信条にかかわらず、新しい保障と繁栄をすべての人のために確立できる、いわゆる第二の権利章典 (Bill of Rights) を認めました。このような権利のすべてにより、新しい幸福と福祉の目的に対して保障するという結果をもたらしたのです」と演説しました。ルーズベルト大統領は第二の権利章典の考えを説明することで、まさにに未来像を見通していました。保険の専門用語を厳密に使用することをやめて、ルーズベルト大統領は、全国的なケアシステムの概要を提言していきました。しかしこのシステムもまた、リンドン・ジョンソン (Lyndon Johnson) の偉大な社会の提言まで十分には取り組まれなかったのでした。

2) 戦後社会保障を実現するための調整
　　　Adjusting for postwar realities

　連邦政府は、1945年以後経済生活全般において、ある時は仲買人、調停者、高齢な配偶者としての役割をしだいに果たしていきました。退役軍人とその扶養家族を、担保抵当権や職業訓練、教育授業料によって補助していた軍人再調整法 (Servicemen's Readjustment Act) に加えて、議会は完全就業を国家の目標としている1946年の雇用法 (Employment Act) など、さらにその他にも熱望される法案を承認していきました。社会福祉の分野では、連邦政府機関はアメリカ人がいかなる大惨事にて打ち砕かれようとも倒れることのない最低生活限度を提供し、企業や進取の精神を阻害するほど多額でない「ゆりかごから墓場まで」の保障を提供する事業を描いていました。しかしながら、この計画を実行するにはさまざまな障害がありました。議会は、新しい自由主義の改革に抵抗しました。不安定な中間層の人々は、自由主義の利益を守ることに熱心でした。これらのグループに社会保険事業を拡大する要求を納得させることは、社会保障権の擁護者にとって最も困難な課題だったのです。

　このような社会保障の支持者は、もし議会がすぐに Title II の事業を拡大しないなら、それが弱まりあるいは沈滞してしまうことを心配しました。1949

年のOASIの給付に比較して、多くの人はその2倍である老齢扶助（old-age assistance: OAA）の給付を受けていました。平均25ドルのTitle IIの退職給付に比較して、平均的なOAAの支給額は月々42ドルでした。そのTitle IIの数値は、1939年よりもわずかに10％増大したにすぎませんでした。南部のほとんどのOASI受給者は、かなり低く抑えられた賃金のレベルのために、OAAにも依存していました。そのような統計結果により、自由の見地、民主主義の価値、経済的動機から社会保険が救済には望ましいと感じている人に混乱をまねきました。「公的な扶助は社会保険の手段への対抗者ではなく、それの補助であることを明確にすべきです。それは包括的な要求に応える責任ある最後の頼みの綱としていつも残存する機能を果たしているのです」とロバート・ボールは1947年に論述しました。「社会保障事業推進の目的は、最低限の扶助をする必要性を少なくすることである」と、ボールのような人々は、社会保障の発展段階の初期において、OAAはより高齢なアメリカ人に適切に寄与し、多くの受給者はTitle IIによる給付に比較して、より高額のTitle Iの受給資格を有していたことに気がついていました。しかしながら、社会保障の指導者たちは、資産調査による救済に伴う欠点によって、老齢扶助事業に対する通常の支援を制限しようと予定していました。彼らは、老齢保険によって社会的扶養を防止する利点に、最後には国民が気がついてくれることを信じていました。

　自由主義者は、社会保障の拡大を拘束し、その現在の真価を下げようとする試みである適用基準の保守的な厳密化を非難しました。トルーマン大統領は、事実上共和党の優勢の第80回議会を通過した改革を、1948年の大統領選挙運動における公約としました。しかし一方、イギリスではすべての政治家が、ベバリッジ報告と全英国民健康法（National Health Act、1947年）を受け入れました。トルーマン大統領は、アメリカに全米国民健康保険法（National Health Insurance Act）を成立させようと努力しましたが、阻止されました。1940年代の後半、アメリカ社会保険は重大な局面にさしかかっていました。連邦政府から保険と保健事業に対してより直接的に公的資金が供給される保障を望む公的機関の役人は、社会保障を拡大することで一応満足しなければなりませんでした。彼らは、老齢保険事業の適用基準を拡大し給付を増やすことを最優先とし

ていました。彼らは、高齢者の要求を効果的に満たすためには、適用の拡大にくさびを打ち込みたいと望んでいました。このことは前例によるのではなく、より明確な年齢特有の基準が必要とされました。

　時々役所では、Title II における小さな特殊な変更を要求しました。というのは、彼らは種々の潜在的な受給対象者のカテゴリーを包括することは、その後の活動のための慣例として寄与することを知っていたからです。他の場合では、立法者は何年間も熟慮してから法律の制定を実施させられていました。議会における18カ月に及ぶ審議の後に、トルーマン大統領は、その結果として30カ所の大きな変更をした社会保障法に署名し、1950年8月28日に法律が成立しました。同様に、1935年の社会保障法の時に論議された障害保険に対する論争がはじまったのでした。このような給付は、基本的には精神的あるいは身体的機能障害により早期に退職しなければならなかった不幸な個人に対して支払われるというもので、その考えはアイゼンハワー（Dwight Eisenhower）大統領のもとでしぶしぶ実施され、行政上ならびに法律上の改善がついに獲得されました。1954年、彼の政権で「障害凍結」(disability-freeze) の宣言が熟していきました。このことで、保険料がある期間にわたり納付され、もし障害のある労働者が65歳まで働き続けた時に得られる支給レベルまで保険料を納めたとして、障害者の退職給付金に対する計算方法が示されました。1956年の社会保障法の改正により、障害のある労働者に50歳からはじめて支給される終身の障害者保険事業が認可されました。そして65歳の時に障害保険の受給者は、自動的に老齢保険の給付の適用へと変更になりました。もう一度、心身の状況に基づいた適用範囲が、以前から存在する年齢相応の事業や基準に拘束されることになりました。

　老齢保険がアイゼンハワー政権の間においても拡大し続けることは、社会保険がもはや保守的な反対を引き起こさないことを意味していません。それとは反対に、1952年から54年にかけてアメリカ商工会議所から、普遍的な一律の年金システムが提唱されました。その提言では、すべての65歳以上のアメリカ人は、納付金に応じて給付される保険をかけるので月に25ドルの最低限の退職給付金が保障されていました。このことは、もちろん種々のタウンゼンド

計画の辛辣なる模倣にすぎませんでした。社会保障機関は、それを給料に関連した保険料体系への真正面からの攻撃と見なしていました。この提言は、つまり企業の利益によって、もはや社会の生産者とは思われない者に対する、連邦政府の責務を最小限に軽減することで、時計の針を逆行させる企てでした。いくらか驚いたことに、民間の保険会社は社会保障によりアメリカ人が公的保険と同様に民間保険に対する要望がより過敏になることに気がついていましたので、商工会議所の提言についてはあまり熱心ではありませんでした。商工会議所の提案は、彼らの頑固さにより、計画に対する大統領の冷淡な対応と組織化された労働者の熱心な反対も加わり、何も成し遂げられないことが確実になりました。もしそれが成功したなら、社会保障はより内部に埋もれてしまったかもしれません。保守派がもう一度激しい攻撃をしかけるまでに、約20年が経過しました。

2．社会保障の公的と私的領域
The public and private spheres of social security

　社会保障は、最初の四半世紀における実施の間に合法性を獲得しました。ますます多くのアメリカ人が、それは福祉のためには必須であると認識しました。さらに、高齢者扶助と保険との相互関係が、ちょうど多くの社会保障の提唱者が予測したように浮かび上がって見えました。社会保障システムの成熟とその適用条件の緩和により、老齢で恩給を与えられて退職させられた労働者に対するTitle Iの割合は減少し、従業員と彼らの扶養者がTitle IIの給付を適用される割合が上昇してきました。1950年の改正法だけの結果として、老齢扶助を受けている約10万人の男女が、老齢年金保険の適用になりました。1951年2月に、老齢年金保険を受けている人の数が、Title Iの給付を受けている人の数を上回りました。ちょうど半年過ぎると、より多くの金額がTitle IよりもTitle IIによってアメリカ人に支給されました。政府ではそのような証拠を示して、高齢者に対する福祉の扶助は年ごとにしだいに減少していくことが立証されました。それに加えて、Title IIの受給者は彼らの投資により、非常に良い還付を得ていました。ほとんどの場合において、彼らは、保険料の支払いに

利息を加えたよりも実際には多くの返還を得ていました[8]。

　社会保障に資金を調達する手段があるために、その解決策を見つけることはより簡単でした。実は社会保障システムに長期間にわたり余分な支払いをしていました。その1つの理由として、1947年から1970年にかけて社会保障庁 (Social Security Administration) の長官として勤めていたロバート・マイヤーは、実際の賃金はあまり上昇していないと慎重に判断していたからです。この前提は、信託基金の財源状況を算定することにおいて、きわめて重要な事項でした。給付額を決定するためにマイヤーの賃金レベルの仮説を採用した背景には、保険統計上の用心のためだけではなく抜け目のない政治的な理由がありました。そのようにして、社会保障の発展期において税金を引き上げる理由にもなりました。歳入は給付が支払われるよりも早く集められたので、先の給付レベルを維持することを望んでいる人は、少なくとも要求している給付の増額分を正当化するために、いつも社会保障システムにおける余剰金を指摘することができました。自由主義者（liberals）が、一般税金からの歳入に社会保障の財源を要求しないという暗黙の方針で活動しているかぎり、彼らより保守的な仲間たちは、連邦保険拠出法（FICA）の税金を実質的に上昇することが強力な治療となることを知っていたので、都合よく一緒にうまくやっていきました。FICAの税金を上げるのは、彼らの反対者でさえ、それを指令するのは二の足を踏みました。もう一度社会保障の本質に直面することは、成熟した社会保障システムの専門的な特徴を活用することで回避しました。立法者は、低収入の受給者に対してより多くの保険料の支払いを命ずることができました。一方で、過去の保険料は、個人の出費の規模に強く相関すべきであるという原則を支持していました。その過程で、適用の基準のために気がつかないうちに社会保障が傾きかけることが起こってきました。

　年齢に特有の適用基準は、以前と同様に使用されました。その結果として、65歳という年齢は、高齢のはじまりとしてますます認められるようになりました。1935年の社会保障法の作成者は、Title I と Title II の適用基準として65歳を採用する過程からはじまりました。その他の年齢も、ちょうど理にかなったものとして選択されていました。少なくとも他の6つの年齢は、1920年代か

ら30年代でのアメリカにおける救済事業や退職計画における基準として使用されていました。議会は後ほど、その他の年齢に基づく適用基準を設定しました。たとえば、障害者事業では、65歳の年齢の重大性が強調されました。社会保障を、女性、男性、子供の役割の変化に対応して適用するという成果にも、同様の効果がありました。

　立法者にとっては、年齢に基づいて適用範囲を決定することには、重大な利点がありました。年齢による適用で、資産調査の型式を伴う福祉の欠点を避けることになり運営的には簡単になりました。年齢特異的な基準に賛成する人は、すべての場合を年齢だけで一度には解決できないことを理解していました。しかし、彼らはほとんどの人々の要求や要望に便宜をはかるように規則を調整したので、年齢を通常の危険に対する信頼性のある尺度として見なすことは妥当であると認識していました。そのようにしながら、彼らは現代のアメリカ人が以前よりも、お役所的に年齢を意識するように支援しました。

　社会保障における新たな中年層の将来像は、1950年代に出現してきました。アメリカ人は、政府機関が貧困からの救済のための成果を拡大するよりも、社会的扶養の危険性を弱めることを好んでいました。公的や民間の制度は、補足的でお互いに敵対しない立場を引き受けており、それらが、継続的な経済的成長を促進するパートナーになりました。困窮している人々の救済は必要ですが、投資に対してかなりの返還、理想的には気前のよい利潤を伴うという卓越した点をあやうくすべきではありません。

　社会保障がアメリカ人の生活のより基本的な特徴になったので、仕事と労働の両者にわたり、社会保障がその目的として役立つことが明らかになりました。民間部門は、公的部門のすべての給付を利用しようとしました。たとえば永続する障害に対してすべて単一のグループ保険の契約によって、民間の給付は公的給付の埋め合わせをしました。もし政策で月に125ドルを約束され、そして障害のある労働者は社会保障の障害保険事業で月に75ドルが適用されるなら、そのため民間保険会社の支出は50ドルに縮小されました。ますます民間の保険では民間の年金を受け取るための条件として、社会保障給付金を受けていることが必要とされました。社会保障の障害保険を拒否された人に、その判定を

訴えることを求めました。

　小さな企業や会社も、連邦政府の老齢保険の適用基準と適合できるような退職事業を設計しました。しばしば、従業員の個人年金の額は、彼らの月々の退職金として予想される額に固定されていました。社会保障によって雇用者がきちんと責任を継続していく準備ができ、一方では従業員にますます普及の促進や発展を予測できる確立した指針をかかげられることを、企業の立案者は気がついていました。社会保障の指針に合わせた強制的な退職計画によって、管理者には、高齢の従業員の自尊心を傷つけることなしに退職させる都合の良い手段が与えられました。労働組合も、またすぐに社会保障システムの利権を獲得しました。1940年代の後半に、全国鉱山労働者組合（United Mine Workers）者と全国自動車労働者組合（United Auto Workers）は、年金を1つの交渉事項にしました。このことには、賃金や給付に関する将来の交渉に対して重要な慣例となりました。契約による強制的な退職年齢を労働組合に要求することで、若年あるいは中年の労働者に仕事の機会が与えられました。また労働組合組織は同時に、高齢労働者に最大の利益を提供することをもっともらしく要求することができました。共和党と民主党との間には、社会保障における退職の意味合いには大きな意見の対立はありませんでした。さらに行政部門と立法部門は、収入調査が高齢者保険の費用を適切な範囲内で維持するのには必要であることに同意していました。社会保障機関と議会の立法者は、退職検査を変更するたびに共同歩調をとりました。

　企業の管理者と労働組合の指導者は、共和党と民主党、中年の納税者と退職した労働者、これらすべての人々は、エドウィン・ヴィッテらの専門家を重要視して、社会保障を評価していました。というのは、社会保障の安定性と効率性が、伝統的規範を害することなく、アメリカ社会の福祉に十分に貢献していたからでした[9]。

　ヴィッテの再保険論に共鳴しながらも資本形成や獲得した権利の維持に関するケインズ学説に含みを持たせて、ジョン・ケネス・ガルブレイス（John Kenneth Galbraith）は、著書『裕福な社会（The Affluent Society）』のなかで「高度なレベルの経済保障は、最大の生産性のためには必須である」と述べて

います。社会保障は、失業や能力低下、高齢に伴う不安を軽減することによって、幸福をはぐくみました。さらに重要なことは、その支持者に応じて、社会保障は一方では相互扶助の責任を促しながら、個人の自助を補強しました。社会保障は、個人の尊厳を強化するための社会秩序であるので、個人主義者の評価を高めることは保守的な制度として見なされていました。

　ますます社会保障の給付が利用可能となり、潤沢になってきたので、アメリカの高齢者の貧困発生率は減少しましたが、社会保障費が相当の大きさの規模であることが、依然としてかなり窮乏した状態に陥っていました。社会保障庁の報告では、1959年における65歳以上男女の35.2％の収入が不十分でした。ミシガン大学のジェームズ・モーガン（James Morgan）とその共同研究者たちは、同じ年に集めた資料をもとに、すべてのアメリカ人家族の28％は潜在的に福祉の受給者であり、扶養される危険性のある高齢者が世帯主になっているすべての世帯では48％が福祉の受給者であったと推測しました。そのようなデータは、すぐに反応はありませんでしたが、しかしそれらにより市場の力や個人の慣習だけでは、高齢者の貧困の問題を解決することができないという政策立案者の認識が新たになりました。

　このようにして、1950年代の後半には、繁栄のなかでの貧困という矛盾した現象によって、国民の指導者たちは救済する活動へとかりたてられました。大統領選挙の年の公約のため、何年もの間発展してきた計画を再評価することが触発されました。リチャード・ニクソン（Richard M. Nixon）とジョン・F・ケネディ（John F. Kennedy）らによる、高齢者のための新しい医療扶助事業の要求によって、議会は1960年に老齢扶助受給者に対する、連邦政府から州への医療費支払い補助の増加を決定しました。立法者は、公的な救済がなければ必要な医療費を支払うことができない人に基金を配分するというカー・ミルズ法案（Kerr-Mills Bill）にも賛成しました。もし1960年代が社会的に平穏であり、経済的には不景気で、政治的に受動的な時代ならば、社会保障の発展はより効率的に制限されたかもしれません。期待が膨らみ、うわべでは際限のない繁栄の時代ですが、その代わりに議会は単にルーズベルト大統領がはじめて創設した目標を達成するように活動しただけでした。達成されていない協議

事項がたくさんありました。

3．貧困の再発見　The rediscovery of poverty

　1960年代の自由主義は、ニューディール政策よりも社会保障のような事業によって社会福祉面を発展させることに貢献できました。このことは経済的・政治的な状況がかなり変化しているのが1つの原因でした。ケネディ大統領とジョンソン（Johnson）副大統領に進言する人々は、アメリカを祝福する繁栄が10年以上もの間は、かならず継続することを信じていました。もし経済の拡大と生産性の向上で発展が継続して維持されるなら、すべてのアメリカ人はより快適な生活水準を期待することができました。さらに連邦政府は、ルーズベルト大統領があいまいに表現していた事項を実現する準備をしていました。20年にわたりしだいに連邦政府の介入が増してきても、人々はアメリカの伝統とも両立するものとして、社会保障を通じて貧乏な人を助けるワシントン政府の努力を認めるようになってきました。どのような場合でも、収入の再配分が急激に向上することが、国民の貧困を解決するには必要であることに気がついているアナリストはほとんどいませんでした。それに関する1964年の報告では、経済諮問委員会（Council of Economic Advisers: CEA）は、およそ110億ドルによって、すべての貧しい家族に少なくとも年に3,000ドルが保障されていると評価し報告しました。その数値は、当時の防衛費の5分の1以下で、国民総生産（GNP）の2％にすぎないことが示唆されていました。お金とその公約によりすべてのことが可能であると確信をもって予測されました。

　貧しい人々は、お金それ自体で満足できないことまで多く要求しました。しかし政策立案者は、快適であり、適切であり、満足できる最低限のレベルにおいて、個人や家族の生活を維持するのに必要な収入を計算できると思いました。連邦政府は、社会保障庁の研究統計部門の経済学者モリー・オルシャンスキー（Mollie Orshansky）が開発した貧困指数（poverty index）を採用しました。オルシャンスキーの公式にて、人々が最低限にバランスのとれた食事の支払いと、その他生活に欠くことのできないものを買うのに必要なお金を計算することを試みました。彼女の計算では、4人の平均的家族は食事に家計の3分の1を消

費し、その他の生命の維持に必要な品目のためには毎週1.4ドルだけは必要とされました。しかし彼女は長期にわたる経済的な変化には対応していませんでした。「その基準自体は確かに任意に設定されていますが、しかしそれには理由がないわけではない」とオルシャンスキーは反論しました。

オルシャンスキーの統計は、1962年のベストセラーであるマイケル・ハリントン（Michael Harrington）の『他のアメリカ（The Other America)』と、1963年ニューヨーク人の論点のなかでドワイト・マクドナルド（Dwight Macdonald）の影響力ある評論のなかで『目に見えない貧困（invisible poor)』にて述べられている論争で確証されました。独りで住み、あるいは身寄りのないアメリカ人のほぼ半数は、貧乏でした。すべての家族の14％が、貧困でした。女性や黒人に多く見られる貧困世帯の発生頻度は、全国平均よりかなり超えていました。さらに、1963年には65歳以上の独身者のうち、男性の40％と女性の約67％は、オルシャンスキーの経済レベル以下の収入でした。彼女は貧困高齢者の30％は都市のスラム地区に、他の14％は農場に住んでいることを発見しました。かなり割合の多い白人のうちの23％は、非白人の8％と比較して高齢者でした。概して少数民族は貧困者のなかでは、人口全体として不相応に報告されていました。しかしながら、彼らの死亡率は、白人に比較してもかなり高いので、少数民族の65歳以上の高齢者人口は、それに比較して少なくなっていたのです。貧困は少数民族にとって、一生にわたる問題となる傾向にある一方で、低所得者の白人は概して、障害や老齢のため仕事を失うまでは、なんとか金銭的苦難をさけることができました。

1）偉大なる社会による主導　Great Society initiatives

大衆からの圧力や公民権を剥奪されたり貧困である人々の不服従の行為が増大したことに伴い、最高裁判所まで訴える活動家、好意的な議会、精力的な行政部門、選挙民からの受けのよい要求、さらに高まる繁栄——このような要因のすべては、貧困に対する闘争（War on Poverty）を開始するよう連邦政府に働きかけました。政府機関は、住まい、健康、雇用、教育、心理的な要望をすべて満足させる偉大なる社会（Great Society）を大胆に構築することをはじめ

ました。物質的な福祉と市民の人権のためには、政府は大きな責任を有するという考えに同調している時代には、強力なる連邦政府に対する米国創始者たちの恐れを共感することはほとんどできません。偉大なる社会とは単にニューディール事業を差し替えたものではありませんでした。時代は、個人の権利を守り向上させるために、以前よりも大胆な段階を要求しエスカレートしていきました。市民の権利、教育、社会福祉のために、連邦政府が介入することは、不幸なグループに対する本来の公約であることが強調されました。

　概して、黒人の問題、アパラッチの貧困、世帯主の失業、高校の登校拒否、児童の問題に比較して、アメリカの高齢者の問題には、1960年代あまり関心がありませんでした。というのは、政府は、人々を教育や職業訓練、勤勉によって貧困より脱出させ、自分自身を高める機会を創設するようにしていたからです。「生まれもった才能を向上させる機会をだれしも否定しないでください。とりわけ貧困な児童にまで、貧乏から脱出することを広げていきましょう」と1964年に経済諮問委員会が宣言しました。政策立案者は、概して、高齢者のニーズを若者のそれを扱うのとは違う法律で、定義し取り扱っていました。たとえば、公的機関への就職や訓練事業は、ほとんど高齢者に役に立つようには計画されていませんでした。1962年の人的資源訓練法（Manpower Development and Training Act）は、不利な少数民族の就職の見通しを向上させるために、1963年から1968年までに6回も改正されました。しかし、それは高齢者の就職には役には立ちませんでした。デューク大学（Duke University）の経済学者のジュアニタ・クレップ（Juanita M. Kreps）は、「偉大なる社会への法律制定によって、将来的に貧困な多くの高齢者層を生み出すことを確実にしている。彼らは、貧弱な社会資源によって生き延びねばならないであろう。それは、失業や失業給付の終了の脅威から逃れるために、彼らは早目に退職してしまうからである」と述べています。実際に、新しい法律によって二重の逆効果をもたらしました。暗黙のうちに、高齢労働者をその個人の要望や能力にもかかわらず、使いものにならない世間一般の層として見なしていたからです。

　さまざまな不幸なグループに対して機会を増やすことが1つの課題でした。その同じ時期に、ワシントン政府は他の年齢層よりも、高齢者の権利をより高

めることを実現することを公約していました。アメリカ高齢者法（Older Americans Act、1965年）の成立時に、議会は戦後のアメリカ人に対するルーズベルト大統領の未来像を、高齢な市民に対する国家の法律上の問題にしました。「わが国の高齢者には、次にあげられるいくつかの権利が与えられています。それは、アメリカ人の生活水準に呼応して退職時に適切な収入を得られること、経済的状況にかかわらず科学の進歩により手に入る、できるだけ良好な身体的・精神的健康を得ること、市民的、文化的、娯楽的な広範囲の機会の中で意味のある活動に従事すること、自由、自立、自らの生活計画や管理において個人の創意により自由に実行することなどの権利です」と条文化されました。アメリカ高齢者法は、人生後半における金銭や健康上の危険よりも多くのことを扱っていることに注目しましょう。その法律は、生活のすべての面で、もし高齢者が健康で、栄誉、尊厳を持って生活するには、政府の介入を必要とするかもしれないと見なしていました。

　1965年7月30日に、ジョンソン大統領は、社会保障における新しい重要な対策を法律にしたことによって、高齢者に対する配慮を示しました。少なくとも1930年代から、高齢なアメリカ人に対して、あまり無理をしないで支払うことができてかつより手に入れやすい医療が、連邦政府の1つの目標でした。それはケネディ政権の間に1つの主要な優先事項となりました。「約1,800万人のアメリカのほとんどの高齢者が悩まされている多くの心配事のリストのなかでも、病気への恐怖と十分なお金の欠如が、最大の関心事です」と連邦保健教育福祉省（Department of Health, Education and Welfare, HEW）のアンソニー・セレブレッツェ（Anthony J. Celebrezze）長官は、高齢者に関する大統領審議会における最初の年報（1963年）にて主張しました。1962年と1965年に調査されたギャラップ世論調査にて、さらに病院の患者の費用に見合うように社会保障税を増額することを大衆が容認していることが示唆されました。

　メディケア（Medicare、社会保障法のTitle XVIII）が、新しい法律の要でした。その規定には、健康保険と生命保険会社、労働組合、主要な立法者と有力な官僚、高齢者や高齢者の家族などが関与して調整した政策が反映されていました。パートA（Part A）は社会保障の受給者に対する入院保険計画（hospital insurance plan) でした。その受給者とは Title II の給付の適用がある人（所得検査があるため住民台帳には基づかない）、連邦鉄道退職制度の適用者でした。パート B (Part B) は、任意で、当初は加入者の費用は年に36ドルしかかからない補足的な保険計画でした。それは診断検査、移動サービス、義肢装具、ある種の設備をレンタルだけでなく、内科や外科医への技術料の支払いをまかなうように企画されました。アメリカ医師会によるメディケアを取り替える提言が変化して、メディケイド（Medicaid、Title XIX）が同時に制定されました。この制度は、すべての年齢における福祉の受給者や医療費により貧乏になったと思われる人々に対する医療サービスに、資金を調達する連邦政府の事業でした。Title I の予測にかみ合うように設計され、メディケイドは高齢者に対する医療扶助であるカー・ミルズ（Kerr-Mills）事業の範囲をかなり拡大していきました。

リンドン・ジョンソン大統領は、この法律制定の歴史的な重要性を心に留めていました。彼は、ミズリー州のインディペンデンス市まで飛び、ハリー・トルーマン元大統領の面前でメディケアが法律になるように署名できました。そのような象徴的な行動は、気がきいていました。トルーマン元大統領は、1940年代の後半から1950年代の初期に病院保険を推し進めていました。そして元大統領から時を経て、メディケアの適用となる層がまさしく具体化されました。しかしジョンソンがトルーマンを思い出した時、その Title XVIII と XIX に対する理論的な基盤は、もっと昔にさかのぼりました。1935年、われわれが大いに尊敬する人物であるフランクリン・デラノ・ルーズベルト大統領は、社会保障法に署名しました。その時の彼の言葉を引用すると、「社会保障法は、これから構築されつつある社会の土台です。しかし決して完全ではありません」。社会保障の構成に最も重要な追加をしたことを、今日それを共有している人々もまた思いおこすことでしょう。

2）ますます高まる社会保障の重要性
　　　　Social security's growing significance
　貧困の層の健康を増進するために、社会保障の適用範囲を拡大することに加

えて、議会は高齢化と社会様式の変化に対応して、その他の社会保障法案も拡大していきました。3つのOASDI給付の増加が、1965年から1970年までの間に認可されました。被扶養児童家庭扶助（Aid to Families with Dependent Children: AFDC）に対する適用条項が緩和されました。政策立案者もまた社会保障を経済的に打撃を受けやすい女性の手に届くように適用を拡大していきました。拡大し続けるOASDHI事業を納税者に売りこむため、1930年代にはじめて宣言された世代間のテーマを実現することで、すべての年代は年齢特有の危険をよりよく防御されて恩恵を受けていることを社会保障庁は強調しました。

たとえば、平均的人生において社会保障の利点を説明するために、社会保障委員会の補佐であるイーダ・メリアン（Ida C. Merrian）は、1935年に生まれた227万人のアメリカ人が当初の33年間に受けた給付をさかのぼって調べました。社会保障におけるコーホート調査の対象者のなかで、14万人は給付を受けていたあるいは受給中でした。そのうち8,000人は子供に障害があるため、給付を受けていましたが、14万人のほとんどは社会保障法で保証されている退職あるいは死亡した労働者の子供たちでした。メリアンはまた、1935年からのコーホート調査で、潜在的にあるいは実際に依存している社会保障から支援を受けていた人々の数を計算しました。彼女によると、検討した75万人の両親は1968年にTitle IIの給付を受けていました。その給付によって、親のため子供に対する金銭的な重荷を軽減しました。そして社会保障を受ける1万3,000人の労働者は、死亡時や障害時にOASDHIで十分に保障されるようになりましたので、彼らの遺族や扶養者の5万7,000人は年金を受給していました。実際に1935年に生まれた女性のうち1万6,000人が、寡婦給付を受給する権利を取得していました。その他にも7,000人が、夫が障害を持ったことにより給付を得ることができました。人生におけるどの段階にても、成年者もまた社会保障の制度化と緩和によってかなり利益を得ていました。高齢に達するずっと以前から起こる可能性のある危機に対して財政的に保障してくれる法案を手に入れているとメリアンは結論づけました。

しかし社会保障は、退職した人々に対して最も重大な影響を与えたことは疑

いがありません。少なくとも高齢者人口の約50％は、大恐慌のさなかでは貧困であったことが推定されました。ところがその割合は、1959年から1970年にかけて35.2％から24.6％にまで低下しました。1968年に行われた調査によれば、すべての高齢者夫婦の71％、65歳以上の独身男性の71％と未婚の女性の75％は、仕事から収入を得ていませんでした。彼らは主として退職金に頼っていました。社会保障庁の調査によれば、1967年に貧困者と分類された人々は、社会保障受給者の5分の1にすぎませんでした。もしOASDHIによる給付がなかったら、この数の2倍から3倍すなわち50％以上の人々が貧困者として認定されたでしょう。1958年からの給付の増額により、社会保障が金銭的な不足を軽減するのに重要な働きをしたことを中立の専門家は確証しました。1966年の資料で、マリリン・ムーン（Marilyn Moon）は、絶対的なドル体制において、社会保障は失業保険や公的支援、公的住宅、退役軍人恩給、政府の保健事業よりも、多くの資本の分配を高齢な貧困者に提供していたことを見いだしました。アメリカの経済が繁栄するかぎり、社会保障の受給者が世代間の分配というシステムから、彼らがいままで納めてきた保険料よりも多くの給付金を受けるべきではないという理由はありませんでした。著名な経済学者であるポール・サミュエルソン（Paul Samuelson）は「社会保障というボートへみんな乗船しているので、社会保険は重要な意味をなします」と述べました。彼は1967年のニューズウィーク誌のコラムで、「社会保障は疑いもなく現代の福祉国家によって開発された最も成功した事業でした。そして社会保障は複合的な利益であり、明らかに世界で第8番目の驚異と呼称されていることが基盤となっています。社会保障が発達途上の国では、いままでに拠出した最大のねずみ講（Ponzi Game）でした。これは事実であり、矛盾はしていません」と述べています。

4．偉大なる社会を公約実現するための社会保障の変遷
　　　　Changing social security to fulfill Great Society promise

　1960年代半ばは、ワシントン政府が、より寛大な条項を正当化するために、貧困を軽減した社会福祉の成功を利用しようとすることが、経済的に実行でき

そうであり、政治的に有利であるように思われました。ロバート・ボールは、その当時社会保障庁長官であり、そのことを報告しました[10]。

ボールの報告書には、社会保障の福祉化と保険の目標との関係について、当局の意見は巧妙ではありますが、新しい別の重要な方向性が示されていると筆者は確信しています。ボールの言い回しはたとえばダグラス・ブラウンとエドウィン・ヴィッテらが、1940年代から1950年代にかけて発表したテーマに全く一致しているように思われました。労働し保険料を納めることで保障が得られており、そのような保障は、自立と経済効果に対するアメリカ人の好みに一致していることをボールは再確認しました。また、30年間の経験から、社会保険は収入を再配分することによって、貧困を減少させたり予防することができることが示唆されました。労働者の90％以上は社会保障事業によってカバーされていて、ほとんどすべての高齢者が、なんらかの給付の受給権利をもっていましたので、社会保障庁の長官であるボールや自由主義者は、社会的に適切である標準的生活を保障する給付を支給することは人道主義であると考えていました。

貧困を根絶する闘争の前線において、社会保障は目立っていませんでしたが、1960年以降そのような目標の再構築によって、国の政策に影響を及ぼす、より広く知的で政治的な流れが繰り返されました。たとえば職業集団や VISTA（Volunteers in Service to America）からの新しい政策の提案、経済機会局（Office of Economic Opportunity）が企画した地域活動事業がかなり多くの注目を集めました。さらに役人は官僚主義と競いながら、社会保障を他と比較して着実に進める意見をしばしば支持しました。労働統計の事務局はたとえば、オルシャンスキー（Orshansky）の方法よりも、より多くのアメリカの貧困者人数を算出する貧困指数（poverty index）を考案しました。

しかし、偉大なる社会の構築に対する国民への公約は、1966年からつまずきはじめていましたので、もし大胆な実験や革新が特に新しい官僚組織や膨大な歳入が必要とされるなら、それらは拒否されました。このような変革の風潮では、不公平に関する問題に対して社会保障を増大させることが、社会保障変革には最も適切な手段であるように見えました。ウィルバー・コーエン

（Wilbur Cohen）は、1968年に連邦保健教育福祉省（Department of Health, Education and Welfare: HEW）の長官になり、社会保障事業がアメリカにおける収入保障の基本的システムとして確保することを意図した、社会保障の6つの変革を提言しました。しかしコーエンがOASDHIの大胆な目標を設定したので、社会保障は福祉の支出に予想外の劇的な影響を及ぼしました。

おそらく最も驚くべきことは、被扶養児童家庭扶助（Aid to Families with Dependent Children: AFDC）事業の異常なる拡大でした。AFDCは、1935年の社会保障法のTitle IVとしてささやかにはじまりました。1960年までに、およそ300万人もの人々が月々に総額約10億ドルの給付を受けていました。その後1962年の社会福祉の改正により、貧困者を助ける強力な社会福祉個別援助に対して、各州で利用できる基金を創設しました。AFDCのもとでの社会サービスに対する適用基準さえも、1967年の改正にてより弾力的に運用されました。1969年には、約35億ドルの支援金額に達する670万人以上のAFDCの受給者がいました。その3年後にはおよそ1,100万人に対してワシントン政府は69億ドルを支給しました。アナリストはこの福祉税の爆発的支給増加は、扶助を受けている受給資格のある家族の割合が顕著に増加したことに原因があると断定しました。1960年代の終わりまでに、受給資格のある貧困者のおよそ90％がAFDCに頼っていました。アフリカ系アメリカ人の間に権利の認識が広まったことや、さらにその当時の裁判の判決、簡単な手続きの方法とより高額の給付によって、AFDCの要求にますます油がそそがれました。

しかしながらますます多くの専門家は、より不穏な影響力が作用していると主張しました。保守派は詐欺の事件をつかみ、社会保障のシステムを乱用している仮病者や詐欺師のあら探しをしました。1967年にカリフォルニアの新しい知事であるロナルド・レーガン（Ronald Reagan）は「自助と尊厳と自尊心を破壊するような人間愛や慈善は存在しない」と宣言しました。自由主義者は、連邦政府の支援が増大することで、女性を主因としてアフリカ系アメリカ人の家族数が増加することを心配していました。より悪いことに実際に貧困な人々の間に社会病理による混乱や暴力を助長したかもしれません。大衆の世論調査にて、中年層回答者の社会保障システムに対する欲求不満が増大していること

が示されました。当局は福祉局を再編成するなど他の優先事項があり、財政の考慮すべき事柄に注目していなかったので、1972年までは費用を制限する努力がされていませんでした。アメリカの福祉の方式が、要約すれば、ごみの山としてますます描かれていました。

　ケネディとジョンソン元大統領の行きすぎ、失敗に対して反対運動を起こし、彼らの失敗の公約を打ち破るため、リチャード・ニクソン大統領は、福祉の改革を主要な政策にしました。彼は、ダニエル・パトリック・モイニハン（Daniel Patrick Moynihan）を、新しい政権の保守的な雰囲気に呼応した新しい議案を設計することに任命しました。その1つの結果として、1969年8月にガイドラインに一致するすべての人々に対して、連邦政府が決定した最低限の収入を提供する家族扶助計画（Family Assistance Plan: FAP）をニクソン大統領が提言しました。その給付には、3歳以上の子供のいる女性を含めた、働く能力のある受給者を働かせる罰則や報奨を伴う精巧なシステムが連動していました。その4カ月後に、大統領の収入維持計画諮問委員会（Commission on Income Maintenance Programs）は、障害を持ち、年老いて退職させられ、あるいは訓練されていないために、中にはアメリカ人が貧困であり、貧困のままでいる人がいることを主張しました。そのような人々は彼ら自身の方法で働いて貧困から逃げることはできないかもしれませんが、貧困から抜け出すことのできない人々こそ、最低限の安定した収入を必要としていました。1969年の終わりまでに、政策立法者は、貧困者に最小限であるが耐えられる生活水準を維持するのに必要な収入を与えるという、2つの選択肢から選ぶことができました。両者の計画は、どちらが革新から、どちらが保守から支持を受けるのに値するのかはほとんど明確でなかったのがある程度影響して、すぐに論争を引き起こしました。

　ニクソン大統領の福祉改革は、結局は失敗しました。所得税の控除も含み、種々の収入維持の提言が無視されました。このようなことが起こったのは、不思議なことではないのです。政治家にとっては短期間の政策を考慮することは、長期的な利益より重要であったので、日常的に働くことを特に強調したり、配給にかなり頼る事業を移り気な政治家の集団はいつも破棄しました。議会はさ

らに国民福祉権利組織（National Welfare Rights Organization）のような増大する圧力団体に過剰に反応しやすかったのです。そのような団体は、現存する無条件の扶助対策や全国社会保険事業のその他の部分における重要な項目の変更に反対し続けました。

　観念論の混乱と立法上の策略の最中に、おそらくそのために、政治的な主導による1972年の社会保障法の改正で最高点に達する改革が始まりました。共和党は、1968年の綱領の範囲内で社会保障システムを拡張することを提言していましたが、1969年から1970年にかけてニクソン政権によって提唱された勧告を支持し、社会保障諮問委員会（Advisory Council on Social Security）の1971年の最終報告を承諾しました。その報告書の文書には、給付を物価の上昇と足並みをそろえるような自動的な調節をすることを要求しました。そして退職審査の緩和を提言し、未亡人や要扶養未亡人への給付を決定する新しい打開策を設定し、障害の予防を改善する専門的な方法を明記しました。政治家は、所得は必ず上昇するという仮定により、どのような社会保障を支払うことが可能であるかを評価する勧告を特に注目しました。諮問委員会の提案を採用することで、実質的には議会が給付額をもっともらしく増額しました。信用準備基金にある余剰の資金を吐き出すことで、増加している財源の一部を充当することができました。社会事業の運営の技術的な方法を調整することで、立法者が従来してきたことを明白に認めないで、社会保障の目標を再び福祉の領域の目的へと変えることが可能となりました。

　さらに政治家は、大統領選挙の年を考えて、両党とも高齢者からの投票を求めて争うことに熱中しました。1971年12月にホワイトハウス高齢化委員会（Conference on Aging）は、高齢者の不十分な収入について注目しました。その委員会は、社会保障における給付やサービスの増加を求めました。ニューヨークタイムズの社説では、「自己解放の時代において、老化自体を決して忘れてはなりません」と述べています。それまでは、高齢者は約10％を占めていましたが、有権者では15％を占めていましたので、グレーロビー（gray lobby）と呼ばれた高齢者の強大な政治圧力を無視することができませんでした。

　結果として、1972年は社会保障の歴史のなかで途方もない年となりました。

6月30日には、議会は2,780万人のアメリカ人の年金を20％増加させることを認可しました。投票、投票の叫び声を浴びながら、下院は302対35の得票差によって、その法案を可決しました。上院は82対4で可決しました。この実際の財源支出の増加は、社会保障の歴史のなかで、最も大規模なものでした。退職した独身労働者が、総選挙のちょうど1カ月前の10月において当てにできる平均的な手当が、133ドルから166ドルに上昇し、平均的な退職した夫婦の1カ月の手当は223ドルから270ドルへと増加しました。退職した独身者と結婚している退職者の最大の給付額は、それぞれ259ドルと389ドルでした。さらに1975年の初期の生活費用調整（cost-of-living adjustment: COLA）が、消費者物価指数（Consumer Price Index）が少なくとも3％を上昇した年にはいつでも、毎年行われました。

　高齢者についてアメリカ人の関係するビッグニュースは、1972年に給付が20％も上昇すること以外にもありました。議会は、その他に重要な法律の一部を成立させました。10月30日に、ニクソン大統領は、すべてのOASDHI事業を大幅に拡大し緩和する50億ドルもの社会保障法（HR1）に署名しました。その他としては、少なくとも2年間の障害給付の適用のある65歳以下の170万人のアメリカ人と急性の腎疾患にかかった1万人にも、メディケア給付の適用が広がりました。その新しい法律では、少なくとも30年間低賃金で雇用された人に対する毎月の最低基準の給付を増大し、未亡人や要扶養の男やもめの380万人に対する年金給付を引き上げ、スキルド・ナーシング・ホーム（skilled nursing home）の適用範囲を緩和しました。その社会保障法によって、政府は貧困な成人や高齢者、視覚障害者、働くことのできない障害者に対する公的扶助計画を改革する権限が与えられました。最終的に、そのことにより劇的に1935年のOAA規定（社会保障法のTitle I）が変更しました。1974年1月1日に、ワシントン政府は適用のある個人には少なくとも130ドルそして夫婦には195ドルを保障している補足的所得保障（Supplemental Security Income: SSI）を提供しました。これらの改正法にて、将来必要となる全国民の収入維持に対する将来にとり重大なる前例が示されました。ニクソン大統領は、HR1が承認されたことに大いなる謝辞を表明しました。その法案により多くの古くから

の不公平をやめさせ、高齢者や視覚およびその他の障害者に対して自らの力でかち得た給付による新しい以前と同様なシステムが提供されました。

　1972年の終わりまでに、1935年に経済保障委員会で社会保障に対して考えられていた主要な意見のほとんどが実現しました。社会保障の創設者たちが希望していたように、社会保障の適用範囲はほとんどすべてにわたるようになりました。Title II の給付の適用のあるアメリカ人の割合は、1935年と比較しても1941年から1974年にかけて20％から93％にも上昇しました。75歳以上のアメリカ人には10年以上も政府の給付を受ける権利が与えられました。さらに1950年以降、SSI 事業法の成立により、断続的な社会保障の月々の平均的な手当を増額することと Title II 給付を生計費に連動することは、インフレによって高齢者が傷つきやすいことを防ぎ、それで経済的自立を推し進める試みとしてすべて理解できます。退職者に対する月々の平均的給付額は1975年の終わりまでに207ドルに上昇しました。この上昇は購買力という点から見ると非常に重要なことでした。1970年代の中頃における受給者の数は、その10年前の同様の対象者よりもおよそ40％も増加しました。障害保険、メディケアやメディケイドは、社会保険の保護によりいくつかの国民健康計画を実現するためのここ30年間の奮闘における最初の勝利であったと社会保障支持者は訴えました。地域サービスや訪問活動事業の幅広い適用範囲を採用することは、ニューディール政策から由来する原則に明らかに一致していました。

　そしていままでに、社会保障事業は、ルーズベルト大統領より受け継いだ一部として発展しながら、ニューディール政策の公約を現実のものにした豊かな社会と政治的合意という独特な組み合わせに基づいていました。貧困への戦いがニューディール政策の予測を越えるかぎり、経済的に保障されていない問題に立ち向かう別個のアメリカ的方法が1960年代に確立しました。社会保障事業を偉大な社会の目標に合わせ改造することで、個人として、市民としての高齢者の権利を明白に引き上げました。貧困な人だけに特別に立案された法律とは異なって、社会保障はさらに年を取った中間層の労働者と彼らの要扶養者への社会資源も補強しました。結果として、高齢なアメリカ人と、多くの場合に彼らの家族には、基本的な社会サービスと収入保障の受給権が与えられました。

実際は、社会保障給付を言い表す受給権という言葉を使用する頻度が増すことが、社会保険による防御の要求を公的に認知され、公的に定義される変化を示す特徴になりました。

さらに、1972年の改正法では、深遠な方法によって、現行の先取された受給権を変えていきました。1975年の当初から、1年に消費物価指数が3％以上も上昇する時はいつでも、それに対応して給付額も上昇しました。この増加については、両党の支持を受けていました。その増加分を支払うために、雇用者と従業員の税率は5.5％から5.85％へと1973年から1978年にかけて上昇しました。OASIとDI信用基金は、その当時には約428億ドルが蓄えられていました。それらは、保険料における短期間の乱降下に対する緩衝装置として十分な規模であると考えられていました。保守派は、給付を生計指数に連動させることで財源を節約することを期待しました。給付が上昇する割合は、1950年以来特別な基準により統制されていましたが、現実にはその当時は消費物価の上昇よりもはるかに超過していました。自由主義者は、その考えを採用させるため印象的な前例を引用しました。このような変化は、何百万人ものアメリカの高齢者の経済的な福祉が、日々の政策からはますますかけ離れていることを示唆していました。1939年の当時には、1972年まで発展していった混じりあってできた手法をだれも予見できませんでしたが、拡大主義の政策が今後何十年も継続していくことを疑う人はほとんどいませんでした。

第3節　連邦医療制度と社会保障
Federal health care and social security

1983年の社会保障法の改正により、老齢遺族障害保険（OASDI）の財政問題に取り組んでいるだけでなく、メディケアにも対応しています。連邦政府はその時に、入院保険（HI）基金は1980年代の後半には枯渇するであろうと報告しています。メディケアに予想される将来25年にわたる赤字額は、今後75年間にわたる高齢退職事業とほぼ同額と呆然とする金額に達していました。

全米社会保障改革審議会（NCSSR）の公聴会での総意（consensus pakage）として、老齢遺族障害保険に留意しながら、入院保険（HI）基金を経済的に支援する絶好の機会であると表明しました。しかし1983年の社会保障法改正の条文とはほとんど異なり、医療財源の安定化策の提言は、全米社会保障改革審議会の勧告には基づいていませんでした（その審議会の議題の内容には病院保険基金の問題は含まれていませんでした）。その代わりに、1982年の税制均衡財政責任法（TEFRA）で、医療サービス提供者に対する支払い方法を変更して、自己負担増により給付を増大することなどの抜本的な変革が認められました。医療問題を退職事業における議論まで持ち込むために賛同者を動員して、立法者はメディケアの変革により、1985年の予算適正化（Budget Neutral）を図っています。すなわちすでに当時の法律において、そのための改革が多かれ少なかれ策定されていました。このような合意のもとに、議会は迅速に医療費償還制度の法律を成立させました。

　入院費を妥当な費用（reasonable-cost）として、20年近くもほとんど問題とされないで支払い続けていました。その代わりとして、1983年の社会保障法の改正により、メディケアに467に鑑別された診断群別（diagnosis-related groups: DRG）で規定される診療報酬を3年の期間ごとに導入することを固執しました。診断群別の診療報酬を計算し調整するのに最新の全国の平均値が使用されました。しかし都会や田舎の地域差や特別な枠外ケース（outlier）などの特例も設けられました。治療費用が処方した診療報酬よりも安価であれば、病院はその経費の節約分（saving）を貯めこむことができます。もし逆に費用がよけいにかかれば、病院はその損失を補填しなければなりません。1980年代におけるこのような変革により、メディケア制度で約336億ドルも節約されることが期待されました。

　たとえそうであったとしても、1983年の社会保障法の改正では、病院保険信託基金にて予想されるすべての長期間の赤字を削減できませんでした。メディケアの財源の問題も解決されずに残りましたが、社会保障における医療財政の関心も全般的に弱まってきました。オハイオ州の民主党上院議員のジョン・ハイツ（John Heiz）とジョン・グレン（John Glenn）は、「現時点における医

療費支出の増大は、国内における連邦政府の予算において、唯一最も不確定な要因となっています」と言明しました。1983年に成立した解決法を浸食するかもしれないメディケアの危機を予防するためには、何がなされるべきでしょうか。

メディケアの根本的問題は、いまだに社会保障体系において医療政策の審議が通過するかどうかで決まります。立法者は老齢遺族保険信託基金を経済的に支援するのと同様な方法で、メディケアの財政的不安を解消する傾向が歴史的に示唆されます。立法者はそのような状況を策定しながら、突出した費用状況を財政的ならびに政策的に許容範囲にするために専門的変革をすることでしょう。その問題には、社会保障財源において歳入を越える歳出の問題に関心を寄せる必要があります。メディケアは、単に老齢遺族障害健康保険とは異なるだけではありません。メディケアは、アメリカ国民のすべての年齢とその状況に影響を与える機構や便宜をもたらす取り扱いにくい医療産業複合体（medical-industrial complex）の側面も有しているのです。

1．社会保障の一部として容易でない医療保険との連携
An uneasy alliance : health insurance as part of social security

公的医療制度と疾病保険（sickness insurance）に対する支援が、社会保障より先行していました。植民地時代から地域社会では、病人や貧困者に対して、保護施設（asylums）、隔離病院（pesthouses）、救貧院（almshouses）、医務室（dispensaries）や病院を建設して補助してきました。ほとんどの都市や州では、20世紀初頭までに公衆衛生を監視して疾病を予防する保健機関を持っていました。その拡大期には、革新派は医療問題と所得保障機構とを関連づけていました。1915年までは、拠出性の年金制度よりも、政府管掌の医療保険に対して大方より多くの助成がされていました。カルフォルニア、ニューヨーク、マサチューセッツ州では、アメリカ労働立法協会（American Association for Labor Legislation: AALL）により提案された強制的保険制度が検討されました。アメリカ医師会（AMA）は、そのような強制的保険に対する運営要綱を提言しました。しかしながらそのような積極策は驚くべき早さで失敗しました。アメリ

カの医師達は自分たちの専門的な自由裁量と将来の経営に対して巻き添えを食う強制的医療保険に対して、突如として敵対するように豹変しました。その提案を「社会主義者（Socialist）」と「欧州主義（Eurpopean）」として、その他の人々は糾弾しました。ニューヨーク医師会は、当初の立場を破棄して、1925年にきっぱりと強制的医療保険は、アメリカにおいては死滅した問題であると告知しました。

　このような妨害にも関わらず、医療をより求めやすく利便性を高める努力がなされました。1924年に連邦政府は、全ての退役軍人に対して、医療給付に含まれていない障害や病気に対しても入院費の支給適用を拡大しました。政府医療制度を利用できない多くの人々は、給付配当付の保険による保護を手に入れようとしました。1929年に医療診療報酬委員会は、公衆衛生の支出を除くと、疾病治療に要する団体支払いが8億3,000万ドルに達していると報告しました。この総額の60％以上は、その保険債務を国税、州税、地方税で負っていました。同じ年に、ダラスのベーラー大学病院（Baylor University Hospital）では、団体入院前払い保険が試行されました。それから実際3年経つと少なくとも19の同様な事業が生まれましたが、団体入院支払い（group hospitalization）保険の原則が、まもなくブルークロス（Blue Cross）の創設を導きました。しかしながら人口のあらゆる階層が、決してより適切な配慮を受けたわけではありません。労働省の調査と独自の暴露により、介護をしてくれる家族や友人に頼れない慢性疾患を煩う高齢者たちへの行き当たりばったりで悪評の高い治療が痛烈に非難されました。救貧院や私的慈善ホームとを併せた人数よりも、より多くの高齢者が精神病院に入院していました。実際に以前の精神病院は、多くの施設ケアが必要な人にとり、倉庫のような養老院になっていました。

1）医療の要求への独自の連邦政府の団体対応
Grouping for a proper federal response to health care needs

　大恐慌により多くのアメリカ人の健康が阻害されました。失業者における疾病障害の割合が高くなり、さらに経済的状況を維持している人よりも、給料を減額された方の疾病障害の割合がかなり高くなっていることを専門家は指摘し

ました。死亡率が上昇しているにも関わらず、53都市においてどうしようもできない医療支出が、1931年から1933年にかけて18％も減少しました。1933年連邦緊急救済管理局（Federal Emergency Relief Administration: FERA）は、医師に出来高払い（fee-for-service）による支払いのために州機関へ資金を調達して、在宅医療事業で対応しました。最初の社会保障法において、ワシントン政府は公衆衛生（public health）事業を向上させ、より良い医療サービスを提供する任務を増やしました。社会保障法のTitle Vで、母子福祉に対する補助金を規定しました。Title VIにて、公衆衛生に800万ドルを当初計上しました。しかしながら1935年の社会保障法には、強制的医療保険制度についての法案は含まれていませんでした。ルーズベルト大統領、フランクパーキンス（Frank Perkins）労働省長官、エドウィン・ウィッテ（Edwin Witte）経済保障委員会会長は、そのような法案では、さまざまな条項を含む議案になり失敗する運命となることを恐れました。

　社会保障法の考案者たちは、医療について数多くの公式な声明を公表しましたが、彼らは政府主導による全米国民医療保険（national health insurance）に関する理論的根拠を明言しませんでした。疾病や障害による給与の喪失の肩代わりやサラリーマンやその扶養者を医療保障の適用範囲にする法案は先行き不透明になりました。もしそのような医療保護を社会保障法の合法的機能として提供できない場合には、その費用を失業補償のようにいくつかの他制度により生み出さねばならないとある専門家たちは要求しました。そうであっても、経済保障委員会は、医療制度と所得保障制度との統合には反対しました。「われわれの諮問委員会やスタッフは、満場一致で所得損失に対する保険と医療費に対する保険とを分離して管理することに賛同しています」政策立案者は、特別な制度の規定ではなく、適用範囲の広い医療の要綱を提示しました。連邦政府は彼らが要求している目標を提示して何らかの補助を提供すべきでしたが、しかし州政府が医療保険制度の創設の主導権を取ろうとしていました。何よりも、「開業医と専門医集団を保護し強化すべきである」としたのです。

　一貫性のある政策目標や明確な運動方針の欠如していても、ルーズベルト大統領が調査を進めて、連邦政府の重要性をより認識させる行動を起こすことを

妨げるものではありませんでした。ワシントン政府もまた、貧困市民の医療費を支払う重要な資金源を提供しました。例えば、米国がん法（National Cancer Act, 1937年）により、米国国立衛生研究所（National Institute of Health: NIH）が生物医学研究を展開できるように研究領域を拡大しました。1938年に創設された保健福祉部門活動調整委員会は、公衆衛生サービスに大規模な変革を諮問し、新しい病院や医療センターの設置に対する補助金を提案しました。2年後に公衆衛生局長（Surgeon General）のトーマス・パーラン（Thomas Parran）は、老年学に関する連邦諮問委員会を設置し、公衆衛生局に老化に関する最新の研究の調査班を組織しました。第二次世界大戦により、大胆な連邦政府の政策に対する正当性が付け加わりました。徴兵された約3の1が、入隊検査に不合格になりました。それゆえにルーズベルト大統領が、適切な医療と健康を享受する権利を1944年の経済権利法（Economic Bill of Rights）の一部に反映させたことは驚くにあたりません。しかし大統領と彼の側近が、政治的な美辞麗句を具体的な政策に移行しなかったことを注目することは重要です。

　第二次世界大戦後に、連邦政府はその断片的な活動範囲を拡大し続けました。1946年のヒル・バートン法（Hill-Burton Act）により、国中で病院の建設や入院ベッドの増床に対して膨大な連邦政府の資金の投入で補償されました。同時に、退役軍人管理局の役人が都市部に新しい病院を建設したり、医学校と綿密な連携を構築することで、地域における最大級の病院システムに新しい活力を生み出しました。ワシントン政府は、最先端の生物医学的研究に融資して、科学技術による治療への介入を奨励しました。しかしながら、公的な政策の権限は細分化されたままでした。児童局、国立衛生研究所、退役軍人管理局（Veterans Administration）、公衆衛生局のような機関では、利害が分散して権限の闘争をしていました。

　ワシントン政府は、医療分野における政策展開する詳細な計画が不足していたので、民間部門に戦後のアメリカの医療保険政策を構築する主要な任務を委託しました。第三者学識機関は、従業員や多くの場合彼らの扶養者に対する疾病や入院費用に対して、団体保証の原則を拡大しました。1945年までに、ブルークロス（Blue Cross: B/C）は1,900万人の組合員を保証し、ブルーシール

ド（Blue Shield: B/S）は1939年から特定の医療サービスに対して支払い始め、その他の200万人の組合員を保証していました。1948年に最高裁判所が医療保険を集客により安く協定することを合憲としたことを一因として、その両者は劇的に拡大しました。1954年までに、1,200万人の労働組合員とその1,700万人の扶養者は、ブルークロスとブルーシールドの保証を獲得しました。ホワイトカラーのサラリーマンは、ブルークロス／ブルーシールド保険が、自分たちへの手当の一部となることを期待しました。例えばカイザープラン（Kaiser plan）のようなその他の前払いグループ診療オプションが、民間部門の医療保険の市場性と有益性に乗り込みました。それでもすべての人が、既存の医療保険や基本的な医療サービスを利用できたわけではありませんでした。貧困者、退職者、少数民族は概して、中年の中産階級のホワイトカラー労働者とその家族と同様な保証を受けられませんでした。政府が保険や医療制度に投資してより直接的に関与することを期待している人々は、新たな方策を受け入れるしかありませんでした。

2）メディケアとメディケイドに向かう段階的な政策立案の推察

  Incremental policymaking by analogy : toward Medicare and Medicaid

 振り返ってみると、I.S. フォーク（Falk）やビルバー・コーエン（Wilbur Cohen）のような社会保障の役人が、政府の支援による医療保険の計画のたたき台として彼ら自身の体系を選択したのは必然の結果です。彼らが大衆の最大関心の的である高齢者を選別したのも、とても論理的であるように見えます。高齢者は、若い世代に比較して、より多くの医療を必要として、医療費を支払うには経済的資産が乏しいことが調査結果で示唆されました。さらに全ての社会保障の受給者には、1年間に最大60日間までは無料の入院治療を提供するという構想が、1944年の当初から社会保障委員会で議論されました。高齢者はそのような支給で保障されるだけでなく、かれらの子供達にとっても親にかかる医療費がいくらかは軽減されるのです。それゆえに、高齢者に対する入院保険は、老齢退職年金が好評になったのと同じように世代間を魅惑しました。そして類別する適用基準が支出を制限する説得力のある方法に思われました。

しかしこのような新しい政策、すなわち社会保障の受給者という限定された対象者の入院保険における限定された給付は、一夜のうちには具体化しませんでした。例えば、1950年の社会保障法の改正によって、障害者に対してミーンズテスト（means test）による現金給付が加わり、Title I による老齢扶助給付で医療サービス提供者である有給常勤医への支払いが許諾され、そのような提供者支払い（vendor payments）は、州政府により正当に指定された老人ホームに対してのみ実施されました。政策立案者は、社会保障の公的扶助（public assistance）の構成部分に適合するように、適切に管理し、調整して、財源確保する細目をとりまとめたことに注目しましょう。このように本質的に随意な選別は、社会保障の保険面と医療を関係づけることによって、まもなく同様に補償されました。1951年に、連邦社会保障機関（Federal Security Agency）の長官であるオスカー・ユーウィング（Oscar Ewing）は、Title II の受給者は入院治療を60日間給付されることを提唱しました。医療保険が、老齢遺族保険（OASI）の一部分であるべきであることがだんだんと認識されると、連邦保健教育福祉省（HEW）の役人は、障害保険の成立を迫りました。彼らの最終的な目標は、すべての人に包括的な医療の提供であります。しかしながら、国民医療保険案が近い未来に実現可能性がますます低くなっているので、連邦政府の政策立案者は、後退した姿勢に納まっていました。高齢者給付の適用と障害者を救済する運動により、特に高価な医療費と対応できる社会資源が欠如している団体に対して保護を提供する要望がひき起こりました。

政策立案を段階的に推察すると、社会保障モデルの限界から、その後に社会保険と医療保険が相互に関連してきました。このようにして結局ワシントン政府は、高齢者に医療を提供できるようになりました。しかしもしそれが膨張するのであれば、本当に万人の包括的な政策に変革することも困難になりました。1950年代から1960年代の初頭にかけてしばしば、それらの概念的な整然とした理論により、専門家が引き続き社会保障の前例への信頼感から健全な医療政策を導くべきかを検討するのが阻止されました。政策立案者は、保険と扶助の機能に従って医療を配分するのは容易であると喧伝しました。老人ホームは、本当に救貧院と同様なものなのでしょうか。長期にわたるケアを福祉（welfare）

政策として管理し補助金を与えることは、実際により費用対効果が高く合理的なのでしょうか。労働者のみが医療保険を必要としているのでしょうか。その扶養者たちも同様に適用とすべきでしょうか。そのような問題が、その当時に持ち上がったようには思われません。その代わりに、政府の専門家は、政府の介入の必要性を実証できる証拠や統計値を集積しました。毎年6人の高齢市民のうち一人は入院をしていました。若い世代と比較してほとんどの場合に入院期間は2倍となりました。このような社会的弱者の半分以下は民間医療保険を所持していませんでした。その当時実施されていた他の方法による高齢者に対する連邦政府の医療政策への影響はほとんど考慮されませんでした。例えば1950年代、議会は老人ホームに対する法律上の位置づけを変更して、新しい資金調達法を創設しました。ビル・バートン法の改正により、新しい施設の建設に補助金を与えました。老人ホームは、公衆衛生局の管轄に移行しました。このようにして老人ホームは医療施設と福祉施設として造られました。1956年の中小企業局（Small Business Administration）や連邦住宅管理局（Federal Housing Administration）によって認可される連邦政府貸付金や抵当保証によって、老人ホームを所有する会社がより増大することが可能になりました。そのような展開は、社会保障の状況に適切に当てはまりませんが、しかし社会保障とは全く無関係であることを意味していません。その反対に、メディケアとメディケイドが元の法律を回避している変則として、1960年代の改革で見直されることが必要となったのです。

メディケアが、すでに社会保障法のTitle II（老齢遺族障害保険給付）の給付適用であるアメリカの高齢者に対して、医療がより利便性を高め、より手ごろに利用できることが期待されました。立法者には、医療費が時と場合によりさまざまに変化するので、入院保険が退職保障には必要であることが伝えられました。適切な保険による保障には、新しい支払い方法が必要でした。高齢者を守るために、政策立案者は入院サービスを改善することを期待し、同様にブルークロスやブルーシールドも支援しました。そして彼らは、より多くの財源と保険意識の向上があればうまく行くと考えていました。

それにもかかわらず、メディケアの立案者の何人かは、当初からその財源の

健全性を気にしていました。いくつかの費用予測が、熟慮されても、時代遅れになっていました。「一連のサービスを支給する提案が直面するもっとも重要な事実は、現金給付と異なり、正確に費用の予測をすることが非常に困難なことである」と下院の財務委員会（Ways and Means）の委員長であるビリバー・ミルズ（Wilber Mills）が断言しています。「このような将来の予測困難な費用が、社会保障事業の一部である場合には、現金給付に非常に危険な結果をもたらすことになる」社会保障の管理者にTitle IIの支出を制限できる安全装置があったとしても、病院保険の費用は給付財源は同一であろうとも調整できないでしょう。1966年の上院財務委員会は、「例えばメディケアの入院費用の償還制度には、そのような良好な管理機能も含まれておらず、さらに欠陥のある運営を求めている」と報告しました。メディケアは、当初提唱された老齢保険とは類似していなことが明らかでした。

　意図的であるとともに偶然により創設されたメディケイドは、メディケアとはかなり異なっていました。アメリカの中産階級がメディケアの受給者と意図されました。1965年の法律制定の最終段階で追加されたメディケイドは、明らかに福祉が対象でした。政策立案者はその時に、メディケイドが黒人に対する事業として適用されることも納得していました。ちょうど老齢扶助が老齢保険に対する必要な補償であると見なされるのと同様に、メディケイドはメディケアの陰として創り出されました。しかしながら州によりメディケイドの適用条令と潜在的な受給者の就業状況がさまざまであるために、多くの貧困者が、医療困窮対象者（Medically Needy）の適用から除外されていました。メディケアには、限定された広範囲のケアの適用が提供されました。1969年までに、政府役人はメディケアの適用条項を厳しくすることでさらにメディケアを縮小しました。それに反して、メディケイドに最小限の補助的ケア（Custodial care）の項目を設定し、障害者の通所ケアに対する指導概要やその他慢性疾患の治療手段が提示されました。そのような調整の違いにより、さまざまに財政的な分化をしていきました。立法者は、控除したり、注意深い言い回しによる適用基準で種々な成果をあげながらメディケアの支出を抑えようとしました。しかし彼らはメディケイドの抑制にはほとんど関心を寄せませんでした。

メディケアとメディケイドは、偉大なる社会（Great Society）に対応する国民医療制度を創設する成果だけではありません。高齢者に対する医療サービスを、現存する社会保障体系に包括させました。しかし、高齢者以外の連邦政府の主導のサービスは含まれていません。誇大な目標が公表されました。「我々は今こそ、全てのアメリカ人にとり最もすばらしい医療の有効性と利便性を獲得できるように努力できるし、努力しなければなりません」とリンド・ジョンソン（Lyndon Johnson）大統領が宣言しました。議会は、医療の人材の研修に新しい補助金事業を認可して、第一次、救急、精神医療サービスの展開と運営を支援し、移民労働者や黒肺塵病被害者、その他の要援護者に対して補助金を充当しました。州政府には公衆衛生サービスを向上させるために、より多くの連邦税が投入されました。政府は全ての面において、当時のアメリカ人の人生が当惑される多くの医療問題を取り扱う努力を通じて、その管理機能をかなり拡大しました。環境保護機関（Environmental Protection Agency）と、労働安全健康局（Occupational Safety and Health Administration）が創設されました。食品医薬品局（Food and Drug Administration: FDA）や国立疾病防疫センター（Centers for Disease Control: CDC）のような影響力と予算を伴う機関が増大しました。いままでと同様に、ワシントン政府は、一環した方法により、その成果を調整しないで、新しい未知の領域を越えました。

3）医療費を削減する努力　Efforts to contain health care costs

　1972年の社会保障法の改正により、何らかの方法で、このような医療の拡張や政府負担の範囲の拡大の傾向が踏襲されました。メディケアでは、慢性腎不全に対する腎臓移植や人工透析の給付が認可されました。補足的医療保険（メディケア・パートB）により、カイロプラクティク（chiropractic）、足治療（podiatry）、言語療法のサービスへの給付が認可されました。メディケアとメディケイドにおける老人ホームのケアに、19の異なった給付が適用されました。しかしながらそれと同様に注目すべきことは、議会がメディケアとメディケイドにおける予測できない支出の増大を抑制する最初の段階に入ったことでした。メディケアは、健康維持組織（health maintenance organizations: HMOs）

が人頭制でサービスを提供することを認可しました。サービスの質と利用を監視する診療報酬支払い審査機構 (Professional Standard Review Organization: PSRO) の全国組織網を構築しました。メディケイドは、州政府が受給者に対する雇用者支払いを強制することを認可しました。州政府は、適用基準を厳しくして費用償還制度を促進するために、スキルド・ナーシング (skilled nursing) と通常の看護・リハビリテーション (intermediate care) に合理的費用根拠 (reasonable cost-related basis) に基づく支払い制度を導入しました。

　1970年代において医療費や不要な費用の縮小の成果により、均衡をとるも、医療サービスの増大の要請が高まってきました。主にすでに実在している懸念により、新しい手段は棚上げされました。1970年に、上院財務委員会の委員は、例えば、メディケアの医師料について、費用のかかる自由放任主義 (laissez-faire) により、社会保障庁を批判しました。6年後に、財務長官であるウイリアム・シモン (William Simon) は、「もし国民皆医療保険制度が採用されたなら、国を滅ぼすことになる」と警告しました。シモンの考えは、ほとんどの社会福祉事業の支援を侵食するという危機感を助長しながら、繰り返し唱えられました。1974年から1977年にかけての会計では、メディケアとメディケイドの支出は倍になりました。連邦政府だけでなく、州政府や地方自治体が影響を被りました。1968年から1978年にかけて、ロスアンゼルスにおける貧困者に対する医療費は、固有資産税の24％から42％を占めるまで膨れあがりました。マスコミや議会の調査により、老人ホーム企業によって引き起こされた不正利得者や不祥事、ショッキングな事件に、国民の関心が寄せられました。専門家は、基金を分配するずさんなやり方により、多くの濫用が助長されていることに気がついていました。

　カーター政権における主要な役人は、アメリカの医療が危機にあることを厳しく否定しましたが、政権末期までに、医療の利便性や給付を改善する努力以上に、医療費の抑制が優先されました。1977年の社会保障法改正に基づく連邦保険拠出法 (FICA) による増税により、病院保険信託を支援しました。そのことが何人かの立法者に、もっともらしい医療費の増大を抑制する口実を与えました。カリフォルニア州選出の下院議員のロナルド・デラス (Ronald Dellums)

は、医師を含めた有給医療職員から包括的医療（comprehensive care）が提供されるアメリカ医療サービスを求めました。ルイジアナ州選出の上院議員のラッセル・ロング（Russell Long）とコネチカット州選出のアブラハム・リビコフ（Abraham Ribicoff）は、破局的な保険に対する支援を新たに再策定しました。エドワード・ケネディ（Edward Kennedy）は、個人の利用者と政府による誘導と駆け引きで現存する医療サービスの費用を減少させることを期待したアメリカ皆医療法（Health Care for All Americans Act）を提唱しました。上記やその他の提言に賛同した政策的圧力にも関わらず、経済が改善しなくても、厳しい費用抑制が課せられなくても、大統領は不本意ながらも現存する医療システムを拡大することを力説しました。

　レーガン政権では、経済的用語でいままでよりも明確に医療に関する議論を体系化することを選択しました。医療費の劇的な急騰を強調しました。1970年から1982年にかけて、消費者物価指数は149％上昇し、総医療費は165％も高騰しました。入院の部屋代は283％も増大しました。医師サービスの料金は196％上昇しました。このような状況に対応するために、レーガン政権は給付の増大を鈍化させることにねらいをつけました。そのいくつかの負担を、連邦政府の予算から州政府あるいは地方自治体の予算へと転嫁しました。社会資源の整備を、民間部門の活動に委託しました。そして消費者を医療費の劇的な上昇に対して敏感にさせました。1981年包括予算調停法（Omnibus Budget Reconciliation Act: OBRA）、1982年税制均衡財政責任法（Tax Equity and Fiscal Responsibility Act: TEFRA）、1983年社会保障法改正の全てが、メディケアとメディケイドの増大を抑制するように策定されました。そのような新連邦主義（New Federalism）により、州政府が食料スタンプのようなその他の福祉事業を引継ぐという条件で、レーガン政権はメディケイドに対する全権限を委譲することを宣言しました。予算委員長のデイビッド・ストックマン（David Stockman）は、25分類の事業を2つの包括事業に併合することで、州政府はより自由裁量にしてサービスの予算を削減することを推奨しました。このような成果は、医療費のインフレーション率を低下させるのに有効でした。1984年の後半までに、レーガン政権はメディケアの給付を凍結し、そして利用者が

医療費を自分自身で肩代する必要性を求めました。しかしながら、政府管掌の医療を縮小することによる連邦政府の赤字削減の成果に対して、経済的にそして哲学的見地から批判を受けたことは驚くべきことではありません。「われわれは、連邦政府、州政府、地方自治体による医療部門における非常に急速なインフレに直面し医療費削減に努めることで、衝突必死の成り行きの途上にあります」とジョンホプキンス大学の医療経済学者のカーレン・デービス（Karen Davis）は主張しました。「その衝突により被害を受けようとしているのは、より多く医療費の負担が直接に肩にかかってきている、貧困者であり高齢者なのです」

2. 高齢者、メディケアとメディケイドにおける問題点の再確認
Redefining the problem : the elderly, Medicare, and Medicaid

メディケアの危機や提唱された解決策の効果を理解するには、特に高齢者に影響を及ぼしているその他の連邦政府の医療制度の評価も同様に必要です。包括的に概観することで、メディケアやメディケイドが分枝してきている社会保障体系にほとんど無関係な要因も明らかになります。メディケアとメディケイドの財政は、多くの場合老齢遺族障害保険（OASDI）事業と調和していないので、医療問題は社会保障財源が困難な時に伴うその他の問題よりも一層複雑になります。

ほとんどの人からのご意見では、メディケアは好評でした。アメリカの高齢者にとり、医師、さまざまな専門医、入院施設への利便性が向上しました。メディケアはしばしば特に入院が必要となる急性期疾患に対する高齢者の費用負担を軽減しました。メディケアとメディケイドが実施される以前では、高齢者に対する医療費の70％は、自己負担で支払われていました。1978年までに、高齢者の入院費の88％、医師料の59％、老人ホームの費用の46％の債務を公的制度が引き受けました。もちろんその解決は一部であり、そしてその効力にも欠点があったのです。

全般的に高齢者人口からの検討では、連邦政府はすべての医療費の40％を支出しました。そしてワシントン政府は、全ての医学研究の65％も費用負担を

行い、研修費も補助していました。このような債務の規模は、実際のドル支出では、膨大になりました。1970年から1980年にかけて、医療費の支出は690億ドルから2,300億ドルにまで、すなわち国民総生産では7.4％から9.4％へと膨れあがりました。それと同様に、メディケアが1978年の高齢者の全医療費支出の少なくとも44％を支払っていることは注目に値します。例えば、外来患者の薬剤費、眼鏡、歯科サービスなどは、ほとんどその適用から除外されています。そのために、高齢者は、メディケアにより必要とされる定額自己負担（deductible）や定率共同負担（co-insurance）に対してだけでなく、そのような差額を請け負う民間保険をしばしば求めています。

ほとんどの福祉事業と同様に、メディケイドは、各州政府における支出の一定の割合を、ワシントン政府が負担するように義務づけています。しかし大部分の福祉事業とは異なり、メディケイドは基準にて適用がある個人に対して認可された全てを支払います。その複雑な管理のために、メディケアよりもメディケイドを評価することは困難です。それぞれの州や地域では、53の異なった医療制度があります。コロンビア地区では、独自の所得適用基準や費用支出指導基準、適用サービス一覧などを設定しています。さらにメディケアの受給者層とは異なり、メディケイドの場合は、その変動が予測できません。専門家は、高齢者層における平均余命の著しい増大や年齢調整した死亡率の劇的な減少に着目しています。

しかし、社会保障は、高齢者への医療提供にとり適切な体系になっているでしょうか。わたしはそうとは思いません。例えば、保険数理士は老齢遺族障害保険（OASDI）に対して、短期ならびに長期費用の予測をかなり正確に出すことができますが、しかし連邦医療制度についての予測は、それらよりは信頼性が乏しくなります。メディケアとメディケイドの費用を予測したり調整することは困難です。というのは、それらは、現金給付ではなく、医療やサービスの提供によって生み出されるからです。利便性や給付範囲が拡大するに従って、制度にかかる費用は必ず上昇します。このような根本的な差異は、所得保障と医療財源との間における受給者の相違点によって構成されています。

ほとんどすべての65歳以上のアメリカ人は、連邦政府から医療費の支払い

の支援を受ける資格を得ています。老齢遺族障害保険と同様に、メディケアとメディケイドは、政府の政策の下で利益を保証される権利であります。ただしほとんどのアメリカの高齢者は、比較的良好な健康状態を享受しています。彼らのほぼ54％は、明らかな健康上の支障がないと報告されています。しかしながら高齢者が抱える問題は、若いアメリカ人とは異なります。心臓病、がん、脳血管障害が、高齢者の主要な健康問題です。また肺炎やインフルエンザは、若い頃より死因になることがしばしば報告されています。例えば関節疾患、高血圧、難聴などの慢性疾患は、ありふれた疾患です。65歳以上の全高齢者の80％は、少なくとも1つの慢性疾患を持っています。そして多くの高齢者は、多くの慢性疾患を合併しています。年齢特有な差異が、医療サービスの利用に著しい影響を及ぼしています。高齢なアメリカ人はほぼ人口の12％を占めています。そして急性期入院期間のほぼ40％を使用しています。全外来患者の33％は内科を受診し、老人ホームの入所者の90％を占めていることが示唆されています。

連邦政府の調整により、高齢者に対する医療の利便性と種別が影響を受けています。より高齢な方は、その他の人よりも、メディケアを利用しています。1978年には、通常9人の受給者のうちの1人には、医療費に対して少なくとも5,000ドル（1984年のドル換算）が償還払いされていました。約11％の高齢者人口に、すべてのメディケア関連費用の36％がかかっていました。

高齢者の長期にわたる需要の差異によってもさらに状況が複雑化します。今日では、65歳以上の5％未満が老人ホームに入所しています。しかしながらもしいままでの傾向が続くならば、ほぼ高齢者4人に1人は彼らが死ぬまでに、老人ホームや、州の精神病院や退役軍人病院、ボード・アンド・ケアホーム（board and care homes）、そのほかの在宅ケアや長期入所施設に入所されるでしょう。典型的な老人ホームの入所者は、白人で80歳を越えて未亡人となり、少なくとも3つの慢性疾患を合併しています。老人ホームの平均入所期間は2.6年に達し、入所者の25％以上は3年以上入所しています。このようなアメリカの高齢者の入所者にとって、その高齢者の15％以下しかメディケイドの適用になっていませんが、メディケイドは非常に重要になっています。メディ

ケアは、急性期治療の適用であり、ほんの最低限の長期ケアしか適用していないからです。その一方で、メディケイドは、その基準を満たすすべての人に老人ホームの利用を可能にしてくれます。その結果として、全てのメディケアの支出の28.5％により、老人ホームの費用を請け負っています。このような数値は、そのような施設にとり全支払いの半分を占めることを示唆しています。それとは反対に、メディケイドの受給者の約3分の2を構成している貧困児童や片親家族には、その事業の約3分の1の費用しか占めていません。それに加えて、終末期治療 (terminal care) がメディケアやメディケイドにとり目立つ費用になっています。典型的には患者の寿命のなかで、最後の1年に要する急性期治療の費用は途方もなく大きいのです。全てのメディケア財源の30％（国民総生産の1％に相当）は、死亡時に費やされています。

　アメリカ社会の高齢化により、このように費用の使途が人生サイクルの後半にひずんでいますので、医療サービスの整備や支出に大きく影響しています。急速なる人口の高齢化により引き起こされる難題に取り組むためには、最新の情報による新しい見直しが必要です。より良い医療によりおそらく高齢者はより長く生きられるようになるでしょうが、しかし彼らは必ずしもより健康になっているとはいえないでしょう。

　典型的な老齢遺族障害保険の倫理上の方針とは違い、医療に関する政策上の課題は、実際には生死の問題にあるのです。妊娠中絶への政府からの資金の供与に関する議論から学ぶべき教訓の1つは、医療処置が、法律あるいは訴訟によって解決できるのかどうかについて国民議論が両極に分かれていることです。適切なる終末期の高齢者ケアはどのようなもので構成されるべきかを決定することにも同様な問題があります。高齢者は、もし非常に重症な病気であれば、死ぬ義務 (duty to die) があるのでしょうか。安楽死 (euthanasia) は許されるのでしょうか。一般市民、特に高齢者における医療に対して、国民総生産の何パーセントを費やすべきでしょうか。例えば、20％はとても多いのでしょうか。社会資源は、費用のかかり具合が最も適切になるように配分されるべきでしょうか。最も年若い者に対してはどうでしょうか。だれがその優先権を決定すべきなのでしょうか。

公的所得保障の仕組みよりも、医療産業複合体（medical-industrial complex）の仕組みを変革するのは、それぞれの主要な組織形態の違いがあるために、非常に困難となるでしょう。ワシントン政府は、メディケアとメディケイドの受給者に対して直接に費用の払い戻しをしていません。その代わりに、その受給者が利用したサービスや医療費の一部を支払っています。そのように、第三者機関の規則や調整によって、連邦政府の医療制度が、老齢遺族保険（OASI）とは異なり、そして障害保険の申請過程とは比べものにならない方法による方法で管理されています。メディケアの発足以来、専門家はこのような取り決めが、医療費を膨張させる要因となっていることを強調していました。政府、保険会社、医療提供者らにより支持された老人ホーム改革は、公的機関が医療サービスの最大の買い手になるような状況を創り上げました。提供者は言うまでもなく消費者は、受け取るサービスの選択は、情報に基づいても自由自在でもなく、いつも可能というわけでもありません。

その上に、メディケアとメディケイドだけが、高齢者に対する医療サービスに出資する連邦政府の事業ではありません。保健福祉省における老年局では、長期ケア施設における高齢者も含めたモデル事業も請け負っています。1983年の予算では、退役軍人局では、入院した退役軍人に対して49億ドル支出しました。その他に長期ケアに対しては、1億5,000万ドルが支払われました。第二次世界大戦で兵役についた人々は、高齢者になり、退役軍人適用の受給者の数は、非常に増大しています。ブルークロス／ブルーシールドや慈善事業（philanthropies）、互助会などの民間組織は、医療サービスの提供や連邦政府からの給付の補足に重要な役割を果たします。マスコミや学校、ボランティア機関、慈善事業、教会、家族などのその他の機関によって、サービスの紹介や提供が可能になっています。このような組織の異なった見地により、制度上の変革が困難になるでしょう。

最後に、高齢者の医療需要に応じて利用できる技術は、決して中立的価値（value-neutral）がある訳ではありません。危機に瀕している問題が、医療政策の中心的課題でありますが、だからと言って老齢遺族障害保険とは、それほどは対立していません。高度な医療技術革新は、非常に明確な根拠から、しばし

ば医療費の高騰の重要な原因であると批評されました。しかしながら、そのような医療技術は、高齢社会における長期ケアにはどのような場でも必需なものでしょうか。人口動態の予測される傾向が、施設整備、一貫して過小評価である出費、科学の進歩に要する莫大な費用と関連しています。そのことによりアメリカ医療がいままで以上に費用がかかることを確認できます。このような増大する総費用を賢明に支払うならば、どのようなことができるでしょうか。

3．政策の選択　Policy options

　政府与党は、老齢遺族障害保険を救うための提案に、前向きに急いで対応したように、メディケアを改革する方法の構想が乏しいわけではありませんでした。社会保障諮問委員会が、1984年2月に「メディケアの給付と財源（Medicare: Benefits and Financing）」というメディケアの報告書を提出しました。委員会では、メディケアが直面している最も重大な問題は、債務超過であると報告しました。病院保険信託基金は1995年までに、2,000億ドルから3,000億ドルにわたる累積赤字になると予測されました。委員会では、連邦保険拠出法による増税や一般歳入の利用により、その欠損の埋め合わせを増大することに反対しました。そしてメディケアを資産調査に基づき運営することは拒否しました。その代わりに、雇用者提供の医療保険に税をかけることと、アルコールやたばこの連邦政府の物品税を増やすことを諮問しました。費用削減をするために、委員会は1999年までにメディケアの適用年齢を、65歳から67歳まで引きあげて、医師料に対して明細表を付加することを提唱しました。メディケア給付を再構築し、補足的医療保険料の引き上げを要望しました。

　1984年の委員会では、漸進主義の政策が信任されました。メディケアの調査は、全国社会保障改革会議の最終報告と、その形式や論調は類似していました。その提案は、レーガン政権や議会の主要人物、民間部門団体が支持する構想にかみ合っていました。そして委員会が意図していたすべての修正審議における前例を引用していました。この手法は、時代の試練を経た手段でしたが、近視眼的に実行する傾向になりました。もしメディケアの改革が、委員会の報告が示唆するよう緊急的な課題ならば、引き続き社会保障体系に固執すると逆

効果になることが立証されるでしょう。

　1984年の社会保障諮問委員会によって勧告された提案は、特にレーガン政権の意向を優先して構築されているので、新しい議論を巻き起こす起点の役目を果たすかもしれません。しかしほどなく考慮されてもおそらく無傷に終わる方策はないでしょう。両党連立した合意策により、おそらく継ぎあてをされるでしょう。給付を削減する必要があり、税金を上げなければならないという発言をもう一度繰り返すことでしょう。好みに合う代賛手段はないので、政策立案者は老齢遺族障害健康保険の体系における財政的窮迫を直ちに解消できるように計画された政策を採用することでしょう。その他の特別審議会が、病院保険信託基金が破産する前に、報告書が短期間で間に合うように提出できるように結成されることでしょう。1983年は、国民にもたらされる最後の「絶頂期（High Noon）」でした。土壇場になってから医療危機が生まれるわけではありませんので、「急がば回れ（Festina lente）」が将来に対する合い言葉にしなければなりません。

　医療費抑制策（cost containment）の旗印のもとに、独善的ないくつかの改革が進行しています。例えば、1984年の諮問委員会では、当時の受給者権利に上限を設けることを提唱し、メディケアの対象年齢を67歳まで引き上げることで、一方では受給者の財政的負担を増加させながら、対象層を減少させることを模索しました。しかしながらそのような医療費負担分担（cost sharing）をしても、医療費の急速な増大を弱めることにはならないでしょう。それには、高齢者がすでに支払っているかなりの自費負担による代金を度外視しているからです。それは経済的に身体的に最も弱い社会の一員にも不相応に降りかかる負担です。レーガン政権下で流行している無制限な自由企業体制（free-enterprise）の理念が、その他の提言も引き起こしました。カーター政権下の役人でレーガン政権の医療専門家に助言したアラン・エントーベン（Alain Enthoven）は、引換券（voucher）事業により無駄を減少し、競合を奨励するように説得されました。評論家は引換券では、上昇する医療費と歩調を合わせることになるので、受給者の費用の支払いには遠回し（roundabout）の政策になるかもしれないと批判しました。消費者は最も自分たちの要望と一致する医

療プランをどのように見いだすのかは明確にされていません。

　医療機関への給付を減少させて、サービスを監視し、医療提供システム全般にわたり効率を高める将来有望なより多くの管理法が提案されます。診断群別所定報酬額支払方式がもし有効ならば、その適用範囲を拡大されるべきです。医療の組織編成と提供システムに新しい方法を導入するためには、このような方向性でさらなる成果を得るために、すべての医療における専門家が必要とされるでしょう。出来高払い制度は、アメリカではいまだに不評ですが、カナダやその他の国々での経験から、それらは導入されればまもなく適合していくことが示唆されています。その他の案として、長期ケアにおける逓減（stepdown）制も盛り込まれています。もし完全に寝たきりになり、老化やその他の精神障害により要介護中等度（moderate-to-serve）に煩っている独居老人は、持続した医療監視のために老人ホームに入所することでしょう。集中的監視があまり必要としない人々は、種々の高齢者ケア施設（elder-care facilities）、健康維持組織（HMOs）、集合住宅センター（congregate housing centers）、ホスピス（hospices）において処遇されるでしょう。在宅ケアに対する償還に、公的支出が加味されるかもしれませんが、それを慎重に考慮することは重要です。アルツハイマー病に罹患している人の半分を含めた高齢者に対して、ホームヘルパーや家族は生命の維持に必要な支援をしています。

　入院に関することが、最も改革案の中心議題になっています。この領域における徹底的な改善の可能性についてはいくらか疑問視されています。入院形態は、思惑から病院複合体組織への拡大を駆り立てたように、最近かなり変化しています。今日の病院は、ほとんど運送業や銀行業会社のように、著しい利潤追求をしているように思われます。現在、斬新である地域の複合型医療センターは、将来の優良なる投資市場になるかもしれません。しかしながらアメリカの高齢者、貧困者、病人は、そのような変革からはほとんど恩恵を受けていないようです。

　政府による引き続き起こる医療制度の変革は、その法律が成立する時点と状況に依存するでしょう。「もし赤字が、言うならば1989年の財政までに、管理できる水準までに解消されるならば、メディケアに対する議論が、医療サービ

スをいかに編成してどのように支払うかの全国的試行事業の一部として実施されるでしょう。もしほぼ最近の程度で全般にわたり赤字が、だらだらと引き続くならば、メディケアは必然的に全ての支払いと税金を調和させる永続的な成果で覆い隠されるでしょう」どちらの筋書きでも、医療分野におけるワシントン政府の役割は、今後も継続的に不可欠となり続けるでしょう。

　医療費の支払いにおける民間部門と公的部門の役割の劇的な変革は、高齢者にとり非常に重大な問題をはらんでいます。政府と自治体間の種々の段階と医療サービスの利用者と提供者間におけるそれぞれの債務分担によっては、医療産業複合体に大きな変革を要することでしょう。一方で、現在の医療制度体系には、政府における責務の変革がますます求められています。「一挙に大規模な制度を実施する努力をしても、大きな管理上の困難と広範にわたる失望を引き起こす可能性があります」とウィブラー・コーエン（Wilbur Cohen）は強調しました。「まだ見えない問題が拡大してきます。判断の誤りが起こります。費用が増します。その解決に時間がかかると地方自治体、州政府や個人の問題が起こります」本章における、高齢者に対する医療政策の分析から、老齢遺族障害保険に基づく付加的な解決だけでは不十分です。

　最近では、医療保険を社会保障の重要な構成要素と見なすようになってきましたが、入院保険に対する高齢者への適用をTitle II に関連づけることは、その当時は見事な政策転換でした。しかし社会保障の状況や体系は、長寿社会における医療需要に対してもはや十分ではありません。「医療危機（health care crisis）」は、非常に厳しくかつ複雑化しているので、新しい構想による体系化を要求する必要があります。そうすることで、いかに何をすべきかそしてなぜそのようにするのかについて明確に思考することが可能になるのです。

[参考資料]
1）ほとんどのアメリカ人は、社会保障の支出は、高齢者のための退職年金だけをカバーしていると思っています。専門的には、社会保障である老齢遺族障害健康保険（Old-Age, Survivors, and Disability, and Health Insurance: OASDHI）は、4つの別々の信託資金を支えています。1つは高齢者と遺族給付のための老齢遺族保険（Old-Age and Survivor Insurance: OASI）、1つは障害者のため障害保険（DI）、あと2つはメディケア

（Medicare）におけるメディケア・パートA（入院保険、Hospital Insurance: HI）、そしてメディケア・パートB（補足的医療保険：Supplemental Medical Insurance: SMI）で構成されています。メディケイド（Medicaid）と補足的所得保障（Supplemental Security Income: SSI）は、被扶養児童家庭扶助（Aid to Families with Dependent Children: AFDC）と共に、一般歳入から資金を供給されても、社会保障の骨組みの一部として発達していきました。それと同様に、ある数人の著者が「社会保障」と「社会保険」を置き換えて表現しています。このような慣例があるのは当を得ている歴史的な理由があります。社会保障は、自助への補足、個人的な慈善、共同の博愛、および他の不遇者への連邦政府によらない社会支援の資源を加えて、社会保障法が制定されました。筆者の用語の使用はいくらか異なっているかもしれません。社会保障はもちろんアメリカの社会保険の支柱でありますが、しかし社会保険の本来の意味には、日常生活の危険性に対して、公的あるいは民間で制度化されている対応が含まれているのです。そのため社会保険は税金だけでなく、従業員あるいは雇用者の保険料によって資金が調達されているのです。いずれ明らかになりますが、われわれが社会保障を取り巻く複雑さと混乱を理解するのには、用語における正確な把握は不可欠です。（アンドル・アッカンバウム）

2）本書では、社会保障に関わる人々におけるさまざまな集団は以下の通り呼ばれています。「政策立案者（Policymakers）」は、社会保障法を開発し、管理し、あるいは評価する者を含みます。「立法者（Lawmakers）」は、政府の行政上あるいは立法上の部門に選ばれた職員を意味しています。「役人（Officials）」は、通常は選任されるか、あるいは任命された連邦政府の職にあります。「官僚（Bureaucrats）」は、ハイレベルな責任を持ち、事業を監督する者をさしています。「専門家（Experts）」は、その単語が使用される前後の状況では別の意味を示唆しなくても、システムがいかに稼働するか知っている者と思われます。彼らは、法律制定者、官僚、あるいは専門的知識で有名な政府外部の学識者であるかもしれません。（アンドル・アッカンバウム）

3）私は、ウェストポイントの年取った市民です。私はおおよそ75あるいは76歳です。大恐慌が来るまでは、私は毎日一生懸命に働いていました。その後、私には3年間も仕事がありません。そして運が良かったときに買った小さな家があるだけです。そしてやりくりしながら州税と地方税を支払うことがなんとかできていました。しかし、役所の彼らは、私には15ドルの市民税を支払う義務があり、そのために私に小さい家を売るように要求します。どうぞあなた方が役所から外に出て、私を助けてくださいませんか。それを支払う方法を見つけるまで、その小さな家に住まわせていただけませんか。どうぞあなたがたのできることを、私にしてもらえませんか。私はとても年を取ってしまいもう屋外にも出られません。（ジョージア州の高齢な市民）

4）憲法がわれわれに示すように、連邦政府がなによりも公衆の福祉を促進するために設立されているのならば、福祉が頼みとしているそのような保障を提供することは、われ

われの明らかな義務です。それゆえに、私は人生において非情ないくつかの不安因子、特に失業や高齢者たちに対して、ただちにその保障を提供することを勧めることのできる有効な手段を模索していました。私は、そこには州政府と連邦政府との最大の協力が必要であることを信じています。家の保障・生活の保障・社会保険による保障のこれら3つの保障の対象が、われわれがアメリカ人に手をさしのべることのできる最小限の約束です。それらは、働くことを望んでいるすべての個人や家族の1つの権利を構成しています。それらは、救済、回復、そして改革に向かうためにすでに講じられている基本的な実践手段なのです。(フランクリン・デラノ・ルーズベルト)

5) もちろん、われわれは逃げてまわって良くない行動を起こすべきではありませんが、私は今こそ社会保障の修正に関して、行政上の一般的役割について考慮することが最も必要であると思います。実際のところ、社会保障に対する批判を埋め合わせるだけでなく、その批判を活用して、社会保障法を築く現時点における基本的原則に全く従い、われわれの財政能力の範囲で、社会的に求められている事業を発展させることは本当に可能であると信じています。(アーサー・アルトメイヤー)

6) アメリカの伝統を失わずに、将来にわたり、できるだけ多くの人々から、扶養され救済を受ける窮乏を取り去り、この国を建設してきた過程に参加したことに関連した権利として供与される保障に切り替えることはとても望ましいことです。保障を健全に長持ちさせる基盤は、個人のやる気を刺激すること、そして過去の賃金や職業に関連している給付の支払いをするという原則を貫くことによってのみ構築できるのです。(社会保障諮問委員会)

7) まもなくアメリカ合衆国では、最後の目標として、国内では十分な食事、衣服、家を提供する最低限の高齢者年金を受けられない貧困な人々はいなくなり、それを手に入れるために救貧院に行く必要もなくなる国家のシステムを持てることが私の望みです。私はそのようなシステムを期待しています。そのシステムは、わずかな最低限に加えて、どんな職業でも忠実にこつこつ働いた人々には、老齢に備えて新たな保障を築きあげることができます。そのことで、彼らは生き生きと幸せに暮らすことができるのです。(フランクリン・デラノ・ルーズベルト)

8) アメリカ合衆国における社会保険は、さまざまな賃金体系の拡大とともに、発展してきています。給付が賃金に関連している限り、所得に対する割合や均衡を拡大していこうとする誘惑が、社会保険システムに繰り返し生まれてきます。社会保険の立案者の問題は、いかなる悲惨な程度でも勤労の意欲を減少しないように、合理的な保護に寄与できるように、給付を一般的な所得の場合に関連させることです。このことにより、心理学、経済学、および公的管理が、その解決策を模索するのに持ち込まれるという問題が発生してくるのです。(ダグラス・ブラウン)

9) 政府、会社、労働者における全ての社会保障とそれらを管理する事業が増加している

にもかかわらず、多くの個人の悲惨な人生の不幸によって遭遇する経済的影響に対する準備の主な責任は、個人とその家族によってささえられているのがアメリカ人の基本的な生活様式です。社会保障や経済的保障のための民間制度があっても、個人の自発性や積極性、倹約が不必要ではなく、あるいは価値が少なくなることもありませんでした。社会保障は民間事業と一致するだけでなく、その存続の防護になりました。(エドウィン・ヴィッテ)

10) 繁栄し好景気な経済において、貧困を簡単に取り除く方法は、保険すなわち社会保険によって防ぐ手段です。おそらく、アメリカ合衆国に存在する貧困の3分の1から半分は、社会保険を改善してより広く適用することで、解決できるかもしれません。社会保険の目的は、貧困をなくするだけでなく、社会保険の働きによって、貧困を予防することです。社会保険は、この目的のために、より効果的に利用することができるのです。今日、われわれには貧困を撲滅する能力を有するという事実があるので、われわれが貧困をなくさねばならない定めがあるのです。(ロバート・ボール)

第4節　新連邦主義に基づく社会保障削減期

1．レーガン政権による新連邦主義

　1980年代のアメリカは、1981年から1989年まで2期続いたレーガン政権の時代である。この時代は、レーガノミックスといわれる経済政策の中で、1982年の新連邦主義（New Federalism）に基づいた政策がとられた。新連邦主義は、小さな政府と新自由主義を目標において、膨れ上がった財政支出と補助金を減らすために、州及び地方政府に連邦政府の権限の多くを委譲させるものであった。

　この様な政策の下で、社会的に問題視されている社会保障政策の1つに福祉政策がある。本節での福祉政策（welfare policy）とは、公的扶助（public assistance）のことをさし、年金等の社会保障（social security）を除いたものである。福祉に関する支出には、社会保険、公的扶助、保健医療、退役軍人、教育などの項目がある。公的扶助は、一般的に貧困者を対象としている。公的扶助プログラムには、現金扶助、現物扶助、現金扶助と現物扶助の混合がある。種類は、SSI（補足的所得保障）、AFDC（要扶養児童家庭扶助）、メディケイド（医療扶助）、Food Stamps（食糧スタンプ）、GA（General Assistance、一般扶助）である。

　1980年の福祉支出全体に占める各項目の割合は、社会保険（46.5％）、公的扶助（14.6％）、保健医療（0.05％）、退役軍人（0.04％）、教育（24.6％）である。中でも公的扶助に関しては、支出割合が福祉歳出全体の15％程であるにもかかわらず福祉改革の議論に取り上げられている。これは、受給者が真の貧困者ではないことや不正受給や過剰支出に対して不満が募ったからである。

　ここでは、公的扶助の中でメディケイド（Medicaid：低所得者を対象とした医療扶助）[1]とAFDC（Aid to Families with Dependent Children：被扶養児童家族扶助）に着目する。これは、メディケイドとAFDCの運営が、連邦政府が州

難波利光（Toshimitsu Namba）

政府に権限を委譲しており、各州で異なった受給資格要件と給付内容、償還内容を設定しているからである。

低所得家族に対する福祉政策は、レーガン政権による新保守主義の中で福祉関連支出の削減といった方向で改革された。特にメディケイド及びAFDCは、人口や低所得者層の移民の多いカリフォルニア州で問題とされている。福祉政策としてAFDCの他にも、1975年に導入されたEITC（Earned Income Tax Credit：勤労所得税額控除）がある。これは、低所得稼得就労者の家族の所得援助を目的とする租税政策である。

カリフォルニア州では、1978年に新保守主義に先行してプロポジション13[2]が発議された。この提案は、カウンティの主な財源である財産税の増加とカウンティ支出の40％を占める公的扶助に対して、その受給者ではない中間所得者層の不満により起こった。その結果、福祉関連支出は、この提案が財政支出を制限するものであるために、AB8（Assembly Bill 8, 下院州議会法案8）[3]により救済措置はとられたものの1980年代に入って削減された。カリフォルニア州を取り上げることは、アメリカの潮流を知るために重要な意味があるといえる。

このような潮流の中で、1981年包括予算調整法（Omnibus Budget Reconciliation Act of 1981、以下OBRA'81と略す）が施行され、メディケイド及びAFDCに対して大きな影響を与えている。この他に1980年代の就労による福祉支出削減政策は、AFDC受給者[4]を自立させることが目的とされた。特に福祉の受給者である貧困者への援助は、アメリカ人にとって浪費であり悪用であると考えられている傾向があるため、メディケイドやAFDCに対する歳出は僅かであるにもかかわらず、1960年代後半から福祉改革のなかで最も大きな関心事であった。

2．新連邦主義による社会保障財政の構造変化

1）アメリカの福祉政策の経緯

アメリカの社会保障制度の成立は、30年代のニュー・ディール時代である。1935年に民主党のF.D. ルーズベルトのもとで社会保障法が定められた。この

中に後に述べる公的扶助制度（老人扶助・児童扶助・盲人扶助）がすでに盛り込まれている。そしてこれらは、各州により運営され連邦から補助金も交付されている。AFDC制度は、50年改正法により1935年の社会保障法で規定された被扶養児扶助（Aid to Dependent Children）に母子家庭の子供の扶養者である家庭への扶助を加えた制度である。

ついで60年代に入り、民主党のL.B.ジョンソンによる「貧困との戦い」のなかで、「偉大な社会」計画が推し進められていく。1964年には、AFDCは改正され、従来に加え児童の父親が健在でも現在失業中である家庭はプログラムの対象（AFDC-UP: AFDC Unemployed Parents）となった。そして1964年には、経済機会法（Economic Opportunity Act of 1964: EOA'64）が制定され、低所得者層の人々に教育・訓練・雇用の機会を均等に与え、経済的に自立した生活を営むことを目標とした。この内容は、青少年労働訓練・労働経験計画・成人教育や貧困者家庭の児童を対象とした就学前教育である。

1965年には、65歳以上の高齢者を対象とした公的医療保険であるメディケア（Medicare）と低所得者層を対象とした医療扶助であるメディケイド（Medicaid）の2つの医療保険制度が成立した。このことに伴い、福祉関係支出の増大が始まった。1967年のWIN（Work Incentive Program、労働奨励計画）は、AFDCを受給している児童の母親に対して就業もしくは職業訓練への登録を要請した。しかし、この制度には強制力がなく十分成果を示さなかった。

1970年代後半からは、受給資格の緩和に伴い社会福祉受給者が増加し、特にAFDCに依存している未婚の母親の存在が社会問題として注目された。カリフォルニア州でのプロポジション13の成立は、このような時代背景のもとで起こった。この頃、福祉抑制政策がとられ「福祉から仕事へ」をスローガンとして、共和党のレーガン政権期に入った。

2）社会保障政策に伴う財政構造の変化と福祉をめぐる政府間財政関係

このような福祉政策の変化の中で、カリフォルニア州の歳出割合は、1980年度以降教育（Education）が最も多く45％前後を占めている。ついで、公共医療・福祉事業（Health and Welfare）である。これは、1981年度の35.0％から

1984年度の25.1％まで徐々に減少し、それ以降徐々に増加し1990年度には、28.2％まで増加している。

　州及び地方政府への連邦補助金総額に対する福祉関係補助金の割合をみる。公共医療サービスと福祉事業の連邦補助金総額に占める割合は、1980年度の39.5％から1982年度の52.7％まで増加し、1989年度まで50.0％から55.0％までを推移している。メディケイド（公共医療サービスと福祉事業の項目の1つである）に関しては、1983年度の21.1％から1989年度の27.8％まで徐々に増加している。

　州政府による福祉関係支出に占める各項目別の割合の推移をみる。一般的に用いられるメディケイドは、カリフォルニア州ではメディカルプログラム（Medical Program）である。そして、メディカルプログラムの値は、公的扶助と医療困窮対象者の値の合計である。メディカルの割合が、1982年度の36.3％から1984年度の24.5％に急速に減少している。

表1　カリフォルニア州における政府別のAFDCへの支出額とその構成比（1980,1982,1984,1987年度）

1980年度　　　　　　　　　　　　　　　　　　　　　　　　　　　　（百万ドル）

	州	連邦	カウンティ	全体
AFDC-FG	928.1（43.8％）	1080.6（50.9％）	112.4（5.3％）	2121.1（100.0％）
AFDC-UP	163.8（47.4％）	161.8（46.8％）	19.8（5.7％）	345.4（100.0％）
AFDC-FC	132.9（72.3％）	43.9（23.9％）	6.9（3.8％）	183.7（100.0％）

1982年度　　　　　　　　　　　　　　　　　　　　　　　　　　　　（百万ドル）

	州	連邦	カウンティ	全体
AFDC-FG	1068.4（44.7％）	1192.9（50.0％）	23.9（1.0％）	2388.1（100.0％）
AFDC-UP	197.0（35.7％）	331.0（60.0％）	8.1（1.5％）	551.9（100.0％）
AFDC-FC	153.3（72.1％）	51.3（24.1％）	－	212.7（100.0％）

1984年度　　　　　　　　　　　　　　　　　　　　　　　　　　　　（百万ドル）

	州	連邦	カウンティ	全体
AFDC-FG	1197.7（44.3％）	1363.1（50.4％）	145.0（5.4％）	2705.8（100.0％）
AFDC-UP	242.2（40.4％）	327.4（54.7％）	29.3（4.9％）	598.9（100.0％）
AFDC-FC	201.6（71.9％）	68.3（24.3％）	10.6（3.8％）	280.5（100.0％）

1987年度　　　　　　　　　　　　　　　　　　　　　　　　　　　　（百万ドル）

	州	連邦	カウンティ	全体
AFDC-FG	1586.2（45.1％）	1726.4（49.1％）	205.4（5.8％）	3518.0（100.0％）
AFDC-UP	284.3（44.9％）	311.8（49.3％）	36.9（5.8％）	633.0（100.0％）
AFDC-FC	332.0（74.2％）	115.7（25.8％）	－	447.7（100.0％）

（出典）State of California, Analysis of The Budget Bill, California Legislature, 1981～1989.

AFDCの支出は、20％前後を推移し変化がみられない。1984年度の州全体の支出に占めるメディカルとAFDCの割合は、メディカル（7.7％）、AFDC（6.2％）であり、非常に僅かである。しかし、1984年以降もメディカルとAFDCは、福祉政策の焦点となることには変わりはなかった。

次にカリフォルニア州における政府別のAFDCへの支出額とその構成比を表1でみる。AFDC制度は、AFDC-FG（AFDC Family Group, AFDC家族適用）[5]、AFDC-UP（AFDC Unemployed Parent, AFDC 失業両親適用）[6]、AFDC-FC（AFDC Foster Care, AFDC 里親養育適用）[7] に大別される。

まずAFDC-FGの割合は、連邦政府50％、州政府45％、カウンティ5％になっている。この割合は、1980年代を通して殆ど変化がみられない。次にAFDC-UPの割合の変化をみると、州政府は、レーガン政権登場後である1982年度の35.7％から1987年度の44.9％まで増加している。これは、先に示したようにAFDCに対する支出に変化がみられないにもかかわらず、親が失業しているAFDCに対する支出は連邦負担の軽減から州負担の増加へ移行していることを示している。最後にAFDC-FCの割合は、州政府が70％強を占め州政府に依存しているといえる。

3．新連邦主義に伴うメディケイド政策とその影響

1）メディケイド政策の変貌

この節では、メディケイドとAFDCに関してカリフォルニア州とアメリカ全体の平均を比較することにより、カリフォルニア州の位置づけと特徴を明確にしたい。まず、アメリカ全州平均に対するカリフォルニア州の割合でAFDC対象者数の変化をみると、1979年度の1.4倍から1983年度の1.8倍に増加し、その後1986年度の1.3倍まで減少している。カリフォルニア州は、アメリカ全州から見て極めてAFDC対象者が多いことがわかる。

貧困水準（poverty level）[8] に対するAFDC受給者の割合の変化[9]をアメリカ全州の平均とカリフォルニア州で比較してみよう。アメリカ全州の平均の推移は、1979年度から1986年度までほぼ50％から60％である。それに対してカリフォルニア州は、1979年度から1982年度まで80％前後であり、1983年度には

表2 メディケイド受給者数とアメリカ全州に占めるカリフォルニア州の割合（1979年度〜1986年度） （千人）

年度	1979	1980	1981	1982	1983	1985	1986
全州合計(a)	21,540.0	21,604.4	21,979.6	21,603.2	21,492.5	21,808.3	22,517.7
カリフォルニア州(b)	3,373.7	3,417.7	3,616.9	3,747.9	3,499.9	3,380.7	3,466.1
{(b)/(a)}×100(%)	15.7	15.8	16.5	17.3	16.3	15.5	15.4

（出典）RAND, Medicaid Policy in California, 1980-1987 with Special Reference to Pregnant Women and Infants, 1993.

100％近くまで増加している。これは、カリフォルニア州のAFDCに対する依存率がかなり高いことを示している。

メディケイド受給者の1人当たり給付額の推移をみると、アメリカ全州の平均もカリフォルニア州も全体的に増加している。しかし、カリフォルニア州の水準はアメリカ全州の平均よりも低くなっている。アメリカ全州の中でのカリフォルニア州の特徴は、AFDC対象者の貧困水準は高いにもかかわらず、メディケイドによって支払われる額は小さくなっていることである。

表2により1979年度から1986年度までのカリフォルニア州のメディケイド受給者数を考察してみると、カリフォルニア州の受給者数は州合計の16％前後であり、殆ど変化していない。これは、たとえ受給資格が厳しくなっても受給者数が増加したためである。このような傾向は、部門別割合にも示されている。

メディケイド政策は、設立当初からほぼ毎年改正されている。1980年に入ると、レーガン政権によって福祉支出を削減する施策が行われた。そして、各年の包括予算調整法の変更に伴って、連邦政府によるメディケイドの修正に対応し、カリフォルニア州もメディケイドプログラムを改正していった。

カリフォルニア州でのメディケイド受給者は、入院患者病院サービス、外来患者病院サービスなどの基本的に必要とされるサービスを受けた。

1980年代のメディケイドの変更[10]は、受給資格者、医療サービス、償還に影響を及ぼした。

OBRA'81は、メディケイドの受給資格と給付の両方に制約事項を付けたために、受給者に対して厳しい影響を与えた。OBRA'81によってAFDC受給資格の要件である所得水準の上限が下げられたため、これまで所得に課税されず

表3 カリフォルニア州の貧困者数と貧困率の推移(1980年度～1989年度)

年度	人口(千人)	貧困者数(千人)	貧困率(%)
1980	23,748	2,619	11.0
1981	24,112	3,216	13.3
1982	24,613	3,475	14.1
1983	25,149	3,743	14.9
1984	25,596	3,375	13.2
1985	26,456	3,596	13.6
1986	27,082	3,453	12.7
1987	27,877	3,443	12.3
1988	27,855	3,687	13.2
1989	29,346	3,772	12.9

(出典) U.S. Census Bureau, 1990.

に済んでいた人にも課税されるようになった。このことは、福祉に依存していた何百万という家族が資格を抹消され、抹消されなくとも生活水準の低下を余儀なくされた。表3により貧困率をOBRA'81前後についてみると、1980年度の11.0％から1983年度の14.9％まで増加している。この傾向は、AFDC給付額が減らされたことによる。

1982年税制均衡財政責任法（Tax Equity and Fiscal Responsibility Act of 1982）は、選択的制度対象者である初めて妊娠した女性たちに受給者資格を与えている。そして限定された受給資格基準の多くをより緩和させる方向に戻している[11]。この改正により、1984年度以降は13％前後を推移している。

1980年度から1983年度まで貧困率が上がったのは、1980年頃の緩やかな景気後退とインフレのせいばかりであるとはいえない。

1984年財政赤字削減法（Deficit Reduction Act of 1984: DRA'84）は、連邦マッチングファンドによる義務的制度対象者を増加させ、新生児に対する保護範囲を拡大させた。しかしこの変更は、カリフォルニア州では、すでに女性たちを受給者として認めていたため影響を与えなかった。

1986年包括予算調整法は、メディケイド受給資格をAFDCとSSI受給資格による基準から変更したのである。この改正により、AFDC受給者からはずれることになっても、医療扶助は受けることができるようになった。メディケイド受

給資格は、1965年の発足から86年包括予算調整法が通過するまで、連邦の現金援助プログラムに強くリンクしていた。連邦と州の要求項目を満たした各部類別の資格を得る中で、メディケイドの資格を得ることができた。メディケイドの資格は、適正基準の違いにより、義務的制度困窮対象者（mandatory categorically needy)[12]、選択的制度困窮対象者（optional categorically needy)[13]、医療困窮対象者（medically needy)[14]に分類される。

2）公的扶助と医療困窮対象者への影響

月平均のメディカル受給者数の部類別割合を表4によりみると、メディカル受給者数は、1979年度から1981年度まで増加し、その後1983年まで減少し、1989年に至るまで増加傾向にある。プログラム全体に占めるAFDCの割合は、1979年度の56.4％から1983年度の66.6％まで増加し、1984年度以降は徐々に減少している。65歳以上の対象者と永続的身体障害者は、全体の15％を占めている。

1985年度以降の受給者割合の減少は、AFDC受給者の増加に歯止めをかけたためである。

次に1979年度から1989年度までの公的扶助[15]と医療困窮対象者に関する月平均の実質受給者数[16]の推移、支払総額の推移、月平均の受給者1人当たり

表4 月平均のメディカル受給者数とその部類別割合の推移（1979年度～1989年度） （人、％）

	1979	1980	1981	1982	1983	1984	1985	1986	1987	1988	1989
プログラム全体	2,671,752 100.0	2,804,349 100.0	2,905,729 100.0	2,840,258 100.0	2,605,616 100.0	2,618,882 100.0	2,650,971 100.0	2,727,927 100.0	2,796,953 100.0	2,889,659 100.0	3,105,993 100.0
65歳以上	403,566 15.1	410,911 14.7	402,126 13.8	388,586 13.7	358,208 13.7	358,494 13.7	359,279 13.6	366,236 13.4	374,395 13.4	387,434 13.4	395,677 12.7
視覚障害者	14,676 0.5	18,211 0.6	18,470 0.6	18,292 0.6	18,302 0.7	18,854 0.7	19,352 0.7	18,502 0.7	20,647 0.7	22,986 0.8	23,269 0.7
永続的身体障害	390,304 14.6	403,306 14.4	404,781 13.9	398,438 14.0	390,371 15.0	403,149 15.4	417,000 15.7	437,430 16.0	459,891 16.4	478,437 16.6	500,990 16.1
AFDC	1,507,772 56.4	1,595,078 56.9	1,694,957 58.3	1,690,102 59.5	1,734,573 66.6	1,727,695 66.0	1,744,799 65.8	1,797,167 65.9	1,835,633 65.6	1,871,397 64.8	1,967,211 63.3
その他	355,434 13.3	376,843 13.4	385,395 13.3	344,840 12.1	104,162 4.0	110,690 4.2	110,541 4.2	108,592 4.0	106,387 3.8	129,405 4.5	218,846 7.0

（出典）Department of Finance, California Statistical Abstract, 1981～1990.

実質支出額の推移についてみる。

　公的扶助による月平均の受給者数の推移をみると、プログラム全体では、1979年度の198.9万人から1989年度の255.7万人へと増加傾向にある。AFDC受給者の推移は、1979年度の130.4万人（全体の65.5％）から1989年度の175.4万人（全体の68.6％）に増加している。

　実質支払総額の推移をみると、プログラム全体の推移は、1981年度の2,294.4百万ドルから1984年度の2,047.0百万ドルまで減少し、その後1989年度の2,616.8百万ドルまで増加している。項目別にみると、永続的身体障害者に対する支払額は、AFDCの額を超えて1984年度以降最も多くなっている。AFDCに対する歳出が1984年以降低く抑えられようとする傾向がみられる。

　公的扶助の月平均の受給者1人当たり実質支出額の推移をみる。受給額が最も高いのは、永続的身体障害者であるが、1981年度の229.53ドルから1984年度の196.28ドルまで減少傾向にあり、その後は1989年度まで210ドル前後で推移している。ついで多いのは視覚障害者に対する支出である。1984年度までは、永続的身体障害者と同様の変化であるが、1984年度の147.88ドルから1989年度の189.61ドルと他に比べて急速に増加している。このような障害者に対する支出の増加に反して、AFDCは1980年度の66.75ドルから1989年度の47.79ドルまで徐々に減少している。

　次に医療困窮対象者の月平均の受給者数の推移をみる。プログラム全体の推移は、1981年度の357千人から1983年度の323千人まで減少し、その後330千人前後で推移している。項目別にみると、最も多いのはAFDC受給者であり、210千人前後で1979年から1989年まで殆ど変化していない。ついで65歳以上であり永続的身体障害者、視覚障害者の順になっている。視覚障害者は、1981年が最も多いが、僅か650人である。

　医療困窮対象者への実質支出総額の推移をみると、1979年の1,143.1百万ドルから1984年度の1,134.7百万ドルまで殆ど変化していないが、それ以降急速に増加し、1988年度には1,489.7百万ドルになっている。これは、州が独自に医療困窮対象者を認定したためであると考えられる。しかし、この急速な増加も65歳以上受給者や永続的身体障害者の増加によるものであり、公的扶助の

場合と同様にAFDC受給者は増加していない。その上、公的扶助では、永続的身体障害者とAFDC受給者がほぼ同額であったが、医療困窮対象者では、65歳以上受給者や永続的身体障害者より低い額になっている。

医療困窮対象者への月平均の受給者1人当たり実質支出額の推移をみよう。最も政府の支出額が高い永続的身体障害者は、1980年度の520.08ドルから1989年度の1,219.67ドルまで2.34倍も急速に増加している。これは、1980年度から1984年度までに増加している点で他の変化と異なっているといえる。AFDC受給者については、1980年度の97.06ドルから1982年度の164.46ドルまで増加し、以後1989年度の110.50ドルまで減少している。医療困窮対象者に関してもAFDC受給者への対応は、他に比べて低くなっているといえる。医療困窮対象者は、医療費を支出した後に所得基準を満たしている者が殆どであった。福祉に対する支出が抑えられている現状で、経済的には他の対象者より豊かである永続的身体障害者への手厚い給付は、経済的な救済というよりは就労を行うのにハンディーのある身体的な弱者を救済しようとするものであろう。

3) AFDC制度と失業率との関係

カリフォルニア州のAFDC制度と失業率の関係をみるため、まずカリフォルニア州の失業率の推移からみる。表5で示しているように失業率は、1975年度の9.9％から1980年度の6.2％までなだらかに減少し、その後急速に増加し1982

表5 カリフォルニア州の労働力人口と失業者数及び失業率の推移(1972年度～1989年度)　(千人、％)

年度	労働力人口	失業者数	失業率	年度	労働力人口	失業者数	失業率
1972	8,653	656	7.6	1981	11,812	875	7.4
1973	8,910	624	7.0	1982	12,178	1,210	9.9
1974	9,317	679	7.3	1983	12,281	1,187	9.7
1975	9,539	941	9.9	1984	12,610	980	7.8
1976	9,896	906	9.2	1985	12,981	934	7.2
1977	10,367	853	8.2	1986	13,332	890	6.7
1978	10,911	775	7.1	1987	13,737	791	5.8
1979	11,268	702	6.2	1988	14,133	748	5.3
1980	11,584	790	6.8	1989	14,518	737	5.1

(出典) 表4に同じ。

年度には9.9％になっている。そしてレーガン政権の終わりの年である1989年度まで徐々に減少し5.1％になっている。この変化は、アメリカ全体の不況の時代と一致している。

　先にも示したとおりAFDC制度は、AFDC-FG、AFDC-UP、AFDC-FCに大別される。ここでは、特にAFDC-FG、AFDC-UPの依存率（生活扶助を受けている状態の受給者と負担者の比率）とカリフォルニア州の失業率の関係について考察する。ここでのAFDC-FG依存率は、15歳から44歳までの女性を対象としたものである。この対象年齢は、AFDC-FG家庭の95％以上を占めている。

　AFDC-FG依存率は、1975年から1982年まで減少傾向にあり、その年以降増加傾向に転じた。一方カリフォルニア州の失業率は、1975年から1979年まで減少傾向にあり、その年から1982年まで増加し、さらに減少している。以上の推移にみる通り、明らかに経済的要素とはかけ離れた要素が、特に1980年代に福祉政策に影響を与えたと考えられる。州の失業者対策は、経済政策としては取り得るが、AFDC受給者にとっては、必ずしも雇用機会の拡大とはならないといえる。

　福祉への依存と失業率との間の関係は、1980年以前までは同傾向の変化をたどっている。しかし、AFDC-FG依存率と失業率の間のズレは、1981年と1982年に顕著に現れた。これは、1981年の受給資格要件の改正によるものであると考えられる。1982年以降失業率が低下しているにもかかわらず、AFDC-FG依存率は増加傾向にある。これは、受給資格を保持したいために故意に所得を減らしている受給者やシングルマザーの増大などの要因が考えられる。

　次にAFDC-FG取扱件数は、この期間に際立って低下している。これは福祉への依存を抑制させることを目的にしたGAIN（Greater Avenues for Independent, 拡大自立支援）プログラムによって、長期的にAFDC支出を削減すると共にAFDC受給者を支援する成果をあげたといえる。

　次にAFDC-UP依存率の動向についてみよう。ここでのAFDC-UP依存率は、18歳から59歳までの男性を対象としている。この対象年齢は、AFDC-UP家庭の85％以上を占めている。AFDC-UP依存率と失業率とは、1974年以降逆相関となり、1979年以降ほぼ同傾向で推移した。そうして、1982年以降AFDC-UP

依存率は、失業率と同傾向で下落している。

4．むすびにかえて

　以上、1980年代のレーガン政権の時代におけるカリフォルニア州の福祉政策の変貌について、カリフォルニア州の福祉財政の構造変化、カリフォルニア州におけるメディケイド政策とその影響、AFDC制度をめぐる問題を中心に検討を加えてきた。

　その結果、第1に、メディケイドに対する連邦補助金は増加し、AFDC-FG、AFDC-UPに対する連邦政府支出は50％を超えており、カリフォルニア州における公的扶助は連邦に依存しているといえる。カリフォルニア州のメディケイドへの支出は、1980年代前半の財政危機下において給付と償還の減少により削られた。予算カットの一要因は、プロポジション13による税収減である。州政府の福祉政策の下でのメディケイドへの給付の制限は、逆に不況時に、福祉に対する連邦支出を拡大させていくことを意味していた。そしてメディケイドの受給者の権利を削減していった。

　第2に、公的扶助と医療困窮対象者に関する分析の結果、公的扶助のAFDC受給者数は増加しているが、医療困窮対象者の方は変化がみられない。医療困窮者の月平均の受給者数1人当たり実質支出は、福祉改革に関係なく身体的弱者救済に注がれている。すなわち経済的条件に関係なく身体障害者に対しては給付を増加することをアメリカの国民性の中で認めているように思われる。しかし、AFDC受給者のような家庭状況による貧困に対しては、救済することに州政府が消極的である。

　第3に、レーガン大統領は、生活保護受給者に仕事に就くことを[17]求め、「福祉から仕事へ」といった基本的な政策を進めた。市場経済における自由競争社会の中で生活保護受給者が自立して生活していくためには、政府は就労プログラムに投資しなければならない。しかし、AFDC受給者を減少できるとはいえない。このことは、AFDC-FGと失業率との関係が相関していないことからも明らかである。

　新連邦主義による州分権化は、メディケイドの再編成にみられる通り、貧困

者に対して州福祉関連支出を抑制する傾向を伴ったといえる。この点は、特に移民者の流入に伴い低所得者層の多いカリフォルニア州において顕著である。カリフォルニア州の住民は財政危機に関して非常に敏感である。たとえ財政支出の増加によって数年後に超過分を取り返す可能性が高いにしても、福祉支出増加に反対しその支出削減を願うであろう。しかし、福祉支出の削減に伴いAFDC家族に対する生活保護支援を制限していくことは、より受給資格者数を増加させる悪循環をもたらす結果となるだろう。

[注]
1）アメリカの医療保障制度には、65歳以上の老人等を対象としたメディケア（Medicare）と低所得者家庭や低所得老人を対象としたメディケイド（Medicaid）がある。1986年の改正までは、AFDC（要扶助児童家庭扶助）やSSI（補助的所得保障）の受給者や妊婦および児童が、メディケイドの受給資格を得ることができた。
2）納税者の反乱（Tax Revolt）と言われているプロポジション13（提案13号）は、課税制限に関する憲法改正の住民提案であり、カリフォルニア州の住民による州規模のイニシアチブ（initiative）に基づくものである。この提案は、5年前に州知事を務めていたロナルド・レーガンが同様の措置を通過させようとしたのであるができず、1978年6月ジョリー・ブラウン州知事のときに承認された。

プロポジション13の主な内容は次の通りである。
(1) 財産税の税額の上限を課税評価額（assessed value）の1％以内に抑制する。
(2) 初年度の財産税額の決定に用いられる財産の時価は、1975年3月1日現在のものとして、この日以降取得された財産については取得時の時価とする。また、初年度の課税用の評価額は、インフレーションによって調整されるが、年間上昇率2％を上限とする。
(3) 州税の増税、新税創設は州議会上・下両院での3分の2以上の賛成を、また地方政府が独自の新税を課税する場合は、住民投票の有効票の3分の2以上の承認をそれぞれ必要とする。ただし、不動産関連の新税創設は一切認めない。
(4) 以上の規定は、1978年7月1日に始まる会計年度から施行する。
　　この点については、難波利光「プロポジション13成立以降の課税実態の分析──カリフォルニア州のカウンティの事例を中心に──」『岡山大学大学院文化科学研究科紀要』第4号、1997年11月を参照。
3）カリフォルニア州の1980年財政援助法。
4）AFDC受給者の大半は母子家庭である。母子家庭になった主な要因は、1950年代には別居および離婚であり、1980年代は未婚によるものである。

5) AFDC-FGの受給資格は、片親もしくは両親が死亡、就業不能のため貧困である家庭である。
6) 1961年に親が失業中の者へ州がオプションで行う扶助として制度化された。AFDC-UPの受給資格は、片親もしくは両親の失業のために貧困である家庭である。
7) AFDC-FCの受給資格は、公認の里親もしくは子供の両親と行政の間で任意合意書を交わした保護者と生活している家庭である。
8) 貧困基準は、所得が不十分なために生活水準が低く通常生活に必要な物やサービスが不足している状態を指す。この貧困基準は、U.S. Bureau of Censusが公表するPoverty Thresholdsによる。
9) 1985年7月において他の州に関しては、最も高い方からアラスカ（99%）、カリフォルニア（93%）、ベルモンド（90%）、最も低い方からアラバマ（44%）、ミシシッピー（44%）、テネシー（49%）である。
10) 1981年以降のカリフォルニア州のカウンティに対する受給資格の変化は、在宅社会サービス水準の引き下げのためのガイドラインを設定したことである。
11) 受給資格の緩和と給付額の引き上げは、下層の女性において、結婚せずに有利な給付資格を持ち続けたいという気運を生じさせている。
12) 受給者の範囲は、各州等が必ずメディケイドの給付対象者として取り込まなければならない人である。すなわち、現金給付を行うAFDCとSSIの受給者である。
13) この受給者は、現金給付制度対象者の要件を満たしているものの、世帯の構成要件などで支給されない者などである。そして、各州の裁量によってメディケイドに取り込むかどうか決定できる。
14) 受給者の範囲は、経済的要件が州の規定を上回っているために、義務的制度対象者、選択的制度対象者になれなかった者である。
15) 公的扶助は、義務的制度対象者と選択的制度対象者に対して行われる。
16) 実質支払総額とは、名目の支払総額を消費者物価指数で割った値である。消費者物価指数は、カリフォルニア州の1982年度から1984年度までの平均を1.00として算出している。

表6　カリフォルニア州の消費者物価指数の推移（1979年度～1989年度）

年度	1979	1980	1981	1982	1983	1984	1985	1986	1987	1988	1989
消費者物価指数	0.71	0.82	0.91	0.97	0.99	1.04	1.09	1.12	1.17	1.22	1.28

（出典）Department of Finance, California Statistical Abstract, 1980～1990.

第5節　福祉依存から就労自立による社会保障削減期

1. クリントン政権における社会保障改革の内容

　社会保障の1つである公的扶助（public assistance）の特徴には、責任と自助といった個人主義の尊重や新連邦主義（New Federalism）による州集権化の影響が深く関係しているといえる。特に貧困者対策については、就労可能な者には就労することが公的扶助受給要件の1つになっている。公的扶助の中でもAFDCプログラムについての問題は、米国の中流層にとって福祉が貧困者を怠惰にし、自立を妨げているといった不満を90年代に入っても解消することなく生じている。

　このような事態を解消すべく、ビル・クリントン（Bill Clinton）大統領は、1996年に「個人責任・就労機会調整法（Personal Responsibility and Work Opportunity Reconciliation Act of 1996: PRWORA）」を成立させた。この新しい法律により、「貧困家庭一時扶助（Temporary Assistance for Needy Families: TANF）」が開始された。この新法は、福祉給付制度をめぐる弊害的な問題を背景に、受給資格の厳格化を断行する運びとなったのである。ここでいう1996年の福祉改革は、PRWORAのことを指す。

　アメリカは1935年から61年ぶりに福祉給付制度の抜本的な改革を断行した。これは、ルーズベルト時代のニューディールに始まった福祉制度を「小さな政府」の理念に基づいて、福祉受給者に「就労」を義務づけることにより福祉依存から就労へと自立を早めようとする試みを各州に求めるものである。このような理念は、ニクソン大統領やレーガン大統領によっても試みられたが、問題を解決に導くためにより徹底して行われたといえる。

　PRWORAは、TANF、子供のための補足的所得保障（Supplement Security Income: SSI）、児童養育強制履行、児童保護、保育、子供の栄養、食糧スタンプ（Food Stamps: FS）、市民以外への福祉の8項目を取りあげている[1]。特に

TANFは、福祉受給者及び州政府に大きな影響を与える内容になっているため注目されている。

　TANFの主な内容は、第1に連邦資金の運用に関して大きな裁量権を州に与えることである。第2に貧困な両親（needy parents）の政府給付への依存をなくすために、職を準備し就労させることによって、福祉受給者を減少させることである。第3に婚外妊娠を防止し両親の揃った家族を形成し維持することである。

　このようなTANFに関する資金は、福祉改革以前のAFDC、EA（Emergency Assistance, 緊急扶助）、JOBS（Job Opportunities and Basic Skills Training, 就業機会基本技能訓練）に対する連邦補助金を統一したTANF包括補助金である。この補助金は、個人に対する給付を直接支払うプログラムというよりもむしろ州政府が受けるといえる。その結果、5年間の給付期間制限の要件は、個人よりもむしろ州政府に適用されたのである。そしてこの補助金は、金額的に上限があり、連邦条件のあまりつかない州の大幅な裁量が認められている。

　しかし、連邦政府は、州政府に対して就労活動を受給者の義務とし、最低参加率の達成を求めている。この就労活動は、連邦により規定されており、補助金の有無別の民間雇用、補助金つきの公的雇用、コミュニティ・サービス等の内容である。就労活動に認められるのは、どれかの仕事に週平均30時間就くことが必要である。州政府は、就労活動の規定を守ることができなければ、次年度の補助金を5％削減されることになる。受給者を削減することができた州に対しては、年度ごとに就労条件を緩和することができる。

2．受給期間制限による福祉依存からの脱却

　先にも述べたとおり、TANFの目標は、政府による給付への依存を終わらせることである。TANFは、給付家族へ連邦資金の援助を60カ月を超えて使うことを州政府に禁じている。その目標は、連邦による5年間の期間制限により一層効果を上げるとされている。ここからは、州の裁量の中から期間制限に着目して、それに関する制度及び動向をみていく。

　TANFと連邦保健福祉省（Department of Health and Human Services: HHS）

の規定は、5年を超えて援助を受けている家族に2つの主な例外を定めている。

第1に、貧困を理由に受給者の取扱件数の20％まで60カ月を超えても超過して援助することを州に許可している。20％の計算は、州全ての取扱い件数を基準にして算出される。1999年度の貧困延長者数は、全部で63万7,832人であり、1994年度の101万9,790人より大きく減少している。しかし、実際の貧困者の割合は、1994年度に24.4％であり、1999年度に34.0％と増加しており、20.0％を超えている。1999年度での実際の貧困延長の割合は、ワイオミング州の71％からニューメキシコ州の24％まで大幅な違いがある。

第2に、持続的努力要求（MOE: Maintenance of Effort）[2]によるものである。MOEは、州政府が全額補助金を受け取るための条件として、福祉受給家族のために自己資金の中から一定の金額を支出しなければならないことを義務づけた。これは、1994年度の州政府合計支出額を基準として、その80％の支出を州政府に求めている。もし州政府が労働活動への参加率をクリアすれば75％に引き下げることも可能になった。そして、州政府の判断で、MOE支出のうちから5年間の受給期間を経過した受給者に対して給付することができた。

TANF補助金とMOEを加えた2002年度の州資金の割合は、36.6％（95億ドル）である。この割合は、州によって大幅に異なっている。2002年度の最も多い州資金の割合は、ニューハンプシャー州の41％である。40％を超えている州は、歴史的に貧困問題を抱えているカリフォルニア州やニューヨーク州を含む10州である。最も少ない州は、ミシシッピー州の19％である。

連邦による5年の期間制限は、連邦資金を州政府が利用することを禁止している。どのくらいの期間制限が直接的に受給世帯に影響を及ぼすか、州によって判断することができる。州政府の裁量により、期間制限、期間制限満了時の措置、勤労世帯の特別待遇、勤労所得控除の対象項目、給付延長できる家族の条件[3]などを独自に決めることができる。

州による給付期間制限は、60カ月未満が18州、60カ月が24州、60カ月を超えるのが9州である。60カ月を超える場合は、給付対象の制限と現金給付の減額もしくは打ち切りとなる。1999年度にTANF給付世帯の割合は、60カ月未満が23.3％、60カ月が33.0％、60カ月を超える世帯が43.6％である[4]。

3．受給期間制限による受給者減少の影響

　ここでは、まずAFDC/TANF世帯数の動向をみる。AFDC受給者数は、民主党のジョンソン大統領による社会福祉プログラムの拡大に伴って1966年から1972年にかけて急速に増加している。しかしそれ以降、急激な変化はなく、1990年から1994年にかけて再び急激な増加をしている。そこで、特に90年からの動向を考察していく。

　90年代の世帯数は、1994年3月に頂点に達し510万世帯になった[5]。そして、1994年の春に減少し始め、さらに1997年度から1998年度にかけて急速に減少している。2000年度には、その減少率も緩やかになり、同年9月には、220万世帯にまで減少した。殆どは、2000年の4期（7月から9月）に減少傾向はおさまっている。全州の月平均AFDC/TANF世帯数の推移は、1994年度から2000年度にかけて55％の減少であった。

　次に、州ごとの月平均AFDC/TANF世帯数の推移をみる。1994年度以降から始まったAFDC/TANF受給者の減少は、グアムを除いて全ての州及び地域で顕著であった。しかし、州によりその動向は異なっている。1994年から2000年にかけて大幅に減少した州は、多い順にアイダホ州（85.3％）、ウィスコンシン州（78.3％）、ミシシッピー州（73.6％）である。しかし、これらの州は、州世帯数に占めるAFDC/TANF受給世帯の割合が非常に少なく、福祉問題の比較的少ない州であるといえる。

　表7は、それぞれの州がTANFの影響を受けて、1999年9月時点での大人1人のTANF受給者が何カ月間TANFの援助を受けたかを示している[6]。TANF受給期間の100％は、TANFを継続して給付されている世帯である。州によって期間制限の期間が異なるため初めに達する年月が異なっている[7]。

　州による福祉に対する期間は、21カ月から法的限界最大の60カ月まで様々に異なっている。期間制限の違いは、各州の歴史的なAFDCの経験と一致している一面がある。イリノイ州（49.5％）やミシガン州（40.3％）、ニューヨーク州（51.9％）は、1999年9月以降も継続している世帯が比較的多くなっている。これらの州の世帯は、AFDC下での他州の世帯より長く福祉に依存している傾向があるといえる。そして、ミシガン州とニューヨーク州は、60カ月を超

表7 州別のTANF利用期間の割合

(月数、%)

州名	期間制限	99年9月時点の最大TANF試行月数	TANF利用期間の割合				
			25％未満	25-49％	50-74％	75-99％	100％
Arizona	24	36	46.6	42.2	3.4	5.2	2.6
Connecticut	21	36	40.5	24.8	9.8	8.4	16.4
Georgia	48	33	29.4	21.1	6.4	22.0	21.1
Idaho	24	27	82.6	10.1	4.3	1.4	1.4
Illinois	60	27	12.5	11.0	9.4	17.6	49.5
Indiana	24	36	22.9	21.1	20.0	16.6	19.4
Maryland	60	33	16.9	17.5	14.5	22.3	28.7
Michigan	60	37	8.4	11.7	11.7	27.9	40.3
Nevada	24	33	40.9	25.0	14.9	9.2	10.0
New York	60	34	15.5	11.8	10.8	10.1	51.9
Rhode Island	60	27	9.3	11.2	11.8	13.0	54.7
Texas	36	34	29.1	12.6	17.3	19.7	21.3
Utah	36	33	37.2	23.4	17.9	11.7	9.7

(補足) 1. 2人以上の大人がいる家族は除いている。
2. TANF試行月数は、州により試行開始年月が異なるため示している。
(出典) Gene Falk, Emilie Stoltzfus, Holly Goodliffe, and Courtney Schroeder, Welfare Reform : Time Limits under TANF, CRS Report, February 8, 2001.より一部抜粋。

えて援助を受ける資格を有している。

　アリゾナ州とアイダホ州は逆に、歴史的に長期間給付を行う世帯の割合が少ない。特にアイダホ州は、TANF受給期間の25％未満で受給を終える割合が82.6％であり、他州に比べて少ないといえる。これは、期間制限が少なく設定されていることが1つの理由であるといってよい。

4．自由裁量権によるカリフォルニア州のCalWORKs

　ここからカリフォルニア州における1996年福祉改革の動向についてみる。州への包括補助金であるTANFは、州政府が地方政府のニーズに合わせてプログラムを作成できる自由な裁量権を認められ、福祉受給者を就労させる財政的な誘因も与えられた。したがって、TANFの名称や具体的内容は州によって異なっている。カリフォルニア州の名称は、「カリフォルニア就労機会・児童責任事業（California Work Opportunity and Responsibility to Kids: CalWORKs）」

であり、1997年8月に施行されている。

このようなTANFに関する資金は、福祉改革以前のAFDC、EA、JOBSに対する連邦補助金を統一したTANF包括補助金である。州政府は、TANF包括補助金を児童保護・育成基金（Child Care and Development Fund: CCDF）と社会サービス包括補助金（Social Services Block Grant: SSBG）に移転することが認められている。さらに、州政府は、持続的努力要求（MOE: Maintenance of Effort）を義務づけられた。CalWORKsは、TANF包括補助金とMOEの合計資金で表される。

図1に連邦政府、州政府及び郡政府間のCalWORKsの資金の流れについて示した。連邦補助金と州一般資金は、いったんカリフォルニア州社会福祉局にプールされる。その資金は、州の他局とその大半を郡福祉局に移動される。結局、郡福祉局は、CDSSと郡資金により資金を運営することになる。

表8で各政府によるTANF関連サービスのCDSS資金の推移をTANF施行年度である1997年及び前後1年で比較する。まず各項目の政府総支出の割合をみると、現金給付が1996年度には80.7％で一番支出が大きかったが、施行後は急激に減少し、1998年度に57.6％になっている。その反面、ソーシャルサービス（social service）[8]と児童養育（child care）は、1996年度にそれぞれ7.0％、2.4％であったが、1998年度にはそれぞれ20.7％、9.2％に増加している。

これは、連邦政府による補助金の強化が原因であると考えられる。連邦からの補助金の割合は、現金給付以外は増加しており、児童保護に関しては99.4％

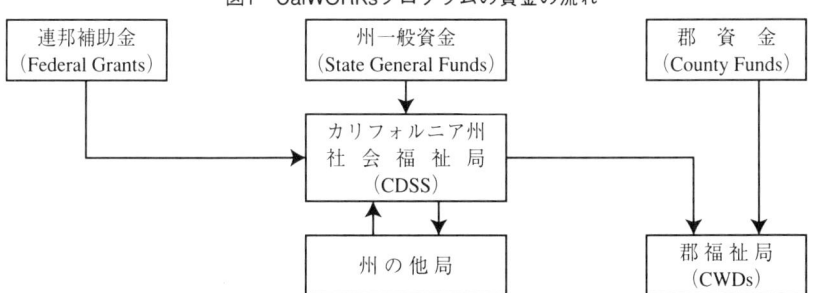

図1　CalWORKsプログラムの資金の流れ

表8　各政府によるTANF関連サービスのCDSS資金の推移（1996年度、1997年度、1998年度）　(1,000ドル)

年度	項目	合計		連邦政府		州政府		郡政府	
1996	合計	6,270,361	100.0%	3,418,882	54.5%	2,704,365	43.1%	147,114	2.3%
	現金給付	5,060,994	80.7%	2,766,890	54.7%	2,244,462	44.3%	49,642	1.0%
	郡政府運営	620,550	7.9%	305,498	49.2%	244,926	39.5%	70,126	11.3%
	ソーシャルサービス	437,944	7.0%	252,910	57.7%	165,497	37.8%	19,537	4.5%
	児童保護	150,873	2.4%	93,584	62.0%	49,480	32.8%	7,809	5.2%
	その他サービス	−	−	−	−	−	−	−	−
1997	合計	6,029,976	100.0%	3,088,949	51.2%	2,749,441	45.6%	191,586	3.2%
	現金給付	4,334,567	71.9%	2,166,039	50.0%	2,064,149	47.6%	104,379	2.4%
	郡政府運営	581,337	9.6%	325,996	56.1%	222,874	38.3%	32,467	5.6%
	ソーシャルサービス	495,128	8.2%	283,244	57.2%	193,093	39.0%	18,791	3.8%
	児童保護	209,391	3.5%	106,995	51.1%	97,099	46.4%	5,297	2.5%
	その他サービス	409,553	6.8%	206,675	50.5%	172,226	42.1%	30,652	7.5%
1998	合計	6,609,751	100.0%	3,989,661	60.4%	2,419,296	36.6%	200,794	3.0%
	現金給付	3,806,934	57.6%	1,675,452	44.0%	2,037,451	53.5%	94,031	2.5%
	郡政府運営	514,302	7.8%	445,460	86.6%	1,576	0.3%	67,266	13.1%
	ソーシャルサービス	1,368,301	20.7%	1,214,122	88.7%	154,174	11.3%	5	0.0%
	児童保護	607,648	9.2%	604,112	99.4%	3,536	0.6%	0	0.0%
	その他サービス	312,566	4.7%	50,515	16.2%	222,559	71.2%	39,492	12.6%

（出典）Governor's Budget, May revisions for SFY 1992-1998.

を占めている。注目すべき点は、社会サービスに関する支出である。連邦政府による補助金の割合が、57.7％（1996年度）から88.7％（1998年度）に著しく増加していることは勿論のこと、郡政府による負担が殆どないに等しいことである。

　州政府は、連邦資金の運用に関して大きな裁量権を与えられることとMOEの導入により、現金給付の割合が増加する結果になっている。

5．むすびにかえて

　本節では主にクリントン大統領期による福祉改革について検討してきた。以上の検討と分析結果から1996年の福祉改革は、増大を続けたAFDC受給者を減少させ、各州に異なった影響を及ぼしたことが分かった。TANFによる期間制限の効果は、AFDC受給者増大の問題を解消する結果となり、その目的を果た

しているといえる。さらに、受給者比率の大きな州に対して、著しい成果を上げている。

そして、政府間の支出割合は、CalWORKs施行後に連邦政府が大きくなった。現金給付の割合は減少しており、受給者が働くことを支援することが目的であるといえる。包括的補助金の各政府支出割合は、連邦政府の負担増となっている。これは、連邦政府が現金扶助を減らす一方で、州政府以上に就業活動支援支出と児童保護支出を増やしたからである。

最後に、2000年度第4四半期以降減少傾向が見られない点を考慮すると、5年の期間制限の成果を問われるのは5年以上経過した年からだと思われる。今後、州集権化を進めていく中で、州独自の政策について更なる考察をする必要性がある。

[注]
1）このPRWORAにより廃止されるプログラムは、①従来の権利としてのAFDC、②AFDC関連（児童養育：Child Care）及び貧困家族への緊急扶助（Emergency Assistance: EA）、③就業機会基本技術訓練（Job Opportunity and Basic Skill: JOBS）などであり、1997年7月1日までに実施された。
2）福祉改革以前の州政府のTANF関連支出は、AFDC、貧困家族への緊急扶助、JOBSプログラム、AFDC関連児童ケア支出の4項目であった。福祉改革後は、MOEだけである。
3）給付の条件には、家庭内暴力（domestic violence）や障害者（disability）等がある。
4）Gene Falk, Welfare Reform: Brief Summary of Time Limits Under Tanf, CRS Report, March 1, 2001. の表1を参照。
5）Gene Falk, Welfare Reform: Trends in the Number of Families Receiving AFDC and TANF, CRS Report, April 16, 2001. の図1を参照。
6）受給期間を割合で示しているのは、州によって開始時期が異なっており、1999年9月時点の月数で比較することが困難なためである。
7）限定期間満了の年月を表1に示した州について終了年月の早い順にあげると、Indiana (5/97), Taxas (6/97), Arizona (10/97), Connection (10/97), Michigan (9/01), Maine (11/01), California (11/01), Maryland (12/01), New York (12/01), Rhode Island (5/02) である。
8）ソーシャルサービスには、GAIN、WTW、CAL-Learn、Jobが含まれる。

[参考文献]
新井光吉『アメリカの福祉国家政策——福祉切り捨て政策と高齢社会日本への教訓——』

九州大学出版、2002年。

片桐正俊「米国の福祉をめぐる政府間財政関係」、坂本忠次他編『分権化の福祉財政』敬文堂、1999年。

杉本貴代栄『アメリカ社会福祉の女性史』勁草書房、2003年。

住居広士編訳『アメリカ社会保障の光と陰——マネジドケアから介護まで——』大学教育出版、2000年。

難波利光「レーガン知事時代におけるカリフォルニア州の福祉改革——1971年の福祉改革とWINプログラムの影響を中心に——」『岡山大学大学院文化科学研究科紀要』第13号、2000年。

Gene Falk and Courtney Schroeder, *Welfare Reform: Time Limits under TANF (Temporary Assistance for Needy Families)*, CRS Report, November 16, 1998.

Gene Falk, Emilie Stoltzfus, Holly Goodliffe, and Courtney Schroeder, *Welfare Reform: Time Limits under TANF*, CRS Report, February 8, 2001.

Gene Falk, *Welfare Reform: Brief Summary of Time Limits Under TANF*, CRS Report, March 1, 2001.

Gene Falk, *Welfare Reform: Trends in the Number of Families Receiving AFDC and TANF*, CRS Report, April 16, 2001.

Vee Burke, Thomas Gabe, Melinda Gish, Gene Falk, Carmen Solomon-Fears, and Karen Spar, *Welfare Reform: State Programs Under the Block Grant For Temporary Assistance for Needy Families*, CRS Report, May 19, 1999.

Vee Burke, *Welfare Recipients and Workforce Laws*, CRS Report, April 1, 1999.

第6節　アメリカ社会福祉の光と陰

1．アメリカにおける社会福祉とは何か

　アメリカで「社会福祉」といえば、(Social) Welfare と Social Services の2つの言葉が当てはまる。この2つの言葉の意味には重複する部分は勿論あるが、その対象者やサービス内容はかなり異なった意味合いをもっている。Welfare とは主に、何らかの経済的な問題を抱え、具体的な金銭的サービスを受けている対象者への公的救済という狭い意味での福祉を指す。福祉の原点である貧困問題への国家的・社会的対応として古くからあったWelfareという言葉や概念が今でも残っており、福祉援助の基盤として今後もその意義や役割は重要である。しかし、福祉の概念が拡大し、サービスを利用する主体者という理念が広がっているアメリカでは、Social Servicesの方が包括的な生活援助という側面での「社会福祉」という実態をより強く表している。

　和英辞典で「社会福祉」という言葉を調べると、一般的にはSocial Welfareという言葉が使われている[1]。しかし、アメリカで(Social) Welfareというのは、かなり限定された意味で現在は使用され、我が国の社会福祉と同等のものを意味するわけではない。アメリカにおいてWelfareの対象者といえば、社会的弱者または問題解決能力の欠如者というネガティブな意味が含まれている。勿論、生活困窮などの問題を自分自身または家族で対処できず、何らかの公的な援助を受けているからといって、サービス利用者の権利意識が根付いているアメリカ社会ではWelfareはネガティブであるという面は表面上否定される。ADA法（Americans with Disabilities Act, アメリカ障害者法）制定やリハビリテーション法改正が90年代初めに行われたが、障害者福祉の領域ではベトナム戦争後の傷痍軍人らの活動やIL運動により、80年代にはサービスを受けるという客体から利用するという主体に社会全体の理解が深まった。いわゆる従来の福祉サービスという枠だけで単一的に提供するのではなく、地域で普通に生

江原勝幸（Katsuyuki Ebara）

活するという理念のもと、生活全般に関わる分野のサービスを含んだ概念へと広がったのである。つまり、関連する教育・雇用・保健医療・住宅など地域生活に密着した分野のサービスを含めた社会的なサービスであるソーシャルサービス（Social Services）がいわゆるアメリカ社会での「社会福祉」になろう。このSocial Servicesは我が国の広義の社会福祉よりも広い概念になるが、介護保険法の制定や障害者福祉の分野での措置からサービス利用への移行という流れの中で、我が国の社会福祉の概念もある意味ではSocial Servicesにより近づいてきているといえよう。しかし概念が広がる中で、アメリカのようにWelfare対象者が見下されるようなニュアンスを含む問題についてはよく考える必要がある。

　また、社会福祉援助技術の援助者としてケースワーカー、グループワーカー、コミュニティワーカーと区別することも70年代以降一般的ではなくなっている。クライエントをシステムでとらえ、ソーシャルワーカーがケースワーク、グループワーク、コミュニティワークの理論や技術を統合して援助するアプローチが取り入れられている。方法論が多様化すること自体はよいが、様々なアプローチの効果性や実行性などが十分検証されていないことに問題がある。さらに対象者のニーズが多様化・複雑化する中で、それらの方法論も学習するには難解になりがちである。これは現在だけの問題ではないが、アメリカの複雑化するソーシャルワークの援助技術は「（メアリー）リッチモンドに帰れ」（Back to Richmond）とよく言われる。このスローガンは多様化するソーシャルワークのアプローチの問題点を端的に表しているといえよう。また、我が国ではソーシャルワーク援助提供の場が在宅と施設という大まかな区分が行われるが、アメリカの長期ケア（Long-term care）では在宅中心に進められる。勿論、ナーシングホーム（高齢者だけでなく障害者も入所する）や小規模なケア施設などの施設は存在し、それら全体の入所者は高齢者全体の5.8％を占める[2]。施設も民間の営利団体で行われるものが65.2％であり、公的なものは6.5％に過ぎない[3]。経営主体により施設間の差は非常に大きく、特に施設処遇に劣悪なものも少なくない。我が国の介護福祉士制度のような介護者の資質を問う行政的なスタンダードはなく、州単位で介護助手または看護補助員（Nurse Aide

または Nurse Assistant）の資格要件を決めている。その内容は、採用された施設で80時間程度の施設内研修を受けるだけである（我が国の介護福祉士指定養成時間は1,650時間）。アメリカでの施設入所に対する社会的評価は低く、できる限り居宅で生活を希望することを受けて、高齢者用住宅の整備などが進められている。ただし、要介護度が高い高齢者及び障害者に対する住宅や在宅サービスは十分整えられているとは言えないのが現状である。

2．ソーシャルワーカーの資格と教育

　我が国に比べ、アメリカでは社会におけるソーシャルワーカーの地位や役割は明確であり、ソーシャルワークの援助活動が展開できる社会システムが構築されている。その要因の1つとして、1952年に創設された非営利の全米ソーシャルワーク教育協議会（Council on Social Work Education: CSWE）の存在があげられる。このCSWEには、3,000以上の個人会員及び600を超えるソーシャルワーク教育機関（158の大学院と453の大学）が参加している[4]。CSWEはソーシャルワーカーの養成教育に関して責任を持ち、専門教育カリキュラムを策定し、ソーシャルワーク学校（School of Social Work）を認定している。従来、CSWEの認可を受けた大学院を卒業した者をソーシャルワーク修士号（Master of Social Work: MSW）とし、そのMSW所持者がソーシャルワーカーの基礎要件を満たしていると規定していた（同時にNational Association of Social Workers、全米ソーシャルワーカー協会の入会資格が得られる）。しかし、60年代以降の社会福祉ニーズの多様化・拡大化に対応するために、それまでは「準専門職者」として考えられていた大学学部レベルのソーシャルワーク学士号（Bachelor of Social Work: BSW）も1973年になってソーシャルワーカーの入門者として認められている。ただし、資格や教育課程などを含めた実績を常にレベルアップさせ、個別の業務目標の達成及び内容を厳しく査定されるアメリカ社会の場合、BSWだけでプロフェッショナルなソーシャルワーカーとして十分な教育を受けたとは考えられていない。ステップアップのための転職や離職が一般的な社会であり、年齢に関係なく気軽に大学や大学院での専門教育が受けられる環境（主に都市部）であるので、ソーシャルワーカーとして活躍

するには、大学院でソーシャルワークの知識や技術などの専門性を学ぶことが不可欠である。

　一般的な大学院のMSWプログラムは、2年課程の中で高度な実践、スーパービジョン、マネジメント、プログラム開発等の知識や技術を学ぶことになるが、CSWEの最低基準をふまえて様々な教育機関で独自のプログラムが実施されている。例えば、私が学んだカリフォルニア州立大学院では、多民族・異文化社会の中での実践的な知識や技術を習得するためのカリキュラムが重視されているが、理論や知識を中心とした研究者養成が主となるカリキュラムが組まれている大学院も多い。通信機器を駆使した遠隔教育を行う教育機関は、現段階でBSWには6大学、MSWには16大学院が実施している。さらにCSWEは2003年7月より、フロリダ州立大学をベースに、インターネットを使ったMSWプログラムを認可した。また、4年間のBSWと1年間のMSWプログラムを連結させた5年修士プログラム（Five-year Master's Program）も認可されている[5]。アメリカのソーシャルワーク教育の土台を支えるCSWEの業績や取り組みは高度専門教育の充実に欠かせないものとなっている。アメリカではソーシャルワーカーは専門的な理論や知識を用いて援助を行う専門家(Professional)として認識され、ソーシャルワーカーの社会的な責任や果たすべき義務は非常に大きい。そのソーシャルワーカーを養成する教育機関のあり方や資質は常に検証されるべきである。ただし、CSWEはソーシャルワーク教育の基準を定める目的で活動しており、各教育機関のプログラムについての質に関する情報や順位をつける役割は負わない。

　私の卒業したカリフォルニア州立サンノゼ大学のソーシャルワーク学士とソーシャルワーク修士（MSW）のプログラムは表9のようになっている。

　アメリカのソーシャルワーカーの専門性について論じる場合、1）初級（Basic）、2）中級（Intermediate）、3）上級（Advanced）、4）臨床（Clinical）と4段階に分けることができる[6]。初級は卒業によりBSWを取得した者、中級は卒業によりMSWを取得した者で実務経験のない者を指す。上級とは、MSW保持者が卒業後2年以上のスーパービジョンを受けたソーシャルワーク実務経験者である。そして、最上位の臨床とは、上級者が州の実施するライセンス

表9 ソーシャルワーク修士(MSW)とソーシャルワーク学士(BSW)のプログラム(カリフォルニア州サンノゼ大学)

```
BSW  Program  Total Units 120 (120単位)
(1・2年次カリキュラム)
 ・General Education Requirements (一般教養科目の選択：45 units)
 ・Physical Education (2 units)          体育
 ・Support for the Major (6 units) 生物学、人間生態学、基礎統計学は必須
(3・4年次カリキュラム)
(必修科目：38 units)
 ・Foundation of Social Work Practice       社会福祉援助技術入門
 ・Social Welfare Institutions and Policies I   社会福祉行政論 I
 ・Human Behavior and the Social Environment I   発達保障論 I
 ・Human Behavior and the Social Environment II  発達保障論 II
 ・Introduction to Field Practicum         社会福祉現場実習指導
 ・Introduction to Research Methods        社会福祉調査法入門
 ・Generalist Social Work Practice I         社会福祉援助技術演習 I
 ・Generalist Social Work Practice II        社会福祉援助技術演習 II
 ・Social Welfare Institutions and Policies II  社会福祉行政論 II
 ・Field Practicum I                社会福祉現場実習 I
 ・Field Practicum II               社会福祉現場実習 II
 ・Social Work Senior Seminar          高齢者セミナー
 ・Electives (選択科目：29 units)
```

```
MSW Program   Total Units 60 (60単位)
(1年次カリキュラム)
(前期) Fall Semester (Total Units 16)
 ・Social Policy & Services: History and Values  社会福祉政策論
 ・Human Behavior in the Social Environment I   発達保障論 I
 ・Transcultural Generalist Practice I        異文化社会福祉援助技術演習 I
 ・Social Work Practicum I              社会福祉現場演習 I
 ・Research Methods and Design           社会福祉調査法(方法とデザイン)
(後期) Spring Semester (Total Units 16)
 ・Social Policy Analysis              社会福祉政策分析
 ・Human Behavior in the Social Environment II   発達保障論 II
 ・Transcultural Generalist Practice II        異文化社会福祉援助技術演習 II
 ・Social Work Practicum II             社会福祉現場演習 II
 ・Research Methods, Data Analysis and Evaluation   社会福祉調査法（分析と評価）
(2年次カリキュラム)
(前期) Fall Semester (15 units)
 ・Transcultural Advanced Generalist Practice I: Family System Focus
         上級異文化社会福祉援助技術演習 I：家族システム
 ・Transcultural Advanced Generalist Practice I: Community System Focus
         上級異文化社会福祉援助技術演習 I：地域社会システム
 ・Social Work Practicum III            社会福祉現場実習 III
 ・Special Study                  特別研究
 ・Policy Practice I (in Aging, Child and Family Welfare, Schools, Health/Mental
   Health) 注：2年次より専門コースを選択する（4コース）
   社会福祉政策演習 I（高齢者、児童・家庭福祉、学校、健康）
      ○Aging and the Aged（高齢者）
      ○Children, Youth and Families（児童と家族）
      ○Children and Youth in Schools（スクールソーシャルワーク）
      ○People with Physical and Mental Disabilities（心身障害者）
(後期) Spring Semester (13 units)
 ・Policy Practice II（各コース別）        社会福祉政策演習 II
 ・Social Work Practicum IV            社会福祉現場実習 IV
 ・Special Study                  特別研究
 ・one elective（自由選択）
```

出所) http://www.sjsu.edu.sw/programs より作成　2003年9月8日

（資格）試験に合格し、有資格の臨床ソーシャルワーカー（Licensed Clinical Social Worker）として認定された者である。つまり、ソーシャルワーク専攻の大学院教育を受けたMSW取得は、専門的なソーシャルワーカーとして最低限必要となる。認定に関して州によって異なる部分もあるが、基本的にMSW取得後、最低2年以上のソーシャルワーク実務経験を有することが認定試験受験資格となる。資格試験に関しても各州で異なる部分が大きいが、主にソーシャルワーク委員協会（Association of Social Work Boards）が実施する選択肢解答テスト（170問、4時間）に合格する必要がある。LCSWとして認定されると、カウンセラーや精神科医のように、臨床ソーシャルワーカーとして相談援助業務を独立して行うことが可能となる。LCSW取得後、臨床ソーシャルワーカー（または専門機関・組織等へのコンサルタント）として独立開業を行う場合も勿論あるが、地域社会で重要な役割を担うサービス提供機関のスーパーバイザーやマネジャーとして活躍する場合が多い。

　私が大学院1年次に実習でお世話になったマウンテンビュー市、ロスアルトス市、ロスアルトル・ヒルズ市をサービス提供区域とする非営利の社会福祉援助機関「地域サービス機関」（Community Services Agency: CSA）では、高齢者ケースマネジメント部門の主任ケースマネジャー及びスーパーバイザーがLCSWを取得していた。アメリカにおける福祉サービスの非営利団体の運営は、公的な政府機関からの財政支援だけでは不十分であり、私的財団、民間企業、個人の寄附など多様なサポートを必要としている。特にユナイテッド・ウェイ（United Way）やグッドウィル（Goodwill）のような保健・医療及び福祉サービスに寄附を行う大規模な私的財団があり、それら私的財団からの寄附を獲得するために目標・目的を明確化したプログラム計画策定及びサービス実施実績の評価などは欠かせない。比較的小規模なサービス提供機関であるCSAの場合に限らず、非営利団体の財源確保は大きな努力を必要とする。プログラムの責任を任されるソーシャルワーカーには、よいサービスを提供するということと同時に、いかに資金を調達できるサービスを開発または維持できるかが問われてくる。CSAの2001年度ニュースレターによれば、補助金や寄附金の減少傾向が近年強まっており、ユナイテッド・ウェイからの資金は43％、政府の補

助は10％減少した[7]。2002年度CSAニュースレターでは、①スタッフの増員、②より優れた協働活動の実施、③優れたマーケティングとアウトリーチ手法の取り入れ、④テクノロジーの活用、⑤より広い視野に基づいた資金調達の活性化、⑥理事会活動の継続的開発を、CSAが取り組むべき課題として指摘している[8]。

　CSAは要援護者が地域で自立して生活できるよう、様々なサービスを提供する。CSAの提供するサービスは、①ケースマネジメント、アウトリーチ、給食などのサービスを実施する高齢者サービス（Senior Services）、②家賃、光熱費、食料、衣類、移動、医療費など経済的な給付を行う緊急扶助（Emergency Assistance）、③祝日の食料やプレゼントを提供する祝日補助（Holiday Sharing）、④15名のホームレスの短期間収容保護および支援を行うアルファ・オメガ（Alpha Omega）の部門に区分される。特に、緊急性の高いニーズに即応できることを重点に置き、継続的な支援はケースマネジメントをはじめ多様な援助方法を用いて、必要な地域の社会資源に結びつける役割を担う。公的な社会福祉サービス機関が対応しづらい柔軟性・即時性が求められる援助を積極的に展開しており、CSAのように地域に根ざした非営利福祉援助機関の担う役割や意義は非常に大きい。

3．社会福祉とソーシャルワークの光と陰

　実際のアメリカにおける社会福祉及びソーシャルワークの現状と課題について、カリフォルニア州サンタクララ郡での公的な高齢者虐待の専門援助機関における援助活動を具体的に考察してみたい。アメリカの高齢者福祉国家施策プログラムの基盤は、アメリカ高齢者法（Older Americans Act: OAA）に基づいて規定されている。それらの実施は、原則的に直接連邦政府レベルでは行わず、主に各州の地方自治体レベルが担当する。連邦政府はOAAに規定する高齢者サービス・プログラム全体の約4割を補助（その割合は各プログラムによって異なり、栄養管理のように70％を補助しているものもあるが、身辺介護は15％に満たない）を行う[9]。各州は、保健・福祉計画を策定し、施策の運営管理を行う。サービスの実施機関としては、市町村を集めた郡単位によって行わ

れる。例えば、在宅でのホームヘルプサービスや高齢者への配食・給食サービスの提供は、OAAに規定されているが、各州が独自に法律を策定し、郡の公的ソーシャルサービス機関（Social Services Agency: SSA）が実施する。

　世界的に有名なシリコンバレーの大部分を範囲とするサンタクララ郡のSSAは家族と児童サービス・高齢者と成人サービス・雇用とベネフィットと大きく3つのディビジョンに分けられ、州が規定する各種の公的なサービスを提供している（表10）。

　高齢者はAging and Adult Servicesだけのディビジョンで対応するのではなく、退役軍人やフ食糧スタンプなどのサービスも受けることになる。18歳以上の虐待問題を取り扱うAdult Protective Services（APS, 成人虐待保護サービス）

表10　カリフォルニア州サンタクララ郡の公的ソーシャルサービス機関におけるソーシャルサービス

Santa Clara County Social Services Agency 　　□Family and Children's Services 　　　　・Child Protective Services（児童虐待保護サービス） 　　　　・Children's Shelter（児童緊急保護） 　　　　・Family Preservation（家族維持） 　　　　・Foster Care（里親） 　　　　・Adoption（養子縁組） 　　□Aging and Adult Services 　　　　・Adult Protective Services（成人虐待保護サービス） 　　　　・In Home Supportive Services（在宅支援サービス） 　　　　・Senior Nutrition（高齢者給食） 　　　　・Public Guardian（公的後見人） 　　□Employment and Benefit Services 　　　　・Job Training（雇用訓練） 　　　　・Public Assistance（公的扶助） 　　　　・CalWORKs（カリフォルニア州就労機会・児童責任事業） 　　　　・Food Stamps（食糧スタンプ） 　　　　・General Assistance（一般扶助） 　　　　・Refugee Services（難民サービス） 　　　　・Veterans Services（退役軍人サービス）

は、18歳から65歳までの虐待問題に対応するユニットと65歳以上の高齢者虐待に対応するユニットに分けられている。高齢者の場合、本人の精神状況などに関わらず虐待の疑いがあれば調査・援助など行うが、65歳未満の成人は、自分で解決するためのアクションが取れない、主に精神障害者などの対象者に限られる。例えば、家庭内暴力（domestic violence）で夫から身体的虐待を受けている18歳以上65歳未満の妻に精神的・身体的等の問題がなければ自ら警察に連絡または出頭できるという前提のもと、APSのソーシャルワーカーがそれに関わることは第一義的にしない。社会福祉においてもあくまで自由と自己責任という側面が強い。APSワーカーは、被虐待者が正常な判断能力に欠けることが証明された場合を除き、被虐待者がサービスを受け入れたり拒否したりする決定権を有することを忘れてはならない。つまりワーカーは、被虐待者に最大限の選択の自由を与えると同時に、苦悩を緩和するために必要な代替策を模索しなければならず、APS援助活動の困難さが指摘されている[10]。

　APSソーシャルワーカーは、介入が非常に困難な保護および援助活動で重大な責任を担う直接援助者である。虐待という複雑で深刻な問題を取り扱うため、援助活動は労力を要し、対処困難な場合が非常に多い。その中で怒りや敵意を直接表す人々、サービスを拒否する人々、そして望まない援助に憤慨する人々などワーカーのフラストレーションが高まる要因が多い。虐待の実態調査や援助介入を複雑化し、困難にさせている問題として、被虐待者がほとんどすべてのケースで自ら援助を求めてこない点があげられる[11]。特に困難なケースとは、家族介護者が虐待を行っている場合であり、問題やニーズ把握のための包括的なアセスメントから個別化されたサービス提供に至るまで、ソーシャルワーカーは被害者と虐待を行っている疑いのある介護者の関係の狭間に絶えず立たされている[12]。さらに、援助活動中に秘密保持の問題に悩まされることも多く、被虐待者や報告者に関する情報を明かさずに、虐待加害者からも情報を収集しなくてはならない。

　通報制度の成立以降、虐待という困難な援助を業務とするソーシャルワーカーが削減されているにもかかわらず、虐待ケースは増加している問題がある[13]。APS予算の不足問題はソーシャルワーカーにとっても深刻な問題である。不適

切な職員配置によって取り扱うケースや事務処理が必然的に増加し、被虐待者やその家族に質の高い援助関係作りに悪影響を及ぼす危険性が大きくなる。しかしワーカーが削減されても、州の虐待援助法の規定によりすべての報告を調査する義務がソーシャルワーカーにはあり、与えられたケースを拒否することは当然できない。すべての虐待報告を受けることから、APSへの通報義務は「困難ケースの投げ捨て」と言われている[14]。APSのケースは地域で最も困難なクライエントで埋まってしまうことが多い。ソーシャルワーカーはストレスが非常に高く、それによる燃え尽き状態が著しいにもかかわらず、この問題が無視されがちであるという研究報告もある。ワーカーの燃え尽き（burnout）症候群を助長しているものとして、①虐待通報の件数が多いこと、②援助が困難なケースが多いこと、③地域に社会資源が不足していること、④人の死に直接関わるような問題もあり、その責任が大きいにもかかわらず、給与水準は他分野のソーシャルワーカーと変わらないこと、⑤時間外の対応や緊急援助など予測のつかない業務時間の問題などが挙げられている[15]。

　APSの援助活動は、自らが虐待援助の具体的なサービスを提供するというより、被虐待者の問題やニーズを的確に把握して地域の適切なサービスに結びつけるケースマネジメント（case management）（アメリカでは「ケアマネジメント（care management）」とは言わない）機能が強い。虐待の問題は様々な要素が複雑に作用しているため、多様なサービス機関・組織との密な連携が必要になる。そのため、地域の社会資源（social resources）不足は援助活動にとって致命的な問題である。また、アメリカ社会でもサービス提供機関・組織は縦割りで専門分化しているため（そのためサービスとサービスの境に橋を架ける意味でケースマネジメントが発達した）、複数のニーズに対応するのは困難な場合が多い。さらに地域にサービス資源が不足しているため、必要に則した連絡・紹介ができない場合も出てくる。地域の社会資源の充実がAPS援助活動の基盤となるが、現実的には一部分野の資源は除き、ほとんど不足している。筆者はサンタクララ郡SSAのAPSソーシャルワーカー職務満足度調査を1999年に実施したが、地域資源の不足は非常に高い不満足要因を示した。以下にその調査で明らかになった業務改善要望の自由記入式質問に寄せられた意見の一部を示す[16]（表11）。

表11　カリフォルニア州サンタクララ郡のAPSソーシャルワーカー業務改善要望

□コンピュータシステムの問題
　新しいコンピュータシステムは欠陥がある。最初に手書きが必要であり、その後データをインプットしなければならない。少なくても50％以上の事務処理が増えた。クライエントと接する時間を増加させ、データ入力時間を減少させるべきである。
□地域資源
　私にとって、ソーシャルワークとは地域での社会資源が充実している限りにおいて有効である。予算削減や政策変更は地域資源の数を非常に減少させた。地域の資源が増加すればAPSワーカーの仕事も減少する。
□ケース数
　私たちは個々のケースにもっと時間をかける必要があり、担当ケース数を減らすことが最も有効である。一度に多くのことをこなすことは欲求不満を高め、不十分な業務遂行をもたらすだけである。
□緊急のケース
　緊急事態に備えて実践的で早急な資源開発が必要である。私たちは緊急の介護ベッドの確保またはホテル宿泊券・バス券・タクシー券等が必要である。ソーシャルワーカーが現場で緊急資源の活用ができる権限が与えられるべきである。
□ユニット間協働
　ユニット間でもっとコミュニケーションや協働があることが望ましい。以前は1つのユニットで対処しており、発達遅滞クライエントに関してもそのユニットが受け持った。一定の条件でユニットを越えた援助活動ができることが望ましい。

　これらの意見はAPS援助活動の問題点を示しているに過ぎないが、アメリカのソーシャルワーカーが抱えている課題と重なる部分である。ただし、サンタクララ郡SSAのAPSソーシャルワーカーは労使協定で最大担当ケース数が1カ月35人と決められている。虐待という介入が難しい援助活動にかかわるためか、35人枠でも担当ケース数が多いとワーカーは思っている。我が国では児童虐待問題で児童相談所のケースワーカーが担当するが、そのワーカーが抱える担当ケースが常時100件を超えるという指摘がある[17]。効果的な援助に35人と

いう数が妥当であるかどうかは別にして、よりよい援助のために担当ケースを減らす必要について論議を深める必要性はあるのではないだろうか。

[注]
1) 仲村優一、小島蓉子、L.H.トムソン（編）『社会福祉英和・和英用語辞典』誠信書房、1997年、p.37.
　　R.M.V. Collick、日南田一男、田辺宗一（編）『新和英中辞典』研究社、1995年、p.781.
2) http://www.ahca.org/research/nfs/nfs2001-execsum.pdf
3) http://www.ahca.org/research/nfs/nfs2001-o1.pdf
4) http://www.cswe.org/about/start.htm
5) http://www.cswe.org/about/FAQ.htm
6) http://www.aswb.org/lic_req.shtml
7) http://www.csacares.org/news/PDFs/CSA_FY01-02_Annual_Report_narrative.pdf
8) http://www.csacares.org/news/newsletters.html
9) http://www.aoa.gov/napis/95spr/overview.html
10) B. Byers, J. Hendricks, & D. Wiese (1993). *An Overview of Adult Protective Services*, In B. Byers & J. Hendricks (Eds.), Adult Protective Services: Research and Practice, pp. 3-31, Illinois: Charles C Thomas.
11) V. Atkinson & G. Nelson (1995). *Adult Protective Services*. In G. Nelson (Ed.), The Field of Adult Protective Services: Social Work Practice and Administration, pp.108-126, Washington, DC: NASW Press.
　　D. Bookin & R. Cunkle (1985, January). Elder Abuse: Issues for the Practitioner. *The Journal of Contemporary Social Work*, 3-12.
12) A. Blunt (1993). Financial Exploitation of the Incapacitated: Investigation and Remedies. *Journal of Elder Abuse & Neglect*, (5) 1, 19-32.
13) K. Pillemer & D. Finkelhor (1998). The Prevalence of Elder Abuse: A Random Sample Survey. *The Gerontologist*, 28, 51-57.
14) G. Bennett & P. Kingston (1993). *Elder Abuse: Concepts, Theories, and Investigations*, 357-365. New York: Chapman & Hall.
15) T. Wynkoop & L. Gerstein (1993). *Staff Burnout in Adult Protective Services Work*. In B. Byers & J Hendricks (Eds.), Adult Protective Services: Research and Practice (pp.163-231). Illinois: Charles C Thomas.
16) K. Ebara (1997). Job Satisfaction of Social Worker in Santa Clara County Adult Protective Services, p.32-34. California: SNSU College of Social Work.
17) 磯谷文明・才村純「もっと早く子どもを救うために」『週間金曜日』2000.2.25.（304号）p.11.

第2章
マネジドケアとは何か
What is Managed Care?
MMPG総研 *(Medical Management Planning Group General Institute)*
川原邦彦 監修 *(Supervised by Kunihiko Kawahara)*

第1節 マネジドケアの光と陰

1．自由主義が招いた医療費の増大

　米国では近年、極めて自由度の高い自由主義の医療制度から、マネジドケア（Managed Care）と称される効率的な医療提供を目的とした医療提供者・受益者を統制し管理する各種制度に移行し、様々な変容を遂げつつも今なお主流となっている（用語の解説一覧参照）。これらは増大する医療費を保険者主導のもとで効率的に抑制するというものであり、従来の米国における自由主義を尊重し、政府あるいは保険者の統制や干渉を嫌うといった風潮からは、想像できない概念であった。

　ここにいう自由主義とは、患者サイドから言えば「自由な受診と治療」を意味し、医療機関から見れば診療報酬の自由決定権を意味するものである。米国国民の87％は何らかの医療保険に加入しているが、米国はいまだ国民皆保険制度を有していない。同国にあっては、医療費はまず患者がいったん自己負担することが前提であり、保険加入の選択も各自の意思に任せられるというのが基本的な思想である。この米国特有の自由度の高い医療システムが、医療費を著しく増大させてきたのである。

　医療費の増大は、結果的に企業および患者（従業員）の負担を著しく重くし、健全な医療供給体制の維持という観点から見れば遠くかけ離れた姿を呈しつつ

表1 アメリカ国民医療費の推移　　　　　（単位：10億ドル）

年	1965	1970	1975	1980	1985	1990	1993	1997	2000
総医療費	41.6	74.4	132.9	250.1	422.6	675.0	942.5	1091.2	1299.5
対GNP（%）	5.9	7.4	8.4	9.2	10.5	12.2	14.8	13.1	13.2
医療サービス費用	38.2	69.1	124.7	238.9	407.2	652.4	914.0	1053.9	1255.5
対個人サービス	35.6	64.9	116.6	219.9	369.7	591.5	830.2	959.2	1130.4
病院費用	14.0	27.9	52.4	102.4	168.3	258.1	363.4	367.5	412.1
医師費用	8.2	13.6	23.3	41.9	74.0	128.8	175.2	241.0	286.4
歯科医師費用	2.8	4.7	8.2	14.4	23.3	34.1	44.2	50.2	60.0
その他サービス	0.9	1.5	3.5	8.7	16.6	30.7	47.4	33.4	39.0
在宅医療	0.1	0.1	0.4	1.3	3.8	7.6	16.5	34.5	32.4
薬剤・治療材料	5.9	8.8	13.0	21.6	36.2	55.6	72.6	103.6	153.0
耐久医療用具	1.2	2.0	3.1	4.6	7.1	11.7	14.2	16.2	18.5
専門看護施設	1.7	4.9	9.9	20.0	34.1	53.3	76.0	85.1	92.2
その他	0.8	1.4	2.7	4.6	6.4	11.5	20.7	27.8	36.7
保険等運営事務費	1.9	2.8	5.1	12.2	25.2	38.9	54.3	59.2	80.9
公衆衛生サービス	0.6	1.4	3.0	7.2	12.3	22.0	29.4	35.5	44.2
研究、医療施設整備	3.5	5.3	8.3	11.3	15.4	22.7	28.5	37.2	43.9

Health Care Finacing Administration, Office of the Actuary: Data from the Office of National Health Statistics.

あり、それがまさに80年代までの米国の状況であった。その後 HMO（Health Maintenance Organization、健康維持組織）法の創設を機にマネジドケアの概念が誕生するのである。まずはどのような経緯で、マネジドケアの概念が発展していったかを検証していくこととする。

　多くの先進主要国と同様に、米国においても医療費の増大は社会的な問題となっており、その要因としては医師数の増加、人口の高齢化、医学・医療技術の高度化、高額医療機器の積極的導入、公的医療保険制度（メディケア・メディケイド）の導入と受給者の増加等が挙げられる。さらに従来から、医療提供者が診療報酬請求額を自由に決定できる医療環境があり、医師の給与水準の高さも相まって結果的に診療単価そのものが高額になったという経緯がある。

　一方米国における公的な医療保険制度は、高齢者および障害者を対象としたメディケア（Medicare）と低所得者層を対象としたメディケイド（Medicaid）の2つである。連邦財政の収支状況を見ると高齢者の増加とともに、収支状況

表2　連邦財政収支と医療費　　　　（単位：10億ドル）

会計年度	1988年	1992年	1993年	1994年
連邦財政収支	▲155.2	▲290.4	▲254.7	▲234.8
内訳　メディケア	▲10.1	▲25.1	▲34.0	▲36.2
パートA	15.3	10.7	3.7	3.4
パートB	▲25.4	▲35.8	▲37.7	▲39.6
年金	38.8	50.1	45.3	55.3
預金保険	▲10.0	▲2.6	28.0	3.3
その他	▲173.9	▲312.8	▲294.0	▲257.2
（メディケイド支出）	30.5	67.8	75.8	87.2

メディケアパートA…メディケアにかかる施設費用給付
メディケアパートB…メディケアにかかるドクターの医療サービス給付
▲…赤字
（出典）松山幸弘著『アメリカの医療改革』東洋経済新報社

が悪化していることがわかる。メディケアは急性期中心の医療保険であるがゆえに、慢性疾患患者に対する保険給付に大きな制限（最大100日）がある。メディケアによる給付終了後の継続的な自己負担により、メディケイドの受給対象者になるといった悪循環が発生し、それが財政圧迫に拍車をかけたと見ることもできる。

2．医療費の負担増にあえぐ企業と国民

　米国において医療保険は、民間保険会社と企業が個別に契約を結び、従業員を被保険者とするといった考え方が現在においても一般的である。ただし我が国のように企業と従業員がそれぞれ折半負担するといった統一的なシステムをとっておらず、会社の規模、福利厚生の充実度、従業員のポストなどにより補助率が異なっている。また、企業は通常複数の保険者と契約を結び、従業員の選択肢を広げている。企業はこの他にも歯科保険、退職者へのメディケア、メディケアの財源たる社会保障税の負担も行わなければならず、医療費の膨張は並行して企業の負担を急激に増大させた（1981年から92年までの11年間に、医療費は概ね2.5倍に膨らんだ）。当初は税務処理上企業の損金への算入が可能であったために節税対策として普及したこの制度も、この急激な負担増により米国経済の国際競争力に大きな影を落とすまでに至ったのである。

企業と同様、被保険者である国民の負担増も大きな社会問題となりつつあった。米国における保険者の保険給付率は8割が一般的であり、残り2割と適用限度額以上の請求額はすべて患者負担となっているのが基本的な形態である。しかしながら従来から、医療提供者は診療報酬を自由裁量で決定できるため、結果的に医療機関主導のもとで診療にかかる費用は増大し続け、患者負担もそれに伴って重くなっていった。

3．マネジドケアが生まれたHMO法の成立と普及の過程

　HMO とは Health Maintenance Organization の略であり、医療保険基金と医療提供者そしてその利用者を組織化して、文字通り健康維持組織としての機能を有している。1973年に医療の効率的な提供を目的として、公衆衛生法に対する追加改正法として成立したのがこの HMO 法である。当初は皆保険制度を有さない米国における包括的な医療保障体制を構築する手段として位置付けられ、総人口の90％までを加入させるという壮大な構想のもとに施行されたものであった。しかし90年代中頃のようなマネジドケアの実施主体としての、巨大な勢力を有するまでには相応の時間を要した。本来の HMO 法は、青天井である医療費の高騰に対して、入院医療費抑制策として前払い型グループ診療形態等を導入することなどで、医療提供側の過剰診療への抑制効果が期待された。

　しかしながら医師の従来の自由裁量による出来高払いへのこだわり、あるいは国民の認知度の低さも相まって70年代は低迷するも、80年代に入り HMO 数は飛躍的に増加し、87年には653組織を数えるまでになった。93年まで、HMO 数は吸収合併等により減少しているが、その後再び増加に転じ、加入者数は総人口の概ね28％、8,000万人強（2000年）となった。

4．強大な抑制力を有したHMO

　前払い人頭制の導入により、医療費そのものへの抑制効果をもつことから、個人・企業が負担する保険料の抑制効果をもたらした。これが従来の民間保険の保険料率との間に大きな格差をもたらし、医療機関を利用する上でのさまざまな制約があるにもかかわらず、HMO タイプの保険を採用する企業が激増す

る結果となったのである。なお HMO の発達状況には地域差が認められ、人口が集中する地域で強いという傾向が窺える。例えばカリフォルニア州においては、民間保険会社が従来の保険商品に加えて、HMO タイプの保険商品を積極的に販売するようにまでなっていった。こういった HMO による患者の囲い込みが、自ずと医療機関に対する経営上の脅威となったことは言うまでもない。つまり患者を統合する保険者が力をもち、医療提供者側の自由裁量権が徐々に減殺していったという流れが、まさにマネジドケア進展の過程なのである。そして、従来の伝統的医療保険制度（インデミニティー：Indeminity）に対し、HMO、PPO の保険料は低額となっていることが、マネジドケアの普及に拍車をかけたのである。

5．マネジドケアのもう1つの組織である PPO

マネジドケアを構成するもう1つの顔が PPO（Preferred Provider Organization、選定医療提供者組織）である。PPO とは、選定された医療提供者組織をいう。具体的には病院・医師グループが保険会社と契約し、これらの保険加入者に割引料金で診療・医療施設サービスを提供する機構であり、利用者には「PPO プラン」として販売される。保険加入者は HMO と比較し、やや高い保険料を支払うこととなるものの、医療機関選択の幅が広いこと、受診制限が緩やかであることなどから、HMO より多くの加入者を有している。ただし PPO 自体は保険機能を有しておらず、保険会社との契約により、PPO プランが遂行されることとなる。医療機関や医師は HMO と同様に、保険会社の事前審査、第三者の医師による診療行為のチェック（セカンドオピニオン制の導入）等により

表3　医療保険・年間保険料の年次推移　　（単位：ドル、％）

	1989年	1990年	1991年	1992年
伝統的医療保険 （対前年比）	2,600 (20.4)	3,161 (21.6)	3,573 (13.0)	4,080 (14.2)
HMO （対前年比）	2,319 (16.5)	2,683 (15.7)	3,046 (13.5)	3,313 (8.8)
PPO （対前年比）	NA	NA	3,291	3,566 (8.4)

（出典）松山幸弘著『アメリカの医療改革』東洋経済新報社

診療活動に対する制限が付加されることとなる。これもマネジドケアに属する保険システムのあり方と言うことができる。PPO を含めたマネジドケアタイプの保険加入者数は、今や全米において被用者の概ね80％に達しており、冒頭でも述べたように米国医療の主流をなすに至った。

6．マネジドケアが生み出した徹底した医療費コントロール

　HMO をはじめとするマネジドケアを採用する保険者は医療提供者、被保険者に対する徹底したコントロール策を実施している。その背景には、マネジドコンペティション（Managed Competition）と称される保険者間の厳しい競争がある。保険料率を引き下げ、加入者数を増やすために、いかに総コストを抑えるかが保険者にとって最大の課題となるのである。その結果、医療機関の経営は収入をいかに伸ばすかではなく、コスト管理をいかに徹底させるかといった方向へと流れていく。これにより過去の医師主導による医療費増大のシステムから、保険者を主体とした医療費抑制への流れが加速していったのである。

7．被保険者の不満を招致するマネジドケア

　一方で、マネジドケアの生み出した医療提供の管理に対しては、昨今、その不満が増大の一途をたどり、マネジドケアのあり方そのものが社会問題化しつつある。

　ロサンゼルス邦人紙（羅府タイムス）に寄稿されたある HMO 傘下医療機関に勤務する日本人医師の記事は、マネジドケアの現実的課題を指摘している。

　彼は自身が取り扱った多くの患者の具体的症例を挙げ、それぞれの検査の申請をことごとく却下された事実を赤裸々に告白している。そして HMO からその結果、ボーナスが支給されたことに憤慨して、結局この医療機関を辞めたと語っている。さらに、HMO における統計データに基づく治療ガイドラインが、明らかに医師の裁量による診療を妨害していると指摘し、その結果として保険者に巨大な利潤が生まれ、その恩恵を受ける形でボーナスを受け取る自分自身に腹を立てたと語っている。

　同時に自由診療を経験した住民の中には、いかに保険料が安くなったとして

も、マネジドケアによる受診制限などが行われることへの不満が潜在的に存在する。カリフォルニア州では、HMO に関する世論調査を実施、その結果加入者の42％が HMO を主とする管理健康保険制度に対して何らかの不満を有していることが明らかになっている。その理由として治療の拒否・遅れ、不適切な治療、専門医への紹介が得られないなどの問題を挙げている（この世論調査は HMO 規制と消費者の不満を解決するための政策提言を行うことを目的に実施されたもので、1996年秋、カリフォルニア州議会が可決した10項目にわたる HMO 改革法案を知事が拒否したという経緯がある）。すなわち、マネジドケアは必ずしも全ての国民や医療提供者に受け入れられるわけではない。

第2節　マネジドケアに至ったアメリカ医療制度の歴史

1．拡大期における民間医療保障システムの基礎確立
１）ブルークロス・ブルーシールドの創設と発展
（１）ブルークロスの起源と発展

　ブルークロス（Blue Cross: B/C）の起源は1929年テキサス州ダラスのベイラー大学病院（Baylor University Hospital）が、学校教師の組合と結んだ保険契約から始まった。教師組合は組合員から定額の保険料を徴収し、この資金を基金にプールする。この基金にある資金内で病院は組合員に対する医療サービスを保障するというものである。これによって病院は患者の確保を行いやすくなり、組合側は医療サービスが受けやすくなったのである。1932年にカリフォ

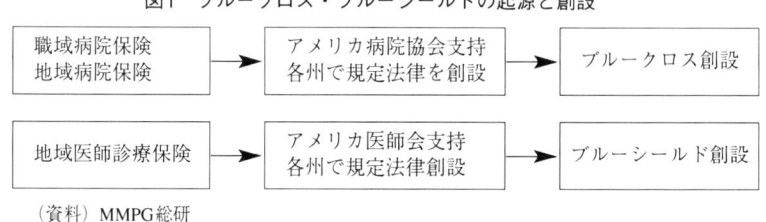

図1　ブルークロス・ブルーシールドの起源と創設

職域病院保険 地域病院保険	→	アメリカ病院協会支持 各州で規定法律を創設	→	ブルークロス創設
地域医師診療保険	→	アメリカ医師会支持 各州で規定法律創設	→	ブルーシールド創設

（資料）MMPG総研

表4 マネジドケアに至った米国医療制度の歴史

	西暦	医療保険・保障動向	備考
拡大期	1929	拡大初期　民間による医療保障システムの基礎確立 　　ブルークロス創設 　　HMO・グループプラクティスの登場	世界大恐慌
	1935 1939	社会保障法の創設 　　ブルーシールドの創設	第二次世界大戦
	1945 1946 1951	 拡大中期　医療供給体制の充実 　　ヒル・バートン法 　　診療の標準化（JCAHの創設）	終結
	1960 1965	拡大後期　連邦政府による高齢者医療の拡充 　　カー・ミルズ法案 　　メディケア・メディケイド創設	GNP対国民医療費　5.9%
調整期	1970		GNP対国民医療費　7.4%
	1972 1973 1974 1975	社会保障法の改正によるPSROの創設 州政府の病院建築・増床の管理権限強化 公衆衛生法の追加修正によりHMO法の創設 国家医療計画・資源開発法の創設	GNP対国民医療費　8.3%
抑制期	1980		GNP対国民医療費　9.1%
	1982 1983 1985	TEFRA法によりPSROがPROに改組 メディケアパートAにDRG/PPS導入	GNP対国民医療費　10.4%
	1993	メディケアパートBにRVS導入	

（資料）MMPG総研　須磨忠昭氏資料に基づき作成

ルニア州サクラメント市の病院グループが市内全域を対象にして、基金は市内で団体契約（企業等）や個人契約を結ぶという地域保険に発展した。世界恐慌の影響により全米で生じていた病院の財政難に苦慮していたアメリカ病院協会（American Hospital Association: AHA）は、こうした医療保険の発展を積極的に支持して、各州にこの設立や規定を設けるように働きかけた。この結果全州で運営に関わる特典を準備した州規定ができ、全米で設立されるようになった。

（2）ブルーシールドの起源と発展

医師サービスに関する保障を行うブルーシールド（Blue Shield: B/S）は、1939年のカルフォルニア医師サービス（California Physicians Service）に起源があると言われている。ブルーシールドは、医師が病院ほど財政的には苦しくなかったことにより、ブルークロスに比較し発足がやや遅れた。企業との交渉に際し、開業医は単独でのぞむのではなく、同一診療科目の医師によるグループを作った。これは企業の患者に1人の医師で対応することは不可能であること、また、医師間で診療内容とそれに伴う報酬を統一する必要があったからである。1939年に原型ができるとアメリカ医師会（AMA）がこれを支持し、特に第二次世界大戦後の40年代に急速に普及していった。

2）民間営利保険会社の医療保険への参入と伸張

民間営利保険会社では、病歴価格決定方式（Experience Rating）がとられている。疾病経験がなく、健康体で罹患リスクの少ない者は保険料が安くなる。ブルークロスとブルーシールドは年齢・病歴の相違を問わず加入者は同一保険料を支払う仕組みとなっている。したがって若年層は保険料の低額さを理由に民間営利保険会社を選ぶことが多い。

表5　アメリカにおける保険加入状況の推移（1940～1970）（単位：百万人・%）

年	総人口中保険加入者割合(%)	民間営利保険 加入者数	%	ブルークロス・ブルーシールド 加入者数	%	HMO 自家保険等 加入者数	%
1940	9.1	3.7	30.8	6.0	50.0	2.3	19.2
1950	50.6	37.0	48.3	38.8	50.1	4.4	5.7
1960	68.3	69.2	56.5	58.1	47.4	6.0	4.9
1970	78.1	89.7	56.5	75.4	47.3	8.1	5.1

（出所）Health Insurance Associaition
（出典）広井良典著『アメリカの医療政策と日本』より抜粋　勁草書房

3）HMOの原型の登場とその特徴

（1）1929年に登場したHMOの原型

1973年の連邦政府の公衆衛生法により定義づけられたHMOの原型は1929

年に登場する。同年ロサンゼルスのロス・ルイーズ・メディカルグループが複数医師の共同によって開設し、市局勤務者に対して一括請負診療サービスを提供したのが HMO、グループプラクティスの原型と言われている。その後、各地で HMO と位置づけられる組織が構築されたが、アメリカ医師会は開業医の独立性を強調するとともに、前払い型の保険に強い反対の姿勢を示した。国民も医療機関の選択ができることを望む傾向が見られ、HMO はこの段階では飛躍的躍進を遂げるには至らなかった。

2．拡大期における医療提供施設の充実
1）連邦政府による施設整備

世界大恐慌、第二次世界大戦の間、医療施設を改善する経済的ゆとりはなく、老朽化により設備の劣悪な病院が増加した。これを改善し、かつ人口に相当する適正な医療施設の整備を目的とし、病院建設等に補助を行うことを定めたのがヒル・バートン法である。

（1）アメリカ病院協会の増床提言

第二次大戦の後半から病院・病床の拡大、地域的な偏在を是正する計画が必要であるという議論がさまざまな形で行われた。その代表的なものが病院協会の提言である。アメリカ病院協会（AHA）は、1944年に病院医療委員会を創設し、同委員会は同年、米国において約18万床の病床が不足しており、同大戦終了後に病院建設のための政府援助が必要と提言した。

（2）ヒル・バートン法の成立と建設補助

アメリカ病院協会の提案等が機運となり連邦政府が積極的に医療施設の建設・改善を行う目的で制定されたのがヒル・バートン法（Hill-Burton Act、正式名　病院調査・建設法、Hospital Survey and Construction Act of 1946）である。

本法は人口当たりの病床数を基準として、不足地域における病院・病床の整備を図るために、州単位の計画立案ならびに計画に基づく病院建設に対し補助を行うことを定めたものである。

その後の改正で、ナーシングホーム（Nursing Home）建設や施設改善についても補助を行い、医療提供体制の整備に大きな役割を果たした。具体的には各

州が病床の必要数に関わる調査および整備計画を策定し、これを連邦政府が認めた場合に、施設建築・改善への補助を行ったのである。

2）設備改善の動機づけをしたJCAH

JCAH（Joint Commission on Accreditation of Hospitals）による質の向上への努力によって、病院医療の水準は飛躍的に発展することとなる。JCAHは、1920年代の外科学会による病院標準化プログラムが作成されたのが起源であり、病院協会、医師会、内科学会、外科学会等を母体に、1951年、専門医の研修病院認定機関として創設された民間団体である。その認定条件は極めて厳しい上に認定更新のたびに高い目標が設定され、高機能病院にとっては常に向上を図らざるを得ない状況を生み出した。現在はJCAHO（Joint Commission on Accreditation of Healthcare Organization）と改称され、メディケア適用機関や民間保険適用機関の指定を行う際に同機構の評価認定が活用されている。

3．拡大期の連邦政府による高齢者医療の拡充

1）メディケア・メディケイドの基礎となったカー・ミルズ法案

1950年代から60年代の初頭にかけて、高齢者に限定された公的医療保険の創設が連邦議会で議論されるようになった。この中で後のメディケア創設の基礎となるカー・ミルズ法案が提出されている。

1957年に下院議員のエイム・フォーランドによって、初めての高齢者に限定した公的医療保険制度導入の提唱が行われた。1960年には上院議員のロバート・ケラー、下院議員のウィバー・ミルズにより新たな法案が提出されて、当時最も実現性が高いと評価され、後にメディケア・メディケイド両制度の基礎と位置付けられた経緯がある。

米国における公的な国民皆医療保険制度の議論は1930年代のルーズベルト政権下に始まり、1940年代のトルーマン政権、1960年代のケネディ政権に引き継がれたものの、その都度、医師会等の反発で実現することはなかった。

これに比較してカー・ミルズ法案は、高齢者に対象を絞っていることから医師会側も一定の理解を示した。その後のメディケア・メディケイド創設時の議論の際には、カー・ミルズ法案に基づいたエルダー・ケア案を提案している。

2）メディケア・メディケイドの創設

　1965年におけるメディケア・メディケイドの制度創設の背景には、民間医療保険では高齢者への対応ができないという多くの国民の認識があった。しかし、高齢者に限定することは医師会にとっても、診療の自由の幅を侵されることを最小限にとどめることができることから受け入れやすいものであった。また、連邦政府としても、すでに高齢者年金が軌道にのっており、その運用を見通すことがある程度できていた。つまりメディケア・メディケイドは政治環境からみてどの方面からも合意を取りつけやすい制度であったのである。

　その当時のジョンソン政権は、公的高齢者医療保険については医師会の反発を考慮して、病院にのみ強制適用する制度を提案した。しかし医師会は病院と医師サービス双方とも任意加入とする制度を考えていた。これが折衷化され、病院は強制適用（パートA）、医師サービスは任意加入（パートB）という形態で、メディケアは制度化された。また貧困者に対する医療扶助制度であるメディケイドは、その導入を州の任意とし、実施した州に連邦政府が補助を行うこととした（各州は順次導入し、現在は全州が実施している）。

4．調整期の医療費抑制と包括的医療保障を意図した政策

　1）支払い審査による医療費抑制のためのPSROの創設

　1972年に社会保障法が改正され、PSRO（Professional Standard Review Organization）という審査機構が創設された。メディケアの創設以来、著しく増大する医療費を、適正化するために診療の量の妥当性を確認する機構として創設された。PSROはその後1982年にPRO（Professional Review Organization）と改称され、審査機能が強化されている。PSRO創設時の審査機能は、診療の量だけを審査し、費用の妥当性を審査するまでには及ばず、医療費の抑制にはあまり機能するものではなかった。しかし、医師会の反発をかわしながら審査機構を創設したことは、1982年の本格的な審査機構PRO創設の橋渡しをするという意味で医療費の調整政策と位置付けることができ、たいへん意義深いものがあった。

2）1980年代の普及基盤となった HMO 法

HMO 法（Health Maintenance Organization Act of 1973）は、1973年に公衆衛生法（Public Health Service Act）の追加改正法として創設された。本法案の作成時には、包括的な医療保障体制を構築すること、医療費を抑制することを意図するとともに、医師会の合意を取りつけやすくすることが考慮された。

同法の創設時には約30程度であった HMO を、ニクソン政権は1976年までに1,700の HMO 組織を作り、国民の90％を加入させるという壮大な目標を立案した。しかし、国民にその有効性を理解されず、実際には1976年の加入者数は600万人にとどまった。

HMO が飛躍的に増加するのは1980年代に入ってからのことで、87年に第一次ピークを迎え653となった。同法成立後20年を経た1993年には HMO 数は545と減少したが、加入者は増加し続け、約4,724万人が会員となるに至った。

（1）HMO 法の概要

HMO の活動が、特に入院費用の削減に効果的であったという研究結果に基づき、連邦政府は HMO 奨励普及のための5年計画の策定を制度化したのである。これにより5年間で3億2,500万ドルの連邦政府補助金が HMO に交付された。また、同法により一定地域内に HMO がある場合、企業は HMO を従業員に対して選択肢として提示することが義務づけられた。さらにメディケア・メディケイドの適用者も、希望により HMO を選ぶことが可能となった。

（2）医療費抑制を意図した HMO 法

メディケア・メディケイドの創設後、医療費が著しく増加し、この対応をニクソン政権は迫られていた。そこで HMO 法を創設し、前払い型グループ診療をモデルとした同様の組織を全米に普及させ、国民の大半をこれに加入させることで医療費の抑制を期すことを意図した。

（3）民主党の国民皆保険構想への対応を意図した HMO 法

ニクソン政権は、医療費抑制に対応するとともに、エドワード・ケネディ（民主党）の国民皆保険案に対抗する医療保障拡充案を構築する必要性に迫られた。HMO を普及支援することは、医療保障制度の充実という考えも含まれていたのである。

（4）HMO定義づけの裏側にある医師会への配慮

　医師会は医師の独立の立場を危うくする前払い型グループ診療（Prepaid Group Practice: PGP）に対しては否定的であった。この医師会の合意を取りつけるために、当時一般的であった前払い型グループ診療という用語を使わず、HMO（健康維持組織）という新しい表現で組織の定義づけをしたのである。また、このPGP（医師を雇用する組織）に加え、IPA（Independent Practice Association、開業医組織）という開業医がグループを形成した医療提供機関をHMOの1つの概念としたのも同様の理由によるものである。

　3）国家医療計画・資源開発法の創設による病床規制

　1974年に国家医療計画・資源開発法（National Health Planning and Resources Development Act of 1974）が成立し、無秩序な病床の増加が管理・抑制され始めた。同法では連邦レベル、州レベル、地域医療圏レベルの3つの区分で医療計画が策定された。1978年までに213の医療圏が指定され、医療計画が策定された。また同法では従来任意であった増床について、州政府が必要とする場合は必要証明を交付し、この証明なしに増床した病院に対しては州がメディケア・メディケイドの償還を削減できるようにした。

5．抑制期における公的医療保障の適正化政策

　1）TEFRAに基づきPSROをPROに改組

　PSROの支払い審査は診療の量の妥当性に着目したもので、診療に関わる費用や内容にまで及ぶものではなかった。この審査機能を強化するため、TEFRA（Tax Equity and Fiscal Responsibility Act of 1982、税制均衡財政責任法）に基づきPSROはPROへと改組された。

　メディケアからの支払いは、各州に設置されたPROが審査を行い、診断内容の正確性、提供された医療サービスの妥当性、患者の入院・転院が適切か否かを判断している。

2）医療費抑制の効力に乏しかったCPR支払い方式

メディケアの創設以来、償還額決定方式はCPR（Customary Prevailing Reasonable）という方式がとられていた。各州のメディケイドも、メディケア方式を多く取り入れているため、米国の公的な医療保障制度の基本的な償還額決定方式となっている。

CPRは自由診療価格を償還額決定の基本因子としているため、政策介入の範囲が極めて限られる。連邦政府はこれを是正し、医療費コントロールの強化を図るためにパートAにDRG（Diagnostic Related Group）/PPS（Prospective Payment System）、パートBにRVS（またはRBRVS）（Resource-based Relative-value Scale）を導入したのである。

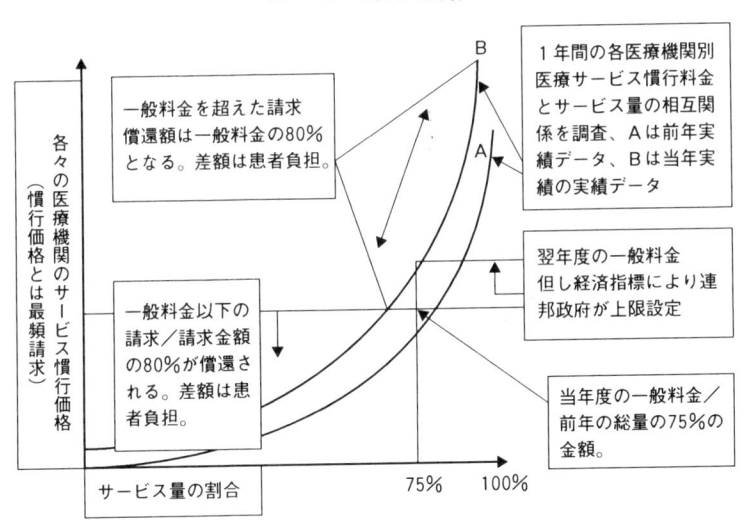

図2　CPR方式の図解

（資料）MMPG総研

3) メディケアにDRG/PPSを導入

1982年には国民医療費がGNPの10％を突破し、本格的な医療費の抑制策が必要となった。そのため翌1983年にDRG/PPSがメディケアに導入された。

DRG/PPSは、1970年代の初めにエール大学で考案された医療費定額予見払い方式を基礎としている。具体的には疾病診断をグループ化し、さらにこれを医療行為・年齢・入院時の状態等で細分化し、妥当な入院日数を40万人の診療録から統計的に割り出し、これを金額換算したものである。この支払方式は研究者たちが加入するHMOの医療費コントロール、財政運営の管理を目的に設けられたものである。

この支払方式が財政管理上極めて有効であることに注目されていた背景もあり、これにかかる法案は誰もが予想できなかったほど早いペースで作成され、1983年には立法化された。

DPG/PPSはホスピタルフィーの運営費用に適用された制度であり、医師の費用、病院のキャピタル費用（土地・建物・教育費等）は別途償還方式で支払われている。

表6　DRG/PPS導入前後における医療費の伸び率

年	総医療費 （10億ドル）	対GNP比 （％）	対前年伸 び率（％）
1960	27.1	5.3	
1965	41.6	5.9	153.5
1970	74.4	7.4	178.8
1975	132.9	8.4	178.6
1980	250.1	9.2	188.2
1985	422.6	10.5	169.0
1986	454.9	10.7	107.6
1987	494.2	10.9	108.6
1988	546.1	11.1	110.5
1989	604.3	11.5	110.7
1990	675.0	12.2	117.7
1991	751.8	13.2	111.4
1992	898.0	13.4	119.4

（資料）HCFA＝Health Care Finacing, Winter 1993.

DRG/PPSの導入によって1980年から1990年の10年間で年間180億ドルの医療費が削減され、年間入院患者も3,500万人から3,100万人に減り、医療費の伸びが対前年比で平均14％から3％下がった。
『医療保険改革と日本の選択』
川淵孝一著より　薬事日報社

DRG/PPSの導入
病院医療費対前年比
伸び率の鈍化
1980　188.6％
1985　168.1％
1986　108.4％
1987　109.8％

（1）DRG/PPS 償還額算定の方式

入院1件当たり償還額は、連邦償還価格に病院賃金指標・DRG 係数を乗じ、さらに付加的支払い額が加算されるという方式で算定される。

図3　償還算定方式

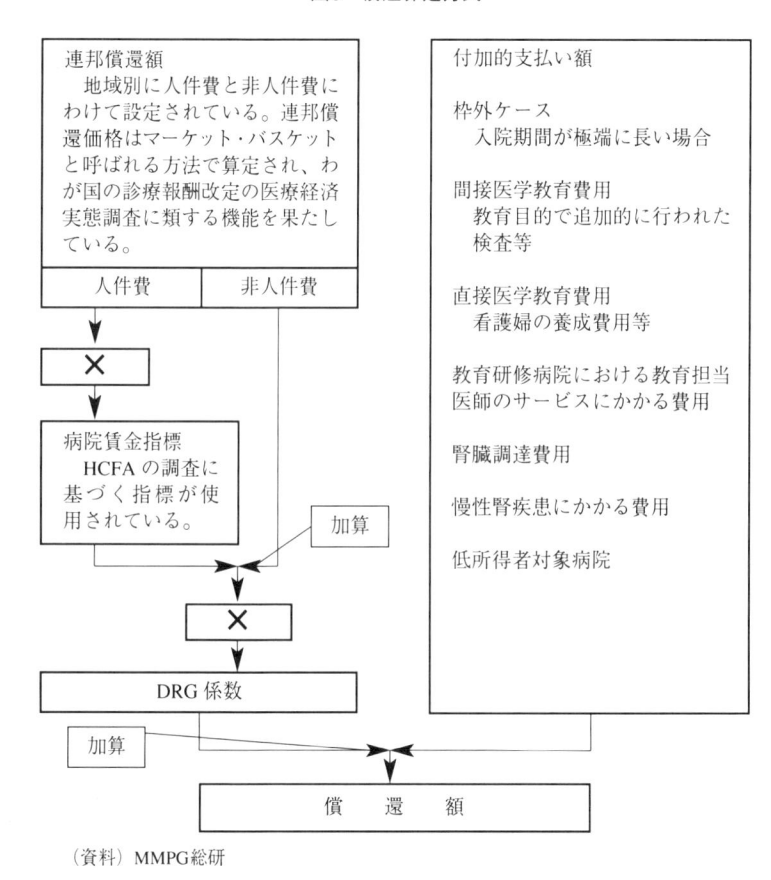

```
┌─────────────────────────┐      ┌─────────────────────────┐
│ 連邦償還額              │      │ 付加的支払い額          │
│   地域別に人件費と非人件│      │                         │
│ 費にわけて設定されている│      │ 枠外ケース              │
│ 。連邦償還価格はマーケッ│      │   入院期間が極端に長い場│
│ ト・バスケットと呼ばれる│      │ 合                      │
│ 方法で算定され、わが国の│      │                         │
│ 診療報酬改定の医療経済実│      │ 間接医学教育費用        │
│ 態調査に類する機能を果た│      │   教育目的で追加的に行わ│
│ している。              │      │ れた検査等              │
│ ┌──────┬──────┐        │      │                         │
│ │人件費│非人件費│        │      │ 直接医学教育費用        │
│ └──┬───┴──┬───┘        │      │   看護婦の養成費用等    │
│    ↓      │            │      │                         │
│  ┌───┐   │            │      │ 教育研修病院における教育│
│  │ × │   │            │      │ 担当医師のサービスにかか│
│  └─┬─┘   │            │      │ る費用                  │
│    ↓      │            │      │                         │
│ ┌──────┐ │            │      │ 腎臓調達費用            │
│ │病院賃金│ │            │      │                         │
│ │指標    │ │  ┌──────┐│      │ 慢性腎疾患にかかる費用  │
│ │HCFAの調│ │  │ 加算 ││      │                         │
│ │査に基づ│ │  └──────┘│      │ 低所得者対象病院        │
│ │く指標が│ │            │      │                         │
│ │使用され│ │            │      │                         │
│ │ている。│ │            │      │                         │
│ └──┬───┘ │            │      │                         │
│    ↓──────↓─←────────┼──────┤                         │
│     ┌───┐              │      │                         │
│     │ × │              │      │                         │
│     └─┬─┘              │      │                         │
│       ↓                │      │                         │
│   ┌─────────┐          │      │                         │
│   │ DRG 係数│          │      │                         │
│   └────┬────┘          │      │                         │
│ ┌──────┐│              │      │                         │
│ │ 加算 ││              │      │                         │
│ └──┬───┘│              │      │                         │
│    ↓────↓──←───────────┼──────┘                         
│   ┌─────────────┐                                        
│   │ 償　還　額  │                                        
│   └─────────────┘                                        
```

（資料）MMPG総研

（2）DRG 係数の決定方法

DRG 係数は、疾病・手術の有無、患者特性等によって医療サービスの難易度を係数化したものである。件数の決定因子と決定フローは次の通りである。

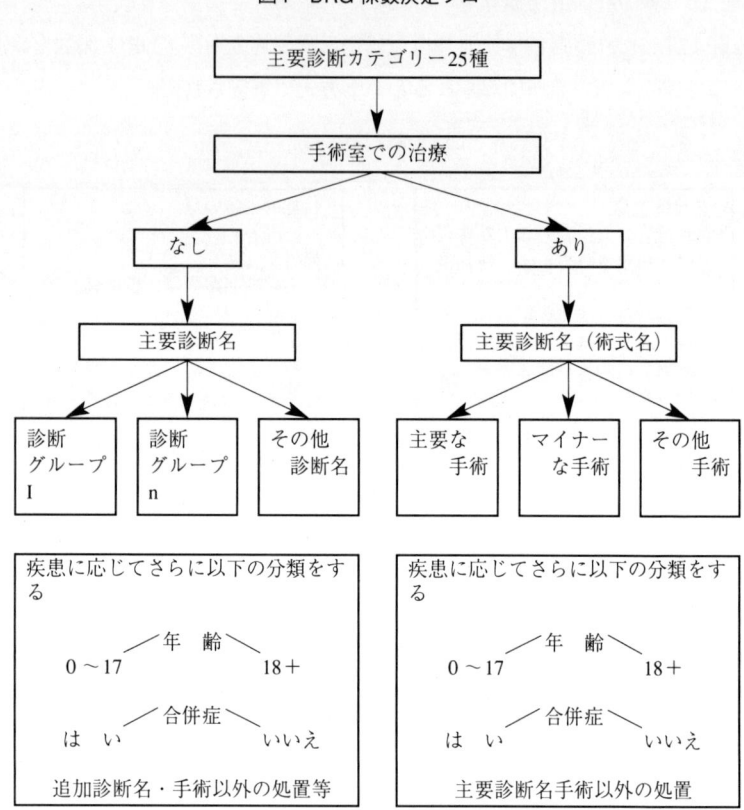

図4 DRG係数決定フロー

```
主要診断カテゴリー25種
         ↓
    手術室での治療
     ↙        ↘
   なし         あり
    ↓           ↓
 主要診断名   主要診断名（術式名）
 ↙ ↓ ↘      ↙   ↓    ↘
診断 診断 その他  主要な マイナー その他
グループ グループ 診断名  手術   な手術  手術
 I    n
```

疾患に応じてさらに以下の分類をする

年　齢
0～17　　　18＋

合併症
は　い　　　いいえ

追加診断名・手術以外の処置等

疾患に応じてさらに以下の分類をする

年　齢
0～17　　　18＋

合併症
は　い　　　いいえ

主要診断名手術以外の処置

（資料）MMPG総研
（出所）川渕孝一著『DRG/PPSの全貌と問題点』（薬業時報社）図2に基づき作成

4）医師の技術料にRVSを導入

　1989年に医師の技術料等に関わるメディケア・パートBの抜本的改正を含む法律（1989年包括予算調停法、通称 OBRA'89、Omnibus Budget Reconciliation Act of 1989）が成立した。この法律により、診療報酬償還額決定方式をCPRからRVS（Resource-based Relative-value Scale）に切り替える改革が行われた。RVSはRBRVSとも呼ばれる。これはRVU（Relative Value Units）と称される診療行為の相対指標に、地域調整・ドル換算の係数を乗じて診療報酬点数表を作り、これを償還額とする制度である。1985年から1989年の間にパートBの医

表7　RVS導入による医師の技術料等の伸び率（単位：％）

年	医師報酬総額の伸び	診療行為単価の伸び	1件当たりサービス量の伸び	加入者数の伸び
1980	16.8	8.6	7.6	0.2
1981	16.6	7.7	8.3	0.6
1982	17.0	10.8	5.6	0.6
1983	19.7	8.9	9.9	0.9
1984	11.6	7.2	4.1	0.3
1985	3.1	0.8	2.3	0.0
1986	9.8	0.0	9.8	0.0
1987	12.2	4.4	7.5	0.3
1988	10.8	4.3	6.2	0.3
1989	7.8	2.5	5.2	0.1

（出典）広井良典著『アメリカの医療政策と日本』勁草書房
（資料）PPRC Annual Report Congress 1990

1984年〜1986年のCPR制度に基づく医療費抑制
CPR制度では連邦政府が介入して行い得る医療費抑制はMEI（Medical Economic Index）の調整である。MEIとはメディケア経済指標と訳され、人件費・物価の上昇率を示すもので、メディケア償還額の伸びをこの範囲にとどめるための上限とされている。84年から86年にかけてメディケア支出を抑制するために、このMEIを凍結し、償還額の伸びを停止させた。この影響によるデータが矢印部分である。この抑制策は1984年TEFRA法によって行われた。

療費の伸びはパートAの3倍を示した。この原因が医師の医療サービス単価の上昇、1件当たりの医療サービス量の増加によってもたらされたことが調査の結果明らかとなり、医師の技術料に何らかの抑制をかけることが避けられない課題となっていた。本制度の施行は1992年より段階的に行われ、5年後の1996年には全米で実施されている。

（1）RVSの起源はCOBRA

連邦議会は高額化する医師技術料に対して、1984年に85年から翌年2年間の改定を凍結するといった抑制策を講じた。その直後の1985年に抜本的改革に着手するCOBRA（Consolidated Omnibus Budget Reconciliation Act of 1985、1985年包括予算調停強化法）を成立させた。本法により議会に診療報酬検討委員会（Physician Payment Review Commission: PPRC）を設けること、米国厚生省が診療報酬点数表を作成することなどが定められた。米国厚生省はハーバード大学のシャオ教授グループに研究を委託し、1988年にRVSの根幹である相対評価指数がまとめられた。これに基づきPPRCが議会に改革を提出し、1989年のOBRA'89で、それを導入することが決定された。

（2）内科的診療の評価向上と外科診療の報酬低減

米国の医師所得は高額で、OECD（Organization for Economic Cooperation and Development、経済協力開発機構）の87年の調査では一般労働者の5.4倍となっていた。しかし、医師の種別によって収入格差がありこの正当な評価もRVS導入の際には議論された。内科医学会、家庭医学会、内科医会ではプライマリケア的サービスはメディケアの中で過小評価されているという意見をもっていた。シャオ教授の研究は時間的要素を重視するもので、患者の病歴をとる、生活向上のアドバイスを行うなどの診療に対しても十分に評価を与えており、これらの不満に対応する結果となった。アメリカ医師会もこの案に基本的には賛成を示したが、外科医会は最後まで反対の姿勢を貫いた。なぜならばRVSは外科医の収入を低下させ、プライマリケア医師に配分するという診療技術の評価の見直しという意図が含まれていたからである。

表8　RBRVSの診療科別影響（1992年）

診療科	全診療科	家庭医	一般外科	整形外科
サービス当たり支払い額	－3％	＋15％	－8％	－8％
支払い総額	0％	＋16％	－3％	－3％

（出典）「フェイズ3」（1992年11月）廣瀬輝夫氏記事　日本医療企画
監修厚生省保険局企画課『欧米諸国の医療保障』

表9　1990年当時の一般的医師の年収

医師の種類	年収（ドル）
総医師	170,000
心臓外科医・神経外科医	250,000
一般外科医・麻酔医・放射線医	190,000
内科医	130,000
精神科医・小児科医・家庭医	95,000

（出典）「フェイズ3」（1992年11月）廣瀬輝夫氏記事　日本医療企画

図5 RVS方式の概要

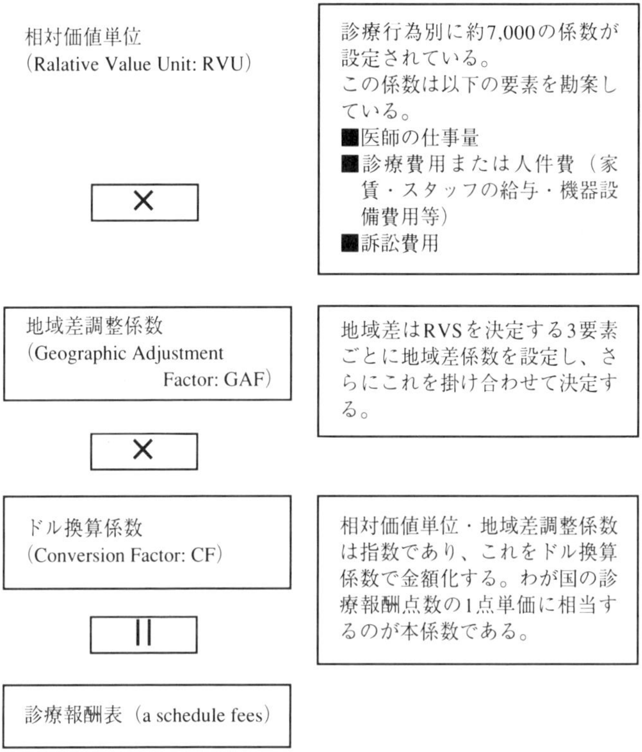

相対価値単位
(Ralative Value Unit: RVU)

> 診療行為別に約7,000の係数が設定されている。
> この係数は以下の要素を勘案している。
> ■医師の仕事量
> ■診療費用または人件費（家賃・スタッフの給与・機器設備費用等）
> ■訴訟費用

×

地域差調整係数
(Geographic Adjustment Factor: GAF)

> 地域差はRVSを決定する3要素ごとに地域差係数を設定し、さらにこれを掛け合わせて決定する。

×

ドル換算係数
(Conversion Factor: CF)

> 相対価値単位・地域差調整係数は指数であり、これをドル換算係数で金額化する。わが国の診療報酬点数の1点単価に相当するのが本係数である。

＝

診療報酬表（a schedule fees）

（資料）MMPG総研

5）病院外来医療費の包括化のためのAPG-PPS開発

　DRG/PPSに続いて米国では、病院の外来サービスに対しても包括支払い方式を導入することを検討した。

　APG（Ambulatory Patient Groups, 医療資源外来患者分類）とは、臨床的特質・消費された医療資源・医療費の3つが似通った外来患者をグループ化するものである。連邦医療保険財政庁（Health Care Financing Administration: HCFA）は2000年よりメディケア外来に、APGに基づく、APC（Ambulatory Payment Classification, 外来包括支払い方式）を導入した（第2章第6節参照）。

（1）病院の外来医療進出による医療費増加が開発背景

病院外来に導入する予定前払い方式は、すでに1986年の OBRA 制定で設計・構築を行うことが決定されている。この背景には病院が DRG/PPS への対応の1つとして外来医療に傾注した結果、この医療費を著しく伸ばした経緯がある。1984年の外来の受診回数は約12億件、この大半は診療所（Physicians office）で取り扱ったものであり、救命救急センターや病院の関与した割合は23％にすぎなかった。しかし、現在は約9割の病院が外来サービスを行い、1986年頃と1996年前後を比較すると、その医療費は約10倍に膨張していた。

（2）すでに民間保険では一部導入

連邦議会が設立した「包括支払い方式アセスメント委員会」（Prospective Payment Assessment Commission: Pro PAC）は、メディケアに対する APG の導入効果については懐疑的であり、クリントン政権と同委員会の間での見解の一致はなく、メディケアへの導入の行方は不鮮明な状況にあった。

このような状況に対して、民間保険ではすでに APG の導入に踏み切ったところもある。オハイオ州のブルークロスは州西部で1995年に導入、また1996年にはユタ州のブルークロスが州全体で導入を行っており、この抑制効果が明白になったことにより、メディケア外来に対し、APCが導入されることになったのである。

6）長期療養サービスの適正化と包括支払方式の研究

（1）ナーシングホームに対する規制強化

1987年にナーシングホーム法規制の見直しが行われ、サービス適正化に向けた規制強化が実施された。この改正法は1990年より施行されている。ナーシングホームはメディケア・メディケイドの制度上、スキルドケア施設と中間ケア施設に大別され、従来はサービス機能の基準が異なっていた。

この改正でこれらを統一し、保険適用の違いだけが双方の施設の相違となった。さらに基準に違反した場合の罰則強化も行っている。また、高額な入所料金を患者からとることは、従来禁止されていたが、実際には行われていたことに鑑み、この規制も強化された。

表10　ナーシングホームの公的医療保障制度における分類

施　設　種	適用医療保障
スキルドナーシングファシリティ	メディケア・メディケイド
インターミディエイトケアファシリティ	メディケイド

（資料）MMPG総研

表11　ナーシングホーム関連法規制の骨子

規制強化	罰則の強化、人員基準の強化、メディケイド入所者への自己負担要求を規制、入所契約の正常化
規制緩和	メディケイド患者が病院再入院の際の他患者のベッド利用

（資料）MMPG総研

（2）RUGのナーシングホーム適用とPDGの開発

　長期療養患者に対する包括払いへの試みはDRG/PPSが導入される10年以上前から複数州のメディケイドで始められていた。しかし、RUGが開発される以前のものは様々な問題要素を含んでいた。1981年に研究者——フェリエス（Fries）とコッネイ（Cooney）の2人——がコネチカット医療標準評価機構およびバッテル（Battelle）人材開発センターの収集したデータに基づき、長期療養患者をその特性に応じて類別する仕組みを開発した。これがRUG（Resource Utilization Group、医療資源利用グループと訳される）である。現在多くのメディケイドではこの方式を採用し、ナーシングホームなどへの支払いに活用している。

　その後、このRUGの成果を受け継いでPDG（Patient Dependency Group）という長期療養患者の分類手法の開発がなされている。

図6　RUGの概要

```
要介護者を5分類する。       5分類の内容
日常活動で必要看護量が      ■リハビリテーション
異なることに着目して計         週5回以上のリハビリが必要。
数化。                      ■スペシャル
                             昏睡・四肢麻痺・動脈硬化・チュー
         ×                   ブ流動食の重度ケアが必要。
                           ■臨床コンプレックス
要介護者のADLで以下           脳性麻痺・半身不随・脱水症状・
を区分して計数化する。         内出血・酸素療法・透析・終末ケ
■リハビリテーション           アが必要。スペシャルとの相違は
  2区分                      緊急性が低いが臨床医療が必要な
■スペシャル                   点。
  2区分                    ■重度行動障害
■臨床コンプレックス           幻覚・凶暴性に陥る頻度と激しさ
  4区分                      の程度により特色づけられる。
■重度行動障害              ■身体機能減少
  5区分                      多くの患者がこれに属す。

要介護者を16区分して       RUGは看護の直接費用のみに適用
看護量が計数化される。      している。
                           間接費用（食事・掃除・一般管理等）
                             同種施設ごとに見込み費用を払う。
         ×                 比較不能費用（特有のサービス、光
                             熱費、税金等）
ドル換算するレートで乗         支出ベースで償還される。
じ報酬を決定する。          資本コスト
                             減価償却費として金利を支払う。
```

（資料）「21世紀に向けた看護サービスの評価のあり方」医療経済研究機構

6．抑制期に民間医療保障の中心的存在となるHMO・PPO

1）国民の半数が加入したHMO・PPO

2000年のHMOの加入者数は約8,000万人、PPOの加入者が約9,830万人である。米国の総人口が約2億5,000万人であることから、70％の国民がHMOまたはPPOに加入していると推定できる。

HMOは1973年にHMO法が創設され、連邦政府がその普及政策をとったが、この時期の成長は大きくなかった。HMOが現在の規模となる発展を遂げたのは1983年からで、急速に加入者を増加させた。

PPO（Preferred Provider Organization）とは、病院・医師がグループを作り、

医療サービス価格をディスカウントして契約者に医療提供する機構のことで、医療提供者集団と訳されている。HMOと根本的に異なるのは保険機構をもたないところにある。PPOは歴史的創設時期が明確ではない。

このPPOが法的に認知されたのは1983年で、カリフォルニア州で成立したPPO設立法案が最初であり、後に各州の立法化、連邦政府の公式見解によって制度として認知された。このHMO・PPOが躍進した理由は、伝統的保険と称されるものと比較して保険料が低額なことにある。

（1）1980年代から急激に拡大したHMO・PPO

HMO・PPOとも1980年代から急激に増加あるいは拡大の傾向を示している。HMOは1970年代後半から急増し、加入者数も相当の勢いで伸びた。1980年代後半になると加入者増の一方でHMO数そのものは減少している。その要

表12　HMOの拡大状況

年次	HMO数の推移 （推移概況）	加入者数 （100万人）	増加率 （％）
1976	176	6.0	
1977		6.3	5.0
1978	161の増加	7.5	15.9
1979	20件/1年	8.2	9.3
1980	235	9.1	11.0
1981		10.2	12.1
1982		10.8	6.0
1983		12.5	15.7
1984	337	15.1	21.0
1985	478	316の増加	18.9	12.5
1986	626	105件/1年	25.7	36.0
1987	653		29.3	14.0
1988	607		32.7	15.5
1989	590	35の減少	34.7	6.1
1990	572		36.5	5.2
1991	547		38.6	5.8
1992	546	2の減少	41.4	7.3
1993	545		45.2	9.2
1994	574		51.1	13.1
1995	669		59.1	15.7
1996	749	328の増加	67.5	14.2
1997	757		83.1	23.1
1998	902		72.2	−13.1

HMO加入者数
（資料）医療経済研究機構、米国医療関連データ集
（出所）米国病院会雑誌より

因は高齢者の加入が増加したことにより経営難に陥ったHMOが他のHMOに吸収されたことなどにある。しかし1990年代後半から、1980年代後半と同様の拡大傾向を示す一方で、加入者のPPO等への移行により、やや減少が見られた。

表13　PPOの推移

年次	PPO数
1989以前	544
1990	577
1991	650
1992	681
1999	1,127

（資料）MMPG総研
（出所）Marion Merrell Dowより作成

　（2）HMO・PPOの魅力の1つが低額保険料

保険料はHMO、PPOの順に低額である。民間医療保険加入者の大半は、企業単位の団体契約である。保険料は従業員の自己負担と企業負担で支払われるため、低額保険料は双方にメリットがある。

　（3）受診時自己負担がなく広範囲医療サービスがHMOの魅力

HMOの低額保険料以外の魅力としては、受診時の自己負担がないという点が挙げられる。一般的な民間の出来高保険の場合、保険適用金額の20％は患者の自己負担となる。さらに保険適用外の診療費用はすべて自己負担となる。

HMOは保険適用サービスが広範で、さらにほとんどの場合、自己負担は必要としない。このサービス実施には、当然のことながら徹底した効率化が必要となるため、適正な医療を行うための事前審査、医療機関の指定、電話によるカウンセリングでむだな医療の提供を省き、コスト削減をするということが行

表14　HMOが提供する医療サービス

連邦HMO法で以下のサービスを行うことが定められている。
入院時病院費用
通院時病院費用
プライマリケア医師診療報酬
専門医診療報酬
短期のリハビリ・理学療法費用
精神科診療・治療費用
薬物使用治療費用
臨床検査費用（血液・尿・心電図等）、放射線医療費用
在宅医療、予防医療
その他一般的に行われているサービス
歯科治療、正常分娩
補聴器費用の一部、眼鏡費用の一部

（出典）監修厚生省保険局企画課『欧米諸国の医療保障』法研

われている。HMOが認知されない段階では、この管理のあり方が疑問視され、連邦政府が法制度を作り普及支援したにもかかわらず、70年代にはあまり躍進しなかった。その後HMOは可能な範囲で医師を選択できるようにシステム改善を行ったこと、また予防医療の必要性が理解され始めたことなどによって80年代の急激な拡大を遂げたのである。

（４）保険料や自己負担を軽減して受診できるPPO

保険会社とPPOは医療サービスのディスカウント契約を結び、PPOプラン（PPOの医療をディスカウントで受けられる保険商品）として加入者に対する保険料および自己負担の軽減を売り物にしている。PPOは保険会社が選定に応じディスカウント契約を結んだ医療提供者群のことで、これを保険商品名称

表15　HMO・PPOの整理

マネジドケア種別	HMOスタッフ型	HMOグループ型	HMO IPA型	PPO
保険機構	組織内にある	組織内にある	組織内にある	組織外の保険機構と契約
病院	HMOが所有	HMOが所有	組織外の病院と契約する	PPOが選定して加盟誘導
病院の費用支払い	HMOが予算によって運営	HMOが予算によって運営	HMOが人頭制で前払い	契約保険機構がディスカウント報酬をPPO経由にてその都度支払う
医師	HMOが雇用	医師を１つのグループに組織化し、これと契約	複数の医師グループで構成されるIPAに人頭制で前払い	PPOが選定して加盟誘導
医師の費用支払い	給料	グループに人頭制で前払い。グループは医師に給料を支払う	IPAに人頭制で前払い。IPAはディスカウントで出来高報酬を支払う	契約保険機構がPPOを経由してディスカウント報酬をその都度支払う
病院・医師への規制	加入者に対する医療提供のみ	加入者に対する医療提供のみ	規制なし	規制なし
加入者への保険適用となる受診規制	HMOの医療機関に限定	HMOの医療機関に限定	HMOの医療機関に限定	保険契約によって他受診も適用
保険料及び受診時自己負担	定額保険料　自己負担なし	定額保険料　自己負担なし	定額保険料　自己負担なし	定額保険料　自己負担あり

（資料）MMPG総研

（PPO プラン）に用いている。加入者が PPO の医療を受けた場合は、自己負担は少なく、PPO以外で医療を受けた場合には、自己負担額が増加する。

ブルークロスやブルーシールド、大手生命保険会社が PPO と契約しているため、HMO のように医療機関の指定を加入者は殆ど受けることはない。

自分の医療は自分で選ぶ（自己決定）という風土があるアメリカでは、この従来型の医療保険にディスカウントサービスが付加される PPO プランを好む傾向があり、加入者数においてHMOを上回っている。なお、最近では HMO に PPO や Indemnity（伝統的医療保険）の要素を取り入れた POS（Point of Service、受診者選択プラン）といったタイプの保険も出現し、ハイブリッド型 HMO（hybrid HMO）と呼ばれることもある。

2）HMO・PPO が生み出したマネジドケアの概念

HMO や PPO が急速に国民に普及し米国医療保障の中で大きな存在となった結果、これらを指す総称であるマネジドケア（Managed Care）という用語が生まれた。

マネジドケアは狭義では HMO を指すが、現在はPPOやPOS、ブルーシールド・ブルークロス・営利民間保険会社が開発した医療管理を強化し、医療費の効率化を図った保険をも包含している。このマネジドケアの普及と発達は企業の医療保険負担を軽減することに貢献していることは前述の通りである。

（1）マネジドケアの概念

医療費の適正化のために不必要な医療資源の投下を抑制するシステムの総称名称である。または、医療保障者が患者と医療提供者双方に医療費を抑制する方向づけを行ったシステムの総称とも言える。

米国では HMO・PPO を指してマネジドケアと呼ぶことが多い。これは双方がマネジドケアを運営する目的で成り立っている仕組みだからである。実際には、民間保険会社・保険団体も医療管理統制機能のある医療保険、例えばPPO 等との提携に基づくマネジドケア型保険を有し、これを主力商品としており、これらもマネジドケアの担い手となっている。

表16　マネジドケアにおける医療管理の手法

```
紹介者の導入（Gatekeeping Entitlement）
受診施設の選択制限（Select Preferred Provider）
事前の受診許可（Approval）
価格の値引き（Discount）
稼働状況のチェック（Utilization Review）
```

（出典）川淵孝一著『医療保険改革と日本の選択』
　　　　著者作成「医療の質の選択度」より抜粋　薬事日報社

（2）マネジドケアに含まれる民間医療保障

マネジドケアと総称する中に含まれる医療保障には、医療費を適正化する目的で表16のような医療管理の手法が用いられている。

（3）マネジドケアによる企業負担の軽減

ニューヨークのフォスターヒギンス社が企業の医療保険料負担の実態を調査し、1993年から1994年にかけて軽減されていることが確認された。そして、この原因が従来型の保険からHMO・PPOに移行したことによるものと結論づけている。

企業にとって医療保険料負担の増加は著しく、1980年から1992年における年平均増加率は公的医療保険が10％、民間保険の団体契約料が13.1％にものぼっている。それが前年を下回ったということは画期的な出来事であったと言えよう。

第3節　マネジドケアの影響と対応

1．マネジドケアが急性期病院に与えた影響と対応

DRG/PPSの導入、民間医療保険の支払い方法の定額化は病院の経営戦略を「収入管理」から「費用管理」にシフトさせることになった。マネジドケアが浸透する以前は、多くの病院は医療機器の最新化や新技術の導入といった機能強化によって付加価値を向上させ、高いレベルの医療を提供することで、患者数を増やし単価向上を図るという戦略をとってきた。しかし、定額報酬制度が

浸透するにつれ、病院にとって低コストで治療効果を上げる経営機能の方が重要となったのである。また、患者確保の面からも、保険機関から指示される低コスト高治癒率が必要となり、急性期病院の多くは大きく経営のあり方を転換せざるを得なくなったのである。

（1）急性期病院のコスト管理の概要

1983年から順次導入、1986年より完全実施された DRG/PPS（診断群別所定報酬額支払い方式）は、病院に対して厳しい経営対応を迫ることとなった。本来この手法は開発者であるエール大学が加盟する HMO に対し提案し、これを公的保険機関であるメディケアが採用したものであり、全国的に普及するに至った。各 HMO が一般外来患者向け（APG-DRG）にも順次採用していったという歴史的

図7　マネジドケア対応の管理・改善体系図

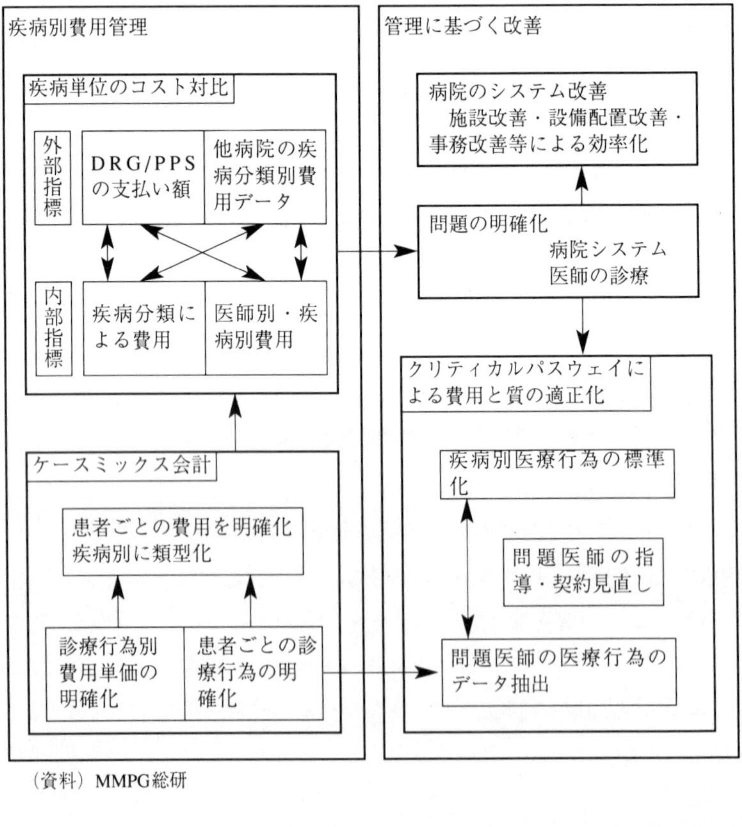

（資料）MMPG総研

背景があり、そのような意味では DRG/PPS もマネジドケアの一手法と位置付けられる。

この結果、各病院は従来型の拡大的経営方針の見直しを迫られることとなり、その過程において病床削減や廃院に至る医療機関も少なくなかった。さらに DRG/PPS を一歩進めた人頭制に基づく前払い定額制（キャピテーション、Capitation）の導入により、結果的に多くの病院は従来の収入管理（マーケティング主体）から、費用管理に経営戦略をシフトさせていかざるを得なくなった。端的な言い方をすれば、マネジドケアの浸透により、いかに患者に費用をかけないで済む方法を考案するかということにエネルギーを投下し始めたということになる。そこで発生したのが以下に示すようなケースミックス会計をはじめとするコスト管理の概念である。

マネジドケアにより、病院経営戦略の主流は、マーケティング発想中心からコスト管理中心に変わった。従来は患者増が利益増に直結していたが、DRG/PPS などのマネジドケアの手法によって、患者にかかる費用を管理し、利益がでる体制とすることが経営上重要となったのである。

２．急性期病院が実施するマネジドケア対応

DRG/PPS に対応するためには、コストの削減あるいは効率化といったことを目的とするマネジメントが重要となるが、一方で患者に対するマーケティング活動も行っている。ここでは、米国の急性期病院で多く行われているコスト管理およびマーケティングを目的としたマネジドケア対応手法について概観しておくことにする。

１）疾病単位のコスト管理

DRG/PPS は疾病別に定額で報酬を支払う制度であるから、病院の費用管理も当然、これに即した疾病分類による管理を行わなければならない。

この費用算出によって、疾病別の報酬に見合った診療・運営を行っているかを確認する必要がある。実際に改善を行うには、さらに疾病別に分類した費用を、医師別にも細分化する。これは医師の診療行為の中に潜む問題点を明確化

表17　プロビデンス病院のデータの一例①

DRG209（主要関節と下肢の再接合術）
同病院の整形外科の平均と同科のA医師との対比

	整形外科の平均	A医師の場合
診療患者数	100人	66人
平均在院日数	6.64日	6.19日
1件当たりのコスト	18,995ドル	18,480ドル
病床運営費	2,537ドル	2,377ドル
放射線関連の検査費用	227ドル	216ドル
生化学検査費用	707ドル	711ドル
手術費用	1,797ドル	1,794ドル
薬剤費用	362ドル	396ドル
その他の費用	13,365ドル	12,986ドル

（出典）「日経ヘルスケア」（1997年8月号）日経BP社

表18　プロビデンス病院のデータの一例②

DRG296（栄養および代謝系疾患）の入院1件当たりの平均コスト
ワシントンDCの他の病院との比較

病院名	入院1件当り費用
プロビデンス病院	5,437ドル
A病院	8,384ドル
B病院	5,938ドル
C病院	9,032ドル
D病院	5,133ドル

データは民間調査会社が所有。自病院のデータを提供すると他病院データのフィードバックがある。

（出典）「日経ヘルスケア」（1997年8月号）日経BP社

し、その是正を行うことができるようにするためである。費用が総じて高額で、医師別分析をしても差異が確認できない場合は、病院運営システムそのものに問題が帰することとなる。最終的には診療行為別の費用を積算し、病院の構造、情報伝達システムなどの不備を確認し、これらを改善することによって費用の削減を図る。

2）ケースミックス会計

ケースミックス会計は患者ミックス会計とも呼ばれる。この会計システムは費用管理を目的としており、部門別費用を患者ごとに分配して患者1人当たりの総費用を求めるものである。具体的には各診療行為の単価を算出するととも

に患者に行ったサービス数量を記録する。各単価と各数量を乗じて患者1人当たりの費用が把握できるようにするものである。

（1）診療行為・サービスの単価の明確化

診療行為、例えば胸部レントゲン1回の撮影に必要とする人件費・材料費を明確にする。人件費は携わる人員の人件費と所要時間によって割り出す。

材料費は必要とする材料をリスト化しその単価を調査することで把握する。

同様の手法ですべての診療行為および給食・清掃・リネンなどその他のサービスについてもその特性に応じて患者1人1日当たりの費用を算出する。

（2）取得原価・減価償却年数・利用回数で固定費単価を設定

医療機器等については減価償却期間の利用回数を仮定して、これをもって取得原価を除すことによって1回当たりの費用を算出する。

（3）患者サービス数量を明確化し費用把握体制を確立する

患者に対して実際に行った各サービスの数量を克明に記録する。この数量に各単価を乗じることで患者1人当たりの費用を把握できる体制が整う。患者1人当たりの費用を疾病別に分類し、さらに主治医ごとに類型化することで管理データとなる。

（4）患者1人当たり費用データの用途

患者1人当たりの詳細なデータを手に入れることで以下のようなことが可能となる。

① DRG/PPSに基づく予算管理
② 業務のフローに潜在するロス（待機時間等）を見いだす基礎データ
③ 医師のコスト・パフォーマンスの監視・評価

① DRG/PPSに基づく予算管理

米国の予算編成は、疾病別の原価計算のプロセスとまったく逆の流れで進められる。最初の作業は、当該年度のDRG項目ごとの患者数から、翌年度の患者数を予測することから始まる。予測患者数に前年度の1人当たり変動費を乗じた後に、固定費とインフレ率を加味することでDRG/PPSに基づく予算が作成される。

② 業務に潜在する無駄を見いだす基礎データ

　人件費の確認を詳細に行うことで、実際のサービス提供以上に時間を要する場合を統計的に調査することが可能となる。情報伝達システムの不備による待機時間、サービスの集中による待ち時間等がこれに該当する。このような時間的ロスを確認することで、改善に着手することが可能となる。

③ 医療のコスト・パフォーマンスの監視と評価

　医師ごとに疾病別の診療内容・費用が把握できることから、その評価が可能となる。米国では医師の診療費用そのものは DRG/PPS に含まれていないが、医療サービスのほとんどすべては医師の診療行為に派生している。あるいはそのサポートによるものである。医師は DRG/PPS とは別の出来高制の診療報酬を得るため、病院と医師の間には相反する経済的インセンティブが働く。このため、医師への評価は病院にとって経済的に極めて重要な意味をもつ。また、不的確な医療は患者からの信頼失墜、医療訴訟、PRO の監視と病院に大きなダメージを与える。不的確な医師の診療に対する予防のためにもこのデータが活用できるのである。

　4）TQM の導入によるコスト削減と医療の質の向上

　米国の病院の7割が、TQM（Total Quality Management）を導入して医療の質の向上とコスト削減を図っている。TQM とは我が国で定着している QC（Quality Control）に類似する活動であるが、QC は部門単位活動であるのに対して、TQM はすべての部門からメンバーを選出する。つまりプロジェクト的

表19　TQMの定義

■最終結果の質ではなく、仕事のプロセスの質の改善に焦点をあてるとともに、質とは継続的に向上を図るものであるという理念をもつ。
■問題提起・解決にあたっては、勘や経験に頼るのではなく、統計学・科学的手法を用いる。
■経営者層や管理部門のみでなく、医師も含めてすべてのスタッフが参加し、セクショナリズムではなく部門を超えてチームを組んで質の向上を図る。
■ここのスタッフの仕事に対する姿勢を尊重する。
■患者指向の質を追求する。

ノースウエスタン大学教授ショーテル氏による

（出典）「日経ヘルスケア」（1994年3月号）日経BP社

活動というところに大きな違いがある。

　病院は DRG/PPS の導入によってコスト削減を迫られ、かつ患者や保険者から選ばれるサービスを提供しなければならない状況にある。この環境が TQM を導入する病院を増加させている要因である。

　現在このような改善活動の名称は、TQM という用語を用いず、QI（Quality Improvement）と表すことが一般的になっている。

5）医業経営専門職の配置

　病院の経営に高度なテクニックが必要とされる今日、経営部門には大学で医業経営を学んだ専門職を配置する病院が増加している。米国の著名な大学院にはマスター・オブ・ヘルス・サービス・アドミニストレーション（Master of Health Service Administration: MHSA）、医業経営のマスター・オブ・サービス（Master of Service: MS）、マスター・オブ・ビジネス・アドミニストレーション（Master of Business Administration: MBA）といった医業経営学のプログラムがあり、この修士号を取得した卒業生が病院の経営部門に従事している。彼らの社会的評価は高く収入も高額である点から、近年は医師自らがこの修士号取得のために再度大学院に入学するというケースもめずらしくなくなった。

6）機能改善のためのマーケティングリサーチ

　マーケティング調査は、患者ニーズの把握とこれに基づく機能改善を目的として多くの病院で行われている。機能改善の対象となるのは、主に医師の治療技術や対応、スタッフの対応、施設の改善となることから、調査はこういった要素を明確化できる内容となっている。また病院の戦略と地域住民とのギャップを測定するために医療についての意識についても確認することが一般的である。マーケティング調査は的確な情報収集と分析力が必要となるため、コンサルティング会社を活用することが多い。

7）第三者機能評価の実施と認定情報の公開

　1993年までに、米国病院の83％に相当する約5,400施設が JCAHO（Joint

Commission on Accreditation of Healthcare Organization)に経費を支払って機能評価を受けている。

(1) JCAHOとは医療機関の認定に関する合同委員会

行政・医師会等の医療関係団体からまったく独立した非営利の第三者機能評価機構である。1951年に発足し、その機能評価は高く評価されており、JCAHOの評価認定がメディケア・民間保険の契約条件とされている。

図8　機能評価の手順

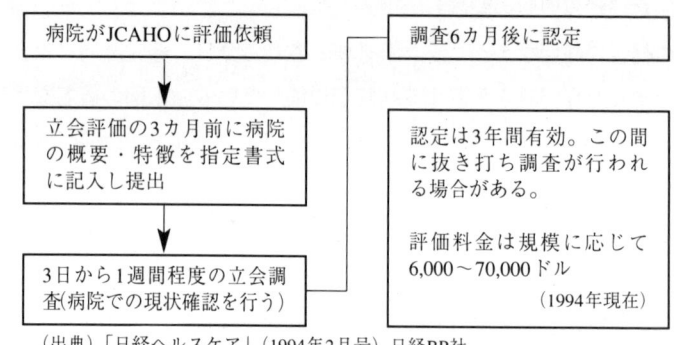

```
病院がJCAHOに評価依頼     →    調査6カ月後に認定
       ↓
立会評価の3カ月前に病院          認定は3年間有効。この間
の概要・特徴を指定書式          に抜き打ち調査が行われ
に記入し提出                      る場合がある。
       ↓                         評価料金は規模に応じて
3日から1週間程度の立会          6,000～70,000ドル
査(病院での現状確認を行う)             (1994年現在)
```

(出典)「日経ヘルスケア」(1994年2月号) 日経BP社

表20　JCAHOの病院認定ランク

認定ランク	対策病院・条件	割合[2]
【完全認定】[1] Accreditation with Commendation	ほぼ完全に評価基準に合致しており、3年間有効の認定が受けられる。	8～10%
【認定】 Accreditation	評価基準に合致していない項目（領域）があり、改善の余地がある。フォローアップの調査は受けないが、何らかの対策を講じることが必要。3年間有効の認定が受けられる。	80%程度
【条件付き認定】 Conditional Accreditation	評価基準に合致していない項目がある。6カ月以内に改善を行い、再度フォローアップの調査を受ける。改善されていれば3年間有効の認定が受けられる。	8%程度
【非認定】 Not Accredited	評価基準に合致しておらず、しかも早急には改善が難しい項目がある。認定は受けられない。	1～2%

1) JCAHOの調査を初めて受ける病院、あるいは開業4カ月以内の施設は完全な調査ではなく簡易の調査を受けることが可能。その場合は、仮の認定を受け、その後6カ月以内に再度完全な調査を受ける。
2) 機能評価の対象となった病院に占める、各認定ランクを受けた病院の割合。
(出典) 図8と同じ

(2) 機能評価のメリット

JCAHOの評価基準に適合して認定を受けることが、患者確保に大きなメリットになる。このメリットとは保険指定を受けられること、患者に機能を証明する上で大きな効果を発揮することなどである。さらに、認定を受けることで、社会的にも病院の信用度が高まる。

表21 機能評価のメリット

地域住民・保険機関・他施設の信頼獲得

- 認定状況は公開されており、地域住民の信頼確保が容易となる。
- 民間保険と契約交渉する際に高機能を有していることが立証できれば有利となる。
- 質の良い医療サービスであることが認定されているため、他施設が安心して患者を紹介する。

医療訴訟保険の割引

- 認定により良質なサービスは医療訴訟のリスクが低いと保険会社に見なされ、訴訟保険料が割り引かれる。

資金調達が容易になる

- 銀行の信用を得ることが容易となり、融資交渉が円滑に進められる。

(出典)図8と同じ

8) 患者紹介ルートと吸引力強化のための連携と統合

患者の確保を行うためには、紹介ルートを確立する方法と機能向上によって患者の吸引力を強化する方法がある。米国の場合、マネジドケアによってすでに国民の多くが会員化とも解釈できる程の組織化・囲い込みがなされている。このため、マネジドケアに対応する保険者と契約を結ぶことが患者ルート確立への近道である。しかし、その保険者の組織に参画した後にも保険組織内の他病院との競争がある。このため、他病院やグループプラクティスなどとの連携、あるいは買収による統合システム、IDS (Integrated Delivery System)の構築によって患者を確保するといった動向がある。

表22　Deloitte & Touche社のIDSに関する調査

アンケート対象　5,151病院・299IDS
内回答　1,143病院・41IDS

IDS化について意識

他の病院との統合を考えている	88%
医師グループとの統合を考えている	70%
在宅医療サービスとの統合を考えている	62%
マネジドケア組織との統合を考えている	55%
専門看護施設（SFN）との統合を考えている	46%
リハビリテーション施設などの中間施設との統合を考えている	36%
ホスピスとの統合を考えている	34%
救急手術センターとの統合を考えている	28%
他の長期療養施設との統合を考えている	20%

5年後の将来像

他の病院に吸収される	8%
他の病院と対等合併する	12%
他の病院を吸収する形で合併する	6%
経営権に関係のない医療サービス提供組織のネットワークに参加	54%
病院を閉鎖して他のビジネスを行う	1%
その他	13%
無回答	6%

（出典）「フェイズ3」（1994年9月号）アメリカニュースヘッドライン　日本医療企画

3．米国におけるコーディングシステムの現状

　メディケアにおいてDRG／PPSが診療報酬の償還方法として用いられていることは前述の通りであるが、この請求を行うためにはまず、ICD（International Classification of Disease：国際疾病分類）によって、患者の疾病分類を行うことになる。これを「ICDコーディング」という。

　ICDとは、疾病分類コードであり、国際的な統一を図ることを目的として構築され、その歴史は100年以上前にまでさかのぼることが出来る。現在、その改訂はWHO（World Health Organization,世界保健機関）が行い、79年に第9回修正国際疾病分類（ICD-9th Revision: ICD-9）、94年には第10回修正国際疾病分類（ICD-10）が作成され、加盟各国はこのいずれかのコードブック（標準コードリスト）を使用している。米国においては70年代にICD-9に一定の修正を加え、かつ疾病と処置コードを一体化した「ICD-9-CM（ICD-9-Clinical

図9 『ICD－9』

	【主部類】	
全身病についての疾患	第1章 感染症および寄生虫症	001～139
	第2章 新生物	140～239
	第3章 内分泌、栄養および代謝疾患ならびに免疫障害	240～279
解剖学的系統別の疾患	第4章 血液および造血器の疾患	280～289
	第5章 精神障害	290～319
	第6章 神経系および感覚器の疾患	320～389
	第7章 循環系の疾患	390～459
	第8章 呼吸系の疾患	460～519
	第9章 消化系の疾患	520～579
	第10章 泌尿生殖系の疾患	580～629
分娩・奇形・新生児の疾患	第11章 避妊、分娩および産褥の合併症	630～679
解剖学的系統別の疾患	第12章 皮膚および皮下組織の疾患	680～709
	第13章 筋骨格系および結合組織の疾患	710～739
分娩・奇形・新生児の疾患	第14章 先天異常	740～759
	第15章 周産期に発生した主要病態	760～779
症状・徴候・診断名不明確の状態	第16章 症状、徴候および診断名不明確の状態	780～799
損傷・中毒	第17章 損傷および中毒	800～999
	【補助部類】	
	健康状態に影響を及ぼす要因および保健サービス受療の理由に関する補助分類	V01～V82
	損傷および中毒の外因の補助分類	E800～E999

Modification, 第9回修正国際疾病手術処置分類)」を作成し、現在もこれを使用している。

● ICD-9

疾病を解剖学的・病理生理学的特性に基づき、3桁または4桁の数字で分類する。まず、基本分類であるが、001から999までの3桁分類項で構成され、17章の大分類項目からなっている。具体的には第1章から第3章までが、全身病についての疾患、第11章を除く第4章から第13章までが解剖学的系統別の疾患、第11、14、15章が分娩、奇形、新生児疾患、第16章は症状・徴候・診断名不明確の状態、そして第17章は損傷・中毒の順に分類される。例示すれば「骨髄炎」は「730」と表示され、これに「急

性」が加わると「730.0」となる。ICD-9の分類項目は約7,000にも及ぶ。

● ICD-9-CM
ICD-9は元来「死亡率」の統計データ収集を目的としたものであり、症例別コードのみの構成であった。そこで米国においては、これに修正を加え細目化し、さらに処置コードを一本化した。これがICD-9-CMである。具体的には上述の急性骨髄炎（730.0）に肩という部位が加わると730.01と表現される。これにより疾病コードはICD-9よりも3,000多い1万項目に達する。さらには処置コードも4,000用意され、分類コードは1万4,000となる。

● ICD-10
分類上基本的にはICD-9と変わりはないが、表示方法に数字だけではなくアルファベットを使用し、ICD-9より細分化がなされている。分類項目はICD-9より約7,000項目多い約1万4,000項目となる。

1）ICD9-CMのメンテナンス

ICD-9-CMにおける「診断群」と「処置」という2つのコードについては、それぞれのコードについて個別の機関が責任分担作業をしており、診断群コードについては「NCHS：National Center for Health Statistics（全米医療統計センター）」、処置コードについては「HCFA：Health Care Financing Administration（連邦医療保険財政庁）（2001年4月Centers for Medicare & Medicaid Services: CMS（メディケア・メディケイド庁）に改名）」が改定・更新を行っている。

この改定・更新のプロセスは、まず「ICD-9-CM Coordination and Maintenance Committee（ICD-9-CM調整管理委員会）」に対して改定・更新の要求を行う。この要求は誰でも行うことが可能だが、全米病院協会が要求全体の60～70％を占めている。要求を受けたICD-9-CM Coordination and Maintenance Committeeは毎年2回ミーティングを行い、その結論をNCHSとHCFA（CMS）に送る。両機関は内容を検討し、改定・更新を行うか否かの決定を下す。つまり、最終的な決定は、NCHSとHCFA（CMS）が行う。要求が承認されれば、翌年の10月1日より改定・更新されたコードが実際に用いられることになるのである。

2）診療報酬償還に併用されるHCPCSコード
米国においては旧連邦医療保険財政庁の定めた「HCPCS: HCFA Common

表23 保険者が設定するコーディングシステムの使用(例)

保険者の設定	ICD-9-CM 診断	ICD-9-CM 処置	CPT
病院急性期入院患者	○	○	
病院ベースの外来サービス(手術、補助サービス含む)	○	○(一部保険者)	○(一部保険者)
診療所	○		○
健康計画	○	○(一部保険者)	○(一部保険者)
在宅ヘルスサービス	○		
ホスピス	○		○
長期ケア	○		
リハビリ入院患者	○	○	
精神病入院患者	○	○	
リハビリ入院外患者	○		○
精神病入院外患者	○		○

Procedure Cording System」と呼ばれるHCFA診療報酬コード体系も診療報酬の償還に使用されている。米国では周知の通り、医師報酬であるホスピタルフィーと病院報酬たる「ホスピタルフィー」が存在するが、米国においては一般的にホスピタルフィーを請求する際にはICD、ドクターズフィーの場合にはHCPCSの中で定める「CPT4（Current Procedural Terminology Fourth Edition、全米診療報酬共通コード第4版）」を使用する。HCPCSにはレベル1から3まで3つに分類され、レベル1がCPT4に相当する。CPT4は5桁の数字で表され、毎年1回改定・更新される。レベル2では、包帯，松葉杖、ペースメーカーといった医療器具から高度な医薬品までがコーディングの対象となる。レベル3はローカルコードと呼ばれ、各州ごとに定める事項がここに包含される。なお、レベル3についてはその複雑さから2003年には廃止された。

3）DRG／PPSとの連動

米国においてDRGを開発する際、臨床上の一貫性を保つためにICD-9CMにおける17の主分類をベースとしてカテゴリーを決定したが、この分類をMDC（Major Diagnostic Categories, 主要診断群）と呼ぶ（表24）。MDCにおいては

表24　MDC一覧

MDC01	神経疾患および障害
MDC02	眼疾患および障害
MDC03	耳、鼻、喉の疾患および障害
MDC04	呼吸系疾患および障害
MDC05	循環系疾患および障害
MDC06	消化器系疾患および障害
MDC07	肝臓、脾臓系疾患および障害
MDC08	筋骨格系および結合組織疾患および障害
MDC09	皮膚、皮下組織、乳房疾患および障害
MDC10	内分泌、栄養、代謝疾患および障害
MDC11	腎臓および尿路疾患および障害
MDC12	男性生殖系疾患および障害
MDC13	女性生殖系疾患および障害
MDC14	妊娠、分娩および産褥
MDC15	新生児周産期に発生した症状を伴った新生児
MDC16	血液、造血器疾患および障害ならびに免疫障害
MDC17	骨髄増殖性疾患および障害、ならびに低分化型新生物
MDC18	感染症および寄生虫症　―全身または部位不明―
MDC19	精神病および精神障害
MDC20	アルコールおよび薬物使用ならびにアルコールおよび薬物に惹起こされた器質性精神障害
MDC21	損傷、中毒および薬物の中毒作用
MDC22	熱症
MDC23	健康状態に影響を及ぼす要因、および他の医療サービスとのコンタクトをもつもの
MDC24	多発性外傷
MDC25	HIV感染症

　ICD-9CMの主分類項目の一部を拡大し、25分類となっている。例えば、ICD9-CMにおける第6章は「神経系および感覚器の疾患」であるが、MDCではこれをさらに3つに区分し、MDC 01「神経系疾患および障害」MDC 02「眼疾患および障害」MDC 03「耳鼻咽喉の疾患および障害」としている。このそれぞれのMDCにDRGが細分化された形で連動する。例えばMDC 01には35のDRGが連動している。

　すなわち、米国におけるICDコーディングからPPSの適用までを簡潔に表す

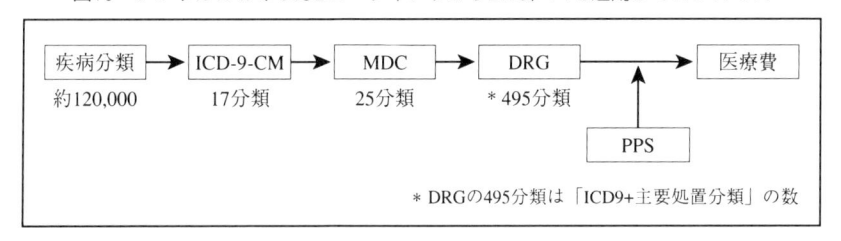

図10 アメリカにおけるICDコーディングからDRG／PPS適用までのプロセス

疾病分類 → ICD-9-CM → MDC → DRG → 医療費
約120,000　17分類　25分類　＊495分類
　　　　　　　　　　　　　　　　↑
　　　　　　　　　　　　　　　PPS

＊DRGの495分類は「ICD9＋主要処置分類」の数

と図10のようになる。

4）重要な「コーダー」の役割

　コーディングの主要目的は、データの収集・分析による質の向上、医療の標準化によるコストの削減にある。この主要目的を踏まえた上で、保険償還、ベンチマーキング、調査研究、戦略意思決定などに活用することとなる。

　米国おいてコーディングはコーダーと呼ばれる専門職が行っている。その資格は国家試験によって付与され、資格取得後も一定期間の実務研修が義務づけられている。現実問題として病院経営にあっても適確なコーディングは、収益確保の観点から死活問題ともいえ、慢性的なコーダー不足も相まって各病院はその確保に鎬を削っているといわれる。

　以下、コーディングから保険償還に至るプロセスを簡略に記す。

　先述した通り、ICD-9-CMはホスピタルフィー、CPTはドクターフィーに対して用いられる。すなわち入院患者についてはICD-9-CMにDRGによる仕分けが加えられ、外来患者については ICD-9-CMにCPTとHCPCSのLevel2が加わり、さらに『APC：Ambulatory Payment Classification（外来包括支払い方式）』が適用される。DRGは、診断群別分類であり、臨床的観点による仕分けと医療コストの観点による仕分けの２つの意味合いを持つ。これを実践することにより、質の高い医療サービスの提供と医療コストの削減という２つのメリットを同時に病院と医師の双方に与えることになるのである。

　基本的にはICD-9-CMによってコーディングされた疾病は、「グルーパー」と呼ばれるコンピュータ・ソフトにインプットされるだけで自動的にDRGの

分類コードとしてアウトプットされる。つまり、ICD-9-CMによるコーディング作業を誤ると、DRGも誤った形で分類されてしまい、結果、償還請求に過誤が生じることになる。このコーディングにおいて最も困難なのが合併症の扱いであり、基本症状をどれにするかによってコーディングの内容がかなり異なってくるため注意が必要となる。

決して故意でないにしても、このコーディングを誤り、過剰な償還請求を行えば、アメリカでは刑事罰の対象となる。そこで、全米病院協会では、正確なコーディングの仕方や監査が入った場合の質疑応答に関する教育を行っている。

(1) 諮問委員会の存在と役割

コーディングのガイドラインについては、4つの「Cooperating Parties」と3つの「Provider-based Members」、さらに4つの「Physician Groups」で構成される諮問委員会で修正等が行われている。

4つのCooperating Partiesとは、American Hospital Association（AHA：アメリカ病院協会）、Centers for Medicare & Medicaid Services（CMS：メディケア・メディケイド庁、HCFAから2001年4月改名）、National Center for Health Statistics（NCHS：全国医療統計センター）、American Health Information Management Association（AHIMA：アメリカ健康情報管理協会）である。こういった全国規模の団体が諮問委員会に加わることにより地域偏向が回避される。

3つのProvider-based Membersは2年ごとに更新される。ちなみに、2000年から2001年までのメンバーは、Mayo Clinic（メイヨー・クリニック）、Seton Network of Hospitals、Greater Baltimore Medical Centerであった。Provider-based Membersは、Cooperating Partiesとは異なり、地域の特殊な事情を話し合いの場に持ち込むことができるというメリットがある。また、コーディングの義務はないものの、医師の立場でコーディングのガイドラインについての意見を得るため、4つのPhysician Groupsも諮問委員会の構成メンバーとなっている。諮問委員会に加わるのは、American Medical Association（AMA：アメリカ医師会）、American College of Surgeons（ACS：アメリカ外科学会）、American Academy of Pediatrics（AAP：アメリカ小児学会）、American College of Physicians-American Society of Internal Medicine（ACPASIM：アメリカ内科

専門医会−内科学会）である。

　（2）コーディングと品質管理との関係

　コーディングと品質管理との関係において、アメリカでは3つの手法がこれまで実践されてきた。「Utilization review management: URM（施設利用管理）」、「Disease management: DM（疾病管理）」、「Critical pathways: CP（クリティカルパス）」である。

　まず、「Utilization review management」であるが、DRGにおいては定額払いのため患者を早期に退院させようとするインセンティブが働く。しかし、再入院率が高まってしまっては意味をなさない。そこで、病院の持つ資源を改めて調査し、最大のパフォーマンスを策定し、医療の質の維持・向上と利益の確保を図るのである。具体的には、同一疾患の患者で年齢・性別等の要素がほとんど同じであるにもかかわらず、入院日数、医療コスト、合併症の有無などに相違がある場合において、診療密度や検査頻度などによって治癒率にどのような変化が表れるのかを分析するものである。

　「Disease management」は、日本では疾病管理と訳されているが、「可能な限りの最良の医療を最低限のコストを使って提供する」という基本理念が前提として存在する。すなわち、Disease managementにおいては、"最低限のコスト"という基本理念を前提に、まずはどの部分に高いコストをかけているのかを調査し、その上で、医療の質を維持する上でのコストの圧縮を模索する。Disease management を推進するにはICD-9-CMと連動した膨大なデータが必要となることから、医師や看護師、作業療法士など、病院における全体的協力関係を構築しなければならない。

　また、集めたデータを元に「診療ガイドライン」を作成し、施療の効率化を図っていくことも重要である。これらは後述するクリティカルパスとして昇華することになる。

　（3）コーディングデータの活用法

　コーディングデータは、教育機関が設置されている病院においては教育用ソフトウェアのプログラムを組み立てていく上で非常に役立っている。また、臨床上の成果向上や医療の質の改善にも大切な役割を果たしている。

しかし、コーディングのデータ収集が即、医療の質の向上に貢献するというものではない。すなわち、データの収集はあくまでもスタートに過ぎないということである。
　病院の財務管理にもコーディングデータは深く関わってくる。具体的には、DRGを用いて試算を行えば、ある程度の収入予測が可能となる。したがって医療器具の購入計画が立てやすくなり、なおかつニーズの高い診療科目を見つけ出すことも容易であることから、経営資源をそこに集中させることで効率的な医療経営が実現できるのである。
　これらをマネジドケアの観点からいえば、保険者によっては、コーディングデータと必要な機器、薬剤をコンピュータ上で連動させ、疾病単位で薬剤等を指定、これに従わなかった場合は、報酬をカットまたは支払わないといった対応を行うところもあるといわれる。すなわちICDコーディングにより、効率化が図られた筈の診療行為に対して、マネジドケアの厳しい制約が以前よりも課しやすくなったという皮肉な結果がもたらされたということもできるのである。

　5）米国におけるクリティカルパスの活用状況
　DRG/PPSに対する米国病院の経営戦略は、「平均在院日数を短縮して、病床の回転率を上げ、収入を高める」と同時に、「あらゆる方法で費用の削減を行う」ことに集約される。すなわち、徹底した医療の質の維持と標準化を前提としながら、経営効率を最大化することが求められてきたのである。その最良のツールとしてクリティカルパスが浮上したことは至極当然の流れであったといえる。現在、米国においては、外来から急性期、ホームヘルス、長期療養、精神科に至るまで非常に広範囲にわたってクリティカルパスを活用している。
　特に、患者数が多い分野、治療費用が高い分野などにおいては欠かせないものとなっている。わが国においても、日本版DRGベースによる支払い方式の試行がなされてより、また、平成15年4月から特定機能病院等を対象として施行されたDPC（Disease Procedure Combination、診断群分類）のようにわが国にあっても着実に疾病別定額払いの方向へと進みつつあるなかで、米国と同様、ケアの標準化とコスト管理の必要性に起因したクリティカルパスの利用頻度は

高まりつつある。

　（１）クリティカルパスの作成プロセス

　クリティカルパスを作成する際に、米国の病院が重要視しているのは、医師や看護師だけではなく、薬剤師や作業療法士、放射線技師といったコ・メディカルなどで構成される「作成チーム」を結成することである。シカゴにあるRush Presbyterian St-Luke's Hospitalにおいてもチームの編成を重視しており、チーム医療における各職種の参加がなければ、パスの運用に際し、必ず齟齬をきたすと断言する。同院の作成チームでは、コーディングデータ等に基づく各担当部署のケアを時系列で把握する一方、業務の流れにおける無駄を発見し、この過程において不必要な検査、治療行為の見直しを進めている。また、蓄積されたICDコードやDRGデータを疾病別共通データ抽出に活用している。そのうえで、各クリティカルパスに投下資源の効率性や治療結果に対する目標を設定し、標準モデルによる試験運用を経て本運用となる。

　クリティカルパスの構成要素としては、診断、アセスメント、検査、処置方法、患者教育、退院計画、継続治療、治療成果などが挙げられるが、パスの開発に際し、最も重要なのは、当該疾患に対して最終的な治療成果を目標として定めることにある。すなわち、パスに基づくすべての活動が、この一定の成果を得るための活動であり、そのためのクリティカルパスであることを各部門が認識する必要がある。上記病院にあっては、パス本運用後も、バリアンスの検証を主目的として、各部門間で連絡を取り合うチームを設置している。また、医療技術の進展に伴い、パスの精度を高めるべく、アウトカムの再評価を実施、パスが机上の空論ではなく、実際に患者の治癒向上に貢献しているか否かを確認している。

　（２）クリティカルパスの本当の意義

　本来、クリティカルパスは、マネジドケアへの対応策ともいうべき、「平均在院日数の短縮」や「コスト削減」を主目的として発展してきたとされるが、その根底にあったのは、「患者中心の医療の実践」であった。米国の大半の病院はこれまで「オープンシステム」を採用し、医師は直接病院との雇用関係になく、地域で開業し、通常複数の病院と契約し、それらの施設を利用して患者を

入院させ、治療を行ってきた。病院はこれら開業医に対して、病床や医療機器、そして看護を提供することにより、診療を支援してきたのである。このような医師とコ・メディカルが常態的に連携を組みにくい状況下にあって、医師の治療レベルを維持せしめるには、クリティカルパスは、欠かせない存在であったのである。すなわち、クリティカルパスの導入により、治療チーム内での情報の共有化とケアの標準化が実現し、その結果、良好な成績が得られ、患者の満足度が向上するのである。つまり、「平均在院日数の短縮」や「コスト削減」もこれらの結果として必然的にもたらされたものと言うこともできよう。

（3）米国の病院にみるクリティカルパス導入の利点

① チーム医療の促進

多職種で、時間を超えての行動計画（情報収集、評価、計画、介入、再評価）がマップ上で一覧できる。

② 医療の質の向上

医療・ケア上の必須行為を時間軸上に示して欠落を防ぎ、プロセスを明示し、標準化を通じて医療の質の保証を図る。

③ 医療プロセスの効率化（平均在院日数の短縮化）

行為の配置、計画を捉えなおし、期間短縮やその他の点でより効率的な医療プロセスを再構成する。

④ 類似症例との比較検討および教育の支援

個々の症例をクリティカルパスの形式に整理することにより、類似症例の比較検討が容易になり、しかもそこに時間軸の視点が入る。また、医師、看護師他、学生の教育ツールとしても活用できる。

⑤ コスト把握や医事会計の支援

医療行為がすべて把握できることで、指導料や処置料などの把握が容易になる。また、医事会計上および物品管理上のメリット、さらには原価計算への支援が期待できる。

⑥ 患者・家族への説明

クリティカルパス自体が患者や家族への説明・教育・医療プロセスの開示などに有効なツールとなることが期待できる。

第2章 マネジドケアとは何か 173

表25 うっ血性心不全―クリティカルパス

NYHA分類
I 心臓疾患があるが症状が無い。
II 身体活動範囲にわずかな制限がある。日常生活の活動範囲を超えると症状が出る。
III 身体活動範囲に顕著な制限があり、日常活動時でも症状がある。
IV 休息時でも症状がある。

共存症
□ 糖尿病　　　　　　　□ 呼吸器不全・慢性閉塞性肺疾患
□ 入院時急性心筋梗塞　□ 腎機能不全（クレアチニン＞2.0）
□ その他

ユニット/段階	NYHA分類レベル	NYHA分類レベル	NYHA分類レベル
日付	入院/第1日/第2日	第2日/第3日	第3日/第4日
項目	急性期	[回復期]	
結果	1. 心不全コーディネータに患者の入院を報告 2. 入院時の症状より症状が改善 　a. 休内酸素供給が増加 　b. 肺異常音／頻呼吸が減少 　c. 体液体重の減少 　d. 安定な生命徴候 3. 心不全薬剤療法開始 4. 合併症無し 　a. 体液うっ滞（体重増加、末梢浮腫、肺異常音） 　b. 不整脈 　c. 電解質／腎不全 　ケア連体として治療計画／目標の設定に参与 5. 地域社会サービス 6. 患者／重要他者が退院準備計画に参加（ガイドライン参照）	1. 症状改善または安定が持続 2. 個人の活動レベルに耐え続 3. 退院日標を決定 4. 患者／重要他者が栄養、投薬ならびに日常活動に関する教育プランに参与（退院時の指示事項）	1. 心不全の安定化： 　□ 体液体重の減少 　□ 乾燥体重決定 　□ 退院時体重　　　　　ポンド 　□ 頻呼吸消失 　□ 末梢浮腫の減少 2. 退院時教育完了（日付） 　□ 乾燥体重決定 　□ 徴日の体重 　□ 体重計
評価/監視	□ 遠隔モニターによる測定監視持続 □ 各病棟規定による生命徴候測定 □ 必要時指先酸素濃度計測定（頻呼吸／装置離脱時） □ I/O測定24時間中14時間ごと、体重測定毎日 □ 薬剤効果効果 □ 過去のチャートを病棟に	□ 遠隔モニターによる測定監視持続 □ バイタルサイン監視持続 □ 遠隔モニター中止	□ フォローアップケア □ 退院後心不全治療院 　家庭 　ホームケア 　介護ケア 　（短期／長期） 3. うっ血性心不全クリニック／心不全フォローアップ 　ホスピス
検査テスト	□ 入院時の超音波検査結果 □ 過去の超音波検査結果（6カ月以上たっていれば新たに超音波検査施行） □ 追加検査テスト	□ 胸部レントゲンの必要性を評価 □ 異常検査結果をフォローアップ	栄養 活動範囲
機能的リハビリ	活動レベル： □ 安静 □ トイレ歩行補助 □ いすに座る □ 歩行日日	□ 耐久度によって活動範囲増加 □ 退院時機能的ニード評価	

ユニット／段階	NYHA分類レベル ____	NYHA分類レベル ____	NYHA分類レベル ____
日付	入院／第1日／第2日	第2日／第3日	第3日／第4日
項目			
栄養	□ 基底体重 _____ □ 水分制限 _____ cc/24時間 食事： □ 心臓病食 □ 低塩 _____ gm □ 一般食	□ 毎日体重測定 □ 水分制限 (_____ cc/24時間)	
薬剤	□ 利尿剤 □ ACE - I □ ジゴキシン □ 追加薬剤 (うっ血性心不全薬剤療法ガイドライン参照)	□ 経口薬剤／持続型薬剤に切り替えを考慮	
治療	□ 静脈輸液アクセス □ 医師の指示による酸素療法： _____ l/分鼻腔カニューレ □ 必要時導尿留置カテーテル挿入 □ 理学療法の必要性を評価 □ その他	□ 静脈輸液アクセス中止。(妥当であれば) □ 酸素吸入の必要性を評価 □ 退院後酸素療法の必要性を評価 □ 留置カテーテル中止	
教育	うっ血性心不全の治療に関する教育を提供 □ 摂取量／排泄量 □ 毎日の体重測定 □ 規定の薬剤摂取 □ 栄養 □ 疾患の経過 他に必要な教育ニードを評価 □ 食事療法相談 □ 過去における患者の治療計画拠応度 □ うっ血性心不全患者の教育計画設定 □ うっ血性心不全患者用クリニカルパスを提供	心不全に関する患者／重要他者の教育ニードを評価 □ 計画された教育指示を持続 □ 心不全パンフレット／ビデオ □ 心不全フォローアップの理解 □ 薬剤投与 □ 水液うっ滞 □ 水分制限 □ 体重計使用 □ 心不全の症状	
精神面 [霊的面]	□ アドバンス・ディレクティヴ [事前指示] □ 必要時パストラルケア 患者／重要他者に対する情緒面の支持	↑ _____	
心理的・ 社会的 /退院計画	退院ニードの評価 □ 社会福祉サービス □ 財政的ニード □ サポートグループ □ 再度入院 はい/いいえ　過去に救急治療受診使用 はい/いいえ □ 年齢>65 はい/いいえ　患者は順守する はい/いいえ □ 家族の支持 はい/いいえ　フォローアップ照会 はい/いいえ □ 過去にホームケアエージェンシー使用 はい/いいえ　いつ？	退院時ニード進行中： □ 在宅酸素療法 □ 服薬 □ コミュニティーリソース □ 体重計 □ 耐久度の高い医療器具	

第4節　医療費抑制の中で変化する開業医の光と陰

1．組織化により独立性が後退しつつある開業医

1）必要となるマネジドケアの受容

マネジドケアを取り入れた保険に加入する国民が増加した結果、医師らは患者確保のためにHMOをはじめとする保険機構との契約が不可欠となっていった。

この契約時には当然、保険者側は医師にマネジドケアの手法に基づく医療提供を求める。かつては各々の医師の判断が医療を決定する最大唯一の因子であったが、規制の強いHMOでは、手術を行う際には絶対的にセカンドオピニオンに確認をしなければならないと同時に、入院させる場合においても保険者に事前承認を取りつけなければならないといった実態がある。

また、専門医であってもかかりつけ医の機能を担うことを求められる状況が生じている。マネジドケアの浸透は医療における医師の権限を著しく狭めていると言うこともできる。

かつて米国の医療システムは医師が頂点にたつヒエラルキーの形態となっていたが、マネジドケアはこれを医師と保険者・病院あるいは患者の関係を並列化していったのである。

2）医療の標準化・コスト軽減のためのグループ化

マネジドケアは、さらに標準的な医療を行うことを求めた。この標準医療とは低額の費用で高い治療効果を求めるものであった。低額であっても質が悪ければ保険加入者を最終的には失うことになる。したがって保険者は医療過誤や再発率が高い医師とは契約をしない。また、保険者は支払い額のディスカウント、すなわちPPOであれば通常の出来高保険で医師が請求する額から値引きを求めるし、HMO（IPA型）は人頭制の支払い単価をできるだけ低額に抑えるように交渉を求めてくる。

米国においてはグループによる開業が主流である。このグループ開業が主流になった背景には、高機能化により患者吸引力が高まる、医療過誤の防止がで

きる、設備やスタッフの費用を共同負担してコストダウンを図れるといったものがある。そして以下に述べるようにマネジドケアの浸透により、ますますこの必要性が高まっていった。

3）患者確保のためのグループ系列化

現在もなお、グループプラクティスの規模は拡大する傾向にある。こういった規模の拡大は、合併や買収によってグループ開業を系列化することによって行われ、機能を多様化することによってマネジドケアとの交渉力を高めることを目的としている。

米国のグループ開業の発展過程では、同一専門医師で構成されるのが一般的な第1ステップである。機能の補完、設備コストの低減等の観点から、同一科目の医師が集まることにメリットが大きいことがこの理由である。そして組織が大規模化した段階で、医療提供と経営・運営を分離することを目的に経営・運営の委託会社として MMS（Medical Management Service）と呼ばれる管理会社を設立することもある。

他方、90年代の一時期において、独立開業の医療提供以外の業務を受託するPPMC（Physician Practice Management Company）という形態の企業が急成長し、医師のグループ化をさらに促進させることとなった。

マネジドケアは、このようにグループ開業をさらに統合し、多角化することを促進する結果を招くことになった。地域内で主要な診療科目を網羅したグループ開業を構築すれば、マネジドケア型の保険者との契約を独占することになる。保険者も1つのグループと契約することで、地域を網羅する保障が確立でき、事務も効率化できるというメリットがある。また規模の大きなグループは、被保険者に医師の選択を行うことを可能にし、保険の魅力を増すことができる。こういった流れを医師側から見ると規模を拡大しない限り、契約ができないか、できても大規模グループより悪い条件を受け入れなければならない。グループ開業の系列化の背景にはマネジドケアの浸透があるのである。

この代表的なものが HMO の IPA 機構（グループ開業の集合機構）であり、カリフォルニアのサターヘルスのような多様な医療提供機関の大規模集合体

（ヘルスシステム）である。

　近年は、第一線の医療機能をマネジドケアが重視することから、各ヘルスシステムの間で家庭医や一般内科医のグループプラクティスを系列下に収めようとする争奪戦が生じている。患者と最初に接触するこれらの医師グループを傘下に収めることは保険者に第一線の医療機能を有することをアピールできると同時に、保険者が同一地域で複数契約を結んでいる場合の患者確保に有効となることからこういった現象を引き起こしたと考えられる。

4）開業医の勤務医化を促したHMO・PPMC

　マネジドケアの浸透はさらに開業医を勤務医化する結果を招いた。HMOやPPMCとの契約で報酬を受け取る開業医が増加したのである。米国では税金の申告方法で、開業医とそうでない勤務医を区分しているため、これらの医師も開業医の範疇に入れている。HMOグループ型最大手のカイザーの場合、この形態で1万人の医師を確保している。カイザーの組織機構は保険基金と病院部門を統合した組織のカイザーファウンデーションと医師グループのカイザーパーマネンテに分かれている。カイザーファウンデーションは人頭制でパーマネンテに前払いで報酬を一括支払いする。パーマネンテは医師に年間定額を前払いするが、この際は人頭制ではなく、昨年実績の評価査定を行った上での報酬は勤務医に支払う給与とほぼ同じ形態を採用している。さらに各医師はパーマネンテが管理するクリニックで診療しており、わが国の開業医とはかけ離れた実態となっている。

　PPMCの大手、メッドパートナーズは1997年の最盛期には、全米の医師1万3,000人と契約を締結していた。同社は保険者と契約し、これに基づく医療を行うことを条件に医師と契約しており、保険者と医師の間に介在した企業である。つまり保険者は、この管理会社に保険指定の権限を与えていたのである。医師は管理業務に必要な費用を差し引かれた報酬をこの管理会社から受け取る形態をとっていった。

　これらの医師は診療行為まで明らかにコントロールされており、自身の判断だけでは患者の治療を行うことはできない。カイザーは医療のガイドラインを

作成して、医師にこれに基づく医療を行うように規制しているが、PPMC もこれと同様のことを行っていたと考えられる。しかし、診療行為に対する規制は、HMO に比較して、PPMC は選択の幅をもたせていた点に違いがある。HMO では効率的な医療提供のために、これに反した場合、あるいは入院させること（頻度）が多かったりする場合、医師が低い査定を受け報酬が減額されるか、さらには契約更新がなされなくなる。PPMC の場合、保険者に治療のガイドラインを提示して効率的な医療の提供を約束した上で契約が行われたとされる。このガイドラインは複数の治療方式が記載されているなど、ある程度医師の裁量を認めることを前提に作成されていることが多かった。

5）開業医の経営を代行した企業の登場（PPMC）

フィジシャン・プラクティス・マネジメント・カンパニー（PPMC）は、まさにマネジドケアが生んだまったく新たな企業形態であり、マネジドケアをはじめとする保険者と開業医の中間に介在し、医師の診療行為以外のすべてを代行する企業体であった。つまり、保険者との交渉、契約、クラーク等の人材確保、報酬請求事務、物品管理等を一括して行う。すなわち、医師が診療に専念する環境を提供する企業と表現することができ、医師から見ればその経営権を PPMC に委託あるいは売却し、マネジドケア下における付加的な事務、検査や手術手続きといった雑務から解放される。一方で彼らは、PPMC の管理下におかれることにより結果的に独立開業から雇用による給料制に形態が近づく。しかしマネジドケアの進展により医師個人での開業が困難となり、一方で競争激化といった経営環境は、確実に PPMC の傘下に入る医師を増加させていった。

6）すべてが巨大化し「統合」への道筋を進む

PPMC はかつて全米に 100 以上存在していたと言われ、厳しい合併合戦が繰り広げられた。メッドパートナーズ社は全米 5 位のタルバート社を吸収した後、業界 2 位のファイコー社との合併を試みた。またサターヘルスもカリフォルニア州に本拠を構える PPMC パシフィケア社との間で長期契約を結んだ。なお、メッドパートナーズとファイコーの合併は経営方針の差異を理由に見送られる

図11　個人開業からグループ開業への行程

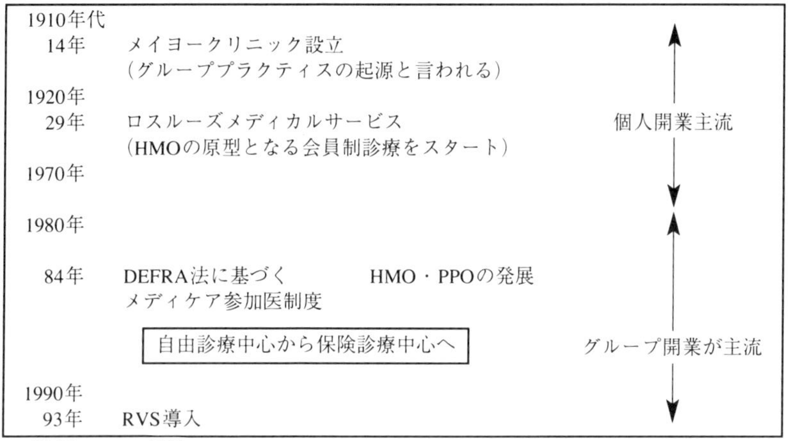

```
1910年代
  14年    メイヨークリニック設立
          （グループプラクティスの起源と言われる）
1920年
  29年    ロスルーズメディカルサービス              個人開業主流
          （HMOの原型となる会員制診療をスタート）
1970年

1980年

  84年    DEFRA法に基づく        HMO・PPOの発展
          メディケア参加医制度
          ┌─────────────────────────────┐
          │自由診療中心から保険診療中心へ│         グループ開業が主流
          └─────────────────────────────┘
1990年
  93年    RVS導入
```

（資料）MMPG総研

こととなった。さらに後述するように90年代末期には、PPMCという概念そのものがマネジドケアから消失してしまうのである。

「Integrate」、すなわち「統合」という言葉は、保険者、医療提供者、それぞれの立場から発せられている。米国においてマネジドケア・マネジドコンペティションは、この吸収・合併、そして淘汰を繰り返しており、限りなく統一的なシステムへと転じていくようにも見受けられる。PPMCの盛衰はまさにその一過程だったのであり、今後も「統合」に向けた吸収淘汰が進むものと予測される。

2．組織規模を拡大するグループ開業

　米国では医師は独立した存在であり、多施設の病院等に勤務したりグループ開業（共同開業）したりするということは、過去にはまれであった。しかし、現在は、大半の医師は勤務医になるか、あるいはグループで開業を行っており、個人の開業医師（ソロプラクティス）は少数化している。

　一方、グループプラクティスの施設数は増大するとともに、組織化して規模の拡大がなされている。

1）グループ開業の数

グループ開業の数については明確ではないが、1975年頃に8,000、1990年頃には1万6,000と言われており、1990年前後には医師総数の45％がグループ開業していたものと推測される。さらに1987年の総医師数に基づき推計すると、平均16.4名の医師によって構成されていたことになる。

2）組織化によるグループ開業の規模拡大

1994年の調査によると、グループ開業の規模は平均で52.4名の医師から構成されている。このことから、グループ開業そのものの規模拡大とグループ開業間でのさらなるグループ化、つまり組織拡大が進んでいると考えられる。

前試算の医師数16.4が52.4となったことに基づき、グループ開業数を試算すると約5,000となる。このことからグループ開業施設は約1万6,000、グループ開業の運営組織は約5,000と推定される。ただし、その後のグループ開業医師数の増加があることから、少なくともこの推定数以上と考えるのが妥当である。

3．共同出資型グループ開業の運営形態

1）アメリカのグループ開業の組織

グループ開業形態としては複数医師の共同出資によるものが多い。医師は医療に専念し、経営・運営は意思決定機関である理事会に託している。この理事会を構成する理事の大半はオーナーである医師の中から選出され、運営実務者に指示が出される。運営実務については管理会社に委託されていることが多いようである。

2）オーナー医師の資格

グループプラクティスの医師のすべてがオーナーではなく、中には勤務医も存在する。出資医師がオーナーと称されるのに対して、この勤務医はアソシエイト（Associate）と呼ばれている。このアソシエイトは給料制で、一定期間「見習い」として働く医師である。アソシエイト医師として十分な働きがあり、組織に有用な人物と認められれば、正式に持ち分を支払ってオーナーとなるのである。

表26　MMSへの業務委託契約の骨子

- 基本的にはすべての経営管理を任せる。
- 職員の採用から教育・解雇・患者支払い分の未収金の回収業務。
- 各種データのインプットなどを全面委託。
- 医師は経営には一切関与しない。ただし最終的な拒否権を有する。
- 医師は医療専門職として医療行為にのみ専念する。
- グループが赤字になった場合は委託会社との契約を解除する。

（出典）川原邦彦著『アメリカの病院革命』日本経済新聞社　1986年

3）管理会社（MMS）への運営委託の増加

大規模なグループプラクティスの多くは医師の医療サービス以外の業務を管理会社へ委託しているのが一般的である。委託方式としては、運営管理からその実務を一括でMMS（メディカル・マネジメント・サービス）と呼ばれる企業に委託する方式と、管理をグループ開業の理事会等の組織が行い、実務をその分野の専門会社に委託するという方式がとられている。

4．グループ開業の発展と運営戦略

グループ開業の発展要因は医師の増加と医療費の抑制、マネジドケアの発展といったことに対応する経営機能が必要となったことにある。そして現在では、この保険者と有利な契約を結ぶことが最大の患者確保につながり、収益確保策となる。そのために医療の標準化（ガイドラインの作成）、プライマリケア医師の確保といった戦略的対応がとられている。90年代の一時期において、このガイドラインを装備し、保険者との交渉力をもった企業、PPMCが個人開業をグループ化するというグループ開業の新たな形態を作り上げていった。このPPMCには上場企業も出現し、一時は投資家からもその成長性に大きな期待があった。

1）グループ開業の発展ステップ

グループが小規模の段階では、その地域における専門治療の優位性確立を行う。このためグループの構成は同一あるいは類似性のある科目の専門医師によって構成される。次のステップで患者の確保の幅を広くするために、プライマリケアに属する医師、家庭医や一般内科専門医、一般外科専門医を参画させる

というのが一般的な拡大過程である。この代表的な大規模に拡大した代表的な事例がメイヨークリニックなどの5大クリックである。

2）マネジドケアへの対応戦略

グループプラクティスにとり、患者を確保するにはマネジドケアの対応が不可欠である。対応の仕方としては保険者と契約するか、自らがHMOやPPOのマネジドケア組織を構築する2つの方法がある。

（1）マネジドケア対応の必要性

保険への加入者を患者として獲得するためには、この保険の適応機関とならなければならない。マネジドケアに対応する保険への加入者が増えていることから、患者確保を行う上でマネジドケアの適用機関となることが不可欠となったのである。1994年当時、約20％のグループプラクティスがマネジドケアに対応して診療を行っており、2年後には50％を超えるに至ったとされる。

（2）マネジドケア対策のための医療行為の標準化

保険者と交渉するためには、極力医療費の抑制を図ることが必要となる。なぜならば保険者は、品質が高くかつ低コストで医療提供するグループ開業とのみ契約に応じるからである。

こういった環境下で利益を確保するために、グループプラクティスでは医師の疾患別対応とそのコストを標準化している。標準化を行う上でのポイントは費用を抑制しつつ、医療過誤訴訟のリスクを回避するための適正化を行うことである。つまり、良質な医療を効率よく提供するためのサービスパッケージ構築を行っているのである。

これらのパッケージ化には膨大な労力を要することから、医師による診療行為のコーディネートを管理会社に委託することも行われている。

（3）プライマリケア医師の雇用・連携

保険加入者が医療サービスを受ける際にはプライマリケア医の診断を義務づけるマネジドケアが増加している。

プライマリケア医は医療サービスを提供する第一線の開業医としての役割を担い、最も適した医療機関に患者を送り込む。このため、医療機関にとっては連携、あるいは雇用という形態でプライマリケア医を確保し、マネジドケアに

対応する保険者との交渉の優位性と患者吸引力の強化を図っている。

5．PPMCの拡大過程における個人開業医の吸収

　開業医師のグループ化が進む中で90年代半ばにおいて、著しい発展を遂げたのが、PPMC と称される企業である。PPMC とはフィジシャン・プラクティス・マネジメント・カンパニーの略で、医療機関のすべての管理業務を行い医療行為のみ医師に委託するという企業である。従来の医療機関から業務委託を受ける企業と最も異なる点は、PPMC がマネジドケア対応の医療保険と契約するところにあった。

1）PPMC とは

　PPMC（Physician Practice Management Company）とは、医師（Physician）が診療に専念できるように、診療所（Practice）経営に必要な業務に関するさまざまなサービスを提供する企業のことである。

　PPMC は医師および医師グループと契約を交わし、マネジメント費用を受け取るかわりに、診療以外のあらゆる業務を担当し、最大限の利益を上げられるようにバックアップする。

2）PPMC の契約先

　PPMC は独立開業医、グループプラクティス、IPA と契約してサービス提供を行う。グループプラクティス、IPA にはさまざまな形態があるが、PPMC はこのすべてを契約対象としていることが多く、専門医師・専門医師グループ（眼科・歯科等）に特定して専門特化する企業も存在した。

　グループプラクティスは共同開業の形態をとり、グループ組織は財産を所有する。IPA は独立開業医師の集合体であり、組織固有の財産は所有していない。IPA は医師グループではあるが、グループによる開業という形態ではなく、独立開業医が保険者と団体交渉するための機構である。

3）契約の内容

　PPMC が医師や医師グループと契約する場合、通常は不動産以外の資産を取

得するかわりに、現金や手形、会社の株券を譲渡する場合が多い。その際、同時に30～40年の長期契約を交わし、マネジメント費用として医師収入の一定割合を受け取ることになる。マネジメントサービスとしては、経営・事務管理などが全般的に提供される。なお、パートナーといった形で資産の譲渡を伴わない提携タイプもあった。

4）プラクティスの売却に応じることもあったPPMC

開業医の中には、診療所そのものをPPMCに売却して、PPMCから給与として報酬を得ることを望む医師も存在した。この際PPMCは、医師に段階的に診療所に見合う株式を譲渡するという方式で売買契約を行った。

5）医療管理を売り物としたPPMC

医療行為の標準化、ガイドラインの作成はPPMCが行い、医師はこれに基づき委託診療を行う。PPMCはガイドラインを武器に、効率的な医療提供をマネジドケアに即して保証し契約を締結する。また医療提供に必要となる医薬品情報等も医師に提供するなど、医師の医療サービス提供を支援する機能も有している。人事やマーケティング、物品購入、保険者との折衝とともに医療行為の支援を行うサービスがあることがPPMCの特徴であった。

第5節　マネジドケアが生み出した高齢者ケアの光と陰

1．ナーシングホームの新たなニーズ

米国における平均在院日数が我が国と比較して極めて短い理由の1つにナーシングホームの存在が挙げられる。入所者の多くはメディケア・メディケイド受給者であり、これら公的保険制度の創設によりホーム数は劇的に増加、中にはチェーン展開により急成長した企業も存在する。こういった急成長の背景には第一に保険が需要を生み出したことと、法規制の甘さが存在していたがために収益を上げやすい構図がしばらく放置されていたという歴史的事実がある。

図12　ナーシングホームをめぐる施策の変遷

```
1954年   ヒル・バートン法改正
           ナーシングホーム建設が補助の対象となる
1965年   メディケア・メディケイド創設

1970年                                          ナーシングホーム
                      HMOの発展                の増加
1980年
1983年   DRG/PPS導入開始

1986年   DRG/PPS全米で導入完了                 ナーシングホーム
         ニューヨーク州でGUR導入              の経営悪化
             ナーシングホームへ定額制報酬を適用
             他の各州も定額制を相次いで導入
1990年   ナーシングホーム関連法の改正          ナーシングホーム
                                                の専門特化
```

（資料）MMPG総研

　その結果、虐待、放置、過剰請求といった社会的問題が続出し、これを重く見た連邦政府が90年に法改正を実施、その結果多くのナーシングホームの経営状況がにわかに悪化した。しかしながら、一方でDRGの導入は急性期病院の早期退院を促進し、在宅に移行できない退院患者の受け皿としての機能が重要視される環境も整いつつあった。これらは亜急性期病床とも呼ばれ、こういった機能を有するナーシングホームのベッド数は95年現在1万5,000床程度存在していると言われる。そしてその数はマネジドケアの進展に伴いさらに増加するものと考えられる。

＜米国ナーシングホームの概要＞

　米国のナーシングホームは3種類に大別できる。メディケイド、メディケアの適用となるスキルドナーシングファシリティ（以下SNF）、メディケイドしか適用されないナーシングファシリティ（インターミディエイト・ケア・ファシリティ、以下NF）、まったく保険適用のないレジデンシャルファシリティである。SNFとNFは過去には機能・性格がそれぞれ違っていたが、ナーシングホーム法の改正により、現在は保険適用の有無の差でしかない。機能的には療養型病床群、特別養護老人ホーム、老人保健施設といった機能が混合されたものと解釈される。一方レジデンシャルファシリティはケア付き住宅で、わが国

表27 ナーシングホーム総数の推移

年代	施設数	ベッド数
1930年		25,000
1950年	8,000	308,000
1985年	19,100	1,600,000
1993年		2,300,000
1995年	16,700	1,770,900
1997年	15,236	1,680,000
2001年	15,309	1,720,000

（出所）岡本祐三氏著『デンマークに学ぶ豊かな老後』
日本医療企画編　月刊「ばんぶう」（1993年10月号）
海外情報、廣瀬輝夫氏記事　日本医療企画等

で言うケアハウス、軽費老人ホーム、シルバーマンションに相当する。

　SNFのメディケアの適用は100日しかなく、これを過ぎると基本的に患者の自己負担となる。自己負担によって全財産を使いきると貧困者向け公的医療保障であるメディケイドが適用される。米国のナーシングホーム入所者の多くはこのような過程を経てメディケイド適用者となっている。ところが、州の財政支出抑制によってメディケイドの単価（わが国で言えば措置費単価）が抑制されつつあり、これによって経営悪化しているナーシングホームも多いと言われている。

2．定額払い制を目前に控えた在宅ケアサービスの苦悩

　在宅ケアは米国医療市場の中でも拡大しつつある大きなマーケットであり、1996年には約520億ドルの需要があったと言われている。この要因としてメディケアが適用されていること、病院医療費抑制策の導入により入院期間が短縮化され、在宅ケアサービスの需要が拡大していることが挙げられる。在宅市場への参入は、従来病院を母体に持つ企業が多かったが、近年ではさまざまな企業が参入してきている。

　1）ホームヘルスケアの拡大状況
　　（1）市場規模は520億ドル規模に成長
　1996年現在、米国の在宅ケアの市場は520億ドルとなっている。メディケア創設から10年後の1977年には、在宅ケアの医療費は、僅か10億ドルで国民医

療費1,500億ドルの150分の1に過ぎなかったが、1987年には、110億ドルとほぼ10倍になり、総医療費4,000億ドルの40分の1を占めるに至った。それが、1993年には310億ドルと、総医療費8,000億ドルの25分の1を占めるまでになった。

（2）ホームヘルスケア企業の増加

1988年当時のメディケア認可事業所であるホームケアサービスからケアを受けている患者は約150万人であったが、1996年には約385万人へと増加している。また1963年には1,100社にすぎなかったメディケア認可および未認可のホームケアサービスは、1995年現在では1万8,500社となっている。

しかしメディケアは1997年9月15日付けで事業所の認可を打ち切っている。このホームケアヘルスサービスの従事者も1988年から6年間に約14万人増加し、約20万人程度が従事していると推計されている。

2）ホームヘルスケア発展要因

ホームヘルスケアの発展要因を整理すると、メディケアの在宅ケアに対する支払保証枠の増大、医療資源の効率的活用、医療機器・技術の発達、市民の在宅ケアの知識向上を挙げることができる。

（1）医療費抑制策の主要対象とされなかった在宅ケア

病院のDRG/PPSの導入、ナーシングホームへの定額制導入といった厳しい医療費抑制策が導入されているが、在宅ケアには近年まで特段の抑制策が採用されなかった。

米国の在宅ケアが発展した要因は、在宅ケアを促進する政策によってではなく、むしろ他の医療費抑制策が早期の退院や退所を促進し、結果的に在宅ケア

表28　在宅ケアの市場拡大推移　　（ドル）

	在宅ケア費	総医療占有率	総医療費
1977年	10億	0.67%	1,500億
1987年	110億	2.75%	4,000億
1993年	310億	3.88%	8,000億

（出典）日本医療企画編　月刊「ぱんぶう」(1996年4月号)
　　　　海外情報　廣瀬輝夫氏記事　日本医療企画

に誘導したものと考えられる。

積極的な推進政策としては、レーガン政権下のメディケア高額医療保障法（The Medicare Catastrophic Coverage Act of 1988）でメディケアを訪問看護に適用する際に行われる厳格な審査の枠が大幅に緩和されることが一度は決定された。しかし保険料負担の増大が問題視され、翌年には早くも撤回された。

（2）低廉な利用料金（低い人件費）

メディケアの給付期間は極めて限定されており、ナーシングホームは100日間の法定給付以後、全額自己負担となるのに比較して、在宅ケアは訪問看護以外のサービスには期限が設けられていない。

また、在宅ケアの担い手は看護補助者であり、病院やナーシングホームに比較して人件費が低いことも利用料が低廉で済む要因となっている。病院に入院した場合、ケアを担当するのは医師や看護師となるが、在宅ケアの主な担い手はホームヘルスエイドまたはホームメイカーである。病院専従となっているホームヘルスエイドまたはホームメイカーと比較しても、在宅ケアの場合、人件費を低額に抑えることが可能であった。この他、在宅医療が低いコストで実施できる要因は次のように整理できる。

表29　在宅ケアの低廉な利用料金の要因

■特別の医療施設を必要としない。
■コスト高な病棟やハイテク医療設備を必要としない。
■常時、専門医や看護師による看護を必要としない。
■家族、親しい友人や隣人等による介護が可能となり、介護人への高額な支払いを回避できる。

（3）医療機器・技術の発達

病院の高度医療機器類は必要ないとしても、在宅ケアには症状を安定維持するための機器や管理する上での機器が必要である。この在宅医療機器の発達が、従来の在宅ケアに多くの患者を移行することを可能とした。

これらの機器のうち、特に注目に値するのが静脈注射器材の発達である。これが在宅ケアの進展を支えてきたと言ってもよい。また、コンピュータの発達によって在宅勤務が可能となったことも、在宅ケアを推進できた一因に挙げる

表30　在宅ケアの機器

```
IVライン（静脈注射機器）
血糖値を検査するグルコース
身体障害者用の各種補助器具（コンピュータ制御機器の発達）
通気管ベンチレータ
中心静脈管を装備した小型のICU器材
補聴器
特殊電話
コンピュータ・トーキング・ブック
字幕つきテレビ
```

ことができる。

（4）在宅ケア知識の向上

　全米在宅ケア協会（National Association for Home Care）が1985年に行った調査では、「在宅ケアサービス」を認知しているのは国民の38％という結果であった。また、1992年に医療研究家のルイ・ハリスが同様の調査を行ったところ、90％が認知しているという結果となっている。

3）ホームヘルスケア企業の運営概要

　ホームヘルスケアを行う事業体は多様であり、公的・非営利・営利・混合型の4種類に分類される。また、メディケア適用の状況によって2類型されるこ

表31　サービスを提供する職種

主要サービス提供者	（登録）看護師	レジスタードナース（Registered Nurse, RN）在宅ケアにおける管理職としての役割を果たす。
	介護士	ホームヘルスエイド（Home Health Aides）排泄、入浴、簡単な医療処置、移動、運動などの補助を行う。また投薬管理を行うこともある。
	家事サービス提供者	ホームメーカー（Homemaker）食事の支度、洗濯、買物、その他の家事に責任をもつ。
専門資格者		理学療法士、作業療法士、言語聴覚士、栄養士等

ともある。組織はどの事業体も類似しており、看護師、介護専門員、家事サービスを行う要員および専門資格者によって構成されている。患者は医師・病院から紹介されることが最も多いと言われる。

4）在宅医療費削減の懸念に基づくマネジドケアの対応

ホームケアサービスの成長が著しいが、近年はメディケアのこの分野における抑制を懸念し、コスト削減を行う企業もできている。連邦政府としては増加し続けるメディケアコストの抑制を図ることを政策課題としており、在宅ケアもその対象である。1995年には共和党から医師および在宅ケアの支出を568億ドル削減する法案の提出もなされている。このような抑制の機運が高まる中、ホームヘルスケア企業にはHMOの適用を受けるためのコスト削減、さらには撤退を検討する企業も現れている。

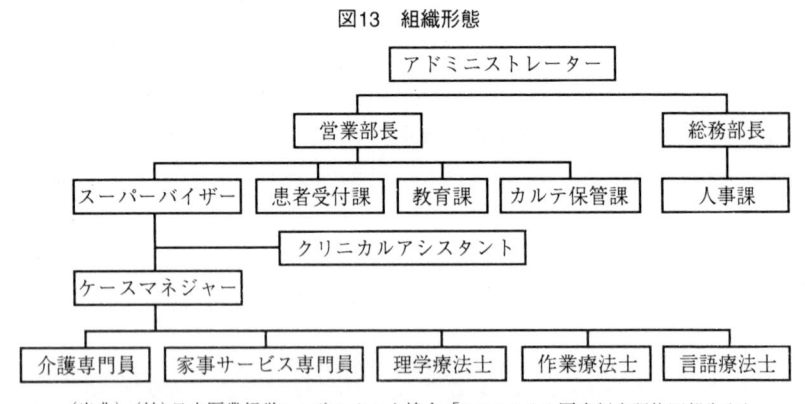

図13　組織形態

```
                  アドミニストレーター
           ┌────────────┴────────────┐
        営業部長                    総務部長
  ┌────┬────┬────┬────┐              │
スーパー  患者   教育課  カルテ          人事課
バイザー  受付課        保管課
  │
  │       クリニカルアシスタント
  │
ケースマネジャー
  │
┌──┬──┬──┬──┐
介護  家事   理学   作業   言語
専門員 サービス 療法士 療法士 療法士
      専門員
```

（出典）（社）日本医業経営コンサルタント協会「'97アメリカ医療制度研修団報告書」

（1）メディケアの収入に依存するホームヘルスケア企業

在宅ケアに対するメディケアの支払い方法は、かつての病院や医師報酬の支払い方法、すなわち請求金額がほぼ償還される出来高払いであり、これがホームヘルスケア企業を発展させていると言っても過言ではない。市場規模総額の75％がメディケアからの支出という状況は、このような出来高払い方式によるところが大である。この状況は、例えばカリフォルニア州南部で事業展開するス

表32　スタッフビルダー社の保険種別収入の状況

保険種別	年間訪問回数	収入(万ドル)	支払い方法
メディケア	164,400	1,560	出来高
民間保険	85,500	550	様々(出来高・人頭制等)
合　計	249,000	2,110	

(出典)(社)日本医業経営コンサルタント協会「'97アメリカ医療制度研修団報告書」

タッフビルダー社の収入、患者数の状況にも現れている。

(2) メディケアにおける審査の強化

メディケアにおける在宅給付のあり方にも、着実にマネジドケアの手法は導入されつつある。主たるものは、サービス提供前の事前承認制、60日ごとの医師によるサービス提供の必要性の見直し、疾病別の提供内容の確認による支払い拒否などである。

① ケアプランによる事前承認

1987年、ケアの質に関する問題点を解消することを目的とした総括的予算調停法(OBRA)に基づき、在宅ケア品質保証法(Home Care Quality Assurance of 1987)が立法化された。本法ではホームケア機関に必要なサービスを見定めるためにケアプランを作成し、新たな在宅ケアニーズを発見するための手法をもち、他のサービス提供者と調整機能を有することを義務づけた。

ケアプランは60日を単位として作成されることが規定されており、担当する医師はこのケアプランを確認して、在宅ケアサービスの必要性を確認することとなる。

表33　正看護師の訪問回数(全米平均事例　1996年)

糖　尿　病	99回
高血圧症	82回

HCFA (Health Care Financing Administration)

② HCFAの監査と支払い拒否

HCFA (Health Care Financing Administration; 現CMS) は疾病別に訪問回数の統計をとり、平均回数を上回る請求に対して監査を行い、不適切と判断した場合は支払いを拒否する。

（3）定額化を見越してマネジドケア対応への先手を打つ企業
＜保険制度改革・マネジドケア対応のためのコスト削減＞

予定されるメディケアの定額払い方式への移行に対応するために、ホームケアヘルスサービスの中にはコスト削減を手がける企業も現れている。このコスト削減はメディケアへの対応ばかりでなく、メディケア依存体質から脱却したマネジドケアの対応をも意図している。

このコスト削減の事例としてはシカゴの Five Hospital Homebound Elderly Programを挙げることができる。1996年のメディケアの償還基準額は訪問看護1回当たり112ドルであったのに対して、同社はコスト削減を行い74ドルの費用で実施している。HMO の訪問看護に対する支払いは低額に設定されており、1回当たり45ドルとする契約もあると言われている。今後ホームケアヘルスサービスはこの低額料金への対応を行う必要があり、経営はかなり厳しい状況に陥ることが予測されている。

5）1997年からメディケアにPACEを導入

高齢者の入院やナーシングホーム入所の機会を極力減少させることを目的に在宅ケアを効率的に行い、その費用をメディケア・メディケイドを財源とする包括払い方式のモデル事業（Programs of all inclusive care for the elderly：PACE）が1973年から試行され、1997年メディケアの正式プログラムとなった。

（1）特別認可制事業からスタートしたPACE

PACE はメディケア・メディケイドを財源として行う事業であるが、その支払い方法として定額制を採用し、支払い対象となるサービスも従来の規定外のものが多い。そのために、連邦政府・州政府に事業体の過去のサービス実績、すなわちPACE事業で提供するサービス内容・その供給体制等を明示した上で特別認可を受けて行うこととなった。1997年メディケアの正式プログラムとなってからは、1998年9月には8州14団体でサービスが実施されている。

① PACEのサービス内容

PACE の認定交付を受けた事業者は一定地域内に数カ所のセンターを設置する。ナーシングホーム入所が適当と事業者が判定した要介護老人にデイケア、

ホームケア、配食サービス、健康診査、診療、住宅改造等の在宅支援サービスを実施する。

② 公的支出は包括払い方式を採用

　財源はメディケア・メディケイドが充てられており、事業者への支払い方式は要介護者1人当たりの定額制となっている。支払い金額はメディケイド制度が州によって異なることから、PACE事業も同様で州によってかなり開きがあると言われる。1998年現在のカリフォルニア州の事例では1人1カ月4,000ドルとなっている。

③ PACEの医療費抑制効果

1994年のPACE事業のパンフレットによると、PACE利用者の平均入院日数が5.4日となっており、メディケア対象者8.4と比較して3日間の短縮化に貢献しているとされている。医療費については、ナーシングホームに比較してメディケアは13～39％、メディケイドは5～15％の節約になるとしている。

第6節　マネジドケアの行方

　米国における医療制度を巡るトレンドを追うに際し、その変化速度は極めて速い。わずか数年を経ずして、その内容は大きく変化している。したがって本節は、新版発行に際し加筆するものである。筆者は原則として敢えて旧版前節に修正を加えることはせず、その後知り得た情報を加筆することとした。なぜなら、その変化の過程そのものが、我が国医療制度のあり方を検証するに際して有効と考えたからである。

1．増大に歯止めがかからぬ医療費

　メディケア・メディケイド庁（Centers for Medicare and Medicaid Services: CMS, 旧HCFA）の発表によると、2001年における米国医療費は1兆4,200億ドルにものぼり、対前年比で8.7％の増加となっている。このような急速な上昇率は過去10年にもみられないものであった。1兆4,200億ドルという数字は対

表34 2001年医療費の内訳
(単位:億ドル)

主要費目	金額
薬剤費	1,406
ホスピタルフィー	4,510
メディケア	2,420
メディケイド	2,243
ドクターズフィー	3,140

GDP比で14.1％にものぼり、国民1人当たりの医療費は5,000ドルに達する。

医療費高騰の背景には、老人医療費の自然増と医療機器等の過剰使用にその原因があるとしているが、入院件数の増加や医療サービスの増加に歯止めが利かない状況が浮き彫りとなっている。アメリカ連邦政府は、1997年医療費削減を主とする「均衡予算法（Balanced Budget Act: BBA）を施行、1998年から2002年までに財政赤字（1,980億ドル）の解消を目指し、メディケアだけでも1,150億ドルの公費削減をもくろんだ。ただし、その過激さゆえに全米の医療機関の大きな反発を招くこととなり、その結果、修正法案（BIBA＝均衡予算法修正法案）によって下方修正されたが、いずれにせよ前クリントン政権は①メディケア・チョイス・プログラムの推進、②病院におけるPPS償還基準の引き下げ、③病院の資本部分に対する償還基準の引き上げ、④外来サービスに対するPPSの導入（後述）、⑤ナーシングホームに対するPPS導入などをその柱とする医療費抑制策を展開した。

財政均衡法の施行により、病院経営は再び危機的状況に直面することとなっ

表35 財政均衡法の内容

削減対象項目	削減目標
メディケア・チョイス・プログラムの推進	218億ドル
病院におけるPPSの償還基準の引き下げ	170億ドル
病院の資本部分に対する償還基準の引き上げ	53億ドル
外来サービスに対するPPS（APC）の導入と償還基準の引き下げ	160億ドル
ナーシングホームに対するPPSの導入	92億ドル
不正請求の取り締まり強化	457億ドル
合計	1,150億ドル

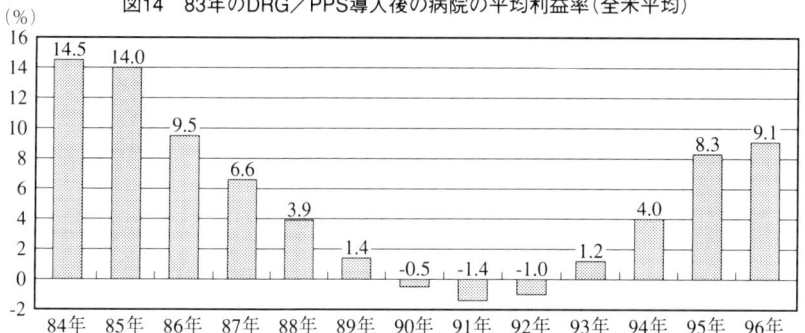

図14 83年のDRG／PPS導入後の病院の平均利益率（全米平均）

年	利益率(%)
84年	14.5
85年	14.0
86年	9.5
87年	6.6
88年	3.9
89年	1.4
90年	-0.5
91年	-1.4
92年	-1.0
93年	1.2
94年	4.0
95年	8.3
96年	9.1

（出所）「DRG／PPSの全貌と問題点」（薬事時報社）
（注）メディケアの患者を対象とした、100円の医業収益に対する利益率

た。病院経営者は1983年のDRG／PPS施行以降、徹底的な医療の効率化とコストの削減に努め、経営体力の維持に注力してきたことは前述の通りであるが、その経営成果に対し、医療費のさらなる削減というメスが再び入ったことになる。ただし、一定の淘汰は発生したものの、2000年以降、病院経営は再度安定的に推移している。その理由について全米病院協会は、「さらなる経営改善への努力と連邦政府による償還金救済策、さらにはマネジドケア契約の支払い条件交渉の結果等による危機的状況を切り抜けた」としているが、今後の財政均衡法の進捗によっては、「予断を許さない状況」であることには変わりはない。

1）APC（Ambulatory Payment Classification, 外来包括支払い方式）とは

メディケアにDRG／PPSが導入された1983年以降、多くの病院が、ただ単に医療のサービス量やコスト削減によって利益を確保しようとして失敗したことは前述の通りである。つまり患者ニーズよりも経営を優先させようとして、結果的に医療の質の低下を招き、患者クレームや相次ぐ医療過誤訴訟による経営難を招くこととなったのである。

病院経営者は、このような苦い経験を踏まえ、DRG／PPS下における利益確保に向け、サービス内容や投下コストの徹底的な分析, 再評価の必要性を痛感したはずである。すなわち、医療サービスの見直しから、標準化、さらには計画医療の実践、チームケア体制の充実といった手法を展開し、医療の質の確保、

向上を図りつつも、経営上の無駄を排除していった。これらは具体的には「入院医療」から「外来医療」へのシフト、「手術の当日入院の実施」「術後管理の在宅化」「日帰り手術の推進」といった形であらわれ、収益力の回復と共に、そのプロセスにおいてクリニカルパスをはじめとする様々な経営管理手法が定着することとなった。

こうした結果、全米病院の平均在院日数は1982年の7.6日から1997年には5.4日にまで短縮された。こういった経営努力を通じて入院医療費の伸び率は圧縮されたが、、一方で外来医療費は90年代以降、毎年10％を超える伸び率を示していた。このため連邦政府は2000年8月、メディケアの外来に対し、外来版DRG／PPSともいうべきAPCを導入した。

APCとは、DRG／PPSと同じように臨床的特質や消費された医療資源パターンなど類似した外来患者をグループ化し、そのグループごとに償還価格を決め、定額払いを行うというものである。DRGが約500分類であるのに対し、APCの分類数は1,075にも及ぶ。

DRGとの大きな相違点は、DRGが主訴の1つの分類コードしか使用しないのに対し、APCはすべての要素にコードが関わってくる。例えば、患者が腹痛によって救急車で運ばれ、急性虫垂炎と診断され、即手術を行った場合、DRGでは年齢、性別、症例などによって分類されている1つのコードを利用するのに対し、APCでは、救急外来の「ER (Emergency Room, 救急治療室) コード」と手術の「OR (Operating Room, 手術室) コード」の2つを利用することになる。

2．民間保険会社も業績悪化に

一方、財政均衡法に盛り込まれた「メディケア・チョイス・プログラムの推進」が米国における医療保険の主流ともなっている民間保険業界に思わぬ波紋をもたらすこととなった。「メディケア・チョイス・プログラムの推進」とは、メディケア加入者の民間保険への加入促進を図るというものである。すなわち、従来より認められていたメディケアHMOに加え、POS、PPOといった保険に対しても加入を認め、連邦政府は公的保険についてもマネジドケアを普及させ、とりわけプライマリケアの取り扱いにおいて、サービス量や提供プ

ロセスなどの適正化を図ることにより、医療費支出の抑制をもくろんだのである。ちなみにメディケアHMOとは、連邦政府がメディケア支出削減を目的にマネジドケアの手法を取り入れたものである。連邦政府はメディケア加入者の年齢、性別、居住地域などに応じ、1人当たりの定額報酬を標準額から割り引いてHMOに支払う。各HMOはこの報酬を財源としてメディケア加入者に医療サービスを提供することとなるが、その際に各HMOはオプションプランを付加し、その部分のみの保険料を徴収している場合が多い。97年の財政均衡法の成立当初、メディケア対象者のHMOへの加入率は11％程度にとどまっていたが、「メディケア・チョイス・プログラムの推進」に乗じてメディケア加入者を幅広く受入れることにより、大幅な収入増を図ることが可能となった。しかしながら、高齢者という疾病リスクの高い被保険者を数多く抱えたことにより、給付が収入を上回る形で増大、ひいてはメディケアHMOに積極的に取り組んでいたHMOほど、財務状況が悪化することとなった。

　しかも、連邦政府は財政均衡法により、マネジドケアの普及が遅れていた郡部での償還割合を優遇し、大都市部には不利になるよう設定していたために、大都市部をマーケットとしながらメディケア・チョイス・プログラムを販売していたHMOほど打撃は大きかった。これを保険料の値上げで補填するといった悪循環に陥ったHMOは、結果的に加入者の減少を招き、撤退を余儀なくされたのである。2001年9月現在ですでに58のHMOがメディケア・チョイス・プログラムからの撤退を表明し、2003年にはすべてのHMOがメディケア・チョイス・プログラムから撤退するといわれた。

3．マネジドケアの変容

　「医療コストを抑制しつつ、良質な医療を提供する」という大義のもと、急速に発展したマネジドケアであるが、加入者《被保険者》の意識にも変化の兆しがあることも見逃せない。すなわちPPOの加入者数の急増である。この背景には、HMOの限定的サービスに対する不満がPPOへの移行促進を進めているという事実がある。1998年現在のHMO加入者数は7,220万人、これに対してPPO加入者数は9,830万人に達する。

表36　HMO・PPO加入者数の推移 (単位：万人)

	HMO	PPO
1992	4,140	5,800
1994	5,110	7,900
1996	6,750	8,870
1998	7,220	9,830

　これらへの対抗策として、HMOの中には従来の限定的サービスを柔軟化させ、いわゆるハイブリッド型HMOとも呼ばれるPOS（Point of Service）が、つまり完全前払い定額制にある程度の出来高を容認することで市場への適合を進めようとするところもある。これらは保険料にある程度の幅をもたせ、チョイスし得るサービスに幅を持たせることで対応するものであり、HMOとPPOとの中間に位置する保険タイプである（Consumer Driven Health Plans:CDHP、消費者主導型医療保険）。このような流れは、90年代のトレンドともいうべき保険料の値下げでシェア拡大を目指した結果《Managed Competition（マネジド・コンペティション）》の崩壊を示すものといわざるを得ない。なぜなら、過当競争が結果的に医療サービスの質にまで及んだ可能性があるからである。

　被保険者数を維持する手段として、従来のマネジドケアのトレンドともいうべき「受診制限・低負担」という不文律そのものを変化させざるを得なかったことは想像するに難くない。カリフォルニア州を拠点とする中堅HMOのユニバーサル・ケア社はまさに、現在のトレンドを「保険料が安くともサービス内容が悪ければ、消滅していく。逆にサービス内容が良ければ（保険料が多少高くとも）、会員数は増える」と断言する。同社はネットワークモデルとIPAモデルの併用型ともいうべきミックスモデルと称される形態を有し、43万人の会員数をもつが、同社は加入者増加の理由を徹底した品質管理にあると結論づける。その背景には、上述したマネジド・コンペティションによるサービスの質の低下への警戒感があるからにほかならない。同社では、6人の医師によるサービス内容のチェック、サービスに不満がある場合の苦情受け入れ、電話相談、頻繁かつ定期的な満足度調査、契約先医療機関の過去における医療過誤調査など、徹底した品質管理を実践する。また同社はNCQA（National Committee of

Quality Assurance, 全米品質管理協会)の会員でもあり、毎年の厳しい検査にもパスしている。また、HMOの診療行為に対する干渉や受診抑制への批判をかわす手段として、大手HMOのカイザーパーマネンテは診療ガイドラインと医師給の評価基準をウェブサイト上で公開し、診療サービスの公正性を情報公開という手段を通じてアピールしている。

さらにカリフォルニア州のHMO 6社はキャピテーション(人頭払い)とは別に、医師の業績により賞与を給付すると発表している。その評価バランスを見ると、患者満足度50％、臨床データの活用40％、情報技術の採用10％となっている。また、HMO自体がキャピテーションの額を決定する際に、「患者満足度」のほかに「予防医学の実施度」などを計測基準とする場合もある。これらは、まさに被保険者のHMOに対する不満増加による離反防止と医療サービスの質の向上というHMOそのものの葛藤を如実に示すものとして注目される。

このようにHMOそのものの変容も急速に進んでいるが、PPO、POSの成長著しいなかで、各HMOはその存続をかけ、上述したような商品の柔軟化と会員への健康教育の強化策など打ち出し、経営基盤の安定化を図っているのである。とりわけ健康事業の強化は、HMOの利益確保の観点からHMOに限らず、保険事業上の重要な経営戦略として捉えられるが、健康維持専門医との連携強化などに力点をおき、従来型の利益確保策から、健康維持への投資を進めることによって最終的な利益を確保しようとする動きが顕著となりつつある。しかし、これは同時にマネジドケアの医療費抑制効果を弱めることとなった。

1)消えたPPMC

前節でマネジドケアに付随する形で成長を遂げたPPMCについて詳述したが、その後の動きについて加筆したい。PPMCは保険者と医療機関の間にあって医療機関の保険者との契約更新を中心に、診療以外のすべての経営を代行する企業として、90年代の前半から急成長を遂げたことは前述の通りである。その際、例示したのが最大手であるメッドパートナーズ社であるが、同社は1998年PPM事業から撤退、1999年には会社更生法の適用を申請するに至った。一時は年間48億ドルの売上げと6,000名近い加盟医師を抱え、名実ともに全米第

1位の座を不動のものとしたかに見えたが、業界2位のPhyCor、第3位のPFA社ともども、PPM事業そのものが市場から抹殺されたかのように、消滅したのである。

その理由については、PPMCによる医師雇用という形態が結果的に医師そのものの反発を招くに至り、急速な加盟者の減少、投資欲の冷え込みといった悪循環に陥ったことがあると考えられる。PPMCはまさにマネジドケアの申し子的存在として脚光を浴び、一時的には従来のHMO等からの締め付けに対する反発もあり、多くの医師たちの賛同を得たものの、結果的にPPMC自体がHMOと同様、診療行為にまで干渉するに及び、再び医師の反発を招いたのである。またPPMC自体も爆発的な拡大路線を進める中で、経営権の買収に伴い医療過誤リスクまで同時に背負い込む形となったこと、また、市場獲得に向けた過当競争により、PPMCそのものの経営基盤整備が遅れたことなど、複合的な要因も崩壊速度を速めたと言える。いずれにせよPPMCは、HMOなど保険者の強大な勢力を背景に一種の「隙間産業」的に発展を遂げた企業形態ではあったが、保険者、医療機関、患者といったマネジドケアを構成する力関係の微妙な変化が、PPMCの存在価値そのものを抹消したと推測することができる。すなわち、風潮としての利用者のHMOへの不信感、プロバイダーたる医療機関の巻き返し、HMOそのものの弱体化といった環境変化が、中間的組織の介在を許さない状況を生み出したと言うことができる。

2）マネジドケアの抱える課題

上述したような環境下、HMOにおける2002年の保険料は2桁台の上昇を示し、今後さらに悪化傾向が続くとの意見が大勢を占める。これに関しては大手コンサルティング会社Hewitt Associatesはその報告書の中で、2003年の健康保険料は15.4％上昇するであろうと予測し、この数字は1990年代の初め以降最も高い上昇率だと述べている。因みに2002年における健康保険料の平均上昇率は13.7％であった。同報告書では『現在市場で提供されているヘルスケアに関して何等かの基本的な改革を行わない限り次の5年間にヘルスケア・コストは倍になるであろう』とも予測する。

このような中で2003年における従業員が負担する保険料の上昇率は、平均独身社員で19％、家族持ちで24％と予測する。すなわち事業主は上昇する健康保険料を従業員にも負担を求める以外に解決の方法はなく、「すでに多くの事業主はその他の代替方法を探し求めているとし、その中にはコスト分担方式、扶養家族分に関する自己負担率の上昇、さらに事業主が一定額の健康保険料分を従業員に提示し、その金額を利用して従業員が自分で自分に適した健康保険プログラムを作成・設定する方式（Defined Contribution, 確定拠出年金）等を採用している」と報告している。このDefined Contributionについてさらに詳しく述べれば、事業主が企業としてのヘルスケアに関する一定の金額を各従業員に対して提示することで、従業員はその金額を利用して自由に自己負担率を設定したり自己負担金を高く設定したりすることができるというものである。しかし、ある調査は、従業員が複雑な米国の健康保険制度を十分に理解した上でそのような健康保険プログラムを購入するかどうか疑わしい、と報告している。さらに、若年者層などは普段は健康であることから非常に低い自己負担金を支払うように設定した健康保険プログラムを購入したものの、予期しなかった病気で重症になった場合、その従業員が破産するといった事態も考えられ、そのような際の雇用者としての企業責任が問われる可能性もあることから、このDefined Contributionはそれほど事業主に採り入れられている状態ではない、と見る向きもある。

　こういった保険料上昇の背景には、上述したメディケア・チョイス・プログラムの失敗も挙げられるが、主要因があると言うわけではなく、高齢者層人口の増加、高度医療技術の浸透、高い処方薬、人件費の上昇、さらに病院施設と健康保険を取り扱うHMOの合併、統合化等が挙げられる。

3）HMOに対する医師の訴訟問題

　2002年における、医師が構成する組織によるHMO組織提訴の問題はフロリダ州、カリフォルニア州、ジョージア州、テキサス州等で見られたが、原告側はHMOを相手どってRICO（Racketeer Influenced and Corrupt Organizations Act of 1970, 事業への犯罪組織等の浸透の取り締まりに関する法律）に違反してい

る、として提訴している。RICOは主として犯罪組織等を対象とした連邦法で、（賭博、贈賄、売春、麻薬取引、悪徳貸付商法などを含む）きわめて広範な犯罪活動に対して、これらへの予防手段として、直接間接に関わらず事業活動に浸透、支配し、そこを資金源として利潤を上げることを取り締まる法律であり、HMOがこれに抵触するとしたのである。これに関して全米医師会のRichard M. Corlinは「マネジドケアが医師に対する現在のような取り扱いを変えない限り、訴訟はますます増えるだろう」と予測する。医師がHMOを告訴する理由としては、治療行為への干渉が最大理由とされるが、片や医療過誤訴訟の増加が進む中でプロフェッショナルフリーダムへの圧力に対する医師たちの強い意志が浮き彫りとなりつつある。

4）HMOに対する利用者による訴訟問題

マネジドケアという機能は文字通り、保険者の力が医療機関、利用者の双方に作用する構図となっている。このような中で、利用者は常にこれらパワーバランスの中では弱者となりやすい。すなわち保険者主導の弊害を最も受けやすいのが患者たる被保険者ということになる。とりわけHMOは、その形態から利用者の受診を抑制する性質をもっており、ここに利用者の不満が鬱積することとなる。HMO加入者減少の理由がまさにここにあるのであるが、HMOによる受診の事前承認制や医師の適切な処置の有無を巡ってHMOを提訴する動きが高まっている。とりわけ医療過誤問題と保険者による治療行為への干渉は微妙な問題であり、上述した医師によるHMO提訴の動きにも連動する。つまり、患者が何らかの理由で損害を蒙った場合の責任の所在という問題である。仮に医師が保険者の指定した処方に準拠して治療を行い、患者に不測の事態が生じた場合の責任は、医師にではなく保険者に帰すと捉えられる場合が多いのである。

（1）HMO提訴事例

① カリフォルニア州に住む27歳の男性

心臓移植を受けた後、わずか4日で退院させられた。加入HMOがそれ以上の入院期間に対する費用の支払いを拒否したため。また術後の感染防止のための費用の支払いも拒否したため、この男性は死亡。

②　アトランタに住む生後6カ月の男子
　激しい動悸を伴う高熱におそわれ、母親が午前3時半にHMOに連絡。ホットラインに出た看護師は近くの病院ではなく、68km離れた当該HMO傘下の病院に行くように指示を出した。その結果、適時適切な処置が遅れたことによる両足切断を招いた。
③　フロリダ在住の高齢者（女性）
　自宅で倒れ、救急車で病院に運ばれたが脳出血のため死亡。ところが当該HMOは、治療費約3万ドルの支払を拒否。その理由として「緊急とはいえHMOへの事前連絡を怠り、さらに規定に基づく治療が施されなかったため」とした。

（ニッセイ基礎研究所レポート：1998年7月号）

5）保険料率上昇に対する被保険者の反発
　2003年1月14日と15日の両日、健康保険料自己負担金の増額に反対して米国23州、48カ所においてGeneral Electric（GE）の従業員が2日間のストを行ったことは日本でも報じられた通りである。
　報道によると、GEの2003年におけるHealth Care Preferred Planにより、従業員が自己負担金額を1人当たり年間約300ドルから最高400ドルの増額を決定、その内訳は専門医への診察時には10ドルの上昇、再診に際しては25ドル、そして入院に際しては150ドル程度の自己負担金をこれまで以上に求めるというものであった。これに関して組合の役員はGEの健康保険制度の値上げにより、組合員は年間約300ドルから400ドルもの自己負担増になる、と説明している。一方、GEでは、2003年において予測されるヘルスケア・コストは1999年と比較して1人当たり2,350ドルの上昇となり、GEのヘルスケア・コストは1999年の9億6,500万ドル（1:00ドル＝120円換算で1,158億円）に比べて、2002年は14億ドル（同1,680億円）であった、と報じている。すなわち、今回のヘルスケア・コスト上昇分2,350ドルのうちの300ドルから400ドル程度を従業員負担とした訳である。ストライキを敢行した組合では、その理由を自己負担金の増加に対してではなく、上昇したものを従業員にも負担させるという会社側の手段に対

して異を唱えたとしている。さらに、いわゆるコスト・シフティングに対する組合員としての不満表明とも説明している。

このような健康保険制度に関して、プリンストン大学で教鞭を執るUwe E. Reinhardt政治経済学教授が興味深いコメントを述べているので引用したい。

ゼネラル・エレクトリックの従業員はヘルスケア・コストが比較的緩やかな上昇（年間にして$200とか$400の自己負担金が増える）に関してストライキを実施し、ヘルスケアに関していえばアメリカが未だ若いことをさらけ出す結果となった。

ここでいう若いとは『年齢が若いyouthful』事ではなく『子供っぽいjuvenile』という意味である。その理由として、米国における経済は、以前は福利厚生が非常に手厚いものであったが、社会の経済構造変化により社会全体として最低賃金の引き上げが求められるようになったことから、結果的に福利厚生に関する費用を圧縮して、人件費を捻出する風潮が醸成された。これについてUAW（United Auto Workers、全米自動車労働者組合）のDouglas Fraser前会長は1992年の米国議会予算事務局でも『米国における従業員が受け取るインフレ調整済みの賃金が過去20年間にわたりそれ程上昇しないのは従業員の健康保険料が高騰することが原因』と分析している。多くの企業福利厚生管理部門のマネージャー達は、押し寄せる最低賃金の値上げ運動に直面し、これらへの対応を迫られ、一方で、米国のヘルスケア・システムは殆ど企業の抵抗に出くわすこともなく供給側主導による支払い管理が行われ、それ自体がマネジドケアと称されることとなった。そのマネジドケアにおける管理体制は政府によっても、被保険者によっても干渉されることもなく、全てが営利主義のヘルスケア供給サイドによる管理の下で行われ、更に、それがHMO間における競争へと進んでいった。

それにより企業従業員はマネジド・コンペティション下のHMOが提供するメニューの中からの選択を迫られることとなり、HMOによる医師、病院、薬局等、HMOが定める、押し付けの条件と価格で行う交渉による条件に企業従業員は従わざるを得なくなった。HMOではこのように条件を付加することでそれまでのヘルスケアにおける無駄を排除することでヘルスケア・コストを抑制するというものであった。

このHMO主導によるマネジドケアは1993年から1997年頃まではコスト管理が成功したかのように見えた。その証拠に1990年代の中頃まで、従業員によって支払われる健康保険料は1桁台の上昇で留まっていた。

しかし、1990年代後半より、経済が好況であったこととも相俟って、マネジドケアによるコスト管理で、従来のごとく、フリーアクセスへの制限や医師の指定制等に対する反感が高まってきた。同時にマネジドケアにより医師の収入が下がったこともあり、マネジドケアのプログラムに加入している医師達はメディアや政治家を通じて不満を訴えることとなり、被保険者、プロバイダーの双方からマネジドケアに対する激しい反動が見られるようになった。そして2000年の終わりにはマネジドケアの管理

の手は緩められ、完全に機能不能となり、マネジドケアのコンセプトに対して死亡宣言が出される結果となった。

　しかしながら、こういった営利主導と目されたマネジドケアに対する戦利品として国民が得たものは毎年2桁台の保険料の高騰と、目にみえた患者の自己負担金の高騰であった。

　今、米国民に残されている道は、事業主によるマネジドケアを嫌う以上、従業員自らがコストパフォーマンスの高い医療サービスを選ぶことしかない。即ち、米国民が求めているのは、国民のヘルスケアに関しては、自己負担金もなく、事業主が全てカバーする健康保険に加入し、無料で治療を受けられることである。もう、これはアメリカン・ドリームとしかいいようがない。このような夢見る人達は現実には自分の医療費に関してヘルスケア・コストは高騰し、自己負担金額が増えることに対して、その元凶となる自らの姿を見いだそうとしているようなものである。

（資料提供　山岡幸雄（在ロサンゼルス））

6）マネジドケアの葛藤

　以上のように、マネジドケアは、その医療費抑制といった効力を失いつつある感が否めない。その背景には、低負担を求めつつも、常に最新の医療機器による最新の医療を受けたいとする米国の国民性があると考えられる。すなわちマネジドケアが容認された背景には米国経済の成長基盤のもと、国民の医療費負担の低廉さとプロバイダーに対する一定の報酬保証があったことから、まさにマネジドケアとしての均衡を得ていたものと考えられる。しかしながら、低成長・高負担といった社会環境の変化が、マネジドケアによる保険者の営利性を強調せしめ、医療サービスの低下に対する不満、また医師への報酬削減が医師本来のプロフェッショナル・フリーダムの再燃を招いたとみることもできる。その決定的契機となったのが、BBAによるメディケア・チョイス・プログラムの推進策であったのかもしれない。HMOの経営悪化を保険料率のアップ、あるいは医師に対する介入強化といった手段で切り抜けようとするならば、当然そこに医師・患者双方の反発を招くであろうことは容易に想像できる。もちろん、こういった経営を行うHMOは一部に過ぎないと考えられる。すなわちマネジドケアという概念そのものは、それらが健全に機能している限りにおいては、依然として医療費の抑制効果をもたらしているといえるのである。し

かしながら上述したように営利性と医療サービスの質といった観点から、当分の間、HMOそのものの体質改善も含めた議論は続くこととなろう。わが国においても保険者機能の強化が叫ばれているが、本質論としては、医療費の抑制効果が大いに期待できる。しかしながら、保険者の財政がダイレクトに医療サービスに反映することとなれば、米国と同様の問題を生じ、ひいては国民皆保険制度そのものの存続をも大きく揺るがす事態にもなりかねないのである。

7）メディケア改革法案（メディケア・パートD）の成立

2003年11月25日、メディケア改革法案（メディケア処方薬と現代化法2003）がアメリカ連邦議会を通過し、12月8日に大統領が著名、成立した。同法案は、1965年の制度創設以来、欠落していたメディケア受給者への外来薬剤給付（メディケア・パートD）を柱としつつ、公的保険への市場原理再注入を目的とするものである。同法の施行により、現状89％が加入するFFS（fee-for-service、出来高払い）型保険加入者に対しては外来処方専門の民間プランが、すでに11％までに落ち込みを見せているメディケア・チョイスプラン加入者にはマネジドケアの手法により医療と同様に薬剤を給付することになる（Medicare Advantage：M.A、メディケア・アドバンテージ）。連邦政府は2007年までにM.Aタイプの受給者を全体の3分の1にまで引き上げるとしている。すなわち薬価への政府介入を禁じ、市場原理を反映させることにより、再びマネジド・コンペティションを誘引し、結果的に加入者が増加することを期待しているのである。HMOのメディケアからの撤退が進む中、今後10年間で4,000億ドルもの予算を伴う同法の施行で、再びHMO、PPO等を中心とするマネジドケアに対する評価を引き出し得ることになるのかが大いに注目される。

《マネジドケア関係用語の解説一覧》
APC（Ambulatory Payment Classification）：メディケアにおける病院外来包括払い。外来化が進む急性期医療に対して2000年から導入された。DRG/PPS同様、臨床的特質や消費された医療資源パターンなど類似した外来患者をグループ化し、それ毎に償還価格を決め、定額払いを行う。DRGが約500分類に対し、APCの分類数は1,075にも及ぶ。
APG（Ambulatory Patient Group）：外来患者グループに対して、現在研究が進行中の外来医

療の包括払い方式導入を意図した「外来患者のグループ化手法」である。

BBA（Balanced Budget Act）：1997年施行された均衡予算法により、1998年から2002年までに財政赤字（1,980億ドル）の解消を目指し、PPSの償還基準額引き下げ、APCの導入等によりメディケアだけでも1,150億ドルの公費削減をもくろんだが、その後、BIBA（予算均衡法修正法案）によって下方修正された。

Blue Cross（ブルークロス、B/C）：民間の保険団体。病院等施設サービスに関する保障を行う。メディケアパートAの支払い機関でもある。

Blue Shield（ブルーシールド、B/S）：民間の保険団体。医師サービスに関する保障を行う。メディケアパートBの支払い機関でもある。

CMS（Centers for Medicare & Medicaid Services）：メディケア・メディケイド庁。2001年4月にHFCAを改名した。

COBRA（Consolidated Omnibus Budget Reconciliation Act of 1985）：包括予算調停強化法と訳される。PPRC（診療報酬検討委員会、DRG・RVSの導入等を研究した機構）の設置が本法で決定された。

Coder（コーダー）：コーダーは、2年間の学校教育を経た後に「RHIT」、4年間の教育を経た場合には「RHIA」という国家資格を取得することになる。米国の場合、医師にコード付けは義務付けられておらず、コーディングは、「コーダー」が行う。病院の収益にも大きく影響するコーダーの役割は非常に重要であり、待遇面でも優遇される。優秀なコーダーについては慢性的に不足しているといわれる。

CPR（Customary Prevailing Reasonable）：メディケアの基本的な報酬支払い額決定方法。DRG/PPS・RVS導入以前はすべてこの方式であった。実際の請求額と同一地域の同一専門医の請求額を比較し、低額な金額に基づき償還する。同一地域の同一専門医の請求額を最低額から順列し、75％に相当する金額と実際の請求額を比較する方式である。

CPT4（Current Procedural Terminology Forth edition）：医師診療行為報酬のための全米共通コード。HCPCSはレベル1から3までの3段階に分類され、レベル1がCPT4に該当する。CPT4は5桁の数字で表され、毎年1回改訂、更新される。

DEFRA（The Deficit Reduction Act of 1984）：赤字削減法と訳される。

DRG/PPS（Diagnostic Related Groups/Prospective Payment System）：臓器別疾患分類ごとに係数を設定し、入院費用を給付する方法。DRGは臓器別疾病分類を意味し、PPSは予定費用を前払いする仕組みを意味する。1983年よりメディケアに段階的に導入され、1986年に全州で実施された。多くの州ではメディケイドにも導入されている。また、HMO等の民間保険でもこれを導入していることが多い。

HCPCS（HCFA Common Procedure Coding System）：メディケアやメディケイドを取り扱う米国医療財政庁（HCFA）が定めたコード体系。ICDがホスピタルフィーの請求に使用され、HCPCSの中で定めるCPT-4はドクターズフィーの請求に利用される。

HMO（Health Maintenance Organization）：ヘルス・メインテナンス・オーガニゼーションの略で医療保険基金と医療を受ける者、提供する者を組織化した医療保険システムで、会員制の包括医療提供サービスを行う保険機構である。組織化の形態別に3種類から4種類に分類される。1973年のHMO法で定義づけられた。
　① HMOスタッフ型（STAFF-BASED HMO）：病院が創設したHMOに多く見られる。病院を医療保険基金の所有としてさらに医師を雇用して医療供給体制を整える。医療の受益者は、定額保険料を基金にして支払い機構内の医療機関でサービスを受けられる。
　② HMOグループ型（Group HMO）：民間保険会社や企業が創設したHMOに多く見られる。基金が病院・医師グループとの間で医療提供内容・価格について契約を締結し、医療供給体制を整える。医療受益者は定額保険料を支払い、契約先の医療機関でサービスを受けることができる。
　③ HMO IPA型（Independent Practice Association HMO）：インデペンデント・プラクティス・アソシエーションの略で医師グループが創設したHMOに多く見られる。医師グループが共同組織であるIPAと医療保険基金を創設し、IPAと医療保険基金とで人頭制による支払い契約を締結する。さらに医療保険基金は病院と契約を締結、医療供給組織を整える。医療受益者は医療保険基金と加入契約を結んで会員となり、組織内の医療機関でサービスを受ける。

Hill-Burton Act（ヒル・バートン法）：正式名称は病院調査・建設法（Hospital Survey and Construction of 1946）。ヒル・バートンは法案提出した議員の名前。医療施設の建設・改善を促進することを目的としてその費用を補助することを定めた法律。

ICD（国際疾病分類、International Classification of Disease）：疾病分類の国際的な統一を図ることを目的に作成される。現在、その改訂はWHO（世界保健機関）が行い、加盟各国は79年における第9回修正国際疾病分類（ICD-9）か、94年における第10回修正国際分類（ICD-10）のいずれかを使用している。

ICD-9-CM：ICD-9は本来死亡率の統計データの収集を目的とし、症例別コードのみの構成である。米国で用いるICD-9-CMに修正を加え、細目化し、さらに処置コードを一本化した。これにより疾病コードはICD-9より3,000多い、約1万項目に達する。

Intermediate Care Facilities（インターミディエイトケアファシリティ）：ナーシングホームの一種でナーシングファシリティの別名称である。介護看護機能がスキルドナーシングホームとレジデンシャルケアファシリティの中間であったためにこの名称で呼ばれた。現在は法的に機能強化されており、スキルドナーシングホームと同様である。ただしメディケイドの適用しか受けられない。

JCAHO（Joint Commission on Accreditation of Healthcare Organization）：医療機関合同認定委員会と訳されている。第三者機能評価を行う民間機関。メディケアの適用機関・民間保険適用機関の指定を行う際に同機構の評価認定が活用されている。またHMOや民

間保険会社が契約を結ぶ際にもこの認定を必要要件としている。

Kerr-Mills Act（カー・ミルズ法案）：高齢者医療保険を創設することを提唱した初めての法案で、1960年に上院議員ロバート・カー、下院議員ウィバー・ミルズによって提出された。後のメディケア・メディケイドを創設する機運を高めた。

Managed Care（マネジドケア）：医療費の適正化のために超過需要を減らすシステムの総称。医療保障者が医療を受ける者と医療を提供する者に医療費を抑制する動機づけを行うシステムで、抑制された成果を医療提供者・受益者が享受できる仕組みを構築し、抑制に必要となる交渉と管理統制を実施するものをさす。米国ではHMO・PPOをさしてマネジドケアと呼ぶことが多い。これは双方がマネジドケアを運営する目的で成り立っている組織だからである。実際には、民間保険会社・保険団体も医療管理統制機能のある医療保険、例えばPPO等との提携に基づくマネジドケア型保険を有し、これを主力商品としており、これらもマネジドケアの担い手となっている。

MDC（Major Diagnostic Categories）：主要診断群、基本的診断群、主要診断カテゴリー。米国においてDRGを開発する際に、臨床上の一貫性を保つためにICD-9CMにおける17の主分類をベースとしてカテゴリーを決定したが、この分類をMDCと呼ぶ。現在米国においては、一部細分化され、25分類となっており、それぞれのMDCにDRGが連動する。

Medicare（メディケア）：高齢者を対象とした公的医療保険制度であり、連邦政府が運営し主に急性期医療を保障する。入院費用保険のパートAと医師サービスなどの費用を保障するパートBがあり、前者は強制、後者は任意加入としている。

Medicare Choice Program（メディケア・チョイス・プログラム）：HMOに加え、POS、PPOといった保険に対しても、メディケア対象者の加入を認めることにより、一段とマネジドケアを普及させようともくろんだもの。しかしながら、マネジドケアの普及が遅れている地方の償還割合を高めたことや、もともとハイリスクの老人を抱えることにより保険者の財政は悪化し、同プログラムからの撤退が相次いでいる。

Medicare HMO（メディケアHMO）：メディケア支出削減を目的としてマネジドケアの手法を取り入れたもの。メディケア加入者は任意でHMOを選択、連邦政府は加入者の年齢、性別等に応じ、HMOに1人当たりの定額報酬を支払う。

Medicaid（メディケイド）：貧困者を対象とした公的医療扶助制度である。州政府が実施主体であり、連邦政府は補助を行う。連邦政府は州政府に最低行うサービスを定め、付加サービスは州政府が決定する。提供サービス・保険料率等は州によって異なる。

NF（Nursing Facilities）：メディケイドが適用されるナーシングホームをさす。インターミディエイトケアファシリティと呼ばれることもある。

NH（Nursing Home）：わが国の特別養護老人ホーム、老人保健施設、シルバーマンションといった施設の総称。NSと略されることがある。ナーシングホームは保険適用に基づき3種類に区分されることが多い。スキルドナーシングホーム/メディケア・メディケイドともに保険適用あり、ナーシングファシリティ/メディケイドのみ保険適用

あり、レジデンシャルケアファシリティ/保険適用なし。

OBRA（Omnibus Budget Reconciliation Act of 1987）：包括予算調停法と訳し、87年に立法化され、88年の診療報酬の凍結、メディケア参加医師の請求金額の上限等を規定した。

PACE（Programs of All Inclusive Care for the Elderly）：1990年より開始された包括的在宅サービスに対して包括払いの報酬を支払うというモデル事業。事業財源はメディケア・メディケイドである。

PDG（Patient Dependency Group）：依存度別患者グループと訳される。RUGの成果を受けて開発が着手された。ナーシングホームの患者を介護依存度で分類するという手法である。この分類ごとに必要な経費を算出するという研究が現在進められている。

POS（Point of Service）：HMOとPPSの中間的位置付けであり、受診者選択プランと訳される。従来のHMO型保険プランに一部Indeminity（伝統的医療保険）の要素を取り入れたプラン。

PPMC（Physician Practice Management Company）：ソロプラクティスのクリニックの医療以外のすべての業務を代行する企業。保険会社の折衝も代行するため、医師の医療行為まで管理を行っているのが特徴である。

PPO（Preferred Provider Organization）：選定医療提供者組織と訳されている。病院・医師グループがブルークロス・ブルーシールド・保険会社と契約し、これらの保険者の加入者に割引料金で診療・医療施設を提供する機構である。

PSRO（Professional Standard Review Organization）：1972年に創設された診療報酬支払い時の審査機構。後にPROに改組される。

PRO（Professional Review Organization）：保険支払いの審査機関の略。診断内容の正確性、提供された医療サービスの妥当性、患者の入院、転院が適切か否かを判断している。

RUG（Resource Utilization Group）：資源利用度別グループと訳される。ナーシングホーム入所者を医療資源の必要度によって分類する手法で、長期療養におけるDRGのようなものである。メディケイドで多く採用されている。

RVS または RBRVS（Resource-based Relative-value Scale）：メディケアが1992年に導入した医師診療行為報酬の算定手法。医師の診療活動それぞれにかかる費用相互の関連性を係数化し、これに基づき診療報酬点数を設定する。

SNF（Skilled Nursing Facility）：メディケア・メディケイド適用のナーシングホームである。

SP（Solo Practice）：医師が単独で開業する形態。

TEFRA（Tax Equity and Fiscal Responsibility Act of 1982）：1982年に税の公平と財政責任を定めた法律。この法律で医療請求の審査機構であるPROの設置を定めた。

TQM（Total Quality Management）：各部門ごとにメンバーを選出するというプロジェクト形式を採用した活動で、品質管理・コスト削減といったテーマに取り組む経営活動。

UCR（Usual Customary Reasonable）：B/C・B/Sの出来高保険の支払い額決定方法。方法はメディケアのCPRに同様と考えてよい。本来この手法はB/C・B/Sが作り上げたもので、メディケア創設時にこれを基礎に制度を構築し、極めて類似する要因となる。

第3章
アメリカの高齢者介護
The Long-Term Care for the Elderly in the USA
伊原和人 *(Kazuhito Ihara)*

はじめに

　高齢社会への対応は、米国においても極めて重要な問題である。2000年現在12.4％に達している高齢化率は今後継続して上昇し、戦後生まれのベビーブーマー世代が高齢者となる2010年以降には、本格的な高齢社会に突入するものと予想されている。

　こうした高齢化の進行とともに、介護を必要とする高齢者は増加しており（1990年段階で733万人）、高齢者介護問題は、日本同様、広く社会、経済その他の方面で大きな関心を持たれてきている。

　自己責任を重視する米国の場合、高齢者介護についても基本的に個人責任という考え方に立ち、ヨーロッパ諸国や日本のような公的な介護保障制度は存在しない。医療の範疇に入る一部の介護サービスがメディケア（高齢者・障害者のみを対象とした医療保険制度）でカバーされるに過ぎず、介護費用のために資産を使い尽くし自己負担できなくなった場合に初めて、メディケイド（低所得者を対象とした医療扶助制度）がカバーするという構成となっている。

　こうした状況に対する国民、とりわけ高齢者層の不満は強く、これまで幾度となく、介護サービスに関する給付制度の創設（拡充）に関する法案が提出されてきたが、いずれも実現に至っていない。

　意外に思われるかもしれないが、米国では、家族介護のウェイトが日本以上

に高く、家族介護の重い負担に苦しむ家族の姿を、さまざまなメディアで目にすることも多い。

しかし、近年、女性の社会進出などの社会的要因とも相まって、施設、在宅を問わず、提供される介護サービスは着実に増加してきている。特に、在宅サービスは、入院期間や施設入居期間の短縮を図ることによりメディケアやメディケイドの費用をコントロールしようとする連邦政府、州政府の積極的な奨励策もあって、1990年代に入って急速に増加している。

また、こうした中で、マネジドケアの手法を活用して医療と介護サービスを包括的に提供し、サービスの質の向上と費用の効率化を両立させようとするPACE（Programs of All Inclusive Care for the Elderly）などの試みも精力的に進められている。

一方、こうしたサービスの量的な拡大が進む中で、介護サービスの質のあり方が問われてきている。介護サービスの質といえば、従来、ナーシングホームにおける虐待などの問題に端を発し、1987年のナーシングホーム改革法（Omnibus Budget Reconciliation Act of 1987の一部）などで規制強化が図られてきた。さらに近年では、ナーシングホームの監査情報を公開し、利用者の選択を通じて質の向上を図るプログラム（Nursing Home Compare：ナーシングホーム比較プログラム）も実施されている。また、介護オンブズマン（Long-Term Care Ombudsman）制度や第三者評価制度といったユニークな制度も定着している。質の確保を制度の面から見ると、米国はさすが消費者の権利が重視される国だけあって、整っている。

しかし、メディケアやメディケイドの費用抑制が進められる中で、現場スタッフのレベルの低下などを背景に、ナーシングホームにおける虐待や放置といった深刻な事件は後を絶たない。また、在宅サービス分野では、急速に増加するサービス量の拡大に、質の確保に関する取り組みが追いついていけないという状況が続いている。さらに、メディケアやメディケイドにおける不正（不適正）請求問題も大きな課題となっており、サービス事業者に対する報酬支払い制度の改革などが進められている。

こうした動向を眺めていると、国民性や文化、そしてその発露である制度の

違いはあるものの、日米はともに、高齢者介護という問題を前にして、共通した課題に直面し、ともに悪戦苦闘しているという事情が理解できる。日本では2000年の介護保険制度の創設前後から高齢者の介護を取り巻く状況も大きく変わってきているが、こうした日本にとって、米国の高齢者介護の現状は「反面教師」という側面のみならず、「医療と介護の統合」や「介護サービスの質の保障」といった面で、大変参考になる取り組みが少なからず存在している。

本章では、こうした視点に基づき、米国の高齢者介護に関し、サービス提供、費用負担の両面から、その現状と制度について解説するとともに、近年見られる新たな動向について紹介する。

なお、本章は、1998年に厚生省短期在外研究員（当時）の和田康紀氏とともに、「週刊社会保障」誌に連載した「米国における介護サービスの質の確保――第三者評価機関による評価アプローチを中心に――」（No.2003～No.2010）を大幅に加筆修正し、さらに今回、新版に改訂するに際し、旧版以降の動向を加えたものである。

第1節　介護を要する高齢者等の現状

1．高齢化の状況――高齢化率は、先進国の中では低い。
　　　　　　　　　　ベビーブーマーが引退期を迎える2010年以降、急速に上昇――

図1は、先進諸国の高齢化率の推移を見たものであるが、米国は2000年現在、12.4％と比較的低い水準となっている。日本は従来、米国と並んで低い水準にあったが、現在急速に高齢化が進んでおり、21世紀初頭にはイタリアを抜いて世界一の高齢化率の国となる。

しかし、米国もベビーブーマーが引退期を迎える2010年以降、急速に高齢化が進むと見込まれており、現在、メディケアやソーシャル・セキュリティと呼ばれる年金制度の財政破綻が懸念され、さまざまな改革案が議論されている。

図1　先進国の高齢化率の推移

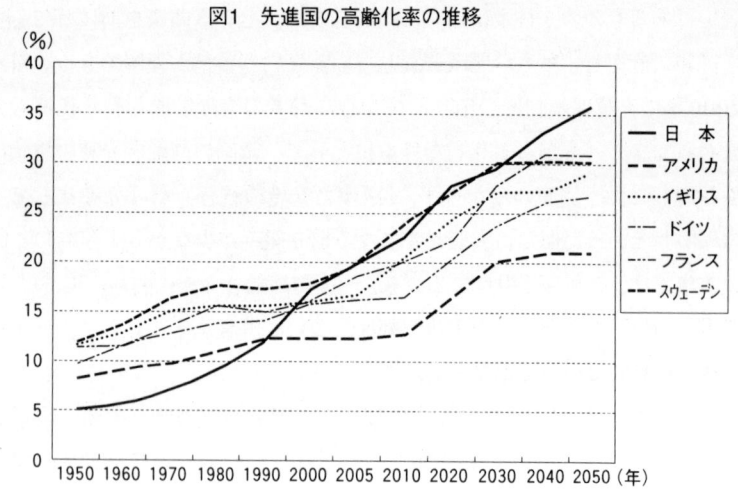

(出所) 日本は総務省「国勢調査」および国立社会保障・人口問題研究所「日本の将来推計人口（平成14年1月）」、海外は U.N.「World Population Prospects: 2000」

2．要介護者の状況

――要介護者の発生率、在宅介護を受ける者の割合が高い――

1994年に発表された会計検査院（General Accounting Office）の調査レポート「Long-Term Care：Diverse, Growing Population Includes Millions of Americans of All Ages」によれば、1990年現在、介護を必要とする高齢者は約733万人、そのうち在宅でケアを受ける者は78％、ナーシングホーム等の施設に入居している者は22％とされている（表1参照）。日本の場合には、2002年8月末時点で、要介護1以上の認定を受けた高齢者（約266万人）のうち、施設

表1　米国における要介護者の状況（1990年）　　（単位：千人）

	施設	在宅	合計
18歳未満	90　(21%)	330　(79%)	420　(100%)
18歳以上64歳未満	710　(14%)	4,380　(86%)	5,090　(100%)
65歳以上	1,640　(22%)	5,690　(78%)	7,330　(100%)
合計	2,440　(19%)	10,400　(81%)	12,840　(100%)

(出所) 米国会計検査院：Long-Term Care：Current Issues and Future Directions（1995年4月）

サービスを利用した者が約26％となっており、施設入居者の比率は米国とほぼ同水準である。在宅でケアを受ける者の割合は、日本の場合、介護保険対象施設以外の病院に長期入院している者が相当数存在することを考えると、やや米国の方が高いとも考えられる（ただし、この会計検査院の数値には、日本でしばしば虚弱と定義される者も含まれているために、単純な比較はできないことに留意する必要がある）。

日本では家族介護が一般的であり、子どもとの同居率が低い米国の場合には、身体が不自由になるとすぐ施設に入居していると考えられているようだが、事実は必ずしもそうなっていない。

こうした状況が生じる理由はいくつか考えられる。その1つは、米国における要介護高齢者の発生割合が大変に高いことである。先の米国会計検査院のレポートでは、実に高齢者の約24％（4人に1人弱）が要介護者とカウントされている[1]。日本の場合、2002年8月段階で要支援との認定を受けた者を含めた要介護認定高齢者数は約310万人と高齢者人口の約13％であり、米国の約2分の1程度にとどまっている。

もう1つの理由として、公的給付が乏しく長期の施設入居が困難となっていることが挙げられる。欧州諸国や日本の場合には、施設入居を保障する公的な制度が存在し、入院あるいは施設に入居した方が、本人・家族にとって経済的負担が少ないことが多い。これに対して米国の場合には、施設サービスに関する公的な給付は限られており、例えば、ナーシングホームの費用は入居後100日を超えると全額自己負担となるなど大変に厳しい状況となっている。こうした事情のために、長期の施設入居は、本人や家族がよほど経済的に豊かであるか、逆に、メディケイド（医療扶助制度）の対象となるほどに低所得である場

表2　在宅の要介護高齢者が受けている介護内容

	1989年	1994年
無償介護のみ	63.3％	56.5％
無償介護＋外部サービス	31.4％	38.6％
外部サービスのみ	5.3％	4.9％

（出所）National Long Term Care Survey（1989年・1994年）

合に限られてしまうのである。

　前述のように在宅で介護を受ける者が多いが、その多くは家族や友人による無償の介護に頼っている。1994年に実施された National Long Term Care Survey [2] によれば、施設以外で介護を受けている者のうち、約95.1％が何らかの無償介護を受けており、約56.5％が家族や友人による無償介護のみに頼っている。しかし、表2のように1989年の調査と比較すると、次第に無償介護のみという割合が低下し、無償介護と外部サービスを併用するケースが増加していることがわかる。

　なお、議会予算局（Congressional Budget Office: CBO）が1999年に公表した「Projections of Expenditures for Long-Term Care Services for the Elderly」によれば、要介護高齢者は、今後、その発生率は徐々に低下するものの、数それ自体は、高齢化が進むにつれて増加すると推定されており、2020年には約1,000万人、2030年には約1,200万人に達するものと予測されている。

3．介護者の状況——娘が介護者となるケースが多い——

　図2、3は、それぞれ米国、日本の要介護高齢者を介護する介護者の状況である[3]。

　日米共通して、女性が介護者の中心となっているが、それでも日本に比べて

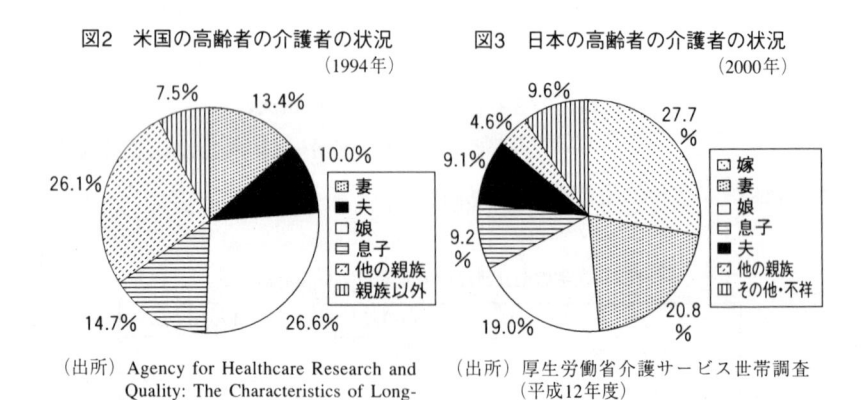

図2　米国の高齢者の介護者の状況（1994年）

- 妻 13.4%
- 夫 10.0%
- 娘 26.6%
- 息子 14.7%
- 他の親族 26.1%
- 親族以外 7.5%

（出所）Agency for Healthcare Research and Quality: The Characteristics of Long-Term Care Users（2001年）

図3　日本の高齢者の介護者の状況（2000年）

- 嫁 27.7%
- 妻 20.8%
- 娘 19.0%
- 息子 9.2%
- 夫 9.1%
- 他の親族 4.6%
- その他・不詳 9.6%

（出所）厚生労働省介護サービス世帯調査（平成12年度）

米国の方が男性（夫や息子）の比率が大きいことは1つの特色である。

　日米間で最も大きく異なる点は、娘と嫁の役割の相違である。米国の場合、介護者は、①娘、②他の親族、③息子の順となっているが、日本の場合には、①嫁、②妻、③娘となっており、米国においては、介護者として娘の役割が大変大きいことがわかる。そもそも、米国の調査では、「嫁（daughter-in-law）」といった調査項目は特に設けられておらず、日本においてしばしば耳にする「姑の介護」といった問題は、主要な関心事となっていないことがうかがえる。

第2節　介護サービスの提供体制
――大きな民間（営利企業）の役割、州間の格差の存在が特色――

　在宅において家族（無償）介護の割合が高いとはいっても、近年、女性の社会進出等の社会的要因とも相まって、外部サービスの利用は着実に進んでおり、施設サービス、在宅サービス共にその供給量は増大している。

　図4は、高齢者介護サービスの体系を概念的に示したものである。在宅サービスや施設サービスのほか、最近では assisted living facility に代表される地域居住施設サービス（residential community care）といった中間的なサービスも増加している。なお、ここで使用されている名称は、必ずしも全国的に統一されたものではない。というのはサービスの定義は、地域や制度によってまちまちだからである。

　米国における介護サービスの提供体制の特徴の1つは、民間部門（特に営利企業）の果たしている役割の大きさである。米国では、営利企業による病院経営が認められているとして、しばしば規制緩和の代表例として紹介されるが、全体に占める営利企業経営の病院の割合は意外に小さく、一般病院総数の約15％程度に過ぎない。これに対して、介護分野では営利企業による経営が一般的で、ナーシングホームを例にとると、その約3分の2は営利企業による経営である。

　もう1つの特徴は、州間格差の存在である。米国の場合、第4節で説明して

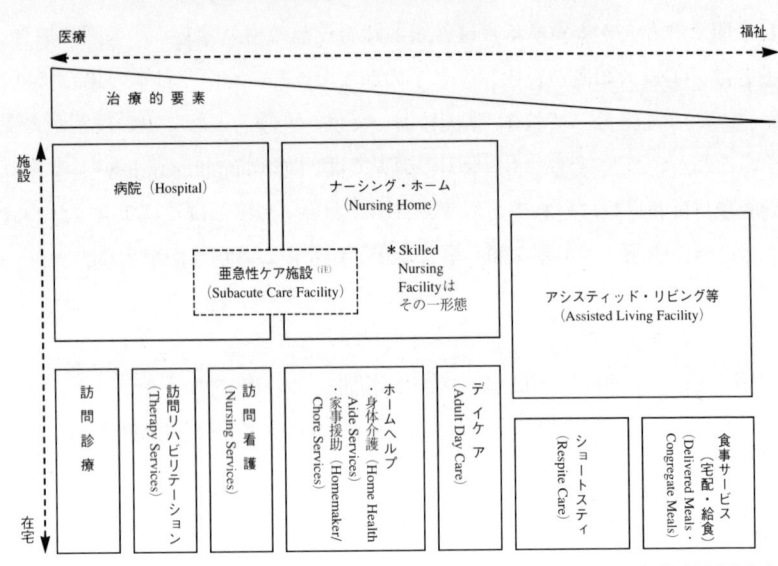

図4　米国における高齢者介護サービス体系

```
医療　─────────────────────────────────────→　福祉

　　　　　　　　　治療的要素

施設
　病院（Hospital）　　ナーシング・ホーム（Nursing Home）
　　　　　亜急性ケア施設（注）　　＊Skilled Nursing Facilityはその一形態
　　　　　（Subacute Care Facility）
　　　　　　　　　　　　　　　　　　　　アシスティッド・リビング等
　　　　　　　　　　　　　　　　　　　　（Assisted Living Facility）

　訪問診療　訪問リハビリテーション　訪問看護　ホームヘルプ・身体介護（Home Health Aide Services）・家事援助（Homemaker/Chore Services）　ディケア（Adult Day Care）
　　　　　　（Therapy Services）　（Nursing Services）
　　　　　　　　　　　　　　　　　　　　　　　　　　　　　ショートステイ（Respite Care）　食事サービス（宅配・給食）（Delivered Meals・Congregate Meals）
在宅
```

（注）亜急性ケア施設とは、急性期を脱した患者に対し、skilled care よりも濃厚な医療的なケアを行う施設

いるように介護サービス事業者に対する規制は、基本的に各州がそれぞれ担当している。規制対象となる事業者の範囲からその規制の内容まで幅広く州に一任されている。また、日本のように(新)ゴールドプラン(21)のような中央政府が定めた基盤整備計画も存在しない。さらに、介護サービスの主要な財源となっているメディケイドの運営も州が主体となっている。

こうした事情を背景に、介護サービスの水準や価格は地域（州）によって大きく異なっている。そもそもサービスや専門職の呼称（用語）すら州ごとに統一がとれておらず、しばしば理解に苦しむことすらある[4]。

日本であれば、こうした地域格差の存在は大問題となり、その是正が強く求められるのであろうが、州の強い自治を基本とする米国の場合には、意外なほどこうした地域格差に対する不満は聞かれない。

なお、こうした地域差を容認(むしろ積極的に支持)する風潮は、同時に、各地で地域の特色を生かした独自の試みを生むことにつながっており、第7節で見るようにPACEやSocial HMOなどの実験的なプログラムが多数実施されている。

1．在宅サービス（Home- and Community-Based Care/Services）

1）在宅サービスの種類——多種多様なサービス、最近では最先端の
　　　　　　　　　　　医療技術を在宅にも導入するケースが増加——

　在宅サービスは、訪問看護、訪問リハビリテーションといった医学的なケアから、食事・入浴・排泄などの介助、家事援助、食事宅配サービスまで、家庭や地域において提供される多様なサービスをさす。その定義は、地域や制度によってまちまちであるが、1997年に全米医療保険協会（Health Insurance Association of America：HIAA）が発行した「Long-term care：Knowing the risk, paying the price」（B.L.Boyd編）によれば、以下のようになっている。

① 訪問看護（Nursing Services）
　在宅で看護師等によって提供される褥瘡のケアその他の医療的なケア
② 訪問リハビリテーション（Therapy Services）
　在宅で理学療法士、作業療法士、言語聴覚士等によって提供される各種リハビリテーション
③ 身体介護（Home Health Aide Services）
　在宅で要介護者に対して提供される入浴、排泄等の身体介護（personal care）
④ 家事援助（Homemaker/Chore Services）
　食事の準備や洗濯等の基本的な家事の援助
⑤ デイケア（Adult Day Care）
　要介護者を対象とした施設で、各種の医療・福祉サービス（健康管理、リハビリテーション、食事、レクリエーション等）を提供するもの（1994年段階で全米に約3,000施設程度）。
⑥ 食事宅配サービス（Delivered Meals）/集団給食サービス（Congregate Meals）
　自ら食事を調達できない高齢者の自宅に定期的に栄養価のバランスのとれた食事を届けたり（宅配サービス）、高齢者福祉センター（日本の老人福祉センターに相当）等において、食事を提供する給食サービス
⑦ 送迎（Transportation）
　移動に当たって援助を必要としながらもその手段を得られない者に対して提供する送迎（移送）サービス

⑧　高齢者福祉センター（Senior Center）

　要介護者のみならず、すべての高齢者を対象に、レクリエーション等のほか各種日常生活上の支援を提供するもの。日本の老人福祉センターに相当する。

　なお、上記の分類には含まれていないが、以上のほか、ショートステイ（Respite Care）、栄養指導等がある。

　また、平均在院日数が約6日と短い米国では、以上のような要介護者を対象とした介護サービスのほか、最先端の医療技術を在宅分野にも積極的に取り入れ、病院内で行われるような各種の治療（在宅酸素療法、点滴治療等）を在宅で行う事業者も多数見られる。さらに、近年では、情報通信技術を利用し、訪問せずに遠隔地で、脳血管障害や心臓病の患者、切迫早産リスクを持つ妊婦など継続的な経過観察が必要な者を対象に、在宅ケアを提供する事業者も次々に登場している。

　2）急増していた在宅サービス、しかし、1997年の均衡予算法を契機に急減

　1980年初頭以降、ナーシングホームなどの施設サービスに要する費用を抑制するため、メディケアによる在宅サービスに対する償還要件が緩和されるようになったことや、各州がメディケイドを中心に施設介護から在宅介護への転換を積極的に展開したことから、1997年の均衡予算法（Balanced Budget Act: BBA）までの間、在宅サービスの事業者数、利用者数は、飛躍的に伸びた。

　全米在宅ケア協会（National Association for Home Care：NAHC）によれば、在宅サービスの事業者は2万以上存在するとされており、1963年において約1,100であったことと比較すると急速な伸長ぶりである。特に、90年代前半の伸びは著しく、メディケアの取り扱いを認められた指定在宅サービス事業者は1990年の5,695から1997年には1万444へと急増している。

　こうした成長は、特に、メディケアにおける在宅サービスの給付の取り扱いと大きく関係している。

　在宅サービスは、メディケア創設当初（1966年）から給付対象とされていたが、1980年代以前は、非営利の訪問看護協会（Visiting Nurse Association）の加盟機関しかメディケアの指定が受けられず、提供者が極めて限定されていた。

しかし、1980年代に入って、病院や営利企業にも指定の道が開かれたことから急増し、1980年から1985年にかけて2,924から5,983へと2倍以上に増加した。その後、当時の連邦医療保険財政庁（Health Care Financing Administration: HCFA、2001年7月よりジョージ・W・ブッシュ（George W. Bush）政権下で名称変更され、現在ではメディケア・メディケイド庁（Centers for Medicare & Medicaid Services: CMS））側が、償還手続きを複雑にしたり、償還条件を厳しく運用したりしたことから、一時、参入が減少したが、1989年に償還条件が緩和されて以降、再び指定事業者数・給付額ともに急速に伸び、一時は指定事業者数が1万を超える水準にまで達した。

しかし、1997年に成立した均衡予算法以降、風向きが大きく変わった。均衡予算法では、年20％近くも拡大する在宅サービスの勢いに対して懸念が高まり、その上メディケアにおいて4割もの不（適）正請求があるとの問題がクローズアップされたことなどから、その報酬支払い方式が見直され、償還額が厳しく抑え込まれたのである。

その結果、メディケアの指定事業者数は、一転減少に転じ、2000年段階では7,152事業者へと大幅に減少している。その意味で、米国の在宅サービスは、均衡予算法により大きな転機を迎えたということができよう。

なお、メディケアの認定を受けた在宅サービス事業者のうち、約40％は営利企業（病院を除く）、約30％が病院による経営となっている。均衡予算法までの間は、営利企業の占める割合が年々増加していたが、均衡予算法以降、営利企業の撤退が相次いでおり、その占める割合も低下している。また、メディケアにより在宅サービスを受けた者は1990年の約194万人から1997年には約360万人へと急増したが、1999年には約270万人まで減少している[5]。

2．地域居住施設サービス（Residential Community Care）

要介護高齢者の中にはナーシングホームでもなく、また自宅でもない地域居住施設（residential community）と呼ばれる assisted living facility、board and care homes、congregate homes、continuing-care retirement communities といった施設で生活し、各種のサービスを受けている者も多い。

これらの施設は、全米医療保険協会が発行した「Long-term care：Knowing the risk, paying the price」（B.L.Boyd編）によれば、一応、以下のように説明されているが、こうした名称は、施設を規制する各州の用語法によるものであり、実際には、サービスの内容はかなり共通している。
① Assisted Living Facility（アシステッド・リビング）
　ナーシングホームに入居するほどではないが、独立して生活することが困難な要介護者に対して、身体介護（personal care）に加えて、食事、洗濯、掃除などのサービスを提供するほか、レクリエーションや各種サークル活動の機会を提供している。基本的に個室である。なお、近年は、専門的な看護やリハビリテーション（skilled care）を提供し、ナーシングホームの代替的な役割を果たす施設も増えてきている。
　ナーシングホームよりも在宅生活に近い環境での生活が可能であり、かつ、費用も安く、それでいて②の board and care homes や③の congregate homes と比べて多少の高級感もあること（対象者は比較的裕福な高齢者を想定）から、近年、急速に普及が進んでいる。Urban Instituteの推計によれば、1998年段階で全米で約1万1,500施設ほど存在し、約52万人が入居していると見込まれている[6]。
　なお、こうした assisted living facility に対しては、通常、州政府が規制を行っている。
② Board and Care Homes（ボード・アンド・ケアホーム）
　比較的小規模で（通常入居人数は20人以下）、assisted living facility 同様、独立して生活することが困難な要介護者に対して、食事、身体介護といったサービスのほか、24時間の見守り（24-hour protective oversight）を提供している。州によって名称が異なり、adult/foster homes などと呼ばれることもある。③の congregate homesとともに、オレゴン州などでは、メディケイドの特例（Medicaid home - and community-based waivers：後述）によって給付対象とされたり、民間介護保険がカバーするなどしており、近年、増加している。
③ Congregate Homes（集合ホーム）
　各種の施設設備を共有しながらも独立した居室を提供するとともに、あわせて、健康管理、移動交通手段、レクリエーションや各種サークル活動等のサー

ビスを提供している。

④ Continuing-Care Retirement Communities（CCRCs：継続的ケア提供型退職者コミュニティ）

比較的健康な高齢者が入居一時金を負担して入居し、その後、要介護状態となった場合にも、引き続き各種介護サービスを提供するもの。入居一時金のほか、月々の入居料を負担することによって、独立した住居とともに一定の範囲の医療、看護、身体介護、レクリエーションや各種サークル活動等のサービスを受けることができる[7]。American Association of Home and Services for the Aging（アメリカ高齢者在宅ケア協会）の推計によれば、1994年段階で、全米で1,174施設存在し、入居者総数は約35万人とされている。なお、The Continuing Care Accreditation Commission（継続的ケア認定委員会）が、こうしたCCRCsについて第三者評価を行っている（www. ccaconline. org）。

3．施設サービス（Institutional Care）

1）ナーシングホームとは

米国の場合、施設で介護を受ける高齢者の大多数はナーシングホームで生活している[8]。ナーシングホームとは、要介護者に対し、医療、看護、リハビリテーション、身体介護等のサービスを提供する施設であり、日本の特別養護老人ホームや老人保健施設に相当するものと思われる[9]。

ナーシングホームで提供されるサービスは、その内容から一般的に次の3種類に分けられる。

① Skilled Care（専門的な看護・リハビリテーション）

24時間の専門的な看護やリハビリテーション

② Intermediate Care（通常の看護・リハビリテーション）

24時間というほどではないが、毎日、医師の指示ないしは登録看護師（registered nurse）の監督下で行われるケア

③ Custodial Care（補助的ケア・身体介護）

入浴、衣服の着脱、食事、移動、排泄のような日常生活活動の介護その他の基本的なニーズに対するケア（医療専門職種により行われる必要のないもの）

こうしたサービス内容の区別は、後述するように費用償還に当たって重要な意味を有している。例えばメディケアの場合には、要介護者が給付対象となるためには、本人の状態が①の skilled care（専門的な看護・リハビリテーション）を必要としていることという厳しい条件が課されているのに対し、メディケイドの場合には、①と②の intermediate care（通常の看護・リハビリテーション）の区別がなく、少なくとも②の基準を満たせばよいとされている。また、こうした基準の相違は、サービスを提供する施設の類型にも影響し、①を提供するための人員・設備が整っているナーシングホームは Skilled Nursing Facility（以下SNFと略称）と呼ばれ、その他の Intermediate Nursing Facility（以下INFと略称）とは区別されている。

2）ナーシングホームの現状——施設数は減少、反面、規模は拡大。
　　　　　　　　　　　　　　3分の2は営利企業が経営——

1995年の National Nursing Home Survey（全米ナーシングホーム調査）によれば、ナーシングホームに入居している高齢者の数は全米で約138万人となっており、1985年に比べると4％増加している。施設数は約1万6,700施設、そのベッド数は約178万床である。1985年と比較すると、施設数は13％減少、ベッド数は逆に9％増加している。絶対数で見るとベッド数は増加しているものの、1985年から1995年の間に65歳以上の高齢者の人口は18％増加しており、また、ベッドの利用率も徐々に低下する傾向にあることを考え合わせると、施設で介護を受ける高齢者の割合は減少していることがわかる[10]。つまり、施設介護から在宅介護へのシフトが徐々に進行しているのである。また、施設数の減少にかかわらず、ベッド数が伸びていることから、全体的に施設の規模が大きくなっていることがうかがえる。

約1万6,700の施設のうち、約4分の3に当たる約1万1,600施設（78％）がメディケアとメディケイド両方の指定を受けており、約1,000施設（3％）がメディケアのみ、約3,400施設（16％）がメディケイドのみ、約700施設（3％）はいずれの指定も受けていない。

なお、各州は、メディケイドにおけるナーシングホーム費用のコントロール

を図るため、ナーシングホームの新規参入に当たって、その参入の必要性を証明すること（certificate of need）を条件とするなど、厳しい参入規制を行っている[11]。

また、全体の約3分の2に相当する1万1,000施設が営利企業による経営であり、その多くはチェーン形態をとっている。ヘルスケア分野において営利企業による施設経営が認められている米国であるが、1996年時点でcommunity hospitals（地域一般病院：1996年段階で5,134病院）のうち営利形態は、759施設（14.8％）に過ぎず、ナーシングホーム分野での営利企業の参入割合の高さが大きな特徴となっている。

3）ナーシングホームの入居者の状況
　（1）費用負担――メディケイドが中心であるが、
　　　　　　　近年、メディケアの占める割合が拡大――

National Nursing Home Survey（1995）を基に、入居者の費用負担の状況を見ると、表3のようになっている。

1985年と比較するとメディケア、メディケイドともに割合が増加している。とりわけメディケアの伸びが大きいが、その理由としては以下のような要因が考えられている。

① メディケアでは、1983年に病院における入院に対する診療報酬の支払い方式が従来の出来高払い方式からDRG‐PPS（Diagnostic Related Group‐Prospective Payment System）と呼ばれる診断群別所定報酬額支払い方式に変更されたが、この結果、病院が早期退院を促すようになり、退院後のアフターケアとして、ナーシングホームに入居する患者が増加したこと[12]。

② 1988年に成立したメディケア高額医療保障法（Medicare Catastrophic Coverage Act）において、メディケアによるナーシングホームへの入居に関する運用が緩められ、ナーシングホームの需要、供給が一挙に拡大したこと[13]。

③ メディケイドの財政負担を減らしたい州政府の思惑と、メディケイドと比べ費用償還額が高いメディケアでの償還を望むナーシングホーム側との思惑

表3　ナーシングホーム入居者の主たる費用負担の状況

	1985年調査	1995年調査
メディケイド	652千人 (49.5%)	801千人 (56.3%)
メディケア	20千人 (1.5%)	178千人 (12.5%)
自 己 負 担	576千人 (43.7%)	405千人 (28.5%)
そ の 他	70千人 (5.3%)	38千人 (2.7%)

(出所) National Nursing Home Survey 1985・1995
(注)　これは各調査時点における入居者の主たる費用負担の状況を示したものであり、入居時点の費用負担の状況ではないことに留意する必要がある。後述するように、メディケアでは入居後100日間しかカバーしないことから、入居時はメディケアの対象となっていても、その後、自己負担となる、あるいは自己負担が困難となりメディケイドによってカバーされるといったケースが一般的である。したがって、費用負担の状況は、入居時点、調査時点、退居時点いずれを見るかで大きく異なってくるのである。なお、1995年調査の対象者について入居時点における費用負担元を見ると、メディケアが356千人 (25%)、メディケイドが551千人 (39%) などとメディケアの割合が高くなっている。

が一致し、最大限メディケアを活用する方向で現場レベルが行動したこと[14]。

また、1985年と比較すると、自己負担による入居者の割合が減少しているが、これは、入居費の高騰やメディケイドの適用の厳格化といった事情を背景として、要介護者や家族がナーシングホームの入居を断念し、メディケアによってカバーされる在宅サービスを利用して在宅生活を送るか、あるいは、assisted living facilitiesなど相対的に費用のかからない施設に移っているケースが増加しているためと考えられている。

(2) 要介護度——進行する重度化——

図5は、ナーシングホーム入居者のADL (日常生活活動) の要介護度を1985年と1995年とで比較したものであるが、排泄以外ではすべての項目で要介護度が上昇しており、明らかに入居者の重度化が進んでいることが読みとれる。背景には、DRG-PPSの導入等によって病院での平均在院日数が短縮し、重症度の高い要介護者が早期に退院し、そのままナーシングホームに入居してケアを受けるといったケースが増加したという事情が存在している。

近年、米国では、subacute care (亜急性ケア) といった用語を耳にすることが多い[15]。これは急性期を脱した患者に対し、skilled care よりも濃厚な医療的なケアを行うというものである。一般にナーシングホームにおける skilled care

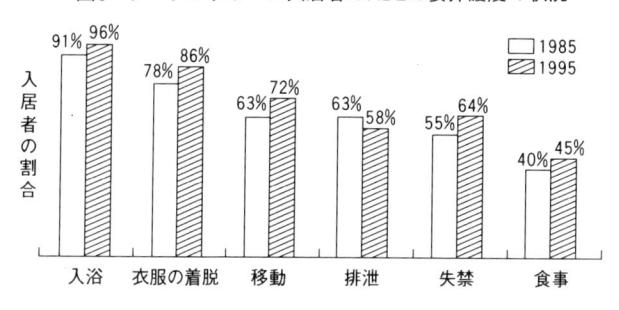

図5 ナーシングホーム入居者のADLの要介護度の状況

	1985	1995
入浴	91%	96%
衣服の着脱	78%	86%
移動	63%	72%
排泄	63%	58%
失禁	55%	64%
食事	40%	45%

（出所）National Nursing Home Survey 1985・1995

は入居者1人当たり1日1〜3時間程度の介護が必要と言われるが、亜急性ケアの場合には、3〜5時間程度のケアが必要とされると言われており、従来の病院における治療とナーシングホームにおける介護との中間に位置するケアとも言える。

　DRG-PPSの導入などによって、医療的なケアを必要とする患者が早期に退院する中で、ナーシングホームは、こうした患者を受け入れる亜急性ケアのユニット（病棟）を積極的に設置・拡充している。とりわけ、こうした亜急性ケアは、病院における入院費用（1日1,500ドル超）に比べコストが低いことから（1日250ドル〜900ドル）、メディケア、メディケイドいずれにおいても比較的寛容な態度を取っており、その市場規模は今日、100億ドル（約1兆2千億円強）に達しているとの推計もある。また、今後10年で亜急性ケアのベッド数がナーシングホームのベッド数全体の25％を占めることになるとの推計もある。

　しかし、こうした傾向に対して、亜急性ケアのユニットで果たして必要に応じて十分な医療が行われているのか疑問視する声もあるほか、従来の通常のケアを必要とする高齢者が短期間のうちにナーシングホームから追い出されているとの指摘や、亜急性ケアを必要とする入居者であっても、メディケアの給付期限（入院後100日）が切れた途端に退居を求められるといった問題も指摘されている。

図6 ナーシングホーム入居者の入居期間の状況

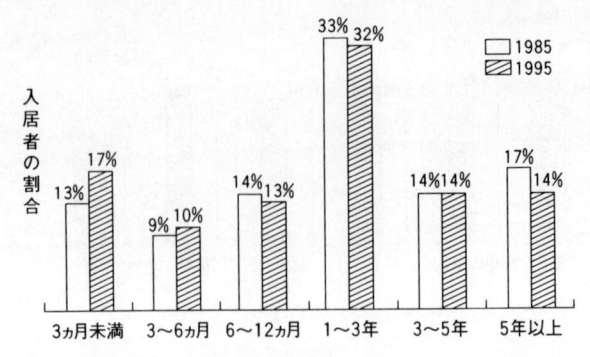

入居期間	1985	1995
3ヵ月未満	13%	17%
3～6ヵ月	9%	10%
6～12ヵ月	14%	13%
1～3年	33%	32%
3～5年	14%	14%
5年以上	17%	14%

(出所) National Nursing Home Survey 1985・1995
(注) この調査における入居期間とは、入居時から調査時点までの期間をさす。（入居時から退居時までの期間ではない）

(3) 入居期間――入居期間の短縮化が進行――

図6は、ナーシングホームの入居期間について、1985年と1995年の状況を比較したものであるが、1995年段階では入居後6カ月以内の入居者が増加しているのに対し、6カ月を超える入居者は減少している。また、平均入居期間も1985年に419日であったものが、1995年には331日と、(2)で見たように入居者の要介護度が重くなっているにもかかわらず、大変短くなっている。これは早期退院患者を対象に、ナーシングホームにおいてリハビリテーションを集中的に実施するケースが増え、ナーシングホームのリハビリ施設化が進んだことを示すものと理解されている。しかし、同時に、メディケイドを運営する州政府から施設に対し、入居者の早期退居を促す圧力が強まっているとの指摘もある。

第3節　介護の費用と財源
――私的負担の割合大、各制度の関係が複雑――

メディケア・メディケイド庁の国民医療費に基づく推計によると、2000年において、1,370億ドル（約16兆4千億円）が介護サービスに費やされたとされている[16]。その財源は、主に①メディケイド（Medicaid）、②メディケア

図7 介護サービスの財源（2000年）

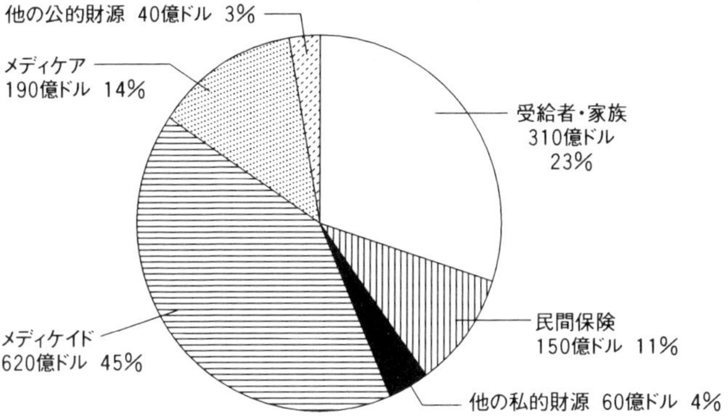

他の公的財源 40億ドル 3%
メディケア 190億ドル 14%
受給者・家族 310億ドル 23%
メディケイド 620億ドル 45%
民間保険 150億ドル 11%
他の私的財源 60億ドル 4%

（出所）GAO analysis of 2000 data from the Centers for Medicare and Medicaid Services and the MEDSTAT Group

(Medicare)、③その他の公的財源、④民間保険、⑤自己負担その他の私的財源となっており、公的財源（①＋②＋③）と私的財源（④＋⑤）の比は、62：38となっている（図7参照）。

図8は、所得水準と要介護状態に至って以降の時間的経過に伴う介護サービスの費用負担の状況を概念的に示したものである。一見して明らかなように、米国の場合、介護を直接対象とする公的制度が存在しないことから、その費用負担関係は複雑である。

そこで以下では、まず、理解を容易にするために、脳卒中の発作に見舞われ、その後、要介護状態となった者を想定し、その典型的な費用負担関係を説明することから始めたい。

〈脳卒中の発作後、要介護状態となった高齢者の典型的な費用負担関係〉

① 発作後、病院の救急治療室（emergency room）に搬送され、救急処置を受ける。
② その後3～10日間程度、当該病院（急性期病棟）で1日12時間以上の濃厚な治療を受ける。
③ 症状が落ち着いた段階で慢性病棟（病院）に移り、25～60日間程度、1日6～10時間程度の医療（含むリハビリテーション）を受ける。

> ①〜③の病院での入院中の医療については、基本的にメディケアが入院医療としてカバーすることとなっている。ただし、当初の入院から90日間という上限があり、これを超えると原則として全額自己負担となる[17]。
> なお、メディケアにも自己負担があり、これを負担できない者の自己負担部分はメディケイドが負担している。

④ その後、亜急性ケア・ユニット（通常、SNF 内に設置）で、60〜180日間、1日3〜5時間程度の亜急性ケアを受ける。

⑤ 亜急性期を脱すると、今度は SNF の通常のユニットに移り、90日から場合によっては数年にわたる期間、1日1〜3時間程度のケアを受ける。また、より医療の必要度が低くなった場合には、INF に移って身体介護を中心のケアを受けることも多い。

⑥ なお、SNF 入居期間中に、ある程度状態が改善した者であって、在宅で十分な介護力が得られる者、ないしは在宅サービスを受けることが可能な者

図8 所得水準と要介護状態発生後の時間的経過から見た介護費用の負担の状況
（概念図）

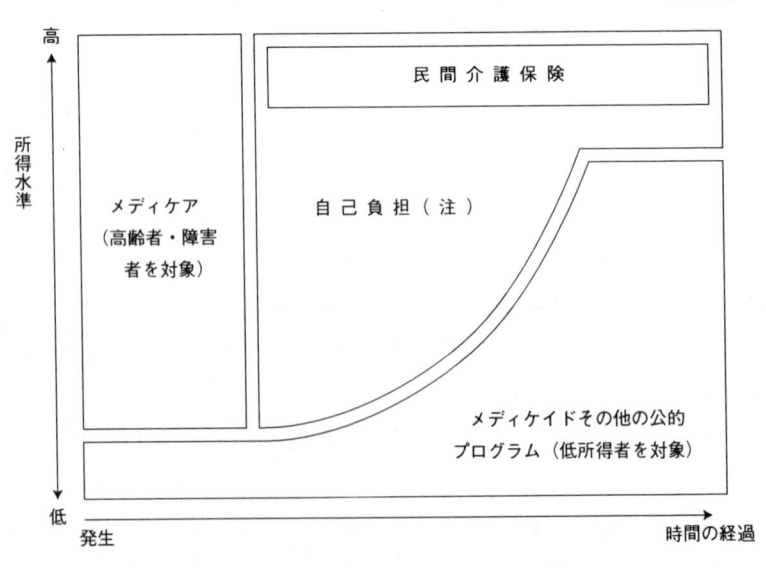

（注）厳密には、メディケアでカバーされる場合でも自己負担が存在している。

> ④及び⑤の費用のうち SNF に係る部分については、通常、入居後100日間はメディケアがカバーするが、期間経過後は全額自己負担（年間 5 万ドル～ 6 万ドル程度）となる。なお、日本人と比較して貯蓄率の低い米国の高齢者の場合、1 年半程度で資産を消費してしまい（spend-down）、その後はメディケイドの給付を受けることを余儀なくされることも多い。INF の場合には基本的に全額自己負担であるが、多くの場合 spend-down 状態の者が多いため、メディケイドによってカバーされていることが多い。

は、メディケアの給付期間が切れる100日前後に退居し、自宅に戻って在宅サービスを受ける。また、ナーシングホームよりも低廉な assisted living facility などに移る者も増えている。

こうした在宅サービスは、対象となる要介護者が skilled care を必要とする状態にある場合にはメディケアでカバーされるが、こうした要件を満たすケースでも、家事援助や食事宅配サービス、デイケア、ショートステイ等は対象とならない。しかし、要介護者が資産を使いつくした場合には、こうした在宅サービスはメディケイドによって給付される。

1．メディケア（Medicare）——本来は医療保険であることから、給付対象となる介護サービスの範囲、水準等は不十分——

メディケアは、ジョンソン大統領時代に創設され、1966年からスタートした65歳以上の高齢者および一定の障害を有する者を対象にした連邦政府による医療保険制度である。あくまでも疾病、負傷を対象とした医療保険であり、元来、介護サービスに対する費用の給付を目的としたものではない。

しかしながら、介護に該当するものの中でも医療の延長上と見なされるケースについては、限定的ながら給付対象としている。

例えば、少なくとも 3 日以上病院に入院した後 SNF に入居する場合については、100日を限度としてメディケアの負担が認められている。また、自宅からの外出が困難で、傷病のために専門的な看護、理学療法または言語療法が必

要な者に対して、メディケアの指定を受けた在宅サービス事業者が在宅サービス（訪問看護や訪問リハビリテーション、身体介護、医療用具の貸与）を提供した場合にも、メディケアでカバーすることが認められている[18]。

1980年代以降、ナーシングホーム、在宅サービスに対するメディケアの償還要件が緩和されたこともあって[19]、メディケアの介護サービス費用の財源として占める割合が拡大し、1996年段階では、約21％に上っていた。しかし、1997年の均衡予算法により在宅・施設ともに報酬水準の引き下げが行われたことから、急速にそのシェアが低下し、2000年段階では、約14％の水準となっている（図7参照）。

介護保障という観点から見た場合に、医療保険制度としてのメディケアは、対象となるサービスの範囲、給付期間、水準等の面でいずれも十分ではない。にもかかわらず、大部分の米国人は、メディケアによって介護サービスがカバーされるものと錯覚しているとされ、実際、自らあるいは配偶者が要介護状態に立ち至った際に初めて、メディケアの給付範囲が極めて限定的であるという事実を知ると言われている。

1）メディケアの概要

図9は、メディケアの仕組みを示したものである。

メディケアには、強制加入のパートA（Hospital Insurance Program：入院保険、入院医療費をカバー）と任意加入のパートB（Supplemental Medical Insurance：補足的医療保険、医師等に対する診療報酬をカバー）がある。その費用については、パートA部分を現役世代が負担する社会保障税がカバーし、パートB部分をメディケア受給者自身が毎月負担する保険料と連邦政府が負担する一般財源（国費）がカバーしている。

運営主体は、メディケア・メディケイド庁であるが、保険給付支払い事務は、中間支払い機関（intermediary）と呼ばれる民間非営利の医療保険団体や民間営利の保険会社に委託している。また、最近では、マネジドケアの手法を活用し、医療費支出の伸びを抑えようという理由から、メディケア・マネジドケアと呼ばれるメディケアHMO（Medicare HMO）、その他のマネジドケア型の民

間保険の活用が積極的に進められている。高齢者が希望する場合、メディケア・メディケイド庁はマネジドケア型保険への加入を認め、これを運営する非営利・営利の民間保険団体（会社）に対し、保険料の代わりに、加入した高齢者の年齢層の1人当たりの平均的医療費等から算出した一定額をあらかじめ払い込み[20]、その医療の提供の一切を委ねている。これによりメディケア・メディケイド庁は、当該加入者の医療費のリスクを直接負わずに済むこととなる。高齢者にとっては、マネジドケア型の医療保険を選択することによって、医療機関への自由なアクセスが制限されるが、代わりにメディケアでは給付対象となっていない外来薬剤等の給付が受けられるといったメリットがある。

図9　メディケアの仕組み（2003年段階）

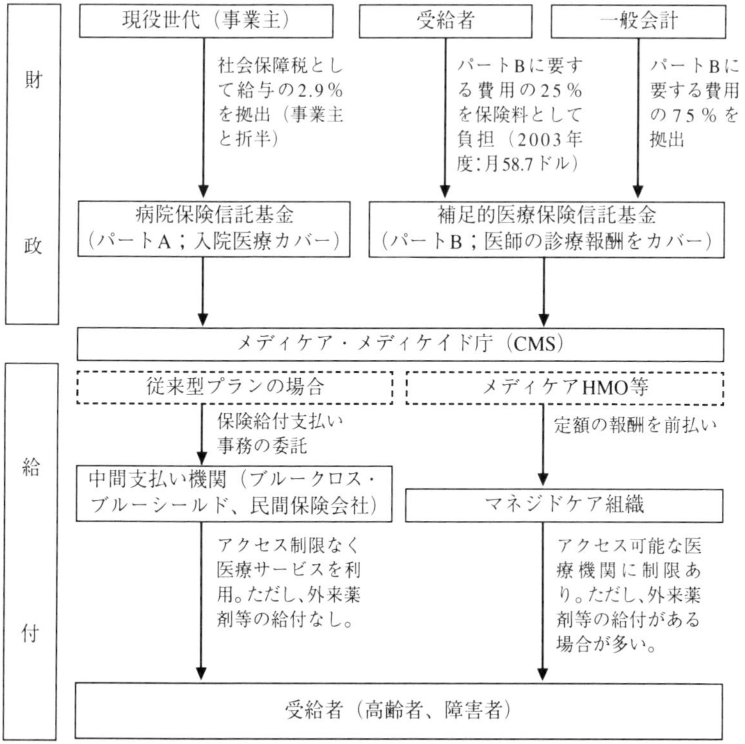

```
                 現役世代（事業主）    受給者           一般会計
                 社会保障税と        パートBに要す    パートBに
                 して給与の2.9%      る費用の25%     要する費用
財                を拠出（事業主      を保険料として   の75%を
政                と折半）            負担（2003年    拠出
                                      度：月58.7ドル）

                 病院保険信託基金      補足的医療保険信託基金
                 （パートA；入院医療カバー）（パートB；医師の診療報酬をカバー）

                     メディケア・メディケイド庁（CMS）

                 ┌──従来型プランの場合──┐ ┌──メディケアHMO等──┐
                 保険給付支払い              定額の報酬を前払い
                 事務の委託
給                中間支払い機関（ブルークロス・    マネジドケア組織
付                ブルーシールド、民間保険会社）

                 アクセス制限なく          アクセス可能な医
                 医療サービスを利          療機関に制限あ
                 用。ただし、外来薬        り。ただし、外来薬
                 剤等の給付なし。          剤等の給付がある
                                           場合が多い。

                     受給者（高齢者、障害者）
```

2）パートA（Hospital Insurance Program：入院保険）

（1）対象者

パートAの対象者は、以下のとおり。

① 公的年金（Social Security）の受給資格のある65歳以上の者
② 鉄道従業員退職者制度に基づく年金の受給資格のある者
③ 継続して2年以上、障害年金の受給資格を有する者
④ 腎臓透析または腎臓移植を必要とする慢性腎臓病に罹患している公的年金の被保険者

なお、以上のほか、65歳以上の者であって①の要件を満たさない場合でも、米国に居住し、かつ、申請時点で5年以上の居住実績があり、さらに市民権あるいは永住権を有している者であれば、毎月一定の保険料を負担することで、任意加入することもできる。

（2）給付対象となるサービス

パートAにおいては、入院サービス、退院患者に対するSNFにおける施設サービス、在宅サービス、ホスピスケアなどについて給付を行っている。なお、これらのサービスの中でも、医師の診療費等については対象外であり、パートBがカバーしている。以下、これらの中で介護に関連する入院サービス、SNFにおけるサービスおよび在宅サービスに関する給付に関し、解説する。

① 入院サービス（医師の診療費は対象外でありパートBでカバーされている）

（受給要件）

入院サービスを受けるためには、以下の4条件をすべて満たす必要がある。

（ⅰ）医師が疾病または負傷の治療に関し、入院を指示したこと。

（ⅱ）必要とする治療が、病院でしか受けられないものであること。

（ⅲ）入院した病院がメディケアの指定を受けた病院であること。

（ⅳ）当該病院の施設利用調査委員会（Utilization Review Committee: URC）または当該病院が所在する地域の医療の質改善委員会（Quality Improvement Organization（QIO）：旧Peer Review Organization（PRO：同僚審査委員会））が、入院の妥当性・必要性を認めること。

(対象となる入院サービス)

給付の対象となる入院サービスは、以下のとおり。
・セミプライベートルーム（1室2～4ベッド：個室代は対象外）
・食事（特別食を含む）
・看護
・ICUやCCU等での特別なケア
・入院中の薬剤、輸血
・病院の費用に含まれる生化学検査、X線等の放射線検査（治療）
・ギプス、包帯、副木等の医療用品
・車椅子等の機器
・手術室等の利用
・理学療法、作業療法、言語療法等のリハビリテーション

(給付期間)

90日間（精神病院の場合には、190日間）。なお、90日間経過後は、選択によって1日につき420ドル[21]の一部負担を支払えば、一生を通じて60日間を限度として、延長できることとなっている（特別入院日数延長制度）。

(一部負担)

給付上限の90日間のうち、当初の60日間は通算して840ドル（2003年の額。以下、免責額と呼称）までは全額自己負担。免責額を超えた分は全額給付。しかし、その後61日目から90日までの30日間は、1日につき210ドル（2003年の額。免責額の25％相当）を自己負担することとなっている。なお、90日間を超える期間は、特別入院延長制度を利用しない場合にはメディケアの給付対象外となる。

日本の公的医療保険制度においては、被保険者が高額の医療費によって破産等の経済的困難に陥らぬよう、メディケアのように給付期間が制限されたり入院期間が長期化するに伴って自己負担が逓増するといったことはない。むしろ高額療養費制度によって、負担が過大となることを極力抑制する制度の構成となっている。これに対して米国の場合には、民間の医療保険と同様に、上記のように保険給付の上限を設定しており、長期にわたって要介護状態となった場

合には、メディケアで対応することには困難がある。

　なお、パートAの給付は原則として現物給付であることから、患者は自己負担額のみを病院に支払えばよく、残る給付分は、病院とメディケア・メディケイド庁の委託を受けた中間支払い機関との間で直接、請求・支払いが行われる。これは、SNFや在宅サービス事業者との間でも同様である。

②　SNFにおける施設サービス——給付期間は入居後100日のみ——

　病院の退院後も、メディケアが指定するSNFに入居して専門的な看護やリハビリテーションを受けた場合には、パートAは入院の延長上にあるものとして、給付を行うこととされている。

(受給要件)

　SNFにおける介護サービスがメディケアの対象として認められるためには、以下の要件を満たす必要がある。

　　(ⅰ) SNFに入居する前に、継続して3日間以上病院に入院していたこと。
　　(ⅱ) 入院中の治療の対象であった疾病または負傷に関し、SNFで介護を受ける場合であること。
　　(ⅲ) SNFへの入居は、退院後、少なくとも30日以内のものであること。
　　(ⅳ) 医師が専門的な看護・リハビリテーション (skilled care) が連日必要であると認めた場合であること。
　　(ⅴ) 当該SNFのURCまたは当該SNFの所在地のQIO (旧PRO) が入居の必要性を認めた場合であること。

　消費者向け専門誌Consumer Reportが実施した調査 (1988年5月発表) によれば、ナーシングホームに入居した者のうち61.3％が直前に入院歴がなく、上記 (ⅰ) 〜 (ⅲ) の条件を満たさないケースであったとのことであり、上記要件は要介護者が介護を受けるという観点から見た場合には、かなり厳しいものと理解されている。実際、1995年のNational Nursing Home Surveyによれば、ナーシングホームへの入居時点でメディケアの対象となっていた者は約25％ (35万6千人) に過ぎなかった。

　また、たとえSNFに入居していても、メディケアでカバーされるためには、入居者の状態がskilled careを必要とする状態であることが条件とされている。

skilled care を必要とする状態とは、以下のいずれかの状態であり、これに該当しない場合には、メディケアの対象とならない。病院から早期退院し、SNFで必要な回復治療やリハビリを受けた後、以下の状態から脱した場合には、たとえSNFに入居していても、その時点でメディケアは打ち切りとなるのである。
- ・常時、静脈または筋肉注射を要する状態であること。
- ・経管栄養を要する状態であること。
- ・理学療法または言語療法を要する状態であること。
- ・カテーテルの管理を要する状態であること。
- ・酸素吸入を要する状態であること。
- ・重症の褥瘡の治療を要する状態であること。
- ・吸引を要する状態であること。
- ・24時間継続して経過観察が必要な状態であること。

(対象となる施設サービス)
- ・セミプライベートルーム（1室2〜4ベッド：個室代は対象外）
- ・食事（特別食を含む）
- ・看護
- ・理学療法、作業療法、言語療法等のリハビリテーション
- ・入居中の薬剤、輸血
- ・ギプス、包帯、副木等の医療用品
- ・車椅子等の機器

(給付期間)

100日間。National Nursing Home Survey (1995) によれば、調査時点において、ナーシングホームの入居者のうち入居期間が半年を超えていた者は、全体の73％を超えており、大多数の者はこの100日間という給付期間では不足し、自己負担を余儀なくされているのが実情である。

(一部負担)

100日の給付期間のうち、当初の20日間については一部負担なし。しかし、21日目から100日までの80日間については、1日につき105ドル（2003年の額。この額は入院に係る給付に関する免責額の12.5％に相当する額とされている）

を自己負担することとなっている。
(SNFに対する報酬支払い方式)

　従来、SNFに関する費用償還は、実際に要したコストを基本として行われてきたが[22]、費用抑制を図るという観点から、1997年に成立した均衡予算法において、メディケイドで多数の州が採用している所定報酬額支払い方式(Prospective Payment System：PPS)の導入が決められ、1998年よりスタートした。

　新たに導入されたPPSでは、個々の入居者の心身の状況をMinimum Data Set (MDS)と呼ばれるアセスメント表に基づいて評価し、その上で、個々の入居者を44の資源利用度別グループ(Resource Utilization Groups, Version III：RUG-III)[23]に区分し、その区分ごとに設定された1日当たり単価を基礎として費用償還することとされている。なお、償還額の計算に当たっては、施設の所在地の賃金指数によって調整されている。

　従来の仕組みが、実際に各施設ごとに要したコストを基本としていたのに対し、PPSでは、どのようなタイプの入居者が入居しているか(資源利用度別グループ別の人数比)、どの地域に所在しているか(所在地の賃金指数)という要素しか考慮の対象とならないため、他の類似施設に比べ経営効率が悪いところは赤字となるおそれが高くなった(逆に、経営効率の良い施設は黒字が生じる)。その意味で、このPPSは各ナーシングホームに対して、従来以上に費用効率を高めた経営に対するインセンティブを高めるものと考えられている。

③　在宅サービス──家事援助、デイケア、ショートステイ等は対象外──

　病院やSNFへの入院・入居後、そのアフターケアとして、訪問看護や訪問リハビリテーション等の在宅サービスを受けた場合には、給付を受けることができる。ここで給付対象となるサービスは、専門的な看護やリハビリテーションに該当するサービスであり、在宅介護サービスというよりは、在宅医療サービスの範疇に入るものと考えた方がよい。

(受給要件)

　退院・退居後の在宅サービスがメディケアの対象として認められるためには、以下の要件を満たす必要がある。

（ⅰ）連日ではなく断続的に、専門的な看護、理学療法または言語療法のいずれかが必要であること。
（ⅱ）外出できる状態にないこと。
（ⅲ）医師により在宅サービスが必要と判断され、ケアプランが作成されていること。
（ⅳ）在宅サービスを提供するサービス事業者が、メディケアの指定を受けていること。

　しかし、上記の厳しい条件については、長期入院を減らし、在宅サービスを促進するという政策的配慮もあって、比較的緩く解釈されてきたようで、1990年代に入ってもその支出額は、毎年2桁の伸びを記録してきた。ところが1997年に成立した均衡予算法の審議の過程でメディケア支出の抑制が大きな課題となる中で、在宅サービス部門での不正請求、不当請求が大きく取り上げられ、米国会計検査院の推計では、在宅サービスに係る総支出のうち約4割が不正ないしは不当な請求だとされた（後述）。その結果、それ以降、こうした運用基準が厳格に適用されている。

(対象となる在宅サービス)
　以下のような在宅サービスが対象となるが、家事援助や食事宅配サービス、デイケア、ショートステイなど、医療に該当しないとされるサービスについては対象となっていない。

・専門的看護
・理学療法
・言語療法
・作業療法
・身体介護
・包帯等の医療用品や医療用具
・耐久性のある医療機器（durable medical equipment：在宅酸素療法用装置、車椅子、家庭用人工透析設備等）

(給付期間)
　制限なし。ただし、現役世代の社会保障税を財源とするパートAの負担をで

きるだけ軽減しようとする狙いから、1997年に成立した均衡予算法では、パートB加入者に対する100回を超える訪問分（退院またはナーシングホームからの退居後、継続して提供される在宅サービスに限る）については、パートBに基づいて給付することとされた。
（一部負担）
　なし。ただし、耐久性のある医療機器については、20％の自己負担がある。なお、1997年に成立した均衡予算法においては、近年、費用の伸びが著しい在宅サービスに関し、その訪問1回につき5ドルの一部負担を導入すべきとの提案がなされ、一時は上院で可決された。しかし、最終的には導入は見送られ、今後のメディケア改革の課題の1つとなっている。
（在宅サービス事業者に対する報酬支払い方式）
　在宅サービス事業者に対する費用償還は、従来、実際に要したコストを基本に行われていた（ただし、これにサービス1回当たりのコストの上限を設定）。しかし、近年、急増する在宅サービスの費用抑制が主要な課題となっている中で、1997年に成立した均衡予算法により、償還水準を引き下げるとともに、2000年よりナーシングホーム同様、PPSが導入された。新たに導入された在宅サービス版のPPSでは、OASIS（Outcome and Assessment Information Set：在宅サービス版評価表）と呼ばれるアセスメント表に基づき、在宅サービス事業者の看護師やOT、PT等が、要介護者の状況、在宅サービスのニーズを評価し、その上で、個々の要介護者を80の資源利用度別グループ（Home Health Resource Groups: HHRG：在宅サービス資源利用度別グループ）に区分し、その区分ごとに報酬額が調整される仕組みとなっている。実際の報酬の支払いは、60日を1単位として行われ、最初に半額、60日経過後に残額が在宅サービス事業者に支払われる。したがって、事業者には60日ごとにOASISによるアセスメントの実施が義務づけられている。
　これまで順調に伸びてきた在宅サービスであるが、この均衡予算法による費用抑制策の影響は大変に大きく、同法の施行後、合併、廃業などが相次ぎ、2000年段階で、メディケアの指定を受けた在宅サービス事業者は1997年の1万444事業者から7,152事業者へと約3割も減少している。

（3）財源

パートAの対象となる65歳以上の者等の保険料負担はなく、現役世代が負担する社会保障税（メディケアや公的年金に充当）によってカバーされている。2003年において社会保障税全体で料率15.3％（労使折半、自営業者は全額自己負担）、そのうちパートAに充当される分は2.9％となっている。

3）パートB（Supplemental Medical Insurance：補足的医療保険）

パートBは、主として医師の診療費、外来などパートAでカバーされない他のサービス等について給付を行う。

（1）対象者

パートAに加入している者およびパートA未加入であっても米国に居住し、かつ、申請時点で5年以上の居住実績があり、さらに市民権あるいは永住権を有している者が対象となる。なお、現役時代の社会保障税の納付実績があれば保険料負担なしで給付の受けられるパートAと異なり、加入者は、毎月所定の保険料（2003年段階で58.7ドル）を負担しなければならない。

（2）給付対象となるサービス

パートBにおいては、主として医師の医療サービス（診療費等）、病院での外来、パートAで給付されないその他のサービスなどを対象に給付を行っている。ただし、美容等については対象とならない。具体的には以下のとおり。

・医師の医療サービス

・病院での外来

・理学療法、言語療法

・救急車での搬送

・生化学検査

・耐久性のある医療機器

・歯科用の補綴器具

・在宅サービス[24]

・輸血

など

(3) 給付期間

パートBについては、給付期間の制限はない。

(4) 一部負担

原則として、1年間に受けたサービスの総費用のうちメディケアが認定した額から免責額100ドルを差し引いた額の80％が償還され、残りの20％が自己負担となる。また、生化学検査および在宅サービスについては、一部負担はない。

(5) 財源

パートBの財源は、加入者が毎月負担する定額保険料（2003年段階で58.7ドル）と連邦政府の一般財源からの拠出金によってまかなわれている。公的年金を受給している者に係るパートBの保険料は公的年金から控除され、それ以外の者に係る保険料は、加入者が直接（公的扶助を受けている者については、州政府その他の扶助機関が代わって）、連邦保健福祉省に支払うこととされている。

2．メディケア補足保険（Medicare Supplement Insurance）

メディケア補足保険とは、別名「Medigap」と呼ばれ、メディケアではカバーされない免責額、自己負担分、外来処方薬、健康診断などの費用をカバーする民間保険であり、高齢者の多くが加入している。

このメディケア補足保険は、過去、メディケア本体でも給付を受けられるような重複（二重）給付の商品が多数販売され、消費者から強い批判を浴びたこともあり、1990年のメディケア補足保険標準化法（Medigap Standardization Law）によって制度化された。この法律によって、メディケアと重複する給付の設定は禁止され、消費者にとって商品の選択が容易になるようにと、販売される商品設計は、AからJの10種類に統一された（表4参照）。

いずれの商品も基本的給付として、パートAに関しては、入院中の一部負担と特別入院日数延長制度終了後さらに継続して入院した場合の費用（365日が限度）をカバーし、パートBに関しては、20％の一部負担や輸血の自己負担をカバーすることとなっている。また、こうした基本的給付のほか、BからJのカテゴリーに属する商品では、それぞれのカテゴリーごとにメディケアを補足

表4　メディケア補足保険の商品設計

		A	B	C	D	E	F	G	H	I	J
基本的給付		○	○	○	○	○	○	○	○	○	○
付加的給付	ＳＮＦの一部負担			○	○	○	○	○	○	○	○
	パートAの免責額		○	○	○	○	○	○	○	○	○
	パートBの免責額			○			○				○
	メディケアの償還額を超える事業者からの請求分						100%	80%		100%	100%
	海外療養費			○	○	○	○	○	○	○	○
	回復期の自宅療養者の身体介護				○			○		○	○
	外来処方薬									○	○
	健康診断等					○					○

（注）基本的給付には、入院中の一部負担、特別入院日数延長制度終了後365日までの入院費（以上パートA）、20％の一部負担、輸血に関する一部負担（以上パートB）が含まれる。
（出所）Social Security Administration, Social Security Programs in the United Statesより作成

するような給付が設けられている。

　特に、CからJの商品では、SNFに入居期間中の自己負担がカバーされることとなっている。ただし、ここで対象となる自己負担とは、あくまでもメディケアがカバーする入居後100日までの期間内の自己負担であり、100日を超えた期間についてはカバーされない。

3．メディケイド（Medicaid）――所得や資産に関する厳しい制限。
　　　　　　　　　　　　　　　　米国民にとって「最後の手段」――
　メディケイドは低所得者を対象にした連邦・州共同の医療扶助制度である。各州はそれぞれ独自のメディケイド・プログラムを運営しており、連邦政府（メディケア・メディケイド庁）が設定した広範なガイドラインの範囲内で、受給資格者やカバーするサービスの範囲をそれぞれ設定している。
　メディケイドは、元来、低所得者に対して基本的な医療サービスを提供することを目的として作られた制度であるが、現在では介護サービスの分野でも最大の費用負担者となっている。特に、ナーシングホーム等の施設サービスに関する介護費用のうち公的財源部分のほとんどはメディケイドが負担している

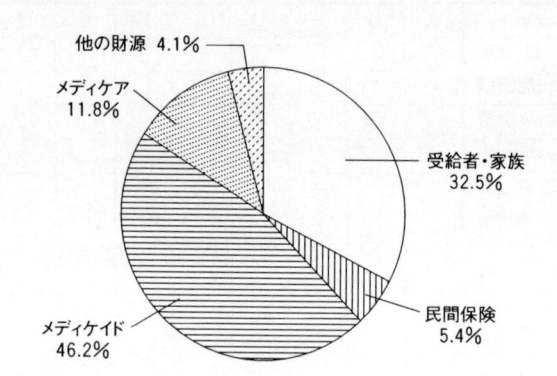

図10 施設サービス（ナーシングホーム等）の財源（1998年）

- 他の財源 4.1%
- メディケア 11.8%
- 受給者・家族 32.5%
- 民間保険 5.4%
- メディケイド 46.2%

（出所）Urban Institute: Long-Term Care: Consumers, Providers, and Financing, A Chart Book

（図10参照）。また、このほか、在宅サービスについても給付の対象となるが、その対象となるサービスの範囲、水準などは州によって異なっている。

低所得者を対象とした制度であるため、メディケイドの受給資格を得るためには、ミーンズテスト（Means Test：所得や資産の調査）を受け、各州で定める要件を満たしていることを証明する必要がある。また、メディケイドの受給者は、少額でも所得のある場合には、個人的なニーズを満たすために留保を認められる額（月額30ドルから75ドル：州によって異なる）等を除き、そのすべてをサービス費用として、入居しているナーシングホームあるいは利用している在宅サービス事業者に支払わなくてはならないこととなっている。また、配偶者の所得や保有する資産についても厳しい制限が課されている。

したがって、米国においてメディケイドの受給者となることは、同時に経済的な自立を失うことを意味することから、一般の米国民にとってメディケイドは、「最後の手段」として考えられている。

こうした厳しい制度であるにもかかわらず、メディケイドにおけるナーシングホームや在宅サービスに関する費用は1990年代に入って急速に伸びており、ナーシングホーム[25]では、1990年に約177億ドルであった支出が1996年には約296億ドル（1.7倍）に、在宅サービス[26]については、1990年に34億ドルであ

第3章 アメリカの高齢者介護　*245*

表5　給付項目別に見たメディケイドの給付額

会計年度	総計	入浴サービス 一般病院	入浴サービス 精神病院	中間ケア施設サービス 精神薄弱者	中間ケア施設サービス その他	SNFケアサービス	診ビス医療	歯科ビス	その他診ビス医療	外来診ビス医療	サニビスク	作業療法	ホームヘルスビス	処方薬	家族計画サビス	その他
							給付額（百万ドル）									
1972…	6,300	2,557	113	…	…	1,471	794	170	59	365	41	81	24	512	…	112
1975…	12,242	3,374	405	380	1,885	2,434	1,225	339	127	373	389	126	70	815	67	233
1980…	23,311	6,412	775	1,989	4,202	3,685	1,875	462	198	1,101	320	121	332	1,318	81	440
1981…	27,204	7,194	877	2,996	4,507	4,035	2,101	543	228	1,409	373	147	428	1,535	139	691
1982…	29,399	7,670	974	3,467	4,979	4,427	2,086	492	226	1,438	400	160	496	1,599	133	853
1983…	32,391	8,813	933	4,079	5,381	4,621	2,175	467	226	1,574	479	184	597	1,771	156	936
1984…	33,891	8,848	1,042	4,256	5,823	4,810	2,220	469	232	1,646	594	207	774	1,968	164	838
1985…	37,508	9,453	1,192	4,731	6,516	5,071	2,346	458	251	1,789	714	337	1,120	2,315	195	1,020
1986…	41,005	10,364	1,113	5,072	6,773	5,660	2,547	531	252	1,980	807	424	1,352	2,692	226	1,212
1987…	45,050	11,302	1,409	5,591	7,280	5,967	2,776	541	263	2,226	963	475	1,690	2,988	228	1,349
1988…	48,710	12,076	1,375	6,022	7,923	6,354	2,953	577	284	2,413	1,105	543	2,015	3,294	206	1,569
1989…	54,500	13,378	1,470	6,649	8,871	6,660	3,408	498	317	2,837	1,249	590	2,572	3,689	227	2,085
1990…	64,859	16,674	1,714	7,354	9,667	8,026	4,018	593	372	3,324	1,688	721	3,404	4,420	265	2,618
1991…	77,048	19,891	2,010	7,680	…	20,709	4,952	710	437	4,283	2,211	897	4,101	5,424	359	3,384
1992…	90,814	23,503	2,196	8,550	…	23,544	6,102	851	538	5,279	2,818	1,035	4,886	6,765	500	4,243
1993…	101,709	25,734	2,161	8,831	…	25,431	6,952	961	937	6,215	3,457	1,137	5,601	7,970	538	5,784
1994…	108,270	26,180	2,057	8,347	…	27,095	7,189	969	1,040	6,342	3,747	1,176	7,042	8,875	516	7,695
1995…	120,141	26,331	2,511	10,383	…	29,052	7,360	1,019	986	6,627	4,280	1,180	9,406	9,791	514	10,700
1996…	121,685	25,176	2,040	9,555	…	29,630	7,238	1,028	1,094	6,504	4,222	1,208	10,868	10,697	474	11,948

(出所) Social Security Administration, Social Security Bulletin, Annual Statistical

ったものが1996年には約109億ドル（3.2倍）にまで増加している（表5参照）。

また、このデータからわかるように、近年メディケイドにおける在宅サービス部門の伸びは極めて大きい。これは後述するように、1980年代初頭以降、大部分の州で、ナーシングホームに係るメディケイドの負担の増加に歯止めをかけるため、在宅介護への転換を積極的に進めたことが影響している。

しかし、各州が在宅サービスの拡充に努めているとはいえ、メディケイドで支出する介護サービスのうち施設サービスが占める割合は、約4分の3（73％）と大きなウェートを占めている。

（1）メディケイドの受給資格

メディケイドの受給資格は、大きく「Categorically Needy」と「Medically Needy」に分かれる。前者は、他の社会保障プログラムの受給者であることによって自動的に受給資格が生じるものであり、後者は、Categorically Needy に該当しないものの医療費や介護費の支払いが負担となって、これらの費用の支払いが困難となっていると認められるケースである。

こうした受給資格の設定に当たって、州は連邦政府が定めた最低限の範囲のほか、一定の範囲で独自に受給資格を拡大することができることとなっている。

連邦政府が定める代表的な受給資格は、以下のようなケースが挙げられる。

① Categorically Needy（制度困窮対象者）
・母子家庭であって、州が実施する Aid to Families with Dependent Children（被扶養児童家庭扶助：AFDC）の受給資格に該当する家庭
・高齢者、障害者等で Supplemental Security Income（補足的所得保障：SSI）の受給者
・連邦貧困基準133％以下の世帯に属する6歳未満の幼児や妊産婦
など

② Medically Needy（医療困窮対象者）
・病院に入院したり、ナーシングホームに入居すること等によって、当該費用が本人の月間所得を上回り、かつ、保有資産を取り崩し、支払いが困難となった者

メディケアの給付に限度のある米国では、長期間にわたり要介護状態となる

ことによって、その保有する資産のほとんどを介護費用のために使い果たすといったケースが多いことから、要介護高齢者について見てみると、後者のMedically Needy のケースが一般的である。したがって、以下、その基準について解説する。

ナーシングホームに入居した者がメディケイドの受給資格を認められるためには、「所得」と「資産」の2つの基準を満たす必要があるが、この基準は、表6に示されているように、州によって大きく異なっている。

① 所得の取り扱い

（ⅰ）本人所得の取り扱い

所得はすべて、その源泉や受け取り時期にかかわりなく、ケアに使うことができるものとみなされる。ただし、個人的なニーズを満たすための処分可能所得（月額30ドル～75ドル：州によって異なる）と本人のメディケアのパートBに係る保険料は例外として留保が認められる。

32の州では、いわゆる「spend-down（資産使い果たし）」制度をとっており、本人の月間所得は上記の例外を除き、すべてナーシングホームに提供されることとなっている。つまり、メディケイドは、各州が定める費用償還上限額の範囲内で、ナーシングホームの費用と本人の月間所得額の差額を負担している。

残る19の州（多くが南部：表6では*印の付いた州）では、さらに厳しい基準を設けており、本人の月間所得が基準額（1997年段階で1,452ドル）を超える場合には、仮にナーシングホームの費用が本人の月間所得を超える場合であっても、メディケイドの対象から除外している。ただし、こうしたルール（income gap）を設定する州においては、基準額を超えるためにメディケイドの受給を受けられない者は、州裁判所に申し立てて、基準額を下回る所得を自らに配当する信託（Miller Trust と呼ばれる）を設立することによって、こうしたルール下でもメディケイドの給付が受けられるような道が認められている。

（ⅱ）配偶者の所得の取り扱い

ナーシングホームに入居する者のメディケイドの受給資格の判定に当た

表6 州別のメディケイド受給資格（ナーシングホーム入居者）(単位：ドル)

州	本人の保有可能資産額	配偶者の保有可能資産額	本人の月間処分可能所得	配偶者の月間最低必要手当
Alabama*	2,000	25,000	30	1,327
Alaska*	2,000	79,020	75	1,976
Arizona*	2,000	15,804	72.60	1,327
Arkansas*	2,000	15,804	40	1,327
California	2,000	79,020	35	1,976
Colorado*	2,000	79,020	34	1,327
Connecticut	1,600	15,804	30	1,326.25
Delaware*	2,000	25,000	42	1,326.25
District of Columbia	2,600	79,020	70	1,976
Florida*	2,000	79,020	35	1,327
Georgia	2,000	79,020	30	1,975
Hawaii	2,000	79,020	30	1,976
Idaho*	2,000	16,000	30	1,326
Illinois	2,000	79,020	30	1,975
Indiana	1,500	15,806	30	1,327
Iowa*	2,000	24,000	30	1,975.50
Kansas	2,000	15,804	30	1,327
Kentucky	2,000	79,020	40	1,976
Louisiana*	2,000	79,020	38	1,975.50
Maine	2,000	79,020	40	1,295
Maryland	2,500	15,804	40	1,327
Massachusetts	2,000	15,804	60	1,327
Michigan	2,000	15,804	30	1,327
Minnesota	3,000	22,336	63	1,327
Mississippi*	2,000	79,020	44	1,975.50
Missouri	1,000	15,804	30	1,327
Montana	2,000	15,804	40	1,326
Nebraska	4,000	15,804	40	1,975
Nevada*	2,000	15,804	35	1,326
New Hampshire	2,500	15,804	40	1,327
New Jersey	2,000	15,804	35	1,327
New Mexico*	2,000	31,290	30	1,327
New York	3,450	79,020	50	1,976
North Carolina	2,000	15,804	30	1,327
North Dakota	3,000	79,020	40	1,976
Ohio	1,500	15,804	40	1,327
Oklahoma*	2,000	25,000	30	1,976
Oregon*	2,000	15,804	30	1,326
Pennsylvania	2,400	15,804	30	1,327
Rhode Island	4,000	15,804	40	1,327
South Carolina*	2,000	66,480	30	1,662
South Dakota*	2,000	20,000	30	1,327
Tennessee	2,000	15,804	30	1,327
Texas*	2,000	15,804	30	1,975.50
Utah	2,000	15,804	45	1,327
Vermont	2,000	76,740	45	1,918.50
Virginia	2,000	15,804	30	1,295
Washington	2,000	79,020	41.62	1,327
West Virginia	2,000	15,804	30	1,327
Wisconsin	2,000	50,000	40	1,727
Wyoming*	2,000	79,020	30	1,975.50

＊印のついた州は、income gap ルール（本文参照）を設定。

って、その配偶者名義の所得が算入されることはない。しかし、配偶者の月間所得が、月間最低必要手当（Minimum Monthly Maintenance Needs Allowance: MMMNA、1997年段階で1,327ドル）を上回る場合には、ナーシングホームに入居する夫または妻の所得の一部を、配偶者自身の生活費に充当することは認められない。このMMMNAの水準は、連邦政府が最低水準を定め、各州は独自の判断で上乗せすることが認められており、州によっては1,975.50ドルまで引き上げている州もある。

逆に、配偶者の月間所得がMMMNAを下回る場合には、ナーシングホームに入居する夫または妻の所得と合算して、MMMNAに到達する額まで留保することを要請することができることとなっている。

② 資産の取り扱い
（ⅰ）本人名義の資産の取り扱い

メディケイドでは資産を、算入（利用）可能資産（countable assets）、算入（利用）不可能資産（non-countable assets）、アクセス不可能資産（inaccessible assets）の3つのグループに分けている。

算入（利用）可能資産は、まず本人のケアに使用することが求められる資産であり、メディケイドの受給資格を得るためには、まずこれらの算入（利用）可能資産を使い果たすことを求められる。

算入（利用）不可能資産は、受給資格の判定には算入されないものである。

アクセス不可能資産とは、以前は算入（利用）可能資産であったものの、その後、他人に譲渡するなり、解約や変更が認められない（irrevocable）信託を設定することによって、現在では本人による所有ないしコントロールが及ばなくなっている資産である。

過去、算入（利用）可能資産を、親族等に低廉な価格で譲渡するといった形をとってアクセス不可能資産に見せかけるという手法が普及したこともあって、今日では、こうした見せかけの譲渡等が過去36カ月以内に存在する場合には、その資産額、時期等に応じて、メディケイドの給付時期が一定期間停止される措置がとられている。

単身者の場合、以下のような資産については保有を認められるが、これら以外の資産については、通常、算入（利用）可能資産とみなされ、ナーシングホームの入居費用等に充当することが求められる。なお、表7は、算入（利用）可能資産、算入（利用）不可能資産、アクセス不可能資産のリストを示したものである。

（単身者が保有を認められる資産）
- 約2,000ドルの現金
- 配偶者や被扶養者が居住する自宅[27]
- 4,500ドル以下の価値の自動車
- 特定の身の回りの品や所持品
- 額面総額が1,500ドルを超えない解約払戻金付き生命保険
- 州が設定した限度を超えない葬祭、埋葬のための信託基金

など

(ⅱ) 配偶者名義の資産の取り扱い

配偶者の名義の資産については、表7の算入（利用）可能資産に該当するものは、配偶者が特に保有を認められる資産として算定された額を除き、すべて算入（利用）可能資産とみなされ、ナーシングホームに入居している夫や妻の介護費用の支払いのために使用されなければならないこととなっている。

配偶者が保有を認められる資産額は、入居者本人および配偶者のすべての算入（利用）可能資産を合算し、これを2で除した額か、連邦政府が定めた最低保有額（1997年段階で1万5,804ドル）のいずれか大きい方の額である。ただし、前者については限度額が定められており79,020ドル（1997年段階）を上回ることはできないこととなっている。

また、各州は連邦が定めた最低保有額を独自に引き上げる権利を有し、例えば、ニューヨーク州の場合、最低保有額を7万9,020ドルとし、仮に2で除した額が7万9,020ドルを下回るような場合でも、7万9,020ドルの保有まで認めている。

表7　メディケイドの受給資格に関連する資産の種類

算入(利用)可能資産	算入(利用)不可能資産	アクセス不可能資産
・2,000ドルを超える現金、預金 ・株式、債券、譲渡性預金 ・IRA（個人退職勘定）、年金保険その他の退職プラン ・財務省証券（国債） ・一定額を超える生命保険解約払戻金 ・別荘 ・その他算入（利用）不可能資産に挙げられていない資産	・自宅（配偶者や被扶養者が居住するもの） ・家具、備品 ・自動車（1台に限る） ・婚約指輪、結婚指輪（各1個） ・世帯道具 ・額面総額が1,500ドルを超えない解約払戻金付き生命保険 ・墓地の区画 ・埋葬信託基金	・他人に譲渡された資産 ・特定の条件を満たす取消不能信託

(iii) メディケイド受給者死亡後の資産の取り扱い

　1993年に成立したOmnibus Budget Reconciliation Act of 1993により、メディケイドからの給付によりナーシングホームに入居していた高齢者が死亡した場合には、州は、その者が所有していた資産から給付相当分を取り戻さなければいけないとされている。したがって、大部分の州ではメディケイド受給者の資産（自宅を含む）について先取特権を設定し、受給者の死亡時等に権利を行使している。ただし、配偶者、障害者、21歳未満の子の扶養の必要がある間は執行されないこととされており、こうした者が存在する場合には、自宅などは実際には処分されない。

(2) メディケイドの給付

① 基本給付と任意給付

　メディケイドにおいては、基本的な給付（全国一律）として、以下のようなサービスをカバーすることとしている。

・入院サービス
・病院外来サービス
・医師の診療（病院、診療所、SNF、在宅等、場所を問わない）
・生化学検査、X線検査
・SNFでのケア（21歳以上の者が対象）

・skilled care を必要とする者に対する在宅サービス[28] など

また、以上のような基本的な給付のほか、各州は選択的に外来処方薬、眼鏡、義歯、INF 等でのケア、在宅サービス[29]、リハビリテーション、移送サービスなど34の任意給付を行うことができることとなっている。

② メディケイド・ウェーバー条項を活用した特例給付

1980年代初頭以降、大部分の州で、ナーシングホームに係るメディケイドの負担の増加を防ぐことを目的として、在宅介護への転換が積極的に進められた。その中心となったのが、Medicaid home- and community-based waivers（社会保障法の条文にちなんで1915(C)ウェイバーとも言う）を活用した在宅サービスに関する給付である。

メディケイドでは、各州が、連邦法で定めたメディケイド適用条件のうち特定部分の適用除外（メディケイド・ウェーバー）を連邦政府に申請し承認を受けることで、ナーシングホーム等に代替する一連の介護サービスを提供することを認めている。つまり、通常のメディケイドの場合には、連邦政府によって定められた給付内容をメディケイド受給者全員に給付しなくてはならないが、このメディケイド・ウェーバーを利用することによって、各州の独自の判断で、通常のメディケイドに含まれないサービス（食事宅配サービスや assisted living facility 等）を含めて、特定の受給者を対象に給付することが認められるのである。その一例を挙げれば、費用のかかるナーシングホームへの入居を未然に防ぐ観点から、メディケイド受給資格者の収入要件を所定の在宅介護プログラムを受けようとする場合に緩和するといったものである。

この社会保障法第1915条(C)による適用除外を受けるためには、適用除外措置の対象となる受給者数を制限した上で、「ナーシングホームの代替として在宅サービスの提供を行った場合に必要となる1人当たりの平均見積支出額が、適用除外措置を受けなかった場合に必要となったであろう1人当たりの平均見積支出額を上回らないこと」といった条件等が課されているが、各州の中では、こうした適用除外を受ける条件が厳しすぎるとの批判も多い。

こうしたメディケイド・ウェーバー条項による例外措置が、在宅サービスの拡充につながったことは間違いないが、ナーシングホームから在宅サービスへ

の代替に効果があったかという点については、疑問も出されている。こうした例外措置によって提供された在宅サービスは、むしろナーシングホームへ入居する意思の全くない者、あるいは入居する必要のない人々によって利用され、ナーシングホームの代替とはならなかった、つまり新たな需要を喚起しただけに過ぎないのではないかというものである。

（3）財源

メディケイドの費用（給付費および事務費）は、連邦政府と州が共同して負担することとされている。給付費に関する連邦政府の負担割合は、各州ごとに州民1人当たり平均所得を勘案して、最低50％から最高83％の範囲内で定められており、1997年度予算を見ると、13州＋ワシントンDCが最低の50％、最高はミシシッピィ州の77.2％、平均57.0％となっている。事務費に関しては、一部の例外を除き、50％を州が負担することとなっている。

4．その他の公的財源

地域を基盤とした在宅サービス（配食サービスなど）に対して、連邦政府から州政府への補助が行われている。代表的なプログラムとして、社会保障法（Social Security Act）第20章に基づく社会サービス包括補助金（Social Services Block Grant）やアメリカ高齢者法（Older Americans Act）に基づく資金などがある。しかし、いずれもメディケアやメディケイドに比べ事業規模は小さい。

前者の社会サービス助成金は、州の人口に応じて分配されており、その使途は各州に委ねられている。1970年代は高齢者を対象とした在宅サービスの主要な財源であったが、その後、在宅サービスにおけるメディケイドの役割が拡大するとともに助成金総額が抑制されるという事情もあって、次第に在宅サービスに振り向けられる財源の割合は減少し、現在では母子家庭等の低所得者世帯を対象としたプログラムにその重点を移しつつある。

後者のアメリカ高齢者法に基づくプログラムの場合は、高齢者が対象の事業であれば、保健、医療、福祉いずれの分野でも使途は広範に認められているが、特に食事サービス（給食・配食）のウェートが高い。また、高齢者福祉センターの整備や移送サービスの充実など、高齢者の地域社会へのアクセスの向上を

図るための事業や、近年では、介護や生活支援サービスに関する相談窓口の設置などにも充てられている[30]。さらに、介護オンブズマンプログラム（第4節3参照）の運営経費にも充当されている。予算総額は1997年で8億ドルと少ないが、州への交付に当たっては、連邦の補助と合わせて州が資金を提供することが条件とされている。

以上のほか、連邦レベルでは、退役軍人省（Department of Veterans Affairs）が退役軍人を対象に、医療、ナーシングホーム、身体介護、デイケアなどのサービスを提供している。

また、州レベルでは、州独自の予算を用いた在宅サービスに関するさまざまなプログラムが設けられている。

5．民間介護保険（Private Long-Term Care Insurance）——各方面から大きな期待、しかし公的保障の肩代わりは困難？——

（1）概要——意外に小さな市場規模、しかし近年急速に普及——

医療保険において民間市場が発達している米国においても、民間介護保険が介護サービス費用全体に占める割合は意外なほど小さい。2000年で約150億ドル、総費用に占める割合は11％に過ぎない（図7参照）。

この原因としては、この種の保険商品の本格的な販売が開始されたのが1985年頃と歴史がまだ浅く、長期保険という商品の性格もあって未だ保険事故の発生・支払い実績が少ないこと、発売当初の商品はメディケアと同様の厳しい給付要件を課しており、魅力に乏しかったことなどが原因とされている。しかし、最近では給付要件が見直され、また、商品の内容、販売等に関する各州の規制も整備される中で、次第に契約件数も増えてきており、累積契約件数は1987年の81万5千件から2001年で826万件となっている（図11参照）。

1994年にクリントン大統領の国民皆保険構想が頓挫し、公的介護保障についても今後、大きな前進が期待できない中で、1996年8月には、「医療保険の携行性と責任に関する法律：Health Insurance Portability and Accountability Act（以下：HIPAA）」が成立した。この法律により民間介護保険の保険料と保険給付に関する連邦所得税上の所得控除が制度化され[31]、従来の公的保障の拡大

という路線から、民間介護保険の育成の支援という新たな方向性が打ち出された。こうした環境も、民間介護保険の市場拡大に拍車をかけている。

しかし、民間介護保険は一般に保険料水準も高額であり[32]、加入できるのは一定以上の所得のある者に限定されること、また、通常、一定期間（一定限度額）を経過した後は給付を打ち切られてしまうこと、さらに、すでに要介護状態にある者の保険加入が認められないことなど、公的保障の肩代わりとして、米国の介護保障の中心的な役割を担うものとなるかどうかについては疑問がある。

（2）市場の状況

全米医療保険協会が発行している民間介護保険に関するデータ集「Long-Term Care Insurance」によると、民間介護保険市場の最近の動向は以下のようになっている。

民間介護保険を加入ルート別に分類すると、①個人またはグループ加入（individual and group association）、②職域加入（employer-sponsored group）、③生命保険特約型（riders to life insurance（accelerated death benefits））に分かれる。

①の個人またはグループ加入は、個人が直接、保険会社と契約するか、あるいは、雇用関係を持たないグループ（例：アメリカ退職者協会（AARP））が保険会社と提携して、その加入者に対して提供する方式であり、最も一般的な

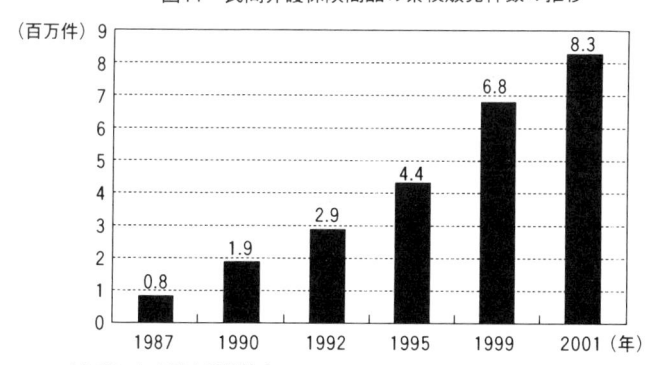

図11　民間介護保険商品の累積販売件数の推移

（百万件）
年	件数
1987	0.8
1990	1.9
1992	2.9
1995	4.4
1999	6.8
2001	8.3

（出所）全米医療保険協会, Long-Term Care Insurance

表8 加入ルート別の総契約数に占める割合、加入者の平均年齢（1995年）

	総契約数に占める割合	加入者の平均年齢
① 個人またはグループ加入	80.1％	68歳
② 職域加入	12.2％	43歳
③ 生命保険特約	7.7％	44歳

加入ルートである。

　毎年、着実に伸びており、契約数で見た場合、1995年段階で80.1％がこのタイプに属している（表8参照）。加入時期を見ると、自らの介護不安が高まる高齢期に加入する者が多く、加入者の平均年齢は68歳（2001年段階では62歳）となっている。

　②の職域加入は、雇用主が保険会社と提携して、従業員に対し民間介護保険の提供を行うものであり、加入の有無は従業員の任意である。しかし、これまでのところ医療保険の場合のように、雇用主自身が保険料の全部または一部を援助するといったケースは少ないようで、あくまで保険プランの提供にとどまっているようである。1995年段階での加入者の平均年齢は43歳（2001年段階では46歳）であり、①の個人またはグループ加入よりも相当若い。また、個人またはグループ加入のケースと比べて、一般的に保険料が安いこと（事務経費の節約等が影響）、また、加入時に健康診断等が不要である等のメリットがある。1995年段階における加入者は12.2％にとどまっているが、HIPAAにより、雇用主が負担した保険料について損金算入が認められることとなったことから、普及が進んでいる。

　③の生命保険特約は、主契約である生命保険に介護給付特約を付加することにより、被保険者が要介護状態に至った際には、約定した生命保険の保険金額の一定割合を上限として介護給付金を支払うとするものである。1991年以降、急速に増えているが、近年は一時ほどの伸びではなくなっている。主契約たる生命保険の保険金額の平均は7万9,429ドルであり、介護特約部分は、その一定割合の給付であることから給付水準はそれほど高くはない。なお、特約部分にかかる保険料は、主契約部分にかかる保険料の10％相当程度である。

（3）過去の民間介護保険の問題点

　民間介護保険の本格的な販売が始まったのは1985年頃とされているが、初期の商品では、給付要件として、ナーシングホーム入居前に最低3日以上、病院に入院していなければならないなどメディケアと同様の厳しい基準が設定されており、民間介護保険として受給要件を満たしたケースは、同時にメディケアからも給付を受けられるという重複も生じ、民間保険としての意義を問われるような事態も生じていた。

　以下は、当時販売され問題となった給付要件の例である。

① アルツハイマー病等の痴呆は対象外
② ナーシングホームの入居前に最低3日以上、病院での入院歴が必要
③ 医療上の必要性を認められた者のみが対象（身体障害や認識障害のみでは対象とならず）
④ 給付対象となるためには、skilled care（専門的な看護・リハビリテーション）をすでに受けていることが必要
⑤ 在宅給付の対象となるためには、その前にナーシングホームでの入居歴が必要

　1988年に消費者向け専門誌である Consumer Report 誌が民間介護保険商品を対象に行った調査では、こうした民間介護保険商品の問題点が明らかにされている。例えば、ナーシングホーム入居者の43％以上が病院以外の場所から入居していたために事前入院を要件とする介護保険契約では対象となっていないこと、要介護者の中で、skilled care を必要とする者は必ずしも多数ではなく、給付前に skilled care をすでに受けていることといった要件を課すことによって、多くの被保険者が給付を受けられなくおそれがあるといった内容である。

　こうした批判が強まるにつれ、民間保険会社や保険商品の規制権限を持つ州が、次第にこうした問題に積極的に関与するようになった。各州の保険行政の責任者によって構成されている全米保険監督官協会（National Association of Insurance Commissioners：以下 NAIC）がモデル法やモデル規則を作成し、これらを各州が積極的に取り入れるなど、対応が図られてきたのである[33]。こうした動きに伴って、各社が販売する商品も改良が図られてきたといわれている。

(4) NAICの介護保険モデル法

民間介護保険に関する最低基準の確立を求める声に対応して、NAICは、各州が民間介護保険に関する諸立法を行う際のモデルとなるように、介護保険モデル法及びモデル規則を作成している[34]。NAICには各州にこのモデルを採用させる権限はないが、大部分の州は、程度の差こそあるものの、基本的にこのモデル法やモデル規則の内容を採用している。

NAIC のモデル法等に現在含まれている内容は、今日、大部分の介護保険商品でクリアされている。かつては、大部分の介護保険契約で標準とされていたナーシングホーム給付開始前の3日間の事前入院要件などは、現在のモデル法等では禁止されており、現在販売されている商品ではこうした条項は見られない。

また、介護保険モデル法等では、保険会社に対して、インフレ保障や在宅サービスに関する給付等のオプションを加入者に提供することを義務づけるなど新たな内容も盛り込まれている。

(参考) NAICの介護保険モデル法とモデル規則の主なポイント

○介護保険の定義

モデル法上、介護保険は以下のように定義されている。

「介護保険とは、連続する12カ月を超える期間、実際に介護に要した費用、インデムニティ[35]、予め納付した保険料その他の基本となるものに対して保険給付を行うものとして、広告され、販売され、提供若しくは設計された保険契約または特約を指す。ここで言う保険給付の対象は、病院の急性期ケア部門以外の環境で提供される1つまたは複数の必要な診断、予防、治療、リハビリテーション、健康保持または身体介護や家事援助等のサービスである」

上記の定義を要約すると、介護保険契約は次の事項を満たすことが必要となる。

① 少なくとも12カ月の期間、保障を提供すること。
② 実際に介護に要した費用の償還またはインデムニティ契約であること（もっとも、大部分の保険契約はインデムニティ契約となっている）。

③ 病院以外の環境で提供されるサービスが対象となること。
○保険給付請求後の引受の禁止
　「保険給付請求後の引受」とは、保険契約の申し込みの段階において、申込書で開示されていなかったり、保険者が質問しなかった健康状況のために、保険給付請求の内容に異議を唱えたり、保険契約を取り消したりする機会を保険者に対して与えるとする取り扱いであるが、民間介護保険ではこれを認めないとしている。
○「ステップダウン」要件の禁止
　ステップダウンとは、保険給付の条件として、給付対象となるサービスを受ける前に、より高度なレベルのケアを受けていることを条件とすることを指す。具体的には、ナーシングホームでのケアに関し、保険給付を受けるためには、入居前に予め病院に入院し、skilled care に該当する専門的なケアを受けるという経過をたどっていたとか、あるいは、在宅サービスの受給条件として、事前にナーシングホームに入居しケアを受けていたといった条件を課すものである。モデル法では、こうしたステップダウンを要件として定めることを認めないとしている。
○契約更新の保証
　保険契約は、「更新可能性」が保証されなければならないとしている。つまり、被保険者の保険給付の請求実績の有無等にかかわらず、保険契約を取り消したり、更新を拒否してはならないこととされている。ただし、保険者は、更新時に保険料を値上げすることは可能である。しかし、その場合でも、その州で発行されているその種の保険契約すべてに関して保険料を値上げする場合に限定されている。つまり、保険者は、給付実績、年齢、健康状態等のいかなる理由でも、特定の加入者を選別して保険料を値上げすることはできないとされている。
○既存の病歴等を有する者に対する給付制限に対する制約
　保険者は、既知の疾病や障害を有する者に対して、保険契約の引き受けを拒絶することは認められているが、仮に、こうした者と保険契約を締結する際には、当該病歴等に関する給付を 6 カ月を超える期間にわたって制限する

ことはできないとされている。
○クーリングオフ期間
　保険者は、新規加入者に対して、保険契約締結日から一定期間（30日）の間は、保険契約を取り消して、保険料やその他の支払い済み料金の全額払い戻しができるクーリングオフ期間を提供しなければならないとしている。
○インフレ保障特約の提供
　保険者は、介護保険の加入者に対して、最初に加入する際、将来のインフレーションに備えるための給付を選択できるようにしなければならないとしている。すべての加入者に対して、インフレ保障を行うというのではなく、こうした特約を締結する機会を与えなければならないとするものである。
　なお、このインフレ保障条項では、年に一度、給付額の増額を行うとする方式や、事後的に、保証された保険料額を上乗せすれば給付額の増額を行えるとするオプション（Guaranteed Insurability Option: GIO、給付増額保障特約）がある。前者の年に一度給付額の増額を行うオプションは、初年度の1日当たりの給付額の一定割合（通常5％）を増額するという単純（単利）インフレ特約と前年の給付額の一定割合（通常5％）を増額するという複合（複利）インフレ特約の2つがある。後者のGIOでは、買増時（保険料額の上乗せ時）に、現在保証されている給付額の一定額（例：現在の給付額の5％）や消費者物価指数の上昇度を換算した額を増額することが認められるというものである。
○在宅サービス保障の提供
　保険者は、特約という形をとるか独立した保険契約として提供するかは別として、在宅サービスをカバーする商品を選択肢として提供しなくてはならず、また、この場合の在宅サービスに関する給付額は、施設サービスに関する給付額の50％を下回ることはできないとしている。
○グループ保険終了時の取り扱い
　グループ保険契約が終了する場合には、少なくとも6カ月間、その保障を受けていた当該グループ保険の加入者は、特段の要件を課されることなく、当該保険を継続するか、あるいは、当該保険を個人加入形式の保険に転換す

るオプション（転換特典）を与えられねばならないとしている。
○保険給付の没収禁止

保険給付の没収禁止（non-forfeiture）とは、被保険者が何らかの理由により保険料支払いが困難となり延滞し、保険契約の解約を余儀なくされたような場合に、保険者が債務不履行だとして、保険料の返還、解約返戻金の交付、一部の給付の継続などの措置を一切取らず、これまで納付した保険料を全額没収してしまうといった取り扱いを禁止するものである。

通常、医療保険の場合には、こうした没収禁止の規定は存在しないが、介護保険の場合には、長期保険であること、保険料が高額であることから、保険契約後の不測の事態に対応できるよう、モデル法ではこうした条項を盛り込むことを義務づけている。しかし、1995年10月現在でこうした保険給付の没収禁止を義務づけている州は、7つにとどまっており、完全に普及しているわけではない。

（5）民間介護保険の商品内容

1）要介護認定

今日の介護保険契約は一般に、要介護認定基準として、（i）ADLに不自由があること、（ii）認識障害（cognitive impairment）があること、（iii）医療上の必要性があることの3つが使用されている。初期の介護保険契約では、（iii）医療上の必要性が中心であったが、ADLに不自由があるにもかかわらず、医療上の必要性がないという理由で給付が受けられない者などが続出し、批判を受け、現在では、（i）、（ii）を中心に構成されている。

（i）ADLに不自由があること

ADLとは、一般に、「食事」、「トイレ」、「移動（他の人の介助なしで移動すること）」、「入浴」、「衣服の着脱」、「排泄コントロール」、「歩行（他の人の介助なしで動き回れること）」などが考えられているが、受給要件にどのADLを基準として選択し、どの程度の不自由さがある場合に受給要件を満たしたと判断するかについては、保険者によって異なっている。

例えば、一部の保険契約では、このADL要件に関して「ADLを行うための機能的または認識的能力が欠如していること」としているが、他の保険契約で

は、被保険者はADLを「行うために介助が必要」としている。

受給要件の認定に当たって、どのADLを基準とし、そのうち何項目が不自由な場合に要介護と認めるかについてであるが、大半の保険契約では、被保険者は5～6のADLの項目の中から2～3項目につき不自由がある場合には要介護状態にあると認めるとされているようである。被保険者の立場からすれば、受給要件のADLの項目リストはできるだけ数が多いほど有利であり、また、「入浴」のように上記のADL基準の中で最も不自由になる可能性（危険性）の高い項目が入っている方が有利であるとされている。

1996年に成立したHIPAAでは、保険料の所得控除や保険給付に関する非課税措置が講じられたが、HIPAAにおいて税制適格対象として認められる商品は、ADL基準として、「食事」「トイレ」「移動」「入浴」「衣服の着脱」「排泄コントロール」の6項目のうち最低5項目を採用しており、そのうち2項目以上で介助が必要な場合に要介護状態とするものである。したがって、今後は、このHIPAAの定める税制適格商品基準に合致するようなADL基準を採用する保険者が増えてくるものと予想されている。

なお、HIPAAでは、要介護状態の認定に関し、ADL基準についてのルールのほか、「90日以上、要介護状態が継続することが見込まれること」を要件として加え、従来、保険会社が販売してきた商品（認定時点で要介護状態であれば認める）は対象外とすることとしている。

　　（ⅱ）認識障害（cognitive impairment）があること

アルツハイマー病やその他の形態の老年性痴呆は、死亡時に解剖した場合に初めて確定診断ができるといったものであり、生前におけるその判定は決して容易ではない。こうした中で、保険者ごとに認定基準が作成されているが、様々に異なっているのが実情である。

ある保険会社では、次のように「認識障害」を定義して、給付を行っている。「被保険者が下記のように知的能力の低下した状態のことを指す。

　　a　本人や他人を守るために連続的な監督が必要であること。
　　b　臨床上の診断または検査によって判定されなければならないこと。
　　c　アルツハイマー病、老年性痴呆、その他器質性由来の神経または精神障

害であること」

また、他の保険契約では、単に「認識障害を原因とする精神的無能力」と定義しているケースもある。

（ⅲ）医療上の必要性

初期の介護保険契約では、受給資格を得る唯一の基準として医療上の必要性を使用していた。しかし前述のとおり、今日では大半の介護保険契約は、（ⅰ）ADLに不自由があること、（ⅱ）認識障害があることを中心に判定を行っている。

しかし、介護保険の販売実績のある保険会社の中には、この2つの基準では適切に保険給付を行えないケースも存在し得ることから、契約上、なお医療上の必要性という基準を残したところもある。

具体的には、重篤な心臓疾患患者と癌患者の場合に、こうした医療上の必要性に関する基準が組み込まれていないと、介護保険の給付対象外にされてしまうとの考え方である。

しかし、HIPAAにおいては、医療保険との役割分担を明確にするという観点から、いわゆる慢性疾患を対象とするのが介護保険の役割であるとして、医療上の必要性の要件を含む商品は税制適格とは認めないとしている。

2）給付対象となるサービス

現在、一般に販売されている民間介護保険について、給付対象となるサービスの種類を基準として区分した場合には、大きく（ⅰ）施設サービスのみ、（ⅱ）在宅サービスのみ、（ⅲ）施設サービス＋在宅サービスの3つに分かれる。なお、NAICのモデル法やモデル規則では、介護保険商品の販売に当たっては、施設サービス＋在宅サービスを必ず選択肢として提供すべきとなっていることもあり、施設サービス＋在宅サービスの商品しか販売を認めていない州も一部存在する。

また、在宅サービスについては、以前は医療専門職が行う専門的なケアのみを対象としていたが、近年では家事援助その他の生活支援サービスを含めてカバーするものが増えている。さらに、assisted living facilityの急速な普及に伴って、これをカバーする商品も増えている。しかし、こうした地域居住施設は、州によって定義、範囲が大きく異なることもあり、各保険会社とも給付対象施設の範囲の設定に苦慮していると言われている。

また、近年では、こうした在宅サービスの利用を支援するという観点から、ケアマネジメント (care management) を給付に含める保険商品も増えている。ケアマネジメントは、要介護者本人の心身の状況、家族の状態をアセスメントするとともに、これに基づき適切なケアプランを作成し、各サービス事業者間の調整を行うものであるが、保険者は、通常、このケアマネジメントを、保険給付の前提となる要介護認定のアセスメントと合わせて、加入者が居住する地区のケアマネジメント機関 (care management provider) に委託して実施している[36]。

　こうしたケアマネジメントは、加入者にとってどのようなケアが適切で、どのようなサービスが利用可能なのかを知るという点でメリットがあるが、保険者にとっても、(i) 加入者がケアマネジメントを利用することを通し、費用対効果の高い在宅サービスを選択することによって、より費用のかかるナーシングホームへの入居という事態を回避できる、(ii) ケアマネジメント機関がサービスの調整を行うことからサービス事業者による不正請求を防止できる、などといったメリットがある。

　こうしたケアマネジメントのメリットに着目し、加入者にケアマネジメントの利用に関しインセンティブを与えている保険商品もある。ある商品では、ケアマネジャーが助言した在宅サービスを利用する場合には、(i) 免責期間（後述）をなくす、(ii) 通常であれば、ナーシングホームの給付の80％に過ぎない在宅サービスの給付水準（償還上限）をナーシングホームと同等の水準（上限）まで認める、(iii) 弾力的なサービス利用を可能とするために給付上限額の設定を1日当たりの額ではなく1週当たりの額とする、といった取り扱いを行っている。

3) 保険給付額

　概ね1日当たり40ドルから300ドル程度の間で設定されている。1994年段階での平均保険給付額は、85ドルであった。1995年の旧医療保険財政庁の National Health Expenditures 1995 によれば、ナーシングホームの1日当たりの平均的コストは112ドルであり、これを見る限り、一般に購入されている商品は、平均的コストの約75％程度をカバーしていることになる。

4) 保険給付期間

　介護保険の定義上、最低12カ月以上の保険給付期間を有することとなって

おり、1年を最短として、以降、2年、3年、4年……と整数年から選択する。また、保険料は高額となるが終身という選択肢もある。さらに、Integrated Benefit Plan（給付統合型プラン）と呼ばれ、給付期間を設定せずに、保険契約で設定された給付上限金額に達するまで給付するという商品もある。この商品の場合、ケアの費用が安ければ安いほど保険期間が長期となるため、被保険者側により安価なサービスを利用するというインセンティブが働くと言われている。

なお、Consumer Report 誌は1997年10月号において、ナーシングホームの入居者の平均入居期間が2年半、そして入居者の約90％の者の入居期間が4年以内であることから、仮に民間介護保険を購入するとしたら4年の保険給付期間の商品の購入を勧めている。

5）免責期間

しばしば「待機期間」と呼ばれるが、これは受給要件となる保険事故が発生した後、実際給付が開始されるまでに経過しなければならない期間を指す。この期間が長ければ長いほど保険料は安くなる。

免責期間には、ゼロから15日、20日、30日、60日、90日、100日、180日、365日、730日など様々である。

6．自己負担（Out-of-Pocket Cost）

米国における介護サービスにかかる負担の特徴は、自己負担（out-of-pocket cost）の割合が相当高いことである。2000年には310億ドルがサービス利用者または家族により支払われており、これは介護サービスに要した費用の約23％を占めている（図7参照）。また、この数値は医療費としてカウントされる数値のみを対象としていることから、対象となっていない家事援助、デイケア、ショートステイ、食事サービス等、公的制度によるカバーが手薄なサービスまで含めると、さらにその割合は高まると思われる。

こうした自己負担の割合の高さは、高齢者をカバーするメディケアの給付対象範囲が極めて狭いことが主要な原因となっている。現行のメディケアは医療保険としての制度の性格上、介護サービスをカバーするには限界があり、実際、

対象となるサービスの種類に限りがあるほか、また、SNF において入居後100日間しかカバーされないなど給付期間にも限界がある。

その結果、要介護状態となった高齢者は、利用した介護サービス費用の多くを自己負担で支払うことを余儀なくされている。そして、こうした高齢者のうち相当数の者（特に、ナーシングホーム入居者）が、やがて資産を使い尽くした状態（spend-down）となり、メディケイドによってサービスを利用することとなるのである。

第4節　介護サービスの事業者に対する規制・監督

1．連邦レベルにおける規制・監督

（1）メディケア、メディケイドの指定

メディケア、メディケイドの受給資格者に対して介護サービス事業者がサービスを提供し、メディケア、メディケイドから償還を受けるためには、連邦法及び連邦規則に定められた指定条件に合致し、メディケア・メディケイド庁の指定（certification）を受けなければならないこととなっている（日本の医療保険制度における保険医療機関の指定に類似）。

メディケア・メディケイド庁は、州の医療部局と契約を結んでおり、州の医療部局が事業者に対し適切なサービスを提供する能力があるか否かにつき、監査（survey）を行っている。監査の結果が指定条件に合致していると判断された場合には指定が与えられる。

指定を受けた事業者は、12カ月から36カ月ごとに（この期間は、前回の監査結果や開設者が交代したかなどの要素によって異なる）同様の監査を経て、メディケア・メディケイド庁から再指定（re-certification）を受けなければならない。

ただし、事業者が不適切なサービスを提供しているとの苦情がメディケア・メディケイド庁に寄せられた場合には、これとは別に監査が行われることがある。

（2）ナーシングホームに対する規制
　　　　　——OBRA'87がサービスの質の向上に貢献——
　ナーシングホームにおけるケアの質の低さ、とりわけ虐待や放置といった問題については、かなり以前から指摘されており、1970年代半ばから、連邦議会においてもこうした問題が取り上げられていた。具体的な方策が講じられたのは、1987年に制定されたナーシングホーム改革法（Nursing Home Quality Reform Act：Omnibus Budget Reconciliation Act of 1987（OBRA'87と略称）の第1章）においてである。
　OBRA'87は、1990年より段階的に施行され、メディケアやメディケイドからナーシングホームが費用償還を受けるために満たさなければならない各種の基準に大きな影響を及ぼすとともに、ナーシングホームにおける介護サービスの質の向上に大きく貢献したと言われている（第5節1.）[37]。なぜなら、OBRA'87は、介護サービスを提供する施設のあり方（例えば施設の構造や人的配置）に着目していた従来の規制に対し、入居者に提供される介護サービスの内容とその結果（すなわち介護サービスの質）に重点を置いているからである。
　その主な内容は以下のとおりである。
① 各施設は「入居者が、身体的、精神的、心理的に見て、実現可能な最大限の幸福」を得るとともに、これを維持できるような介護サービスを提供しなければならないこと、「入居者の生活の質を維持または向上させる方法と環境により」入居者への介護を提供しなければならないことが定められた。
② 入居者の権利が強化され、治療に関する選択、尊厳、自己決定の権利の保障、拘禁服や鎮静剤等による身体的及び薬物的拘束からの自由、苦情の申し立てや介護オンブズマン（第4節3.）との接触等の確保、移送または退去を求める際の理由の制限や30日以上前の事前通告などが定められた。
③ スタッフの配置（最低基準）については、SNFとINFの区別をなくすこととし、すべてのナーシングホームは、有資格の看護師（licensed nurse）を24時間置くとともに、登録看護師（registered nurse）を少なくとも毎日8時間置くことが定められた。4カ月以上常勤で雇用される看護助手（nurse aide）は、75時間以上の研修と能力評価プログラムが完了しない限り、使用が認

められないこととされた。また、州政府は看護助手の登録を行わなければならないこととされた。これにより、看護助手による看護義務の怠り、入居者への虐待、窃盗等の記録に容易にアクセスできることとなった。
④ 各施設は、入居者の身体的、精神的機能などについて入居後14日以内にアセスメントを行うことが定められた。入居後は3カ月に1度以上実施されるとともに、入居者の状況に重大な変化が起きた場合には、アセスメントは改訂されることとなっている。また、このアセスメントに基づいて個別にケアプランを作成することが定められた。
⑤ 各施設が基準に合致しているかどうかを確認するため、毎年州政府による通常監査を実施することが定められた。このほかに開設者の変更などの際には、特別監査が行われる。
⑥ 従来、違反行為に対しては指定取消等の厳しい措置が定められていたが、これらの all or nothing 的な措置では、指定取消に伴って入居者自身がメディケアの給付が受けられなくなるなど不利益が大きくなることから、事実上何らの処分もできないという問題が生じていた。そこで、OBRA'87では、連邦及び州は、違反施設に対し、指定取消のほか、科料の賦課、償還の停止、施設の一時的な管理を含む幅広い制裁措置を科することができることとされた。

以上のようなOBRA'87によるナーシングホームにおける介護サービスの質の改善は、その当時としては、かなり思い切ったものであり、入居者の受けるケアの質の改善に大きく寄与したとされる一方、これに伴うナーシングホーム側の経費の増大も相当大きかったと言われる。これ以降、小規模施設が淘汰され、次第に施設規模が拡大するとともに、大きな資本を有する大企業によるフランチャイズ経営が増加している。

　（3）在宅サービス従事者に対する規制
連邦政府は、メディケアの指定を受ける在宅サービス事業者に雇用される介護士（home health aides）について、ガイドラインを設け、その質の確保を図ろうとしている。
12分野をカバーする能力評価テストに合格していることを条件としたり、あ

るいは、登録看護師の下で、最低75時間の座学と現場の研修を受講すること を義務づけている。

2．州レベルにおける規制・監督

　介護サービスの事業者が事業を始めるに当たっては、州法及び州規則の一定の要件に合致し、州による許可（licensure）を受けることが義務づけられることが多い。

　（1）在宅サービスに対する規制・監督

　州によって規制の範囲、規制内容は異なるが、訪問リハビリテーション、訪問看護といった医学的・専門的なケアを提供する事業者（home health care agency：在宅サービス事業者）に対しては、ほとんどの州で許可制度が設けられている。しかしながら、食事、入浴、排泄などの身体介護、家事援助などを提供する事業者に対する許可制度については、設けられていない州も多い[38]。

　また、多くの州では、個々の在宅サービス提供者（home care workers）のうち特定の業務を行う者に対する免許または登録制度を設けている。一般的に、（訪問）看護師、理学療法士、作業療法士、ソーシャルワーカーなどがこれに該当する。なお、こうしたサービス従事者に対する免許・登録制度については、ナーシングホームについても同様である。

　（2）施設サービスに対する規制・監督

　ナーシングホームについては、各州ごとに許可制度が設けられている。この規制はメディケア、メディケイドの指定とは関係なく、すべての施設に対して適用される。

　各州の規制は、メディケア、メディケイドの償還に関する連邦政府の規制がベースになっているが、それぞれ州ごとに上乗せ規制を行っており、例えば、看護助手の研修については、2000年段階で約3分の1の州が連邦政府が定める75時間を超える時間数を設定している（カリフォルニア州、メイン州、オレゴン州では2倍の150時間としている）。

　また、州の規制に各施設が合致しているかどうかを確認するため、各州は監査を行っている。監査体制は州によって異なるが、例えばメリーランド州の場

合、メディケア、メディケイドの指定を受けていない施設について、2年ごとに監査が行われ、入居者101人～175人の施設の場合で、5人の監査官が3日間、施設に立ち入って行われている。このほか、処遇などに問題のあると考えられる施設には、特別監査が行われる。

　州の規制に違反する施設に対しては、連邦政府の規制と同様、幅広い制裁措置が認められている。

3．介護オンブズマン制度
　　——ナーシングホームの介護サービスの質の確保に貢献——

　事業者に対する直接の規制を目的とするものではないが、ナーシングホームなど居住施設[39)]で提供されるサービスの質をチェックし、あわせて居住する高齢者が直面している問題を解決することを目的として、介護オンブズマン制度（Long-Term Care Ombudsman Program）が各州に設けられている。

　介護オンブズマン制度は、1972年に5つの州で実験的なプログラムとしてスタートし、その後1978年にアメリカ高齢者法に基づいて、すべての州に設けられた。通常は、州が直接設置し運営している場合がほとんどであるが、11州では州が非営利の団体と契約を結んで運営を委託している。

　オンブズマンには、①州全体を統括するオンブズマン、②各地域を担当するオンブズマン、そして③各施設を直接担当するオンブズマン、と3種類に分かれる。このうち有給のオンブズマンは全米で約1,000人、州単位で行われる研修を受けて認定されたボランティアのオンブズマンは約8,000人活動している（2000年段階）。

　資格要件は州によって異なるが、①と②については比較的厳しく、「ソーシャル・ワーク、社会学、老年学等の分野で学位を有し、権利擁護、高齢者問題等の分野で2年間以上の経験を有する」など（メリーランド州の場合）となっているが、③については、数十時間の事前研修と定期的な事後研修のみとなっており、情熱を持つ者であれば決して難しいものではない。

　①や②の常勤のオンブズマンは、州全体や特定の地域を管轄し、管内の施設を訪問し、苦情を聞き、調査した上で、施設に改善を促したり、重大な問題を

発見した際には、施設の許可などを担当している州の関連部局に連絡を取り、適切な措置を促すなどの活動を行っている。

これに対し、ボランティアのオンブズマン（③）は、通常、施設単位で任命され、担当する施設を週に1度程度の頻度で訪問し、苦情を聞き、調査し、施設に対して改善を促すといった活動を行っている。自らの手に負えないような案件の場合には、州や地域のオンブズマンに連絡し、対応を求めることになる。

表9は、1996年に全米で介護オンブズマンに寄せられた主な苦情のリストであるが、「傷害を受けた」とか「虐待を受けた」といった深刻なケースもあれば、「食事に問題がある」「援助を求めて職員を呼んでも対応しない」「ケアプランに不満がある」といった日常的なケアをめぐる苦情や不満も多い。オンブズマンの任務は、こういった入居者の様々なニーズを発見し、これを実現していくことである。

いずれのオンブズマンも、アメリカ高齢者法に基づき、施設に自由に立ち入り、その入居者に自由に接触したり、入居者の承諾を得た上で当該入居者に関する記録を調査できるなどの権限が認められている。また、州が保管している施設の許可、監査などの記録のコピーを請求することができるとされている[40]。

オンブズマンという名称やその権限からすると、「告発者」、「取締官」といった大変強面な印象を受けるが、その実際の活動を見聞してみると、日常的に

表9 介護オンブズマンが受けたナーシングホームに対する苦情（上位10件）と件数

苦情の内容	件数
① 傷害、不適切な取り扱いを受けた	6,641 (4.60%)
② 援助を求めて職員を呼んでも対応しない	5,441 (3.76%)
③ 施設内の衛生に問題がある	5,301 (3.66%)
④ スタッフの態度が悪く、入居者が個人として尊重されていない	4,882 (3.37%)
⑤ ケアプランに不満がある	4,453 (3.08%)
⑥ 職員が不足している	4,332 (2.99%)
⑦ 虐待を受けた	4,321 (2.99%)
⑧ 食事（量、質、バリエーション、選択）に問題がある	4,295 (2.97%)
⑨ 退去に向けた手続き、計画に不満がある	4,110 (2.84%)
⑩ 私物を盗まれた、勝手に使われた、壊された	3,598 (2.49%)

（ ）内は、1996年のナーシングホームに対する苦情144,680件に占める割合
（出典）高齢化対策庁介護オンブズマンレポート（1996年版）

入居者や施設スタッフと接し、信頼関係を大切にしていることもあって、入居者と施設との間の「橋渡し」といった役割を担っているように見受けられる。

こうした介護オンブズマンの活動範囲は、あくまでも入居施設に限定されており、在宅サービスは対象となっていない。拡大を求める声も強いが、予算上の制約もあって見通しが立っていないのが現状である。現行の制度でも、予算が伸びない中で急増する苦情処理に十分対応できていないとの指摘もある[41]。

このような厳しい現実があるものの、総じて介護オンブズマンの活動に対する評価は高い。行政が監督取締機関として行ってきた規制とは別に、介護オンブズマンがサービスの受け手である入居者の保護に積極的に取り組んできたことは、米国の介護政策において、特筆すべきものの1つであろう。

第5節　介護サービスの質をめぐる最近の動向

1．施設サービスにおける介護サービスの質
（1）OBRA'87の施行後の状況

前述のOBRA'87の施行により、ナーシングホームにおける介護サービスの質は相当向上したと言われている。1990年の法施行前にナーシングホームの入居者の41％に何らかの拘束が行われていたのに対し、施行後はその数が20％弱に減ったとの報告や、入居者に対するアセスメントとケアプランの作成により、ADLが低下したり病院への入院が必要となったケースは著しく減少したとの報告もなされている（Trends in Care and Housing for the Aged, IAHSA）。

しかしながら、OBRA'87によってナーシングホームにおける介護サービスの質の問題が解決したとは言い難い。

連邦保健福祉省がまとめた介護オンブズマンレポート（1996年版）によれば、1996年にオンブズマンは約14万5,000千件の訴えを調査したとされ、その主なものとして、①傷害、不適切な取り扱いを受けた、②援助を求めて職員を呼んでも対応しない、③施設内の衛生に問題がある（例えば悪臭がするなど清

潔でない)、④スタッフの態度が悪く、入居者が個人として尊重されていない、⑤ケアプランに不満がある、が挙げられている（表9）。

　また、米国会計検査院は、カリフォルニア州のナーシングホームに対する連邦・州の監査結果を分析した上で、約3分の1に当たる407施設で、死に至る不適切なケアや生命を脅かす障害、さらに重要な情報の偽造・削除といった重大な規則違反があったと報告している（California Nursing Homes, General Accounting Office）。

　こうしたナーシングホームに対する批判が引き続き生じている背景には、以下のような指摘がなされている。

① メディケア、メディケイドがともに費用抑制を図る中、ナーシングホームへの支出が厳しく抑えられ、人件費比率の高いナーシングホームにあっては、職員の賃金が抑制され、結果としてその定着率が悪くなっていること（ナーシングホームにとっての最大の悩みの多くは職員の離職問題となっている）。

② OBRA'87は施設職員の配置につき、「介護その他関連するサービスを提供するために十分な介護職員を配置する」とあるのみで、具体的に入居者数と施設職員数との比率を明示していないこと。また、州の規制も概して緩いこと（例えばメリーランド州では、入居者と施設職員全体の割合については触れず、一定の管理的な職員について定めているに過ぎない（例：入居者100人〜199人であれば登録看護師2人以上））。

③ およそ1年ごとに行われる監査ですべての問題を発見することは困難であること、仮に問題を発見し、その場で是正をしても、必ずしもそれ以降、適切な介護サービス提供が行われるかどうかについては担保されないこと。

（2）ナーシングホームの質の改善イニシアティブ（Nursing Home Quality Initiative）

OBRA'87以降もなお多くの問題を抱えるナーシングホームのサービスの質の改善に向けて、クリントン政権においては、1995年以降、

① 州政府による監査、違反施設に対する制裁等の強化
② 最低人員配置基準の導入に向けた調査研究

③　ナーシングホームを選択する消費者への情報提供の強化

などを中心に、施策を展開してきた。

こうした路線は、共和党のブッシュ政権となっても、「ナーシングホームの質の改善イニシアティブ（Nursing Home Quality Initiative）」として引き継がれているが、ブッシュ政権では、①や②の規制強化よりもむしろ③に力点が置かれ、消費者や市場に十分な情報を与えることにより、選択や競争を通じて、ナーシングホームのサービスの質の改善を図っていこうとする傾向が見られる。

その代表例が、ウェブサイト「Nursing Home Compare（ナーシングホーム比較プログラム：http//www.medicare.gov/NHCompare）」の充実である。

クリントン政権時からスタートしたこのウェブサイトは、全米のメディケア、メディケイドの指定を受けたナーシングホームすべてを対象に、各ナーシングホームの概況のほか、人員配置の状況、さらには監査結果概要を公開しているが、2002年11月からは、Minimum Data Set（MDS）を基に報告された入居者データ等を基に、以下のようなケアの質に関わる10の評価指標を公表し、一層その充実を図っている。

(参考)　10の評価指標

1) 慢性期のケアの質に関する6つの評価指標

①　基本的日常生活活動能力の失われた入居者の割合

②　褥瘡のある入居者の割合（入居時点の状況に基づいた調整なし）

③　褥瘡のある入居者の割合（入居時点の状況に基づいた調整あり）

④　連日、痛みを訴える入居者の割合

⑤　身体的拘束を受けている入居者の割合

⑥　感染症にかかっている入居者の割合

2) 亜急性期のケアの質に関わる4つの評価指標

①　せん妄のある90日未満の入居者の割合（入居時点の状況に基づいた調整なし）

②　せん妄のある90日未満の入居者の割合（入居時点の状況に基づいた調整あり）

③　連日、痛みを訴える90日未満の入居者の割合

④　歩行が改善した90日未満の入居者の割合

　ニューヨーク・タイムズ紙に掲載された「どのように、地域のナーシングホームを比較していますか？」と題した政府広報（表10）では、ニューヨーク市のナーシングホームごとに「褥瘡のある入居者の割合」、「基本的日常生活活動能力の失われた入居者の割合」、「痛みを訴える長期入居者の割合」を示し、ニューヨーク州全体の平均との比較を行っている。メディケア・メディケイド庁では、全州でこうした広告をうち、ナーシングホームに関する比較可能な情報提供を通じてサービスの質の改善を図っていくとの姿勢を強調している。

2．在宅サービスの質

（1）在宅サービスの質をめぐる課題

　これまでナーシングホームにおける介護サービスの質の議論に隠れて、在宅サービスの質に関する議論が大きく取り上げられることはほとんどなかった。しかしながら、近年、在宅サービスの飛躍的な拡大とともに、在宅サービス事業者のメディケアに対する不適正な請求が大きな社会問題となっている。

　1997年の均衡予算法の審議中に発表された連邦保健福祉省の報告では、4つの州についてサンプル調査を行ったところ、在宅サービス事業者に対するメディケアの費用償還の約40％は不適正に行われたことが判明したとされている[42]。

　この報告を基に、総じて在宅サービスの質に問題があるとするのは早計であるが、メディケアの指定を受けた事業者であっても、実際には訪問回数のごまかしやメディケアの受給資格者に該当しない者へのサービス提供、実際に提供していないサービスに対する費用償還の請求など、適切にサービスを提供していないケースは多々あるものと考えられる。

　しかしながら、在宅サービスについては、介護オンブズマン制度の対象とならないこともあって、オンブズマンレポートのように定量的に検討したレポートは存在せず、実際にどの程度その質に問題があるかを知ることは非常に難しい。ただし、在宅サービスの質に関する問題事例はしばしば報道されている。

　米国会計検査院のレポートでは、1995年11月10日のNBCテレビ「デイトライン（Dateline）」は、犯罪歴のある在宅サービス提供者が要介護者に対する重

表10　メディケア・メディケイド庁から提供されるナーシングホーム情報

	City	Percentage of residents with pressure sores	Percentage of residents with loss of ability in basic daily tasks	Percentage of long-term atay residentts with pain
New York State Average		9%	14%	8%
Amsterdam Nursing Home Corp 1	New York	9%	9%	15%
Beth Abraham Health Services	Bronx	14%	9%	8%
Brookhaven Rehab & HCC, LLC	Far Rockaway	9%	5%	4%
Carmel Richmond HC Rehab Ctr	Staten Island	10%	15%	6%
Center for Nursing and rehabil	Brooklyn	10%	7%	9%
Clove Lakes Health Care and Re	Staten Island	13%	11%	21%
Dewitt Nursing Home	New York	13%	10%	7%
Dr Susan Smith Mckinney Nursin	Brooklyn	12%	13%	7%
Dr William O Benenson Rehab Pa	Fleshing	9%	19%	6%
Dry Harbor SNF	Middle Villsge	7%	9%	5%
Eger Health Care Center of Sta	Staten Island	8%	9%	23%
Florence Nightingale HC	New York	12%	10%	6%
Frances Schervie Home and Hos	Bronx	5%	18%	6%
Franklin Center for Rehab and	Flushing	14%	17%	12%
Greenpark Care Center Inc SNF	Brooklyn	7%	7%	3%
Highland Care Center Inc	Jamaica	9%	9%	3%
Hikkside Manor Rehab and Exten	Jamaica Est	11%	9%	29%
Hplliswood Care Center Inc	Hollis	6%	10%	3%
Horizon Care Center	Arverne	1%	7%	8%
Isabella Geriatric Center Inc	New York	8%	13%	9%
Kateri Ressidence	New York	12%	14%	8%
Kings Harbor Multicare Center	Bronx	9%	9%	4%
Kingsbridge Heights Rehablita	Bronx	15%	8%	7%
Mary Manning Walsh Nursing Home	New York	8%	17%	7%
Morningside House Nursing Home	Bronx	10%	7%	7%
New Vanderbilt Rehab	Staten Island	6%	13%	7%
Northern Manhattan NH Inc	NYC	11%	12%	5%
Ozanam Hall of Queens Nursing	Bayside	16%	8%	4%
Palisades NH	Bronx	9%	8%	27%
Queens Blvd Ext Care Facility	Woodside	15%	10%	6%
Regal Heights Rehab Hlth Care	Jackson Heights	14%	10%	9%
Regency Extended Care Center	Yonkers	11%	8%	4%
Resort Nursing Home	Arverne	16%	7%	9%
River Manor Care Center	Brooklyn	8%	7%	3%
Sarah Neuman Center for H Eal	Mamaroneck	7%	16%	9%
Schulman and Schachne Inst	Brooklyn	10%	22%	7%
Sea Crest Health Care Center	Brooklyn	11%	20%	10%
Sea View Hospital Rehabilitati	Staten Island	10%	23%	4%
Shore View NH	Brooklyn	13%	7%	12%
Shorefront Jewish Gerlatric Ce	Brooklyn	11%	10%	9%
Silvercrest ECF	Jamaica	17%	18%	16%
Somers Manor NH	Somers	10%	17%	14%
St Cabrini Nursing Home Inc	Dobbs Ferry	7%	17%	7%
St Elizabeth Anns HC and RC	Staten Island	9%	7%	7%
Staten Island Care Center	Staten Island	6%	11%	9%
Summit Park Hosp Rockland Cty	Mount Ivy	11%	14%	17%
Taylor Care Ctr at Westchester	Hawthorne	19%	13%	16%
Terrence Cardinal Cooke Hlth Care Ctr	New York	11%	13%	9%
Union Plaza Nursing Home	Flushing	5%	10%	2%
Workmens Circle Multicare Center	Bronx	4%	8%	8%

Actual data of nursing homes. All figures are rounded. Due to a large number of homes in the area, only homes with the greatest number of beds are listed in alphabetical order. For a complete listing of homes, please visit Nursing Home Compare at WWW.medicare.gov.
A lower percentage is better for the measures of pressure sores and loss of ability in basic daily tasks. However, comparing the percentages in pain is more complex. We suggest you discus the pain percentage with nursing you are visiting.

メディケアに関する政府ウェブサイト（www.medicare.gov）からの公開情報を一部改変

大犯罪に関わっていたケース5件を報道したとしており、このような報道が在宅サービス提供者の犯罪歴のチェックの是非及びチェックを行う場合の方法に関する議論を引き起こしたとしている（Long-Term Care, General Accounting Office）[43]。

米国で在宅サービスの質の問題が生じている背景として、行政の規制がこれまで不十分であったことが挙げられる。前述のとおり、州の規制はその対象を一定の範囲の在宅介護サービス事業者に限定している場合が多いため、規制がかからない事業者が多く存在している。その結果として、ホスピス・在宅介護財団（Foundation for Hospice and Homecare）によれば、このような事業者に雇用されたスタッフが、基本的な研修さえ受けずに業務に従事しているケースがあるとしている。

さらに、米国会計検査院は、現在の連邦政府のメディケアの指定基準及びその審査プロセスは、問題のある事業者を排除するのには不十分であると指摘している（Medicare Home Health Agencies, General Accounting Office）。すなわち、メディケアの指定基準については、経営者の資格要件として在宅介護の分野における経験が必要とされていないこと、スタッフの犯罪歴のチェックが不十分なこと、他の事業者と契約を結ぶこと（外部委託）により自ら直接サービスを提供せずともよい業務が幅広く認められていることなど、数多くの問題が存在するとしている。さらに、審査プロセスについても、事業者に対する監査は事業者が介護サービスを提供し始めてからすぐに行われ、その上、指定条件のうち半分以下しか実際にはチェックが行われていないといった問題が挙げられている。このため、ほとんどの申請者が指定を受けられるのが現状であり、また、一旦事業者が指定を受けた後で重大な問題が発覚しても、その時点で是正措置を講じて州の監査官のチェックを受ければ、仮に翌年の監査で繰り返して問題が発覚しても指定は取り消されないと言われている。

もっとも、連邦政府側にも、監査を徹底的に行うための予算が不足しているといった事情もある。

　（2）在宅サービスの質の改善イニシアティブ（Home Health Quality Initiative）

在宅サービスの質に関する問題が指摘される中で、ブッシュ政権においては、前述のナーシングホームにおける質の改善イニシアティブ（Nursing Home Quality Initiative）と同様のアプローチにより、メディケアの対象となっている在宅サービスの質の改善イニシアティブ（Home Health Quality Initiative）が実施されている。

　具体的には、在宅サービス事業者に関する情報を消費者などに広く提供することにより、事業者の賢明な選択を促すとともに、在宅サービス事業者に対し、サービスの質の改善に関する刺激を与え、さらに、これを支援していこうとするものである。

　プログラムの内容を見ると、州政府による規制や監査の強化といった事項もあるが、中心となっているのは、OASISと呼ばれるアセスメント表から採られた、以下の11の評価指標ごとに各事業者を評価した結果の公表である。

① 衣服を着る動作が改善した患者の割合
② 入浴が改善した患者の割合
③ 入浴の状況が従前と変わらない、ないしは悪化していない患者の割合
④ 排泄（トイレ）が改善した患者の割合
⑤ 歩行・移動が改善した患者の割合
⑥ ベッドからの移動が改善した患者の割合
⑦ 服薬（経口）がきちんと管理できるようになった患者の割合
⑧ 錯乱・混乱の頻度が減少した患者の割合
⑨ 動作時に苦痛を感じることが少なくなった患者の割合
⑩ 入院を必要とした患者の割合
⑪ 緊急の予期せぬ医療を必要とした患者の割合

　このプログラムは、2003年春より、フロリダ州、オレゴン州、サウスカロライナ州など8つの州で試験的に実施され、同年秋から全米で実施されている。

3．介護従事者の業務範囲の拡大

　介護従事者の業務範囲についてはわが国と異なり、州が定めることとされているが、近年、州によっては服薬管理、褥瘡のケア、カテーテル交換など、従

来、介護従事者には認められなかった行為を認める動きがみられている（オレゴン州、カンサス州、テキサス州、ミネソタ州、ニュージャージー州、ニューヨーク州）。

　こうした動きの背景には、増大する介護需要に比べ、看護師、介護従事者ともにマンパワー不足が深刻化している事情がある。

　看護協会など看護師の職能団体は、こうした動きについて、利用者の安全を脅かすとして強く反対している。他方、こうした介護従事者の業務範囲の拡大を推進する側は、適切な研修とサポート体制があれば全く問題がないとし、むしろ、こうした業務範囲の拡大が、社会的にあまり評価の高くない介護従事者の魅力を高めることにつながると主張している。

第6節　介護サービス事業者の第三者評価

1．第三者評価とは――介護サービスの質の確保の一手法――

　米国では医療や教育などの分野で、第三者評価機関によるサービス事業者の評価・認定が広く行われている。

　第三者評価機関は、事業者本人や連邦政府・州政府とは別に、第三者の立場から事業者の活動を評価する民間機関である。医療サービスの分野と同様、介護サービスの分野においても、事業者の多くが第三者評価機関によって評価され、認定（accreditation）を受けており、第三者評価機関による評価・認定アプローチは介護サービスの質の確保に向けた手法の1つとして機能している。

　第三者評価の流れを簡単に述べると、①個々の事業者が自主的に第三者評価機関に申請を行う（費用は個々の事業者が負担）、②第三者評価機関は施設（事業所）訪問により、設定した評価基準に合致しているか調査を行う、③調査を基に第三者評価機関は評価を下し、一定のレベルに達していれば認定を与える、という手順で行われる。なお、図12は、医療及び介護分野における最大の第三者評価機関として著名な保健医療機関認定合同委員会（Joint Commission on Accreditation of Healthcare Organization、以下「JCAHO」と略

図12 JCAHOによる評価・認定の流れ

---
① 調査の3～9カ月前
　○ 調査申込書の記入・提出
　○ 調査前の準備（調査日前まで）
　・評価基準の理解（認定マニュアルを読み、JCAHOのセミナー等に参加）
　・問題領域を発見し、自ら改善
　・必要書類の記入
　・手数料の支払い（数千ドル～数万ドル）
　　例：ナーシングホームの場合、4,300ドル＋0.59×（延べ入居日数）－5,000ドル

↓

② 調査の30日～60日前
　○ 調査日の通知
　・事業者は、調査日、インタビューの実施、参加方法等について、職員、入居者（利用者）及びその家族、権利擁護団体、地元住民に周知する

↓

③ 調査の1～2週間前
　○ 調査行程の決定
　・調査に参加する職員及び閲覧を要する書類等を決定

↓

④ 調査日
　○ 調査員による調査
　・評価基準に基づきチェック。調査員は当該事業に関連した経験を有する者
　　例：在宅サービスの場合、5年間の在宅サービス従事経験（かつ、そのうち3年間は管理部門の経験が必要）を有する登録看護師

↓

⑤ 調査後45日以内
　○ 評価・認定結果の送達

（出所）JCAHOからの入手資料を基に作成

称）による評価・認定の流れである。

2．介護分野における第三者評価機関 —— JCAHOが代表格 ——

　介護分野における全国的な第三者評価機関は限られており、在宅サービスの

分野では、JCAHO のほか、地域保健医療認定プログラム（Community Health Accreditation Program：CHAP）、在宅ケア認定評議会（Accreditation Council for Home Care）が評価・認定を行っている。また、ナーシングホームの分野においては、JCAHOのほか、介護評価認定プログラム（Long-term Care Evaluation and Accreditation Program：LEAP）が評価・認定を行っている。

　JCAHO は1951年に設立され、医療・介護分野における事業者の評価・認定を行っている非営利の民間機関であり、医療・介護分野では最大かつ最も歴史の古い第三者評価機関である。JCAHO の中核となる事業は評価・認定の実施であるが、医療・介護の質の向上を支援するため、サービスの質に関するデータベースシステムの開発、事業者及びそのスタッフへの教育、出版物の発行など幅広い活動を行っている。

　JCAHO は1997年には約500人の専従職員と525人の調査員を抱え、その理事会は医師会、病院協会、内科学会、外科学会、歯科医師会、看護師それぞれの代表及び一般の代表によって構成されている。理事会の構成メンバーの多くが医療関係職種であるのは、元来 JCAHO が病院の評価を目的として設立されたためである。

　JCAHO は、1997年までに約１万8,000の事業者に評価・認定を行っており、その対象は、在宅サービス事業者、病院、病理臨床検査所、介護施設、精神保健施設、外来治療施設、マネジドケア等の医療保険プランと大変に幅広い。

　JCAHO が在宅サービス事業者の評価・認定を始めたのは1986年である。歴史は浅いものの、すでに6,230事業者が認定を受けており、これは、在宅サービスの事業者の約３割に相当する。JCAHO による在宅サービス事業者の評価・認定は、訪問看護など医学的なケアを行うホームヘルスサービス（home health services）、身体介護や家事援助を行う身体介護及び生活支援サービス（personal care and support services）、機器の配達や設置管理を行う機器管理サービス（equipment management services）、薬の調達、調剤を行う調剤サービス（pharmaceutical services）、人工呼吸器によるケアの管理を行う臨床呼吸治療サービス（clinical respiratory services）、ホスピスケア（hospice services）が対象となっている。

また、ナーシングホーム（JCAHO は「介護施設」というカテゴリーで捉えている）の認定評価は1966年に始まり、現在2,019事業者が認定を受けている。これは全米におけるナーシングホームの約12％に相当する。

3．第三者評価による「認定」の意義
　　――事業者自身の手による自主的な改善を促す――
　事業者がそれぞれの州において事業を営むために必要な州政府の「許可」や、事業者がメディケアによる費用償還を受ける資格を得るために必要な連邦政府の「指定」とは異なり、「認定」は専門の民間機関である第三者評価機関が自主的に事業者の活動を評価して、基準を満たしている場合に与えられるものである。
　こうした「認定」の意義については、JCAHO は、次のように説明している。
① サービスの改善を通じて、患者（利用者）に対するケアを向上させる。
② 認定状況は公開されており、地域住民の信頼を高める[44]。
③ 認定のプロセスを通じて、スタッフへの教育の支援を JCAHO から受けることができる。
④ 評判の良い事業者として、スタッフの採用が容易となる。
⑤ 認定取得によって連邦の「指定」を得たり、州の「許可」を得ることができる場合がある。
⑥ 広く外部からの注目を集めることにより、民間保険による費用償還や金融機関による融資を容易にする、ケアマネジャーや専門家から利用者のあっせんを受けることができる。

　JCAHO によれば、第三者評価機関による評価・認定は、最大限可能な限り質の高いサービスの提供に向け、各事業者の自発性に依拠してそれぞれが抱える問題点を発見し改善していく手法（Demming approach）を採用しており、最低限の基準に従わない事業者を罰する懲罰的手法（punitive approach）を採る公的規制とは、目的、効果において相違があるとしている。
　実際、JCAHO が行う第三者評価を、行政機関が行う規制と比較すると以下のような相違がある。

① 事業者自らが希望して実施するものである。
② 事業者自身が、事前に評価・認定マニュアルを読み、JCAHOが主催するセミナーに参加するなどして評価基準を理解した上で、自らの事業の問題点を発見し、必要な改善を行うことを勧めている。
③ 認定に使用される評価基準も、最低基準ではなく、事業者がめざすべき行動目標として位置づけられ、公的規制の及ばない点まで細分化されたものになっている。
④ 評価は、評価基準をクリアできたか否かではなく、どの程度満たしているか（degree of compliance：通常は5段階評価）で行い、評価の低い領域について、より一層の努力を促す仕組みとなっている。

4．みなし指定
——第三者評価は公的規制の役割を兼ねることができるか？——

　上記のように、本来、公的規制とは一線を画す第三者評価であるが、従来、医療の分野を中心に連邦政府や州政府による公的規制の代替手段としても用いられてきた。これは、第三者評価の基準が通常、公的規制の最低基準よりも厳しいものであること、また、公的規制の代替として第三者評価による認定を活用することが、行政機関の規制に要する費用を抑制しつつ、サービスの質を確保する手段として有効と考えられたことによるものである。

　実際、JCAHOなどの第三者評価機関による認定を受けた病院は、自動的にメディケアの指定医療機関としても基準を満たしたものとして取り扱うこととされており（いわゆる「みなし指定（deemed status）」）、病院の多くがみなし指定を受けている[45]。

　こうしたみなし指定は、行政改革、規制緩和の潮流の中で、近年、在宅サービスの分野においても認められ、JCAHOの認定を受けた在宅サービス事業者は1993年よりメディケアの指定機関としても基準を満たしたものとして取り扱うこととされている[46]。

　しかし、こうしたみなし指定の導入については、サービスの質の確保に対する行政機関の関与が希薄になるとして、消費者団体をはじめとして懸念も強い。

実際、これまで数々の問題が指摘されてきたナーシングホーム分野では、規制緩和の観点から、業界や共和党側からみなし指定の導入を求める声が上がっているが認められていない。1998年に旧医療保険財政庁が議会に対して行った報告では、①現行の JCAHO の評価基準の一部に連邦基準と合致していない点がある、② JCAHO の調査員はしばしば医療保険財政庁が行った監査で指摘した重大な問題点を見逃しているなどとして、ナーシングホーム分野へのみなし指定の導入について適切でないとしている。

このみなし指定の問題の本質は、任意・自主性を基本とする制度の下で公的規制の目的である最低基準の維持確保を実現できるか、つまり、評価・認定が甘くなることはないのかといった問題である。その意味で現行の JCAHO が行っている事業を見ると、なお課題があるように思われる。

1つは評価基準どおりに厳格に調査が行われているのかどうかである。

JCAHO の場合、被調査機関からは手数料負担のみを求め、寄付等その他の経済的支援は受けず、組織的な中立性確保に腐心している。また、認定・評価に当たっても調査員は被調査事業者とは利害関係のない者とし、また、その評価の正確性を期するために JCAHO の複数の職員が調査内容を確証し、最終的に理事会の小委員会が決定する等の配慮を行っている。しかし、こうした配慮を行ってもなお調査が甘くなることはないのかという懸念がないわけではない。実際、前述のように JCAHO の調査員は、しばしば介護施設の重大な問題点を見逃しているとの指摘もある。評価・認定が中立かつ厳格に行われたのか、厳重なチェック体制が必要である。

特に、みなし指定のように公的規制の部分を含め第三者評価に委ねようとする場合には、慎重な配慮が必要になる。みなし指定と併せて、介護オンブズマン制度、その他の厳しい、ある意味で懲罰的な監視システムの存在が安全弁として不可欠になろう。

もう1つの課題は、認定を受けた後のフォローである。JCAHO では認定を受けた場合、ほとんどの事業者が3年間チェックを受けないこととなる。こうした事情は、公的な規制でも同様であるが、一旦認定を受けた後の事業者の実態をどのように監視していくのかは大きな課題となっている。

JCAHO では、こうした批判を踏まえ、認定を受けた事業者の 5 ％を無作為に抽出し、予定外調査をする試みを行っているが、なお一層監視の精度を高めるシステムの開発が求められている。

第 7 節　高齢者介護をめぐる新しい動き

　今後、ベビーブーマーの高齢化によって本格的な高齢社会を迎える米国であるが、こうした動きと相まって、高齢者介護はどのような方向に向かっていくのであろうか。最後に、米国で近年見られる高齢者介護をめぐる新しい動き「医療と介護の統合」、「民間保険・家族の役割の強化」、「利用者の自己決定権の尊重」を取り上げる。

1．マネジドケアの手法を活用した新たな試み
　　　――介護版マネジドケアプログラム：医療と介護の統合――

　1980 年代以降、医療の分野においてマネジドケアが急速に普及する中で[47]、こうしたマネジドケアの手法を介護の分野にも取り入れ、医療と介護サービスさらには生活支援サービスを包括的に提供することによって、要介護者の多様なニーズに応え、費用の効率化を図ろうとする動きが急速に広まっている。
　こうした状況が生じている背景には、①要介護高齢者の多くは、介護サービスのみならず、様々な医療を必要とするケースが多いにもかかわらず、サービス提供体制の面でも、費用保障の面（メディケアやメディケイド）でも縦割りであり、相互の連絡・調整が十分に行われていないこと、②現行のメディケアやメディケイドの給付要件、対象となるサービスの範囲などは非常に限定されており（家事援助や配食、移送といった生活支援サービスは原則として給付対象外）、現行制度の下では要介護者の多様なニーズに応えられないこと[48]、③急増する高齢者の医療・介護費用のコントロールという点で、費用のリスクをサービス提供者に分散・転嫁し、費用の効率化に関するインセンティブをサービス提供者自身に持たせるマネジドケアの仕組みが有効と考えられたこと[49]

図13 介護版マネジドケア

A 通常のサービス提供と給付の関係

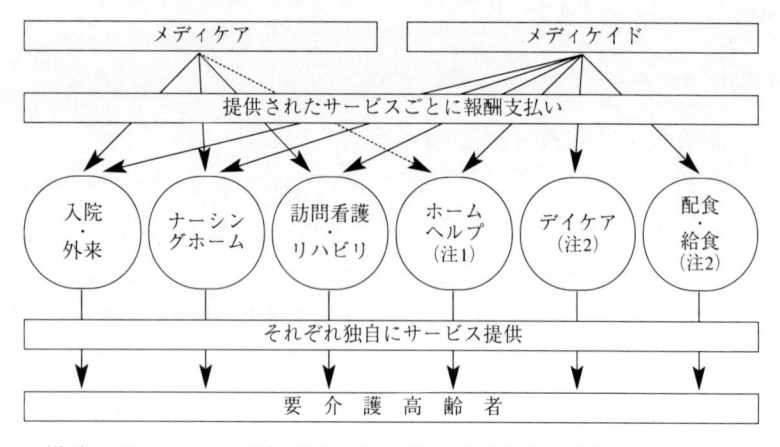

```
┌─────────────────┐    ┌─────────────────┐
│   メディケア     │    │   メディケイド   │
└─────────────────┘    └─────────────────┘
         │                      │
┌─────────────────────────────────────────┐
│     提供されたサービスごとに報酬支払い      │
└─────────────────────────────────────────┘
    ↓       ↓       ↓       ↓      ↓       ↓
  入院    ナーシン  訪問看護  ホーム  デイケア  配食
  ・      グホーム  ・       ヘルプ  (注2)    ・
  外来             リハビリ  (注1)           給食
                                           (注2)
┌─────────────────────────────────────────┐
│       それぞれ独自にサービス提供            │
└─────────────────────────────────────────┘
                    ↓
              要 介 護 高 齢 者
```

(注1) メディケアでは、所定の要件を満たす場合、身体介護のみ対象となる。
(注2) メディケイド・ウェイバーを承認された場合に給付対象となる。

B 介護版マネジドケアプログラムにおけるサービス提供と給付の関係

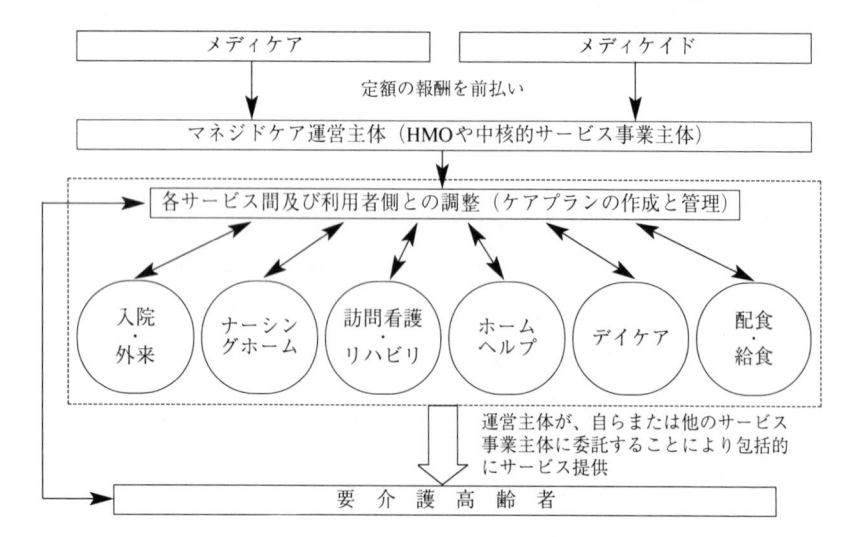

```
┌─────────────────┐    ┌─────────────────┐
│   メディケア     │    │   メディケイド   │
└─────────────────┘    └─────────────────┘
         │   定額の報酬を前払い    │
         ↓                      ↓
┌─────────────────────────────────────────┐
│ マネジドケア運営主体(HMOや中核的サービス事業主体)│
└─────────────────────────────────────────┘
                    ↓
┌─────────────────────────────────────────┐
│ 各サービス間及び利用者側との調整(ケアプランの作成と管理)│
└─────────────────────────────────────────┘
    ↕       ↕       ↕       ↕      ↕       ↕
  入院    ナーシン  訪問看護  ホーム  デイケア  配食
  ・      グホーム  ・       ヘルプ          ・
  外来             リハビリ                  給食

       運営主体が、自らまたは他のサービス
       事業主体に委託することにより包括的
       にサービス提供
                    ↓
              要 介 護 高 齢 者
```

などが挙げられる。

　この新しい試みを概念化すると、図13のとおりとなろう。高齢者の医療や介護について費用負担を行うメディケアやメディケイドは、図13 Aに示すように、通常、提供されたサービスに応じ、個々に給付を行っている。また、同様に、要介護高齢者に対するサービス提供も各サービス事業主体がそれぞればらばらに行い、相互の連携も不十分となっている。

　これに対し、マネジドケアの手法を活用した新たな試み（Maneged Long-Term Care：以下「介護版マネジドケア」と略称）の場合には、図13 Bに示すような仕組みとなっている[50]。

① まず、メディケアやメディケイドは、特例として、介護版マネジドケアプログラムの運営主体となるHMOや中核的サービス事業主体に対し、あらかじめ定額の報酬を前払いすることを認める。
② 運営主体は、この報酬を財源として、要介護高齢者が必要とする入院・外来、ナーシングホーム、訪問介護・リハビリテーション、ホームヘルプ、デイケア、食事など医療から生活支援サービスに至るまでの広範囲なサービスについて、要介護高齢者のニーズを踏まえながら、ケアプランを作成する。
③ 当該ケアプランに基づき、それぞれのサービスを自らあるいは他のサービス事業主体に委託することによって提供する。

　この方式では、生活支援サービスなど通常は公的制度の対象とならないようなサービスを提供することが可能となるほか、サービス提供に関する責任と権限が運営主体に一元化されているために、サービス間の連携がスムーズとなる。また、運営主体は、限られた財源の中ですべてを賄わなければならないため、最小の費用で利用者のニーズを最大限に満たすよう費用対効果を考えた効果的な運営に努めるようになる。つまり、要介護者が、コストのかかる施設ではなく在宅での生活を極力維持できるよう、徹底的なケアマネジメントを行い、生活支援サービスを含め、総合的・包括的なケアを提供することが期待されている。

2．現状──未だ実験的段階──

　1997年の均衡予算法によって恒久化されたPACEを除き、介護版マネジド

ケアプログラムの多くは試験的段階にあるか、近年、開始されたばかりである。

その形態もプログラムごとに多様であり、対象者の範囲、プログラム参加の任意性、運営主体、対象となるサービスの範囲、報酬支払い方式などそれぞれ異なっている。表11は、現在、全米各地で実施されている介護版マネジドケアプログラムの現状を示したものである。対象者を要介護者のみとするのか、それとも、比較的健康な高齢者を含むのか、運営主体をサービス事業主体そのものとするのか、HMOとするのか、メディケイド受給者の参加を任意とするのか強制とするのかなど、こうした要素によって、プログラムの性格が少しずつ変わってくる。

そこで、以下、これまでの実績が比較的認められる PACE、Social HMO 及びアリゾナ州の Arizona Long Term Care System についてその概要を解説する。

(1) PACE (Programs of All Inclusive Care for the Elderly:高齢者向け包括ケアプログラム) の概要

1) PACE の歴史

—30年を超える歴史、1997年には正式なメディケアのプログラムに—

PACE の発端は、カリフォルニア州サンフランシスコにある On Lok Senior Health Center (民間非営利) が1971年に小規模のデイケアセンターを開設したことに始まる。

この On Lok (中国語で「安楽」と書く) は、イギリスの同種の施設 (デイ・ホスピタル) をモデルにしたものである。中国系アメリカ人の要介護高齢者を主な対象として、デイケアを中心に各種の在宅サービスを提供することによって、ナーシングホームへの入居や病院への入院を避け、住み慣れた自宅での生活を継続させることを目標に事業をスタートした。

1975年に家事援助等の訪問サービスを追加するとともに、1979年からは、4年間にわたって、連邦医療保険財政庁 (現在のメディケア・メディケイド庁) からメディケアを財源とするモデル事業を実施することが認められ、医療と介護サービスの包括的・一体的提供が可能となった。その後この実績が各方面で評価され、1983年からは、メディケア及びメディケイドのウェイバー (特例

第3章　アメリカの高齢者介護　289

表11　介護版マネジドケアプログラムの現状

	PACE	Social HMO	アリゾナ州	コロラド州	メイン州	ミネソタ州	テキサス州
対象者	要介護者のみ	非要介護者を含む	要介護者のみ	非要介護者を含む	非要介護者を含む	非要介護者を含む	非要介護者を含む
運営主体	非営利のサービス事業主体	HMO	郡(country)またはHMO等	HMO	HMO等またはサービス事業連合	HMO	HMO
対象サービスの範囲	医療を含む	医療を含む	医療を含む	医療を含む	医療を含む	医療を含む	医療を含む
メディケイド受給者の参加の任意性	任意	任意	強制	強制	強制	任意	強制
メディケアからの報酬支払い方法	定額の報酬を前払い	定額の報酬を前払い	実績払い	定額の報酬を前払い	実績払い	定額の報酬を前払い	メディケアHMO加入者に対しては定額の報酬を前払い、その他の者は実績払い
実績	1978年からOn Lokで開始。1990年代に各地に普及。1997年の均衡予算法で恒久プログラム化	1985年から4カ所で開始。その後1995年に修正された。プログラムで新たに1カ所が参加(なお当初の4カ所のうち1カ所は廃止)	1989年に開始	1997年7月にウェーバー承認、開始	1997年にウェーバー申請。その後開始	1997年3月に開始	1998年4月に開始

The Muskie School of Public Services, University of Southern Maine and The National Academy for State Health Policy "Integration of Acute and Long-Term Care for Dually Eligible Beneficiaries through Managed Care" (1997) に基づき和田勝紀氏が作成したものを修正。

措置）が認められ、報酬支払い方式が従来の個々のサービスの実績に応じた支払い方式から、利用者1人当たりの月決め定額前払い方式に改められた。これによって、On Lok では既存のメディケアやメディケイドのルールにとらわれることなく、独自の判断で包括的なサービスを提供することとなったのである。

こうした On Lok の取り組みは、ナーシングホームへの入居や病院への入院件数の減少など質的にも効果を上げ、また、財政運営も黒字であり費用節約効果もあると判断されたことから、その後、全米の他の地域でも実施されるようになった。1997年の均衡予算法では、従来の実験的プロジェクトという位置づけを改め、正式にメディケアのプログラムとして位置づけられた[51]。

2) PACE の内容
——要介護者に必要なすべてのサービスを包括的に提供、徹底したチームケア——
PACE の対象者は、55歳以上であって、ナーシングホームへの入居が認められる程度に介護の必要度が高い者とされている。

なお、こうした条件に合致しているメディケイド受給者の PACE への参加は任意であり、後述する Arizona Long Term Care System（メディケイド受給者の参加は強制）とは異なっている。

PACE では、その名称中の All Inclusive Care（すべてを包括したケア）の言葉からわかるように、以下のような要介護者が必要とする在宅・施設サービスのすべてを提供している。しかし、その基本方針は、できるだけ住み慣れた自宅で生活できるように支援するという点にあることから、サービスは在宅サービスを中心に、デイケアセンターが核となって提供している[52]。

（ⅰ）デイケアセンターにおいて提供されるサービス
　　プライマリケア（健康管理や軽度の治療）、リハビリテーション、身体介護、給食サービス、栄養指導、レクリエーション、眼科、歯科、精神科等の医療、移送、洗濯サービスなど
（ⅱ）自宅において提供されるサービス
　　訪問看護、身体介護、家事援助、配食サービス、洗濯サービス等
（ⅲ）病院、ナーシングホーム等他の機関で提供されるサービス
　　専門医の受診、入院、ナーシングホームでのケア等

PACEでは、こうした各種のサービスをPACE自身のスタッフ（医師、看護師、ソーシャルワーカー、理学療法士、作業療法士、ホームヘルパー、栄養士等）がチームを作って提供する。また、病院に入院したりナーシングホームに入居する場合でも、その必要性の判断をはじめとする各種の調整（ケアマネジメント）をチーム単位で行っている（チームケア）。

こうしたサービス提供に要する費用は、前述のようにメディケア、メディケイドが特例的な方法で負担しており、具体的には、「各制度の平均的1人当たり給付費相当額を基礎として算定された額[53]×加入者数」に相当する額が月単位で前払いされている（メディケアとメディケイドから支払われる報酬を合算すると、2001年段階で月額平均約3,800ドル（約46万円））。PACEはこれを財源として通常のメディケアやメディケイドでは給付対象とならない給食、移送、洗濯といったサービスを含め、柔軟なサービス提供を行っている。なお、年齢、所得等の面でメディケアやメディケイドの対象とならない者については、PACEがこれらの制度から支払いを受ける額と同額を自己負担すれば加入できることとなっている（ただし、メディケイド分だけで月額約1,600～4,100ドル前後となることから、自己負担で参加する者の数は少ない）。

3）評価——これまでのところ、費用の抑制と質の維持という両面で比較的高い評価。今後、「手抜き」やcream-skimming（手のかからない者のみを対象とする行為）のリスクにどう対処するかが課題——

PACEのようなマネジドケア型の仕組みについては、医療で言うところの費用抑制に重点を置くあまり質を切り捨てたという「粗診粗療」（手抜き）の懸念が指摘されているが、これまでのところ、このPACEは、参加事業者の数も限られており、いずれも非営利で、かつその事業運営に積極的かつ熱心であったこともあって、こうした問題点は指摘されていない[54]。むしろ、現行制度の縦割りを排し、包括的なサービスを効率的に提供することにより成果を上げており、費用対効果の高いプログラムとして比較的高い評価を受けているようである。

しかし、課題も挙げられている。その1つは、PACEのサービスを利用するためには、これまでの馴染みの医師、病院、その他のサービス提供機関との関

係を断念し、PACE を中心とするスタッフ、サービス提供機関にその相手を変更しなければならないことである。このアクセスの不自由さは、マネジドケアそのものに付随する問題であるが、PACE によるサービス利用を断念したケースの中には、馴染みの主治医を変更することへの抵抗感を理由とするものが多いと言われる。また、PACE が重視するデイケア（通所サービス）を望まぬ者が少なからず存在するとも言われている。実際脱退者の脱退理由の中にはデイケアよりも自宅でのケアを好むためというものも見られるという。さらに、現在のところはあまり見られていないとされるが、今後、参加事業者が増加し、事業が一般化するにつれ、ケアの「手抜き」や事業者自身による利用者の選択（要医療度あるいは要介護度の低い者のみを対象とし、手がかかる者を排除する行為：cream-skimming）の危険性が高まってくるものと思われる。こうしたリスクにどう対処していくかが、今後の PACE の普及度合い（どこまで普遍化するか）に大きな影響を与えるであろう。

（2）Social HMO（Social Health Maintenance Organization）の概要
————メディケアHMO＋介護サービス————

　Social HMO（以下 SHMO）は、1980年にブランダイス大学が旧医療保険財政庁の補助金を受けて開発したプログラムで、1985年から全米 4 カ所で実施されているプログラムである[55]。その内容を一口に要約すると、医療をカバーするメディケア HMO に、在宅・施設の各種介護サービスを組み合わせたものとなろう。健康な高齢者から要介護高齢者までを幅広く対象とし[56]、日頃の健康管理から、医療、そして、介護が必要となった者には各種介護サービスまで、幅広くカバーしている。対象者を要介護者に限定し、介護サービスから出発して医療までをカバーしようとする PACE と異なって、メディケア HMO が基本となっていることから、医療のウェートが大きい。また、SHMO の費用は、プログラム参加者が負担する保険料を除き、大部分はメディケアによって賄われており、メディケイドの占める割合は大変低い。

　さらに、デイケアセンターを中核とするサービス事業主体によって運営されている PACE と異なり、SHMO は、その名のとおり HMO（一種の保険運営主

体）によって運営されており、サービス自体は、通常、ネットワーク化された他のサービス提供機関によって提供されている。したがって、要介護高齢者に対する SHMO の中心業務は、利用者本人（家族）のニーズの把握、ケアプランの作成、各サービス提供機関との調整といったケアマネジメントが中心となっており、ケアマネージャー（看護師やソーシャルワーカー）の役割が大変に大きい。

PASE と同様に任意加入であり、高齢者は自ら希望する場合に、この SHMO に加入することとなっている[57]。メディケアからの報酬の支払い方式は、PACE と同様に、定額の前払い方式であるが、SHMO の場合、健康人も加入していることから、加入者の年齢、性別、要介護か否か（ナーシングホーム入居要件を満たしているかどうか）等の要素に基づき、その額は調整（risk-adjustment）されている。

提供されるサービスの内容は、ほぼ PACE と同様であるが、SHMO の場合、健康な高齢者を幅広く対象としていることから、PACE に比べて介護や生活支援サービスの部分が弱いとの指摘もある[58]。

このSHMOについては、近年、メディケア・メディケイド庁の委託により、他のメディケアHMOとの間で、費用、利用者の健康度や満足度などの点について比較研究が行われ、その結果、特段の優位な点は認められないとの報告がまとめられている。この結果を踏まえ、メディケア・メディケイド庁は議会に対し、現在、他のメディケアHMOと比べて有利な取り扱いとされている報酬支払いルールを他のメディケアHMOと同様のルールに改めるなど、SHMOをメディケアHMOの類型の一部として一般化するよう求めている。

（3）アリゾナ州の Arizona Long Term Care System の概要
　　　　——要介護のメディケイド受給者は全員参加——

アリゾナ州全域で実施されている Arizona Long Term Care System（以下 ALTCS）は、1988年にナーシングホームへの入居の可能性の高い者を対象に、医療から介護、生活支援サービスまで幅広く提供することを目的にスタートしたプログラムである。

その特徴は、加入対象者が要介護者であること、そして、メディケイドの受

給要件を満たす者のみが対象であり[59]、また、その参加が強制とされていることである（2003年4月段階で約3万7,000人が対象）。特に、後者の強制参加という点は、任意参加のPACEやSHMOと異なり、高齢者による逆選択（施設入居を希望しない者だけが高水準の在宅サービスを求めて参加し、費用抑制効果が失われる）が生じないという点では制度上メリットがある。しかし、同時に、高齢者にとって馴染みの主治医を受診できなくなるなど、アクセス制限等の問題が生じる。

なお、ALTCSでは、医療の部分（メディケアがカバーする部分）の報酬支払いが、定額の前払い方式ではなく、サービスの実績に応じた出来高払いとされている。つまり、他のPACEやSHMOと異なり、医療部分（メディケア）の報酬支払いについては、完全な意味での統合は行われていないのである[60]。

ALTCSは郡単位で運営され、各郡ごとに運営主体が入札によって1つ定められている[61]。アリゾナ州には15の郡があるが、そのうち5つは郡自身が運営主体となり、2つはマネジドケアを運営する医師グループ（Independent Physicians Association）、残りの8つはVentana Health Systemsというマネジドケア組織がそれぞれ運営主体となっている。

これらの運営主体は、医師、病院、ナーシングホーム、在宅サービス事業者等と提携し、ネットワーク化を図ることによって、加入者が必要とする各種のサービスの提供を確保している。つまり、運営主体自らはサービス提供を行わず、あくまでも他のサービス事業者によって提供されるサービスの調整（ケアマネジメント）に専念しているのである。

運営主体にメディケイド（州）から支払われる報酬は、加入者の人数に応じた定額であるにもかかわらず、各サービス事業主体に対しては、通常、提供したサービスの実績に応じ、出来高（ただし、ディスカウント価格）で支払われることから[62]、運営主体は、サービス利用の調整に当たっては、最大限、費用効率を考慮するインセンティブが働くと言われている。こうした調整は、運営主体のケアマネジメント担当部門によって行われている。

これまでのところ、このALTCSは、ナーシングホームから在宅サービスへの代替が図られることによる費用抑制効果が認められているほか、また、

PACEのようにサービス事業主体単位ではなく、州という広範な地域で大掛かりな規模で実施されているプログラムということもあって、他州の関心も高く、近年、表11のように、類似の内容でこうしたマネジドケア型のプログラムをスタートする州が相次いでいる。

しかし、PACEと異なり、サービス提供現場と完全に切り離されたケアマネジメント部門が、真に効果的に機能するかどうか疑問もあること、また、費用抑制を図ろうとするあまり、運営主体がサービス調整の過程で、必要なサービスを出し惜しみする危険性があるなど数多くの課題が残されており、今後、どのような成果を上げるか注目されている。

3．私的部門（民間介護保険・家族）の役割の強化

クリントン政権1期目の最大の公約とも言える国民皆医療保険構想では、介護サービスも一部その対象に加えられ、ナーシングホームを除く在宅サービスがひとまず全国民に保障されると提案されていた。介護部分だけで施行後5年間で580億ドル（約7兆円）という規模のプログラムであったが、1994年に構想自体が頓挫し、以後、公的介護プログラムの創設あるいは拡充強化が本格的な政策課題として取り上げられたことはない。

図14は、1995年に民間の保険会社によって構成される全米医療保険協会が実施した公的介護プログラムに関するアンケート調査の結果である。調査の対象となったのは介護問題が比較的身近に感じられる55歳以上の中高年層であるが、国民全員をカバーする公的制度に賛意を示したのは32％に過ぎなかった。約半数（48％）は最も必要度の高い者に限って公的プログラムを実施するのが適当とし、10％はいかなる公的プログラムにも反対と答えている。

このアンケート調査結果については、その実施主体が民間介護保険を販売する保険会社であること、クリントン大統領の皆保険構想が挫折した直後に実施されたものであることといった点を割り引いて考える必要がある。しかし、少なくとも、今日の米国民の一般的な心理の中に、政府の拡大につながるような公的プログラムに対する抵抗感ないしは拒否感が存在していることは間違いない[63]。

こうした背景の下で、当面、本格的な公的介護プログラムが政治日程に上っ

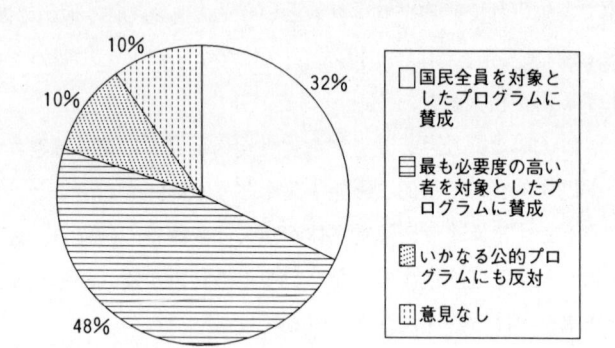

図14 公的介護プログラムに関するアンケート調査（対象：55歳以上）

- □ 国民全員を対象としたプログラムに賛成 — 32%
- ≡ 最も必要度の高い者を対象としたプログラムに賛成 — 48%
- ▦ いかなる公的プログラムにも反対 — 10%
- ▨ 意見なし — 10%

（出所）Health Insurance Association of America, Who Buys Long-Term Care Insurance?, 1995

てくると見る関係者は少なく、むしろ、近年の高齢者介護をめぐる政策は、民間介護保険の普及促進や家族介護の支援といった私的部門の役割を強化するものが目につくようになっている。

（1）民間介護保険の普及促進
　　　　　　　——HIPAA とパートナーシップ・プログラム——

　第3節の5.の民間介護保険の部分で触れたように、1996年に HIPAA が成立し、民間介護保険の保険料と保険給付に関する連邦所得税の所得控除が制度化されたが、これに伴って、最近、比較的若い世代を中心に加入者が急増していると言われている。また、政府も1999年度には、連邦政府職員に対し民間介護保険商品を斡旋する（保険料補助はなし）など、その普及促進に力を入れている。

　こうした中で、公的なプログラム（メディケイド）と民間介護保険とを組み合わせたパートナーシップ・プログラムという試みが実験的に実施されている。

　　パートナーシップ・プログラム（Partnership Program）
　　　　——メディケイドと民間介護保険との組み合わせ——

本来、メディケイドは、資産を使い尽くし、かつ低所得である場合に限って受給対象となるが、近年、一定の条件を満たす民間介護保険を購入した者には、特に受給要件を緩和し、一定の範囲で資産保護を可能とするプログラムが取り入れられている。

　こうしたプログラムは、「パートナーシップ・プログラム」と呼ばれ、資源の効率的な活用を図るため、公的制度（主としてメディケイド）と私的な費用とを組み合わせたプログラムを開発することを目的として、1986年にロバート・ウッド・ジョンソン財団が10州に補助を与えたことを契機として生まれたプログラムである。現在、コネチカット州、ニューヨーク州、インディアナ州、カリフォルニア州の4つの州で実施されている。

　通常のメディケイドでは、前述のように破産状態となった者に対して厳しいミーンズテストを実施した上で初めて受給資格が認められるが、このパートナーシップ・プログラムの下では、州が定めた適格な民間介護保険を購入した者についてはミーンズテストの要件が緩和され、相当額の資産を保有していてもメディケイドの給付が受けられるとするものである。

　つまり、民間介護保険を購入した者は、しなかった者と比べて自らの負担で介護費用を調達したわけであるから、その調達した費用分はメディケイドの公的負担を軽減したと解して、保険給付を使い果たしてしまった後には、一定の資産を有していてもメディケイドの適用を認めるとするのである。

　ニューヨーク州を除く3州では、民間介護保険から受けた保険給付に相当する額分だけ資産を残すことが認められ（例えば10万ドルの給付額を受けた場合には10万ドルの資産の保有が認められる）、ニューヨーク州の場合には、要件を満たした民間介護保険商品であれば、その給付期間経過後はミーンズテストが免除され、無条件にメディケイドの給付を受けることができることとなっている[64]。

　パートナーシップ・プログラムの狙いを要約すれば、民間介護保険への加入を促進し、まず、介護費用については自己責任で対応させ、それ以上の費用が必要となった場合に初めてメディケイドでカバーしようとするものである。それによりメディケイドの費用削減を図るとともに、高齢者の資産保護のニーズ

にも配慮しようとするものである。

　このパートナーシップ・プログラムの対象となる適格な民間介護保険の要件は各州によって若干異なるが、通常、①ナーシングホーム及び在宅サービスの双方が給付対象となっていること、②相当高額な給付額が保障されていること、③介護費用のインフレーションに対応できるよう給付額が毎年改定されるような特約が含まれていること、などとなっている。

　従来、パートナーシップ・プログラムの商品は、上記のような厳しい条件が課せられていることから、他の商品と比べて保険料が高額となり敬遠される傾向もあったが、HIPAAの導入後、税制適格商品について同様の基準が適用されたこともあり、こうした税制適格な商品を中心に記録的に伸びているとされる。

（2）家族介護（family care giving）の支援策強化
——介護者に対する現金給付——

　家族介護の負担軽減を狙いとして公的介護保険が導入された日本と異なり、米国では、公的プログラムの拡充強化に対する否定的な世論が強いこともあって、家族介護のような無償の介護を支援しようとする動きが強まっている。

　その1つが、介護者に対する現金給付（cash benefit）である。国の制度ではこうしたプログラムは存在していないが、州レベルでは、少なくとも35州が要介護者を介護する家族等に対して、現金給付を行っている。現金給付といってもその水準は低く、賃金に相当するレベルではないが、家族で介護したいというニーズに応える方策だとして評価を受けているようである[65]。

4．利用者の自己決定権（self-determination）の尊重
（1）要介護者自らがケアスタッフを雇用

　カリフォルニア州のバークレーなど、米国は障害者の自立生活運動で知られるが、若い世代の要介護者の場合、施設で暮らすことを拒否し、自ら選んだ介護者とともに地域で生活するというスタイルが見られる。

　1960〜70年代において、こうした運動の担い手となった層が高齢化するに

つれて、高齢者介護の分野でも、介護サービスを利用する側の自己決定権を尊重し、利用者自身が、広い選択肢の中からサービスを選択し、これを自由に組み合わせ利用することができるプランを求める声が強まっている。

その代表的な例が、利用者に対して、サービスを提供するのではなく、現金を給付し、自由な使用を認めようとする取り組みである。前述の介護者に対する現金給付も同様のアプローチと言えるであろう。これらは、現在、メディケイドの home- and community-based waiver（在宅給付に関する特例）や州の独自のプログラムとして州レベルで実験的な形で実施されている。

その1つであるカリフォルニア州のプログラムの場合は、通常のように、ケアマネジメント機関によって調整された介護サービスを利用するのではなく、要介護者自らがケアスタッフを雇用し（家族介護者でもよい）、自らが必要と思うサービスを受ける仕組みとなっている。州は、ケアスタッフの雇用がスムーズに進むようにと、このプログラムに参加するケアスタッフの名簿を作成し、要介護者に対し提供している。

こうした現金給付といった形で利用者にすべてを委ねるプログラムに対しては、利用者の自己決定権が保障されるというメリットのほか、サービスを直接提供する方式と比べて、サービス費用、事務的経費等の面で費用節減効果が期待できるといった観点からも大きな関心を持って見られているようである。

しかし、こうしたプログラムに付きまとう懸念は、日本において介護保険制度の導入時に激しく議論されたように、サービスの質が本当に確保できるかどうかであろう。自らの判断でサービスを選択し、さらにはケアスタッフまで選ぶ（雇用する）とすれば、当然、その結果のリスクは利用者自身が負うこととなる。医療と違って一般人でも評価が容易といわれる介護サービスであるが、要介護状態という厳しい状況でしかも高齢という条件が重なった場合に正しく評価できるのか、あるいは、家族や低廉な無資格者の活用を促すことにより、ケアスタッフのレベルは大幅に低下してしまうのではないかといった見過ごせない問題が存在する。

医療や介護の分野は、情報の非対称性の存在ゆえにサービス提供者と利用者（患者）との間では対等な関係が成立しないと言われてきた。一方、高齢者の

高学歴化、サービスの標準化など、従来と比べ事情は大きく変わってきている。このような中で、どこまで利用者自身がイニシアティブが取れるか、そして、そのためにはどのような条件が必要となるのか、こうした実験的プログラムの成果が注目される。

（2）オルムステッド判決（Olmstead Decision）

1999年、連邦最高裁は、米国における障害者や高齢者の介護政策に大きな影響を与える判決を下した。

オルムステッド裁判と呼ばれるこの裁判は、ジョージア州の精神病院に入院していた知的障害と精神疾患を抱える2人の女性が、本来、自分たちは適切な地域ケアを受けられれば地域生活が可能であるにもかかわらず、州がそうした地域ケアを提供しないで長期入院を余儀なくさせておくことは、アメリカ障害者法（Americans with Disabilities Act）違反であるとして、州を訴えたものである。

アメリカ障害者法は、障害を理由として、公的サービスの提供や公的プログラムへの参加を拒否されることがあってはならないと定めている。この事案では、原告の主治医によって、適切な地域ケアが受けられれば、退院し、地域での生活が可能と診断されていたにもかかわらず、地域には、そうしたケアを提供できる受け皿が整備されていないことから入院が長期化していた状況について、アメリカ障害者法の規定に違反するかどうかが争われた。

連邦最高裁は、ジョージア州のサービス資源と他の同州内の精神障害者のニーズを考慮すると、受け皿がないのは財政上の問題などとする州の主張は認められず、原告を長期入院させておくことはアメリカ障害者法違反であるとの判決を下した。

この判決によって、アメリカ障害者法に基づき、州政府は、障害者のニーズに合った、しかも最も統合された形でサービスを提供することを義務づけられていることが明確にされた。個々の障害者にとって、具体的にどのようなサービスが適当かは専門家による判断とされているが、州政府にとっては、事実上、障害者のニーズを尊重する形で、多様なサービス、とりわけ在宅サービスをはじめとする地域ケアを提供できるような体制整備が求められることとなったの

である。

　アメリカ障害者法の対象者の範囲は、相当広いことから、今回の判決は、障害者のみならず、介護を必要とする高齢者にも当然及ぶものと解されており、介護政策に与える影響は極めて大きいと見られている。実際、同判決以降、連邦、州双方のレベルで、メディケイドにおける地域ケアの拡充など新たな動きが急速に進んでいる。

　他方、判決において、障害者のニーズに応えるために、州が現行のサービスやプログラムについて抜本的な変更を余儀なくされるときには、アメリカ障害者法違反とはならないと判示しているように、今回の判決が適用される範囲にも限界がある。現実問題として、州政府を中心に、厳しい財政状況にある中で、文字どおり、障害者や要介護高齢者のニーズどおりにサービスを確保することは困難との声もあり、今後、この判決を受けて、どこまで米国の介護政策、とりわけ地域ケアのあり方が変わるのか興味が持たれるところである。

[参考資料]
1）要介護高齢者の発生割合については、多様なデータがあり、National Long Term Care Survey（1994）によると、約16.7％となっている。なお、1984年の同調査（19.7％）と比較すると、約3％低下しており、近年、要介護比率が低下傾向にあることがうかがえる。こうした改善の要因として、医療水準の上昇、社会・経済環境の向上、高齢者の生活態度の変容などが指摘されている（General Accounting Office, Long-Term Care: Aging Baby Boom Generation Will Increase Demand and Burden on Federal and State Budgets（2002.3））。
2）National Long Term Care Survey（1994）は、National Institute on Aging（米国国立高齢化研究所）の補助を受けて、デューク大学で実施されたもの。従来、連邦政府の補助を受けて1982、1984、1989年と同様の調査が実施されている。
3）米国のデータでは、介護者の中には主たる介護者と従たる介護者の両者を含むが、日本のデータでは、主たる介護者をカウントしている。
4）例えば、ホームヘルパー（身体介護）の場合、home health aide と呼ばれたり、personal care attendant と呼ばれたりする。
5）在宅サービスに関するデータは全米在宅ケア協会（National Association for Home Care）の公表資料による（インターネット（http://www.nahc.org）による閲覧可能）。
6）メディケア・メディケイド庁がメディケア受給者を対象に発行しているブックレット

「Choosing Long-Term Care」によれば、2001年段階で典型的なassisted living facilityの費用は、月額900ドルから3,000ドル程度とされている。
7)「Choosing Long-Term Care」(メディケア・メディケイド庁)によれば、2001年段階で入居一時金が6万ドルから40万ドル、月々の入居料は700ドルから2,500ドル程度とされている。
8) 他の施設形態として、精神障害者のための中間介護施設 (intermediate care facilities for the mentally retarded) 等が存在する。
9) 最近、ナーシングホーム内に subacute care (亜急性ケア) ユニットと呼ばれる施設 (病棟) が設置されているケースが増えている。後述するようにこの亜急性ケアユニットでは、従来のナーシングホームで行われていた skilled care (専門的な看護・リハビリテーション) より濃厚な医療的ケアが提供されており、日本の療養病床 (医師が常駐) に相当するものと思われる。
10) National Nursing Home Survey (1995) によれば、高齢者人口千人当たりのナーシングホームへの入居者数は、1985年46.2人であったものが、1995年には42.4人となっている。特に、85歳以上の後期高齢者層での減少が著しいとされている。
11) American Association of Retired Persons (AARP:アメリカ退職者協会) の調査によれば、1994年には45州で、こうした参入規制を実施している。
12) Long-term Care Solving The Need: Senior Planning Group Publications (Joseph G. Pulitano・Attorney Harley S. Gordon 著) によれば、DRG-PPS の導入後の5年間で、ナーシングホームへの入居が約40%も上昇したと言われている。
13) なお、このメディケア高額医療保障法は、保険料負担を嫌った高齢者層の強い反対によって、成立はしたものの施行されることなく翌1989年に廃止されたが、同法の施行をあて込んで多数のナーシングホームがメディケアの指定を受けたこともあり、同法の廃止後もその需要・供給レベルは従前のレベルに戻ることはなかった。
14) メディケア、メディケイドは、それぞれ独自に加入、資格要件を定めており、高齢者や障害者であって、かつ低所得の場合には、両制度の対象となるケースがしばしば見られる。両者が重複する場合には、まず、メディケアが給付を行うこととされ、メディケアではカバーされない自己負担部分等についてメディケイドが負担することとされている。
15) ナーシングホームの業界団体の1つであるAmerican Health Care Association (AHCA:アメリカヘルスケア協会) は、亜急性ケアを、「亜急性ケアとは、ある疾患または病状の悪化によって急患としての医療処置を受けた者を対象として、予後治療のために設けられた包括的な入院治療方法をいい、確立された所定の治療方法があり、集中的な検査または外科的な処置を必要としないものをいう」と定義している。
16) このデータは、医療費という観点からまとめられたものであり、在宅サービスについては、家事援助、デイケア、ショートステイ、食事サービス等は含まれていない。また、

ナーシングホームの数値には知的障害者用のINFが含まれている。さらに、統計上の都合により病院が運営しているナーシングホームや在宅サービスは含まれていない。なお、このデータは、実際に施設や在宅サービス事業者によって提供されたサービスにかかる費用のみが計上されており、家族などの無償介護による費用は含まれていないことに留意する必要がある。

17) ただし、後述するように90日経過後であっても、1日につき420ドル（2003年）を負担すれば、一生を通じて60日間を限度として延長できるとする制度（特別入院日数延長制度）がある。とはいえ、1日420ドルという負担額、そして一生涯に60日間という上限は、日本の公的医療保険制度と比較すると、大変に厳しいものといえる。

18) 在宅サービスの場合には、SNFの場合と異なり、サービス利用に当たって事前の病院への入院が要件とはされておらず、医療上合理的かつ必要である限り、日数についても制限はない。しかし、あくまでも専門的な看護、理学療法または言語療法を必要としていることが必須条件であり、単なる身体介護のみを必要とするケースでは給付対象とならないことに留意する必要がある。

19) 在宅サービスの伸長は、その償還要件の緩和が大きく影響していると言われている。従来、在宅サービスの給付要件は、SNFと同様に、①事前に病院に入院していたこと、②給付対象となる訪問回数は100回まで、といった厳しい条件が課されていたが、1980年にこれらが撤廃され、さらに、1989年にはDuggan vs Bowenという給付要件の解釈をめぐる集団訴訟に旧医療保険財政庁が敗訴したことを契機に、再び大幅に緩和されている。詳しくはGeneral Accounting Office, Medicare：Home Health Utilization Expands While Program Controls Deteriorate（1996.3）を参照。

20) 加入者の健康状態にかかわらず、年齢、性別に基づいた平均的医療費の一定割合を一律に支払う従来の仕組みでは、メディケア・マネジドケアを運営するマネジドケア組織は、比較的健康な疾病リスクの低い高齢者を中心に加入を勧奨し、事業展開を行う傾向（cherry-picking、良いとこ取り）が避けられないとして、2000年より、Principal Inpatient Diagnostic Cost Group（PIP-DCG：主要入院診断群別グループ）方式と呼ばれる仕組みが採用されている。このPIP-DCG方式は、加入者のうち前年度に入院歴があり、かつその入院の原因となった疾病が所定の15のカテゴリーに当てはまる患者について、従来のルールに加えて、こうした既往歴を加味して割増しして報酬を支払うとするものである。

21) 2003年の額。なお、この額は、定額自己負担（deductible）の50％相当額とされており、毎年変動する。

22) コストを、①通常コスト（看護・介護、食事、光熱費等）、②付随コスト（リハビリテーションその他の医療、医薬品等個々の入居者ごとに必要とされるもの）、③資本コスト（土地、建物、借入利息等）に区分し、②及び③は全額償還、①については1日当たり上限額を設定し、その範囲で償還していた。

23) 資源利用度別グループは、資源利用度の高い順に、入居者を以下の7つの大分類に区分し、その上でADLの状態、リハビリテーションの利用状況、うつ病の兆候の有無等を基に、さらに44の小分類に区分している。
　① リハビリテーションが中心（rehabilitation）
　② 広範囲にわたるサービスが必要（extensive service）
　③ 特別なケアが必要（special care）
　④ 複雑な医療が必要（clinically complex）
　⑤ 認識障害あり（impaired cognition）
　⑥ 問題行動のみ（behavior only）
　⑦ 身体機能の低下（physical function reduced）
24) パートBの在宅サービスは、パートA未加入者を対象とするものであり、パートAで定められた条件と同じ内容の給付が行われている。また、1997年に成立した均衡予算法では、現役世代が負担する社会保障税を財源とするパートAの財政負担を軽減する観点から、退院またはナーシングホーム退居後、引き続いて提供された在宅サービスのうち、100回を超える訪問は、パートBにおいて負担することとされた。
25) 知的障害者用のINFにかかる費用を除く。また、現在ではSNFに定義が統一されているが、1990年段階では中間的ケア施設がSNFと区別されていたことから、1990年の数値には、中間的ケア施設の数値を含む。
26) ここでは、訪問看護や訪問リハビリテーション、身体介護のほか、医療費には含まれない家事援助、デイケア等その他のサービスにかかる費用が含まれている。
27) なお、自宅については、算入（利用）不可能資産とされているが、1993年に成立したOmnibus Budget Reconciliation Act of 1993（OBRA'93）において、州は、メディケイド受給者の死亡後、その給付に要した費用を遺産から回収することを義務づけたことから、大部分の州では過去の給付を回収するために先取特権を設定しており、受給者死亡時等に権利を行使している（ただし、配偶者が居住している場合には先取特権の対象とならない）。また、単身者の場合には、メディケアの受給資格を得てから一定期間内に自宅に帰れないような場合には、自宅の売却を強制するようなケースもある。
28) メディケイドの基本的給付としての在宅サービスは、skilled careを必要とする受給者を対象として行われるものであり、医師の指示の下で60日ごとのケアプランに従って実施されることが条件となっている。専門的な看護や身体介護のほか、理学療法、作業療法、言語療法等のリハビリテーション、医療用具の提供等が含まれている。
29) 1993年の法改正によって認められたもので、州の選択によって、skilled careの要件に該当しない場合でも障害を有する場合に給付される。ただし、受給者が給付を受けるに当たっては医師の指示が必要とされている。
30) 「Choosing Long-Term Care」（メディケア・メディケイド庁）によれば、2001年段階で、

高齢者向けデイケアの自己負担の平均が日額45ドル、配食サービスの場合には、1週間10食で52ドル程度とされている。
31) HIPAAにおける民間介護保険の保険料及び保険給付に関する租税特別措置の概要は以下のとおり。
　(1) 保険料
　　　税制適格な民間介護保険商品の保険料については、医療費控除として連邦所得税の所得控除の対象とする。この場合、調整所得の7.5％を超える額の部分が所得控除の対象となる（例：調整所得が年間6万ドルの場合には、4,500ドルを超える部分）。また、年齢ごとに控除限度額が設定されており、40歳以下の場合には年間200ドル、60歳を超え70歳以下だと年間2,000ドル、70歳を超えると2,500ドルなどとなっている。なお、事業主が被用者の介護保険料を負担した場合についても、医療保険料の場合と同様に、これを被用者の課税対象の所得には含めず、また、事業主に対し経費としての算入を認めることとしている。
　　　ただし、こうした取り扱いのうち保険料の所得控除については、民間介護保険を購入するような富裕層にとって、年間の保険料総額が調整所得の7.5％を超えることはまずないと考えられることから、実質的に該当者はいないとの指摘もある。
　(2) 保険給付
　　　税制適格な民間介護保険商品の保険給付については、1日175ドル以下（年間6万3,875ドル以下）であれば課税対象の所得には含めないこととする。
　(3) 税制適格な民間介護保険商品の条件
　　　HIPAAで定める税制適格な民間介護保険商品については、かなり厳格な条件が課されており、①医療上の必要性が認められ、メディケアでも給付対象となるような状態の場合には、保険給付を行わないこと（重複給付が生じないこと）、②保険給付の対象となる介護サービスは、licensed health care practitioner（有資格の医師、登録看護師（registered nurse）、有資格のソーシャルワーカー（licensed social worker）等の有資格の医療福祉職）が作成したケアプランに基づいて提供されたものでなくてはならないこと、③全米保険監督官協会（National Association of Insurance Commissioners: NAIC）の作成しているモデル法やモデル規則の所定の条項を満たしたものでなければならないこと、などとされている。
32) 最大4年間の給付（ナーシングホームは1日100ドル、在宅サービスは1日50ドル）、そしてインフレ保障のために毎年5％増の給付額改定を内容とする各社の保険プランの保険料の平均額は、保険加入が55歳の場合は年間798ドル、65歳の場合は年間1,881ドル、79歳の場合には年間5,889ドルとなっている（全米医療保険協会、「Long-Term Care Insurance in 1995」）。また、1997年10月に民間介護保険商品の特集を行ったConsumer Report誌によれば、通常、65歳の夫婦がある程度の水準の民間介護保険に加入する場合

には、2人で年間3,500ドルの保険料を要し、この保険料額は、所得水準が中位に位置する高齢者夫婦世帯の年間所得の約13％を占めるとしている。
33) 米国の場合、保険業は連邦レベルではなく主に州レベルで規制されており、各州は通常、保険省または保険部と呼ばれる組織を設置し、州法に則ってその州内の保険業を規制している。
　　したがって、各州は独自の立場で自由に保険業をコントロールする権限を持っているが、実際には、規制内容はかなり均一性がある。これは主に NAIC の活動によって事実上の整合化が図られているためと言われている。
　　NAIC は、各州の保険監督官から構成され、定期的に会合を持ち、保険業が直面する課題等を検討し、必要に応じてモデル法やモデル規則を作成する。各州は、このモデルをたたき台として州法その他の規則の制定を行うことが多い。
34) 最初の介護保険に関するモデル法及びモデル規則が制定されたのは、1993年である。
35) インデムニティとは、ナーシングホームにおけるケアまたは在宅サービスに関して、実際に要した費用ではなく、あらかじめ保険契約で定めた1日当たり定額の保険金額を支払う方式であり、現在の民間介護保険では最も一般的な方式である。
36) ケアマネジメント機関は、このほか、サービス事業者が提供するサービス内容のチェック（audit）等も実施している。なお、全米では、こうしたケアマネジメント機関のチェーン・グループがいくつか存在し、本部が作成した基準やマニュアルに従って、各地区の支部が事業を実施している。
37) OBRA'87の規制の対象となるナーシングホームはメディケア、メディケイドの指定を受けた施設である。したがって、すべてのナーシングホームがOBRA'87の規制の対象となるわけではない。
38) 米国会計検査院の報告（Long-Term Care：Some States Apply Criminal Background Checks to Home Care Workers（1996年））によれば、41州が在宅サービスの分野で事業者に何らかの許可取得を義務づけている。そのうちの11州ではすべての在宅サービス事業者に許可取得を義務づけているが、30州は一定の範囲の在宅サービス事業者に許可取得の義務づけを限定している。
39) ナーシングホームに限らず、assisted living facilities、board and care homesなどを含む。
40) しかし、アメリカ高齢者法では、オンブズマンは苦情を特定し、調査し、解決するとだけしか規定していないことから、直接、オンブズマンが施設に対する制裁を科すことはできない。また、苦情を訴えた者の氏名を外部に公表する場合には、その者の許可を得なければならないこととなっている。
41) 1998年において、介護オンブズマンに対して、入居者やその家族から寄せられた苦情は20万1,000件を超え、その数は1987年の2倍に及んでいる。なお、介護オンブズマンの活動状況等については、高齢化対策庁が毎年公表している報告書を参照（http://www.

aoa.gov）。

42) 1995年1月から1996年3月までの15カ月間に4つの州で行われた費用償還67億ドルのうち、約26億ドルが不適正な請求であると推定している。

43) 米国の場合、相当数の介護サービス事業者がスタッフの採用に際し、その犯罪歴（特に薬物使用）のチェックを行っている。

44) 認定結果は、パフォーマンスリポートの形で一般にも公表されている。このパフォーマンスリポートには、事業者名、住所、電話番号、認定の対象となったサービス、認定が行われた日、認定の結果、評価基準全体のスコア、個々の評価領域ごとのスコア（全米の類似の事業者のスコアの状況も併せて表示されるので比較が可能）、改善勧告が出された領域とその改善の結果が示されている。また、事業者は選択により、パフォーマンスリポートに2ページの反論をつけることができる。なお、これらの内容はインターネット（http://www.jcaho.org）でも公表されているので、誰でも見ることができ、自らが施設（事業者）を選択する際に参考にすることができる。

45) 全米の病院の83％、全病床の97％がJCAHOの認定を受けている。なお、病院に関するみなし指定と第三者評価との関係については、みなし指定が第三者評価制度の普及を促進した（する）との見方もあるが、メディケアのみなし指定が認められた1965年の時点ですでにJCAH（JCAHOの前身）の認定評価活動は全米の病院の60％、全病床の87％をカバーしていたこと等を考えると、みなし指定の第三者評価制度の普及に与える影響については、はっきりしていないと理解する方が妥当であろう。

46) みなし指定を希望する場合、JCAHOに対して追加手数料を負担する必要があるが、在宅サービス事業者の多くはこれを嫌って、みなし指定を希望しないケースが多い。1997年段階では、JCAHOの評価・認定を受けた在宅サービス事業者（6,230件）のうち、みなし指定を受けたのは、わずか135件（2.2％）にとどまっている。

47) マネジドケアの手法は、すでに民間医療保険の分野では本格的に普及しており、民間医療保険に加入している国民（現役世代）の約75％が、こうしたマネジドケア型の保険によってカバーされている。

48) メディケイドにおいては、前述のようにメディケイド・ウェイバー（1915（C）ウェイバー）を活用し、在宅サービスの拡充が図られているが、この1915（C）ウェイバーはその基準が厳しくメディケア・メディケイド庁からその承認を受けるのが容易でない。また、この制度ではあくまでも、介護サービスの範囲内で在宅サービスの充実を図ろうとするものであり、要介護者の外来、入院といった急性期医療はカバーされないといった問題がある。

49) 1990年代に入り、民間医療保険分野においてマネジドケアが普及するに伴って、医療費の伸びが抑えられたことから、現在、公的制度であるメディケア及びメディケイドにおいてもその普及が積極的に進められている。メディケアにおいては、1997年の均衡予

算法においてこうしたマネジドケア型の保険プランの一層の普及を図るため、様々な施策が講じられたが、近年、保険会社側が収益低下を理由にメディケア分野からの撤退を図る動きを見せており、足踏み状態となっている。
50) こうした新しい試みは、メディケア、メディケイドそれぞれでウェイバーの承認を受けることで実施可能とされている。メディケアの場合には社会保障法第222条、メディケイドの場合は、制約の多い同法第1915条（C）ではなく、同法第1115条のresearch and demonstration waivers（5 年間を限度（更新可能）とする実験的プログラム）を活用することにより、実施されている。
51) 2001年末の段階で、事業者数は25事業者、対象者数は約7,300人である。
52) ここではデイケアセンターと訳しているが、実際には day health center と呼ばれている。通常のデイケアセンターとは、医師が常駐し、加入者に対しプライマリケアを提供している点が大きく異なる。
53) PACE に対する報酬支払い水準は地域によって大きく異なっている。メディケアの場合、同程度の要介護者に対するメディケアの平均給付費の約95％とされている。メディケイドの場合には、州の判断によって報酬額が設定されるが、On Lok の Eng 医師らの調査によればナーシングホーム入居者に支払われる費用の74％～96％程度となっている（Eng et al., Program of All-inclusive Care for the Elderly (PACE) : An Innovative Model of Integrated Geriatric Care and Financing, Journal of American Geriatric Society, Vol.45, 1997年）。なお、1997年の状況を見ると、メディケアでは月842ドル～1,741ドル（中央値1,202ドル）、メディケイドでは月1,587ドル～4,124ドル（中央値2,075ドル）と地域によって大きくばらついている。
54) 参加者の自発的な脱退率は1997年で7.3％と、同様に参加・脱退自由のメディケア HMO の13.6％（1996年）と比べて低い。また、参加者の死亡場所をみても、2001年段階で、在宅50.9％、ナーシングホーム30.6％、病院14.8％など在宅死が過半となっており、「できる限り在宅で」という参加者の意向が最期まで尊重されていることがうかがえる。
55) ただし、当初の4個所のうち1個所は経済的問題のため廃止されている。また、1995年に新たなモデルとして6個所が追加されている。しかし、現時点で事実上機能しているのは、このうち1個所であり、スタート当初から運営されている3個所と合わせ、合計4個所で実施されている。
56) 1999年現在 4 個所で約 7 万8,000人強が対象となっており、PACE（約7,300人）と比べて多い。
57) PACE の場合、加入要件が要介護者であることとされ、また、メディケイドに該当しない場合には加入者本人がその費用を全額負担しなくてはならないことから、結果的に加入者の多くはメディケイド受給者となっている。一方、SHMO の場合には、健康な者も加入でき、また、その費用はメディケアによって負担されることから、加入者にはメ

ディケイド該当者は少なく、その収入の多くはメディケアから SHMO に支払われる報酬となっている。
58) SHMO において給付対象となっている介護サービスの水準は、実施主体によってそれぞれ異なっているが、一般的に相当低い水準であり、ある SHMO を例にとると、ナーシングホームへの入居は年14日間を上限とし、また、在宅サービスの支給上限額は月625ドルとなっている。
59) 厳密には、補足的所得保障（Supplemental Security Income）の収入要件を満たす場合にも加入が認められている。
60) ミネソタ州の Minnesota Senior Health Options の場合には、社会保障法第222条のメディケア・ウェイバーの承認を得て、出来高払い方式ではなく、定額前払い方式が採用されている。
61) 2000年に、実験的なプログラムとして、Maricopa郡においては、加入者は3つのマネジドケア・プランから自由にプランを選択できるという試みが行われている。
62) ただし、プライマリケアを担当する医師に対しては、人頭割の定額で支払われることが多い。
63) 公的プログラム拡大に対する根強い不信感が存在することは間違いないが、しかし同時に、介護問題について、自助努力ないしは家族のケアによって乗り切れると考えている者が多いとも思われない。過酷な家族介護の状況、高額ゆえに手のでない民間介護保険商品といった話題を多数のマスメディアが取り上げている点などは、その証左であろう。現時点ではひとまずできる限り、自助努力、民間部門の活用で、できるところまで進もうといった「様子見」的状況ではないかと思われる。
64) ニューヨーク州の場合でも、所得は保護の対象とならず、所得は最低限留保を認められる額を除き、全額を介護費用に充てなければならないこととなっている。
65) 第1節の3.の介護者の状況で見たように、米国では「嫁」が介護すべきといった社会的プレッシャーが希薄なことも、こうした評価につながっているのかもしれない。また、カリフォルニア州で実施されているプログラムを評価した調査によれば、家族介護者の5人に1人は、現金給付を受けられることによって初めて介護をするようになったと報告されており、こうしたプログラムが家族介護を推進する効果を有することが示唆されている（Benjamin et al. "Comparing Consumer-Directed and Agency Models for Providing Support Services at Home", Health Services Research 35, 2000年）。

[参考文献]
- 伊原和人・和田康紀、「米国における介護サービスの質の確保——第三者評価機関によるアプローチを中心に——①～⑤」、週刊社会保障、No.2003～No.2010、1998年
- 伊原和人、「米国の長期ケア——その制度と現状——」、社団法人全国社会保険協会連合会、1998年
- 和田康紀、「米国における高齢者福祉（介護）政策」、平成10年度人事院短期在外研究員派遣報告、1998年
- General Accounting Office、「Long-Term Care：Diverse, Growing Population Includes Millions of Americans of All Ages」、1994年
- Department of Health and Human Services、「Health, United States, 1998」、1998年
- General Accounting Office、「Long-Term Care：Current Issues and Future Directions」、1995年
- General Accounting Office、「Long-Term Care: Aging Baby Boom Generation Will Increase Demand and Burden on Federal and State Budgets」、2002年
- Congressional Budget Office、「Projections of Expenditures for Long-Term Care Services for the Elderly」、1999年
- HCIA and Arthur Anderson、「1995 Guide to Nursing Home Industry」、1995年
- B.L.Boyd編、「Long-term care：Knowing the risk, paying the price」、HIAA、1997年
- 「Hospitals Statistics 1998 Edition」、Healthcare InfoSource, Inc.、1998年
- 「1997 Medicare and Medicaid Legislation：Law and Explanation」、CCH Inc.、1997年
- 厚生省保険局企画課、「欧米諸国の医療保障」、法研、1997年
- Coleman, B.、「New directions for state long-term care systems：Volume IV：Limiting state Medicaid spending on nursing home care」、American Association of Retired Persons、1997年
- Joseph G. Pulitano・Attorney Harley S. Gordon、「Long-term Care：Solving The Need」、Senior Planning Group Publications、1996年
- Social Security Administration、「Social Security Programs in the United States」、Government Printing Office
- Urban Institute、「Long-Term Care: Consumers, Providers and Financing A Chart Book」、2001年
- Social Security Administration、「Social Security Bulletin, Annual Statistical Supplement」、1996年
- 中村正敏・石黒知、「米国における介護保障制度の概要（上）－公的保障制度の概要と民間介護保険について」、週刊社会保障、No.1992、1998年
- 関川芳孝、「米国ナーシングホーム改革の焦点－メディケア法改正を中心に－」、北九州大学法政論集第20巻第4号、1993年
- National Citizens' Coalition for Nursing Home Reform、「Celebrations & Challenges：A

Decade of Change-The Nursing Home Reform Act 1987-1997」、1997年
- Robyn Stone and Joshua Wiener、「Who Will Care For Us? Addressing the Long-Term Care Workforce Crisis」、The Urban Institute、2001年
- Institute of Medicine、「Real People Real Problems：An Evaluation of the Long-Term Care Ombudsman Programs of the Older Americans Act」、1995年
- Administration on Aging、「Long Term Care Ombudsman Annual Report：FY 1995」（インターネット（http://www.aoa.dhhs.gov/napis/95nors/95ombdrept.html）による閲覧可能）
- International Association of Homes and Services for the Aging (IAHSA)、「Trends in Care and Housing for the Aging：A Global Perspective」、1997年
- General Accounting Office、「California Nursing Homes：Care Problems Persist despite Federal and State Oversight」、1998年
- Department of Health and Human Services、「Operation Restore Trust：Audit of Medicare Home Health Service in California, Illinois, New York and Texas」、1997年
- General Accounting Office、「Long-Term Care：Some States Apply Criminal Background Checks to Home Care Workers」、1996年
- Foundation for Hospice and Homecare,National HomeCaring Council、「A Guide to the Recruitment and Retention of the Home Care Aide」、1994年
- General Accounting Office、「Medicare Home Health Agencies：Certification Process Ineffective in Excluding Problem Agencies」、1997年
- JCAHO、「Long Term Care Survey & Accreditation Process Guide」、1997年
- JCAHO、「Home Care Survey & Accreditation Process Guide」、1996年
- JCAHO、「Home Care Survey and Accreditation Process Primer」、1996年
- JCAHO、「1998-1999 Comprehensive Accreditation Manual for Long Term Care」、1997年
- JCAHO、「1997-1998 Comprehensive Accreditation Manual for Home Care」、1996年
- 石田道彦、「第三者評価による医療の質の確保―アメリカの医療機関合同認定委員会（JCAHO）の活動を素材に」、佐賀大学経済論集第30巻第6号、1998年
- 日原知己、「米国における高齢者の長期介護と PACE プログラム」、保健福祉等専門家交流シンポジウム発表資料、1997年
- 河口洋行、「オンロック／PACEモデル（米国高齢者医療介護プログラム）の概要と課題―わが国介護保険への示唆―」、海外社会保障研究、Summer 2001 No.135、2001年
- メディケア・メディケイド庁、http://cms.hhs.gov/pace/
- National PACE Association 、http://www.npaonline.org
- Eng, C., Pedulla, J., Eleazer, G.P., McCann, R., & Fox, N.、「Program of All-inclusive Care for the Elderly (PACE): An Innovative Model of Integrated Geriatric Care and Financing」、Journal of American Geriatric Society, Vol.45, 1997年

・アリゾナ州、http://www.ahcccs.state.az.us
・Robyn I. Stone、「"Long Term Care：Coming of Age in the 21st Century" in Robert N. Butler, Lawrence K. Grossman, and Mia R. Oberlink, eds., Life in an Older America」The Century Foundation Press、1999年
・General Accounting Office、「Long-Term Care: Implications of Supreme Court's Olmstead Decision Are Still Unfolding」、2001年

第4章
アメリカNPO制度の光と陰
Non-Profit Organization(NPO)Providing Human Services in the USA
須田木綿子 (Yuko Suda)

はじめに

　本書で論じられてきたアメリカの社会保障や保健福祉政策は、個々の市民レベルでは、何らかの金銭給付や具体的なサービスとして体験される。そして、それら現場でのサービス提供者として、民間非営利組織は先駆的かつ主要な役割を果たしてきた。

　民間非営利組織は、その歴史をアメリカ建国時にまでさかのぼることができ、市民生活に当たり前のように浸透していただけに、とりわけ注目されることもなかった。その民間非営利組織が、1980年代に入って新たな脚光を浴びるようになった背景には、いわゆる福祉国家 (welfare state) 時代の終焉と行政役割の縮小、代わって台頭してきた市民社会論の存在が指摘される。極めて単純化して述べるなら、社会保障や保健福祉政策について行政が中心的な役割を果たす時代から、市民のリーダーシップと自助努力が強調される時代に変わり、市民組織としての民間非営利組織に多くの期待が寄せられるようになったのである。いわば、時代の変化の中で、民間非営利組織の存在が再発見されたといっても過言ではなかろう。その後、民間非営利組織については調査研究の蓄積と理論化が進み、現場の運営も洗練されるなどの成果が得られた。同時に、民間非営利組織に内在する矛盾も明らかになり、「民間非営利組織は福祉国家の代替機能を果たし得るのか」(Merrete, 2001; Lowell, Silverman, & Taliento) と

いう問いが提示されることとなった。

　本章では、この根本的な問いに着目し、アメリカのNPO制度について簡単に説明したのち、保健福祉領域の公益活動におけるNPOの役割を、先行研究に基づいて検討する。そして、NPOセクターの公益活動を困難なものとしている要因について言及し、いわゆるポスト福祉国家時代の民間非営利組織の課題について考察する。

第1節　アメリカのNPO制度とは

　アメリカにおける民間非営利組織は、non-profit organizationもしくは not-for profit organization、略してNPOと呼ばれる。NPOとは、アメリカの税法によって規定された法律用語である。

　アメリカでは、アメリカ国税庁（Internal Revenue Services：IRS）の基準に従って、各種の団体が細かく分類されている。その分類枠組みはタックスコード（tax code）と呼ばれ、どのようなタックスコードを持っているかによって、その団体に課せられる税金のあり方が異なる。例えば営利企業組織であれば、そうとわかるタックスコードがつけられ、それなりの税金を課せられる。そのIRSタックスコードの中に、「501(c)」というカテゴリーがある。この501(c)団体は、公益性の高い活動に従事するものとして税制控除などの特典を与えられる代わりに、次のことを守らなければならない。

・活動によって得られた収益を、役員や従業員等の給与や賞与として配分してはならない。

・活動によって得られた収益は、活動を維持・発展させるために用いなければならない。

　タックスコード501(c)は、活動の内容に従ってさらに細かく28のカテゴリーに分類され、これに農業協同組合を加えた29団体が、営利の蓄積を目的としない代わりに何らかの税制上の特典を受けている団体である（表1）（Hodgkinson V.A. & Weizman M.S, et.al., 1996）。このうち本章が検討対象とす

第4章 アメリカNPO制度の光と陰 315

表1 税制控除対象団体のタックスコード、その種類と団体数 (単位：1,000)

タックスコード	活動領域	1987年	1992年	1993年	1994年
501(c)(1)	議会の条例に基づいて設定された団体[i]	24	9	9	9
501(c)(2)	所有権のみを持っている団体[ii]	5,977	6,529	6,739	6,967
501(c)(3)	宗教、慈善団体	422,103	546,100	575,690	599,745
501(c)(4)	社会福祉団体	138,485	142,673	142,325	140,143
501(c)(5)	労働共済、農業共済	75,238	71,012	70,416	68,144
501(c)(6)	商工会議所	59,981	70,871	72,901	74,243
501(c)(7)	社交・娯楽クラブ	60,146	64,681	54,924	65,273
501(c)(8)	友愛年金組合	98,979	93,544	93,728	92,284
501(c)(9)	勤労者年金組合	10,927	14,986	15,048	14,835
501(c)(10)	家政婦友愛年金組合	17,813	21,415	20,827	21,215
501(c)(11)	教員退職基金	11	10	11	11
501(c)(12)	生命保険慈善団体[iii]	5,572	6,103	6,177	6,221
501(c)(13)	墓地組合	7,942	9,025	9,184	9,294
501(c)(14)	信託組合[iv]	6,652	5,559	5,637	5,391
501(c)(15)	共済保険	950	1,157	1,165	1,161
501(c)(16)	農業関連事業を融資する団体	18	23	33	23
501(c)(17)	補填的失業保険基金	728	625	611	601
501(c)(18)	勤労者年金信託基金	5	8	4	4
501(c)(19)	退役軍人組合	24,749	28,096	29,974	30,282
501(c)(20)	低所得者向けの弁護士斡旋団体等	210	217	213	181
501(c)(21)	塵肺信託	21	23	22	25
501(c)(23)	1880年以前に設置された退役軍人組合	—	2	2	2
501(c)(24)	倒産企業従業員向けの退職信託組合等	—	1	1	1
501(c)(25)	年金信託会社の持ち株会社等	—	290	374	479
501(d)	聖職者団体（イエズス会等）	88	68	69	68
501(e)	生協組合病院	80	68	69	68
501(f)	生協組合教育団体	1	1	1	1
521	農業労働者生協組合	2,405	2,086	1,950	1,866
総数		939,105	1,085,206	1,118,131	1,138,598

i 米国議会の決議に基づいて連邦政府レベルの税制控除の対象と認められ、1984年7月18日以前に設立された団体。
ii 土地財産を特定の目的のみに保持・運用している団体。501(c)(2)団体は、土地財産から得られた純利益（保有しているビルを第三者に貸すことによって得られる利益など）を税制控除対象団体のために使わなければならない。ただし、IRSによって501(c)(2)団体が上げられる収益の上限は限られている。
iii 宗教団体が運営する生命保険会社。
iv 国民信託のようなもの

(出典) Internal Revenue Service, U.S. Master Tax Guide, 1996

る保健福祉サービス提供団体は、501 (c) (3) あるいは501 (c) (4) のカテゴリーに該当する。

第2節　アメリカNPOの保健福祉領域における公益性

1．アメリカNPOの公益活動の実態

　先行する実証研究は、NPOの貧困者支援への取り組みや活動の収益性を行政や企業と比較することによって、NPOの公益性を検討している。

　Salkever & Frank (1992) は、1984年の全米健康調査のデータを用いて、救急病院入院患者の「健康保険への加入状況」「雇用状況」「経済階層」を、病院の経営主体別（行政、営利企業、NPO）に検討した（表2）。

　表中の健康保険「未加入」者の多くは、健康保険料を支払う経済的余裕がないために健康保険を持たず、したがって「未加入」者から治療費を全額回収できる可能性は低い。未回収分は病院の持ち出しとなるので、「未加入者」の治療はチャリティ性が高い。「メディケイド」(Medicaid) は貧困者を対象とする行政による健康保険プログラムであり、治療費は連邦政府からの診療報酬で賄われる。とはいえ、「メディケイド」がカバーする診療内容は限られているために、病院にとって高額の診療報酬は望めない。それどころか、患者に必要な治療が「メディケイド」では支払われない場合も少なくなく、同時に貧困である患者本人から治療費を回収できる可能性も極めて低い。したがって「メディケイド」患者の治療もまた、チャリティ性の高い活動といえる。「その他」は、メディケア (Medicare) や民間の保険に加入している患者で、病院に安定した収入をもたらすグループである。表2によると、「公立」病院は健康保険「未加入」者、「メディケイド」患者、「失業者」、「貧困線 (poverty line) 以下」の患者を最も多く受け入れ、経済的困窮層への救急医療において重要な役割を果たしている様子がうかがわれる。一方「営利企業」は、「雇用されている」「非貧困」の市民を多く対象とすることで経営基盤を充実させつつ、比較的多くの貧困者をも受け入れている。そして「NPO」系病院は、「公立」病院と「営利

表2　救急病院の経営主体別に見た入院患者の特性(%)

	公立	営利企業	NPO
健康保険への加入状況			
未加入	16.5	10.5	8.1
メディケイドのみ	10.5	4.4	6.7
その他	73.0	85.2	85.2
計	100.0	100.0	100.0
雇用状況			
雇用されている	35.0	40.6	38.4
失業中	6.3	3.0	4.9
就労の意思なし	58.7	56.4	56.7
計	100.0	100.0	100.0
経済階層			
貧困線以下の収入	28.8	18.7	16.7
貧困予備軍*	26.5	22.0	25.5
非貧困	43.7	59.3	57.8
計	100.0	100.0	100.0

*年収が、貧困線に設定される年収の1-2倍の間に入る人々。
(出典) Salkever, D.S. & Frank, R.G. (1992) Health Services, Clotfelter, C., T., ed.,Who Benefits from the Nonprofit Sector? The University of Chicago Press.

企業」系病院の中間的な位置を占めると推察される。

表3は、同じくSalkever & Frank (1992) による老人ホームの経営主体別に見た収入源である。表中の「入居者もしくはその家族からの支払い」は事業収入として安定した財源であり、「メディケア」も貧困者以外の入居者をケアすることによって得られる医療保険収入として安定している。「メディケイド」は先の救急病院と同様に、介護報酬の範囲が限られていたり介護報酬が小額であったりするために、老人ホームには負担の大きい入居者といえる。表3によると、「メディケイド」による入居者を最も多く引き受けているのは「公立」の老人ホームであり、貧困層支援において重要な役割を担っていることが確認される。「営利企業」と「NPO」については明確な差異を指摘するのが難しいものの、「NPO」の方が「メディケイド」の割合が低く、貧困者支援については営利企業よりも消極的な気配さえ感じられる。

その後、NPOと営利企業系の公益活動については、さらなる差異の検出が

表3　経営主体別に見た老人ホームの収入源(%)

	公立	営利企業	NPO
入居者もしくはその家族からの支払い	37.3	46.3	57.7
メディケア	0.4	0.9	0.7
メディケイド	51.1	43.2	33.8
先住民族ケアのための行政補助金	0.6	1.6	0.5
その他の行政補助金	3.1	2.2	1.0
財団や他のNPOからの助成	0.0	0.0	0.6
軍人病院からの委託金	2.1	1.0	0.2
社会貢献予算（老人ホームの持ち出し）	0.0	0.2	0.7
その他	1.0	0.9	0.6
不明	4.5	3.7	4.2
計	100.0	100.0	100.0

（出典）　Salkever, D.S. & Frank, R.G.（1992）Health Services, Clotfelter, C., T., ed., Who Benefits from the Nonprofit Sector? The University of Chicago Press.

重ねられるが、NPOの公益性については相変わらず疑義が提示されている。

例えばBuchmueller & Phillips（1998）は、1992年のCalifornia Birth Cohort Fileによるデータを用い、「NPO」系の病院と「営利企業」系病院での「メディケイド」患者と健康保険「未加入」者の比率を検討した結果、差は認められなかったと報告している。そして、公益性という点で両者に差が認められない以上、NPO病院のみに税制控除の特典を認めるのは不平等であるとの結論を導いている。

またNicholson等（2000）は、独自の統計的尺度を用いて病院の「地域貢献度」を測定し、「NPO」系病院と「営利企業」系病院との比較を行った。仮説としては、収益を上げる必要のない「NPO」系病院は、「営利企業」系病院であるなら収益として組織内部に吸収する資金をも医療提供活動に還元するので、「NPO」系病院の「地域貢献度」は、「営利企業」系病院の「地域貢献度」と病院が上げる「収益」の合計と同等であることが予測された。しかし、「NPO」系病院の「地域貢献度」は予測よりもやや少ないという結果が得られ、「NPO」系病院が当該研究による尺度では測定しえない地域貢献をしている可能性を留保しつつも、「NPO」は公益活動に一層の努力を傾注すべきであるとの問題提起を行った。

なお、貧困者支援においては、その領域ですでに行政が主要な位置を占めるために企業やNPOが参入できずにいるという、「行政による民間セクター閉め出し」(crowding-out) 理論が提示されている。これについて Brooks (2002) は、行政資金と民間の社会貢献活動の関係についての先行研究を検討し、一貫した結果は得られていないものの、わずかながら行政資金と民間の社会貢献活動が逆相関の関係にあると報告している。そして結論として、「閉め出し」の傾向が全くないとは言えないが、その影響は非常に小さいとしている。

2．アメリカNPO内部の階層分化

以上は、行政や営利企業とNPOの比較という巨視的な検討であったが、NPO内部に視点を限ると、対象とする市民の経済階層によってNPO自身も分化している様子が観察される。

貧困層を対象とする保健福祉サービス活動は、クライエントからサービス料を徴収できない。そのため、貧困地域で保健福祉サービスを提供するNPO (特定の期間だけ提供されるスープキッチン活動などを除く) は、歳入のほとんどを行政資金に頼り、活動内容も行政による委託事業のみに限られる場合が少なくない。したがってNPOによる貧困層への保健福祉サービス活動の傾向は、行政資金によるプログラムを把握することで理解できる。ちなみに日本では、アメリカのNPOは寄付によって潤沢な資金を得ているという誤解が流布しているが、1997年の統計では、保健 (医療を含む) 関係のNPOの総収入に対する個人寄付の割合は4％、社会福祉関係でも19.6％にすぎず (Weizman, M.S. et.al., 2002)、寄付に頼っての運営は不可能である。

行政資金による保健福祉サービスプログラムは、衣・食・住を中心に、貧困地域の住民の生存を直接支える活動が主である (本章末の資料1-4；Government Information Services, 1999；須田，2000)。また、貧困対策を直接は標榜せずとも、「クライエントの70％以上がメディケイドを持っていること」といった運営規定を設けることで、貧困層へのサービスを保障している (高齢者対策の「タイトルIIIブロックプログラム」など)。

これに対して中・上流以上の市民を対象とする保健福祉サービスには、行政

の補助が提供されることは稀であり、サービス料等を通じて得られる事業収入に多くを依存している。例外として高齢者の在宅介護のように、メディケア（貧困者ではメディケイド）による介護報酬を基本に提供されるサービスもあるが、それについてさえも多くのNPOは、利用者から料金を追加徴収することによって、量や質において充実したサービスを確保している。このように資金源が多様化しているNPOについては、それを包括的に監督・管理する機関は存在しないため、全米規模の統計資料も得られていない。そのような中で須田（2000）は、1995年から1996年の間にミズーリ州セントルイス地域で活動するNPO団体を対象に行われた調査結果を用いて、「行政資金率0」で活動している保健福祉領域の活動を抜き出して検討した（本章末資料5-10）。そして、行政出資の活動と比較して、社会参加や自己実現を目的とするものや、虐待や暴力、望まない妊娠と出産、慢性疾患などの、中流以上の市民の間にも存在する社会病理的問題や健康問題に対応するためのセルフヘルプ的活動が多く観察されることを指摘した。すなわちこの領域のNPOは、衣・食・住については自立した市民が、会費やサービス料等を通じて相互扶助システムを構築し、互いのQOLを向上させる機会を提供し合う仕組みであると考えられた。

　このようなクライエントの経済階層に応じた活動内容の違いは、同じセクターで共存していることが不自然に思われるほどに異なるサブカルチャーをNPO内部に生み出している。行政委託を中心とする貧困地域のNPOは、行政による規制の影響で、画一的・官僚的要素を強めがちである。また行政資金は、活動に必要な経費をすべて補うには不十分なため、NPOは慢性的な資金不足と人手不足におかれ、かつ荒廃した地域での活動が中心となり、いわゆる3K（暗い、汚い、危険）を体現する職場となりがちである。これに対して中・上流市民を対象とするNPOは、柔軟性の高い事業収入を元に、高額の報酬をもって営利企業から組織運営や広報活動のエキスパートを招き、魅力的な宣伝活動と効率的な組織運営によって、活動規模の拡大を図っている。また、この階層の中・小のNPOには、既存の枠組みに当てはまらない斬新な活動を展開することで支援者やクライエントを確保するケースも少なくなく、NPOの多様性に華を添えている。

このようなNPO内の階層分化は、クライエントへの対応にも反映される。中・上流の市民を対象とするNPOでは、クライエントは寄付を提供してくれる支援者として、あるいはサービス料を納めるカスタマーとして珍重される。一方貧困地域のNPOでは、質が劣ろうとも無料のサービスなしには生存も維持できないようなクライエントに対し、NPOの職員自身が差別的な対応をする場合も少なくない。

　このようにアメリカのNPOによる保健福祉サービスシステムの内部は、中流以上の市民と貧困層それぞれの経済階層内で閉じたシステムが並立している。資金やその他の資源もそれぞれのシステムの内部にとどまるので、NPOの活動が市民の経済階層差の緩和・解消を促す仕組みとしては機能しえず、NPOによる公益活動に限界をもたらす一因となっている。

3．アメリカNPOの公益性

　以上のように先行研究では、NPOの公益性を、貧困者支援の視点から論ずるアプローチが主流となっている。公益性そのものは、貧困者支援以外の要素を含みうる幅広い概念であることを踏まえると、NPOの公益性をめぐる最終的な判断については、より包括的な議論が必要であることは言うまでもなかろう。

　とはいえ、貧困者支援の実態は、NPOが収益性を度外視して社会のニーズにどれほど対応しようとしているのかを把握するための代替変数として興味深い。そしてこのようなアプローチが多く採用されている背景には、NPOと営利組織との差異を明らかにしようとする意図が読み取れる。アメリカは、それまで行政が担ってきた役割のすべてを市場に解放する決断も下しかねる中で、民間組織としての機動力と公益性を併せ持つはずのNPOに、営利組織では担いきれない役割を期待した。ところが貧困者支援という視点から見る限り、NPOと営利組織の実績には必ずしも大きな差異は検出されなかった。その結果は、営利組織の社会貢献活動の活発さを評価したものと受け取られると同時に、NPOには、「なぜ」という大きな問いをつきつけるものとなっている。

　次節では、この「なぜ」について答えるべく、NPOの変容をもたらした要

因を検討する。

第3節　アメリカNPOの光と陰

1．内在的要因としての「市民セクターの失敗」

公益活動において、NPOが必ずしも適合的なシステムとはいえない要因を、NPOの内面的側面から指摘したものとして、Salamon（1995）の「市民セクターの失敗」（voluntary failure）論が上げられる。

「市民セクターの失敗」論は、4つの要素から構成される。

1つは「philanthropic insufficiency」（民間による社会貢献活動の不徹底性）で、ボランタリーな公益活動のシステムに内在する不安定性や不公平性を指摘したものである。例えば市民からの寄付は景気によって変動するために安定的なものではなく、寄付だけでは社会的に不利な立場にある人々のニーズを満たしきれないことや、いわゆるフリーライダーの問題（一律公平に寄付や奉仕を課すことはできないために責任感の強い市民への依存が強まりがちで、そうして維持される公益システムに何の貢献もしないまま、利益だけを享受する市民が出現し、しかもそれを排除できない）が挙げられる。2点目は「philanthropic particularism」（民間による社会貢献活動の偏在性）で、NPOの活動範囲が、活動を支えるメンバーの興味や利益に関わることに限定されがちで、巨視的な判断を持たず、他の活動との整合性も欠く傾向にあることを指摘している。3点目は、「philanthropic paternalism」（民間による社会貢献活動の干渉性）で、民間による公益活動では、貢献度の高い市民が影響力を独占しがちであることを指摘したものである。最後が「philanthropic amateurism」（民間による社会貢献活動の素人性）で、NPOの活動は往々にして専門性を欠き、熱意のわりには有効な活動を展開しえない問題が指摘されている。

「NPOの失敗」論に従うなら、NPOの貧困問題に対する消極性は次のように説明される。すなわち、アメリカのNPOは、寄付やボランティア活動、サービス料の支払いなどが可能な中流市民に多くを依存しているため、中流市民の

利益を代弁する活動に集中しがちである (philanthropic paternalism)。その中流市民は、巨額の税金を投入してもなお貧困問題が解決しないことに疲れており、貧困問題が人種差別や社会全体の所得格差拡大と深く関わることに思いをいたすことなく、貧困者支援には消極的もしくは否定的といっても過言ではない姿勢を強めている。これに対して資金力のない貧困層は、寄付を通じて自らの利益を代弁するような活動を支援しえないばかりか、セルフヘルプ的な活動を展開するために必要な知的社会的スキルさえ持たず、劣悪な環境に甘んじている(須田, 2001) (philanthropic particularism)。このような中で少数ながら、貧困者支援のためのNPO活動を重視する市民も存在するが、資金確保や劣悪な活動環境について熟知しないままに活動を開始して、不安定な活動（寄付が得られたときにのみスープキッチンを開くなど）を短期間続けたのみで閉鎖されることがしばしばで、貧困問題に影響力を与えるには至らない (philanthropic amateurism)。また、NPOは支援提供に当たって、行政機関のように所得証明の提示等を求める強制力を持たないので、生活力があるにも関わらず貧困者支援のためのサービスを不当に受ける市民が出現する。加えて、NPO相互の連携も不十分なので、システム全体としての整合性に欠けるなど、民間による貧困者支援の活動は統一性を維持することが難しい (philanthropic insufficiency)。そしてこのように一貫性を欠くシステムは、十分な情報収集力と分析力を持たない貧困地域の住民には複雑で理解し難く、サービスへのアクセスを妨げる結果ともなっている (Chambers & Jeffrey, 2001) (philanthropic insufficiency)。

　病院についても同様で、個人が巨額の寄付と引き換えに自身の意向をNPO全体の運営方針に反映させようとする場合がある (philanthropic paternalism)。また、それらのパワーエリートは一般に、貧困者支援には消極的であり、がんやその他の難病治療等の、中流以上の市民にとって恩恵をもたらすような領域に活動を特化させがちである (philanthropic particularism)。貧困者支援に熱心な富裕層も存在するが、その場合にはえてして経営的側面がおろそかになりがちで、最悪の場合には「倒産」に至る (philanthropic amateurism)。実際に1990年代半ばには、赤字続きのNPO系病院の「倒産」が増加し、営利企業に身売りするといった事態も続々と進行した (philanthropic insufficiency)。

これに関する興味深い後日談がある。アメリカの税法では、NPOが営利組織に身売りをして得られた資金の一定割合を公益活動に用いることを義務づけている。そこで身売りしたNPO系病院の多くが、売却益を基金とする財団を設立した。しかし、財団運営のための経験や専門的知識がないために、地元高校生をセスナ機に乗せて「大空体験」をさせるなど、公益性や社会的重要性において意義を問われるような活動への支援に終始する財団が続出した (philanthropic amateurism)。NPO系病院の営利企業への身売りは、NPO系病院の減少のみでなく、公益資金の無駄遣いという二重の意味で大きな損失であったのである。

2．外在的要因とアメリカNPOの変容

保健福祉領域のNPOが公益活動に貢献することをさらに困難にした外在的要因として、営利企業との競争激化と民営化の推進、専門的技能への要請の高まり、市民の変化が挙げられる。

(1) 営利企業との競争

NPO組織は営利企業組織との生き残り競争を勝ち抜くために、とりわけ1990年代に入ってから、営利企業的な経営方針への転換を図った。保健福祉領域におけるNPOの商業化の指標として用いられるのは、NPOの歳入に対して事業収入が占める割合である。保健関係のNPOは、1977年では歳入の49.1％を事業収入（患者からの支払い等）が占め、1987年には51.8％とやや増加するものの、1997年でも46.9％という数値が報告されている（Weizman, et al., 2002）。全米規模の統計資料として入手可能なのはここまでだが、NPO系病院の公益活動の低下は、むしろ1997年以降に顕著となる。そこで再びセントルイス地域の統計に目を転ずると、1996年から1998年の間にNPO系病院全体の事業収入は6.8％増加している。これに対して、組織運営費全体に占める公益的治療活動（貧困者と保険未加入者への治療）の割合は、1996年の1.54％から1998年には1.38％に低下し、しかも、セントルイス地域でも大手のキリスト教系NPO病院の多くが0.5％以下という数値を示した（St. Louis Post

Dispatch, 2000）。

　経済効率性を高めるためにNPO系病院が採用したもう1つの方策が、他のNPO系病院との合併であるが、それが患者に及ぼす影響については検討が始められたばかりである。そのような中でVita & Sacher,（2001）は、「病院の合併によって競争は減少するにもかかわらず、価格（治療費）は上がる」という調査結果を報告している。

　福祉領域におけるNPO活動の商業化は、病院よりも早い時期に始まっている。1977年には事業収入（クライエントにサービス料を課したり、本来の活動とは別の事業によって得られた収入）が総収入に占める割合は9.7％であったのが、1987年には18.9％とほぼ倍増し、1997年にも18.6％と、同水準で維持されている（Weizman, M.S., et al., 2002）。

　NPOがサービス料を課して得られる事業収入への依存を深めることは、支払い能力を持つクライエントをめぐる他組織との競争を激化させる。またクライエントとの関係においても、「市民の立場を代弁するNPO」から「市民にサービスを提供して収入を得るNPO」へと変化し、「市民」は「クライエント（顧客）」に転ずる。Backmanm & Smith（2000）は、このような「公的サービスを提供するNPOの商業化（commercialization）」が、NPOの「組織間関係と市民社会への貢献のあり方を変え」、ひいては「地域力を低下させる」と指摘している。

　また、全米最大手の高齢者互助組織であるAARP（American Association of Retired Persons、アメリカ退職者協会）のスキャンダルに代表されるように、NPOの事業活動がNPOへの信頼を損なうといった意見もある。AARPは、提携する大手営利企業団体から販売される各種の保険や投資プログラム、医薬品、クレジットカード、旅行パック商品などを格安の値段で会員に斡旋し、AARPは紹介報酬として売り上げの何パーセントかを提携企業から受け取って活動資金としている。しかしAARPの斡旋する商品が、同じ価格で提供されている他社の商品よりも質において劣っていることが発覚し、DiLoremzo（1996）は、「奉仕するよりも、「売る」ことにばかり熱心な団体の活動を、だれが寄付をしてまで応援しようとするだろうか」と断じている。

同時に、本来のミッションとは全く関係のない収益活動（老人ホーム事業を営むNPOが、不動産業を同時に行って収益を得るなど）も増加しているのだが、NPOであるためにそれらの収入にも税制控除の特典が適用されていることは「不正」だとする意見が提示されている（Lipman & Schwinn, 2001）。これに対して Bises, B. (2000) は、ミッションとは関係がない事業であっても、その収入によってNPOの公益活動が強化されている側面もある（cross-subsidization: 内部相互補助）として、NPOの事業活動からの収益への課税は見逃すべき余地もあると反論している。

（2）アメリカNPOの官僚化と民営化

NPOの官僚化（bureaucracy）は、とりわけ福祉領域で活動するNPOについて問題とされ、その背景要因としてデボルーションが大きく関与している。デボルーションとは、政府がそれまで担っていた役割を「政府の下部組織（地方自治体）や民間に委譲すること」(Handler, 1996) を意味する。保健福祉領域からアメリカ政府が撤退もしくは役割を縮小しようとした時に採用された手法で、補助金の削減や、行政委託による業務の民営化等が行われる。1996年にクリントン政権が、社会福祉の聖域とも言われた生活保護事業までも民営化させ、内外に大きな衝撃を及ぼしたことは記憶に新しい。

このような動向の中で、NPOは民営化（privatization）の受け皿として注目され、公平で統制のとれたサービス提供への要請が強まると同時に、NPOの独創性やマイノリティ等への特定集団へのサービス提供が著しく制約されるようになった（Lynn, L.E., 2002）。Ascoli & Ranci (2002) は、「民営化」は「政府による（現場活動への……筆者注）規制を増加させる」と報告している。またSavas (2002) は、「行政委託と競争入札によって現場活動も改善されたが、NPOが行政組織の一部のようになってしまい、市民と行政の中間的役割を喪失」しつつあると指摘している。その他、行政委託の進行に伴う民間非営利組織の官僚化と自律性喪失の危機に関する報告は、枚挙に暇がない（Berstein, S.R., 1991; Smith,S.&Lipsky,M., 1993; United way of Greater St.Louis, 1998）。

(3) 専門的技能に対する要請の高まり

NPOが競争に勝ち抜くためには、運営を効率的に行う必要がある。そこでNPOは、有能な人材を高額の報酬をもって招き、組織内部のマネジメントを洗練させることに努めた。その結果、素人である一般市民が、ボランティアや理事として活動方針に口をはさめる余地は限りなく狭まっている。サービス提供の現場からも、ボランティアの参加は減少している。事業収入への依存を高めるNPOでは、良質のサービス提供と引き換えに顧客の確保とさらなるサービス料の徴収を図っており、そのためには統制の行き届きにくいボランティアではなく、有給職員を雇用して、現場専門スタッフとしての訓練を徹底させる傾向が強まっている。

民営化も、このようなNPOの専門化（professionalization）を推進している。行政委託に伴う膨大な書類作業を消化すると同時に、複雑な行政規則を遵守しつつ現場活動を監督するためには、職員の専門化は不可欠である。また、行政委託による民営化のあり方もNPOの専門化に複雑な経路で関連している。行政委託には、ブロック契約（block contract）（一定量・質のサービス提供に必要な人員や施設等のインプットに対して資金等を提供）、コスト契約（cost-volume contract）（提供すべきサービス量に必要と思われる経費を提供）、単価契約（price by case contract）（サービス単価が定められ、提供したサービス量に応じて報酬が得られる）の3種類がある（Gann, 2000）。そして近年の民営化は、ブロック契約やコスト・ボリューム契約による行政委託から単価契約への移行でもあるが、一般に単価契約では、行政は当面の経費を節約できるが、委託を受ける側の財政は不安定となることが指摘されている。実際に現場のNPOリーダーからは、行政委託の増大とともに財政が逼迫しているとの報告が得られている（United way of Greater St.Louis, 1998）。そしてそれを補うために、NPOはさらなる商業化と、それに必要な専門化を進めるという循環が形成されている。

(4) 市民の変化

市民側の要因も、NPOの変容に関連している。Patnum（1995）は、ボラン

ティア活動に従事するアメリカ人が減少しつつあることを指摘してアメリカ社会に衝撃を与えたが、保健福祉サービス領域のNPO活動の現場ではそれ以前から、「短期ボランティア」（short-term volunteer）と「長期ボランティア」（long-term volunteer）という述語が定着していた。そして、単発的なイベントの手伝い等（病院の夏祭りの車椅子介助など）の「短期ボランティア」活動は活発であるものの、毎週1回の友愛訪問等の日常的関わりを必要とする「長期ボランティア」の参加者確保は例外的にしか成功しないことが経験知として共有されていた。以上から、市民側の参加意欲の減少が一般市民のNPOへの影響力の低下をもたらし、結果として、NPOの商業化や官僚化、専門化をさらに推進していることは否めない。

（5）アメリカNPOは誰の利益を代弁しているのか
NPOの「商業化」「官僚化」「専門化」という変容の背景には、市民参加という基盤を失いつつある保健福祉領域のNPOの実態が指摘される。「NPOは誰の利益を代弁しているのか」……アメリカのNPOの公益性をめぐる問いは、NPOの存在根拠にまでさかのぼっての深刻な疑義を呈する段階に至っている。

第4節 「小さな政府」とアメリカNPOの役割

社会保障や公的保健・福祉サービスの発想は、「個人主義」や「自由主義」に傾倒し、「政府の統制を嫌う」アメリカ文化とは異質のものであった。それが、1900年代初頭の大恐慌や、ヨーロッパで拡大しつつあった社会主義への脅威等の中で次第に受け入れられることとなるのだが、それはまた、アメリカの伝統的な価値観との微妙なバランスの上に成り立つ仕組みとしての社会保障や公的保健・福祉政策であった。そしてそのことの危うさは、「個人の責任と連帯責任」、「相互扶助の責任を促しながら、個人の自助を強調」等の言葉で、本書においても繰り返し表現されてきたところである。
本章で指摘したアメリカの保健福祉領域で活動するNPOの公益性をめぐる

矛盾は、そのようなアメリカのアンビバレンスと深く関わっているように思われる。この領域のNPOが、行政資金に支えられる貧困者向けの活動と、民間資金に多くを依存して中流以上の市民を対象とする活動に分化し、それでいて同じセクター内にとどまっている様子は、まさにアンビバレントである。また、「市民セクターの失敗論」で指摘されたように、NPOは公平性や包括性において本質的な矛盾を内在させているのだが、そのNPOにあえて公益機能を期待する点にも、同様のアンビバレンスがうかがわれる。うがった見方であることを承知で述べるなら、アメリカは、公益活動の重要性を表明しつつ、公益的支援が徹底した形で提供されることにも居心地の悪さを覚えるのではないかと推察される。したがって、公益性を活動根拠としつつもそれを貫徹しきれない状態にNPOを置くことは、アメリカがアンビバレンスの上に平衡を維持するための必然であるようにも思われる。

　同時に忘れてはならないこととして、「小さな政府」時代の到来と近年の保守政権下で、アメリカは個人責任や自助を強調する方向に傾きつつある。税を用いての公的保健・福祉施策にはそのような傾向が如実に反映され、委託に伴う行政指導や監督を通じて、現場業務を担うNPO内部のカルチャーも変わっていく。本章の後半で指摘した官僚化はその一端であり、委託の副作用としてNPO自身が、貧困者をはじめとする社会的に不利な立場にある人々のためのアドボカシー的要素を低下させている。同時に行政資金の減少によって、NPOセクター全体に収益性重視の傾向が強まり、公益活動そのものへの関心が低下しつつある。すなわちアメリカの保健福祉領域で活動するNPOは、アンビバレントな内部構造を維持しつつも、全体としては個人の自助努力を強調する方向にあり、それがNPOセクター全体として見た場合、公益活動におけるさらなる足枷として重みを増しているのではないかと推察される。

　このような中でMerrett（2001）は、「NPOセクターは福祉国家と同等の規模で活動を展開することは難しく、貧困層への支援が減少する。ボランティアや地域の資金や支援も貧困者や失業者には向けられない。さらに、NPOに依存したシステムは整合性に欠ける」とし、それなのに「なぜNPOセクターが福祉国家の代替としての役割を押しつけられるのか？」という問題を提起してい

る。Lowell等（2001）は、「NPOのインフラ不足や、常に資金調達に忙しい管理部門の実情とサービス提供の非効率性など、NPOはその（福祉国家の代替機能を果たすという……筆者注）期待に応えられる体制にない」と述べている。NPOや営利企業等の民間組織に依存しての公的サービス供給システムは、中流以上の市民に対しては機能しうる点で、その意義と可能性を過少評価すべきではない。しかし同時に、社会経済的に不利な立場にある市民への支援システムとしては矛盾が多すぎるという方向で議論が収斂しつつあることも、明らかである。

わが国でも、行政役割の縮小とともに民間の自立と責任が強調され、ブームのようにNPO法人が注目されたことは、アメリカの動向と機を一にしている。異なるのは、おそらく日本では、社会保障や公的保健・福祉制度についてアメリカほどにはアンビバレンスが実感されていないと思われることである。例えば、新しい理念の下に創出された介護保険制度が、国民皆参加に基づく統一的枠組みを前提とし、そのシステムにおいてNPO法人をはじめとする民間組織が活動している様は、行政役割の縮小に対する日本独自のアプローチの存在可能性を示唆するものとして興味深い。このように日本における公私関係の変化と、その文脈におけるNPOの展開には多くの関心が持たれるが、そういった日本の特徴を理解する上でも、日本に一歩先んじて展開されるアメリカのNPOの公益性をめぐる議論は、今後も注目に値するものであろう。

[参考文献]

Ascoli, U. & Ranci, C. (2002) Dilemmas of the Welfare Mix: The New Structure of Welfare in an Era of Privatization. Kluwer Academic/Plenum Publishers.

Berstein,S.R. (1991) Managing Contracted Services in the Nonprofit Agency: Administrative, Ethical, and Political Issues. Temple University Press.

Backman E.V. & Smith, S.R. (2000) Healthy Organizations, Unhealthy Communities. Nonprofit Management and Leadership, 10, 355-373.

Bises, B. (2000) Exemption or Taxation for Profits of Nonprofits? An Answer from a Model Incorporating Managerial Discretion. Public Choice, 104(1-2), 19-39.

Brooks, A. (2002) Is There a Dark Side to Government Support for Nonprofits? Public Administration Review, 60, 211-218.

第4章 アメリカNPO制度の光と陰　*331*

Buchmueller, T. & Phillips, E.(1998). Hospital Ownership and the Provision of Care to the Poor. Aspen Institute, Nonprofit Sector Research Fund.

Chambers, S.& Jeffrey, K. (2001) Bad Civil Society. Political Theory, 29(6), pp.837-866.

DiLorenzo,T. (1996) Hocking the Halo: Are American's Charities for Sale? The Washington Times, August 17.

Gann, N. (2000) Toward a Contract Culture. Ott, J.S.,ed. Understanding Nonprofit Organizations. pp.247-255, Westview

Government Information services (1999) Guide to Federal Funding for Governmental and Nonprofits.

Handler,J.F.(1996) Down from Bureaucracy:The Ambiguity of Privatization and Empowerment. Princeton University Press.

Hodgkinson, V.A.& Weitzman, M.S. with Abrahams, J.A.,Crutchfield, E.A. and Stevenson, D.R. (1996) Nonprofit Almanac 1996-1997. Jossey-Bass Publishers, San Francisco.

Lipman, H. Schwinn, E. (2001) The Business of Charity: Nonprofit Groups Reap Billions in Tax-Free Income Annually. Chronicle of Philanthropy, 14, pp.25-27.

Lowell. S., Silverman, L & Taliento, L. (2001) Not-for-profit management: The Gift that Keeps on Giving. McKinsey Quarterly, 2001(1), pp.146-155.

Lynn,L.E. (2002) Social Services and the State: The Public Appropriation of Private Charity. Social Service Review, 76, pp.58-82.

Merrett,C.D. (2001) Declining Social Capital and Nnonprofit Organizations: Consequences for Small Towns after Welfare Reform. Urban Geography, 22, pp.407-423.

Nicholson, S., Pauly, M.V., Burns, L.R., Baumritter, A., & Ach, D.A. (2000) Measuring Community Benefits Provided by For-Profit and Nonprofit Hospitals. Health Affairs,), pp.168-177.

Patnum,R.D. (1995) Turning In, Turning Out: The Strange Disappearance of Civic in America. Political Science and Politics, 28.

須田木綿子（2000）『民間非営利団体の組織と活動　世界の社会福祉：アメリカ・カナダ』旬報社

須田木綿子（2001）『素顔のアメリカNPO』青木書店

Salkever, D.S. & Frank, R.G. (1992) Health Services, Clotfelter. C., T., ed.,Who Benefits from the NPO Sector? The University of Chicago Press.

Salamon, L. (1995) Partners in Public Service: Government-Nonprofit Relations in the Modern Welfare State. Johns Hopkins Universing Press.

Savas, E.S. (2002) Competition and Choice in New York City Social Services. Public Administration Review, 62(1), pp.82-91.

Smith, S.& Lipsky, M. (1993) Nonprofits for Hire: The Welfare State in the Age of Contracting. Harvard University Press.

St. Louis Post Dispatch (2000) Hospitals: Charity and the Bottom Line. September 9.

United way of Greater St.Louis (1998) The Status of 122 Nonprofit Social Service Agencies in the St.Louis Region: Governmental Funding Support and Service Delivery. The Third in a Series of Report from the Research of the Federal Funding Impact Study.

Vita, M.G.,& Sacher, S. (2001) The Competitive Effects of Not-For-Profit Hospital Mergers: A Case Study. Journal of Industrial Economics, 49(1), pp.63-84.

Weizman, M.S., Jalandoni, N., Lampkin, L.M., and Pollak, T.H. (2002) The New Nonprofit Almanac and Desk Reference. Jossey-Bass.

[参考資料]

資料1　連邦政府出資のプログラムとNPO〈高齢者対策〉……………………………p.333
資料2　連邦政府出資のプログラムとNPO〈幼児・児童対策〉……………………p.334
資料3　連邦政府出資のプログラムとNPO〈一般社会福祉〉………………pp.335－338
資料4　連邦政府出資のプログラムとNPO〈ホームレス対策〉………………pp.339－340
資料5　連邦政府資金以外の資金で活動する社会福祉領域のNPO〈児童・青少年・家族〉
　　　　……………………………………………………………………………pp.341－342
資料6　連邦政府資金以外の資金で活動する社会福祉領域のNPO〈障害者〉…pp.343－344
資料7　連邦政府資金以外の資金で活動する社会福祉領域のNPO〈高齢者〉…………p.345
資料8　連邦政府資金以外の資金で活動する社会福祉領域のNPO
　　　　〈犯罪・貧困問題・ホームレス〉……………………………………………p.346
資料9　連邦政府資金以外の資金で活動する社会福祉領域のNPO〈暴力・虐待・女性〉
　　　　……………………………………………………………………………………p.347
資料10　連邦政府資金以外の資金で活動する社会福祉領域のNPO〈その他〉…………p.348

資料1　連邦政府出資のプログラムとNPO　〈高齢者対策〉

プログラム	資金の流れ（要求される自己資金率）	サービス提供もしくはプログラム実施団体としての応募資格
タイトルⅢプログラム（食事サービス、在宅ヘルプサービス、疾病予防・健康増進活動）	連邦政府→州老人課→自治体老人課→サービス提供団体（指定なし）	政府関連機関、営利団体、NPO
長期ケアオンブズマンプログラム	連邦政府→州老人課→サービス提供団体（指定なし）	州政府、当該地域の政府関連機関、営利団体、NPO
老人虐待防止プログラム	連邦政府→州老人課→サービス提供団体（指定なし）	州政府、もしくはその関連機関
スタッフトレーニング、調査モデルプロジェクトの実施	連邦政府→プログラム実施団体（25％以上）	営利団体は事業契約のみ、行政関連機関とNPOは助成と事業契約の両方に応募可能
高齢者ボランティア活動推進プログラム	連邦政府→サービス提供団体（指定なし）	政府関連機関、NPO
フォスターグランドペアレントプログラム	連邦政府→プログラム実施団体（指定なし）	政府関連機関、NPO
高齢者友愛訪問プログラム	連邦政府→プログラム実施団体（指定なし）	政府関連機関、NPO
税金相談プログラム	連邦政府→プログラム実施団体（指定なし）	政府関連機関、NPO

資料2　連邦政府出資のプログラムとNPO ＜幼児・児童対策＞

プログラム	資金の流れ（要求される自己資金率）	サービス提供もしくはプログラム実施団体としての応募資格
貧困地域における児童ケアプログラム	連邦政府→州政府→各自治体→サービス実施団体（指定なし）	学校、働く親を雇用する企業、教会等の宗教関連機関、児童の血縁者で児童を日中ケアするもの等
貧困地域における児童早期教育プログラム	連邦政府→プログラム実施団体（20%）	政府関連機関、NPO
貧困地域における児童早期教育関連トレーニング、技術指導	連邦政府→トレーニング提供団体（指定なし）	政府関連機関、営利団体、NPO
貧困地域における児童早期教育個人研修プログラム[1]	連邦政府→プログラム実施団体（20%）	政府関連機関、NPO
貧困地域における乳幼児とその家族のための早期教育プログラム[2]	連邦政府→プログラム実施団体（20%）	政府関連機関、NPO
貧困地域における乳幼児・児童家族のための読み書き教室	連邦政府→州政府→プログラム実施団体（1年目10%、2年目20%、3年目30%、4年目40%、5年目以降は50%）	教育機関、大学等の高等教育機関、当該地域の教育に携わる行政機関、当該地域で活動するNPO
児童扶養手当	連邦政府→個人（非該当）	各人が扶養する児童の数に応じて税制控除を申請する
児童扶養補助	連邦政府→個人（非該当）	親等、児童の扶養に責任のある個人が働くために必要なデイケア費用が所得税控除の対象となる
貧困地域における夏期学校休暇中の給食プログラム	連邦政府→州教育担当機関→各プログラム実施団体（指定なし）	当該地域の公立学校の給食担当機関、当該地域のNPO経営による学校の給食担当機関、及び当該地域の行政機関、公立夏期キャンプ実施機関、NPO夏期キャンプ実施機関
児童および成人デイケア施設の食事補助プログラム	連邦政府→州政府→デイケア（指定なし）	各自治体が求める要件に該当するデイケア施設（NPOを含む）

[1] NPOが連邦政府から出資を受けて、貧困地域における幼児早期教育に従事する職員のための研修プログラムを企画・実施する。参加希望者は、連邦政府ではなく、プログラムの企画・実施団体に参加を申し込む。連邦政府の出資により、研修参加者の費用自己負担分をゼロもしくは極めて小額に抑えることができる。
[2] 3歳以下の幼児とその家族、妊娠中の母親を対象とする。

第4章　アメリカNPO制度の光と陰　335

資料3　連邦政府出資のプログラムとNPO　＜一般社会福祉＞

プログラム	資金の流れ（要求される自己資金率）	サービス提供もしくはプログラム実施団体としての応募資格
タイトルXX 社会福祉サービスブロックプログラム（若年未婚の母親のためのプログラム、各種のデイケア、疾病予防、法律相談、自動車での送迎プログラム、給食サービス、在宅ケア等）	連邦政府→州政府→サービス提供団体（0％）	州政府
貧困地域支援サービスブロックプログラム	連邦政府→個人→政府関連の地域振興団体（CAA）（率は特定されていないが、一定の自己資金を確保するよう求められることが多い）	政府関連の地域振興団体（CAA）
貧困地域支援サービスを提供する団体職員へのトレーニング、技術指導	連邦政府→トレーニング提供団体（指定なし）	州政府、政府関連機関、NPO
貧困地域支援サービス短期プログラム	連邦政府→サービス実施機関（慣習的に、プログラム総経費の最低50％は自己資金で賄うことが求められる）	州政府、政府関連機関、NPO
貧困地域栄養改善プログラム	連邦政府・州・各自治体、NPO（特に指定はないが、自己資金率の高い申請は助成を受けやすい）	連邦政府・州・各自治体、NPO
児童支援・虐待防止プログラム	連邦政府→州→各自治体（0％）	州政府
児童支援サービスを提供する団体職員へのトレーニング、技術指導	連邦政府→トレーニング提供団体（指定なし）	社会福祉に関する専門教育を行う資格を有する高等教育機関
児童虐待防止プログラム	連邦政府→州政府→プログラム実施団体（指定なし）	各自治体、政府関連機関、NPO、営利団体
児童虐待防止短期プログラム	連邦政府→プログラム実施団体（指定なし）	州政府、各自治体、政府関連機関、NPO、高等教育機関
家族支援のための地域資源振興プログラム	連邦政府→州政府→プログラム実施団体（指定なし）	政府関連機関、NPO

プログラム	資金の流れ	（要求される自己資金率）	サービス提供もしくはプログラム実施団体としての応募資格
里親促進プログラム	連邦政府→プログラム実施団体	（指定なし）	州政府、各自治体、政府関連機関、NPO、里親たちによる相互支援グループ
新生児遺棄防止プログラム	連邦政府→プログラム実施団体	（指定なし）	州政府、各自治体、政府関連機関、NPO、病院、大学等の高等教育機関
家族短期支援ブロックプログラム（TANF、旧AFDC母子手当て）	連邦政府→州政府→（プログラム実施団体）→支援を必要とする家族	（原則として指定なし）	州政府及び関連機関
児童の扶養義務遂行推進プログラム	連邦政府→州政府	（プログラム運営経費[3]の34%）	州政府
児童と、同居していない親[4]との関係維持のためのプログラム	連邦政府→州政府→サービス実施団体	（10%）	政府関連機関、NPO
家族計画支援プログラム	連邦政府厚生省各支部→州保健局、NPO→医療機関支援を必要とする個人	（10%）	医療機関
10代の妊娠予防モデルプロジェクト推進プログラム	連邦政府→州政府→サービス実施団体	（指定なし）	政府関連機関、NPO
性教育プログラム	連邦政府→州政府→サービス実施団体	（指定なし）	政府関連機関、NPO、宗教団体等
社会福祉サービスモデルプロジェクト及び調査研究プログラム	連邦政府→州政府→サービス実施団体	（5〜25%）	州政府、政府関連機関、NPO、営利団体
困窮者のための食物支給プログラム	連邦政府→州政府→サービス実施団体（指定なし）		宗教慈善団体、フードバンク、困窮者のためのスープキッチン、政府関連機関、NPO
食糧スタンプ	連邦政府→州政府→支援を必要とする家族	（プログラム運営経費[3]の50%）	州政府福祉担当局

[3] プログラムの事務局運営に必要とされる経費。クライエントに支給される金銭やサービスの実費（サービスを実際に供給するワーカーへの給与など）を除く。

[4] 未婚の母親から生まれた児童の生物学的意味における父親等。

第 4 章　アメリカNPO制度の光と陰　337

プログラム	資金の流れ（要求される自己資金率）	サービス提供もしくはプログラム実施団体としての応募資格
困窮する妊婦及び乳幼児のための栄養補助プログラム	連邦政府→州政府→サービス実施団体（各州に対する支給額の上限が定められており限度枠を超えた出費は各州もしくはサービス実施団体の自己負担となる）	政府関連機関、NPO
困窮者のための補助食品支給プログラム（妊婦、出産直後の母親、乳幼児、高齢者対象）	連邦政府→州政府→サービス実施団体（指定なし）	政府関連機関、NPO
コミュニティフードプロジェクト	州政府→サービス実施団体（指定なし）	NPO、制限つきで営利団体も可
難民支援プログラム	連邦政府→州福祉担当局→サービス実施団体（難民1人当たり36ヵ月の支給が上限。これを超えた場合は州もしくはサービス実施団体の自己負担となる）	政府関連機関、制限つきでNPOも可
AmeriCorps[5]	連邦政府→プログラム運営団体（ボランティアに支給する生活費の15％＋他自費）	州政府、全米規模で活動するNPO、軍隊関連機関、複数の州で活動する団体
学校ボランティアプログラム	連邦政府→州政府→各小学校（1年目10％、2年目20％、3年目30％、4年目以降は50％）	小学校、行政関連もしくはNPO組織の財団
幼児園・小学校児童によるボランティア活動支援プログラム	連邦政府→州政府委託機関もしくは財団→サービス実施団体（指定なし）	政府関連機関、設立されて1年以上を経過したNPO
地域住民のための社会教育プログラム	連邦政府→州政府委託機関→サービス実施団体（50％）	大学等の高等教育機関もしくはそれらと提携している行政関連機関やNPO
革新的プロジェクトへの投資プロジェクト	連邦政府→州政府委託実施機関→プロジェクト実施団体（指定なし）	政府関連機関、NPO

[5] クリントンによる政策の中で最も成功したものの1つと言われる。ボランティアを募り訓練を施した後、各地域の公立小学校を中心に配置し、地域活動を支援する。求められるボランティア期間を修了したものには、大学等の高等教育機関での奨学金が与えられる。

338

プログラム	資金の流れ（要求される自己資金率）	サービス提供もしくはプログラム実施団体としての応募資格
コミュニティに貢献する学生への奨学金制度	連邦政府→学生（指定なし）	中・高等学校及びその関連機関、学生
AmeriCorps等のコミュニティプログラムへのトレーニング、技術指導	連邦政府→トレーニング提供団体（指定なし）	政府関連機関、NPO、大学等の高等教育機関
コミュニティサービスプロジェクト (National Civilian Community Corps)	連邦政府→NCCCセンター→プログラム実施団体（指定なし）	政府関連機関、NPO
貧困対策プロジェクト	連邦政府→サービス実施団体（指定なし）	政府関連機関、NPO
貧困児童のための里親プログラム	連邦政府→州政府→里親もしくは施設（指定なし）	資格審査を通過した里親もしくは施設
養子縁組プログラム	連邦政府→州政府→養父母（州政府は、プログラム運営に必要な職員訓練経費のうち75%、養父母への指導・訓練経費の50%を負担）	州による資格審査を通過した養父母
養子縁組支援資金	連邦政府→州政府（指定なし）	州政府
養子自立支援プログラム	連邦政府→州政府→サービス実施団体（指定なし）	政府関連機関、NPO
家族支援プログラム	連邦政府→州政府→サービス実施団体（25%）	政府関連機関、NPO
低所得者のための資産及び学歴取得支援プログラム	連邦政府→サービス実施団体（指定なし）	政府関連機関、NPO

資料4　連邦政府出資のプログラムとNPO〈ホームレス対策〉

プログラム	資金の流れ（要求される自己資金率）	サービス提供もしくはプログラム実施団体としての応募資格
緊急時の食物支給及びシェルター提供プログラム	連邦政府→行政関連団体委託機関→サービス実施団体（指定なし）	政府関連機関、NPO、NPO資格のない市民団体
ホームレス児童食物支給プログラム	連邦政府→サービス実施団体（指定なし）	政府関連機関、NPO
AIDS患者のための住宅斡旋プログラム	連邦政府→州政府もしくは各自治体→プログラム実施団体（指定なし）	政府関連機関、NPO
緊急シェルター改築支援プログラム	連邦政府→州政府→（各自治体）→サービス実施団体（50%）	政府関連機関、NPO
中間保護施設サービスプログラム	連邦政府→サービス実施団体（指定なし）	政府関連機関、NPO
ホームレス賃貸補助プログラム	連邦政府→サービス実施団体（指定なし）	政府関連住宅政策担当課もしくは委託を受けたNPO
ケア付きシェルタープログラム	連邦政府→家主に補助金（連邦政府からの補助金に応じたサービスをホームレス居住者に提供することが義務づけられる）	家主、シェルターを運営するNPO
連邦政府資産活用プログラム	連邦政府→サービス実施団体（指定なし）	政府関連機関、NPO
連邦政府所有家屋活用プログラム[7]	連邦政府→サービス実施団体（指定なし）	政府関連機関、NPO
精神障害もしくは薬物依存症を有するホームレスのための支援プログラム	連邦政府→州政府→サービス実施団体（連邦政府資金3ドルごとに1ドルの自己資金を用意することが求められる）	政府関連機関、NPO
ホームレスのための保健医療サービス[6]	連邦政府→サービス実施団体（指定なし）	政府関連はNPO組織の保健医療施設
ホームレスのための学校内クリニック運営プログラム	連邦政府→サービス実施団体（0%）	政府関連機関、NPO

6 ホームレス収容等の目的のために、連邦政府所有の建物等の寄付、あるいは借用を斡旋するプログラム。
7 ホームレス収容等の目的のために、連邦政府所有の一世帯住宅の低価格での購入あるいは借用を斡旋するプログラム。

プログラム	資金の流れ（要求される自己資金率）	サービス提供もしくはプログラム実施団体としての応募資格
ホームレス児童のための教育保障プログラム	連邦政府→州政府教育担当機関→各自治体教育担当機関（指定なし）	政府関連機関
ホームレス退役軍人のための就職斡旋プログラム	連邦政府→サービス実施団体（指定なし）	政府関連機関、商工会議所、NPO
ホームレス退役軍人のための保健医療サービス	連邦政府→サービス実施団体（指定なし）	主として退役軍人病院
ホームレス退役軍人支援プログラム	連邦政府→サービス実施団体（35%）	政府関連機関、NPO
軍需物資活用プログラム[8]	連邦政府→サービス実施団体（指定なし）	政府関連機関、NPO

[8] 食物、毛布、施設等の軍需物資をホームレス支援のために提供する。

資料5　連邦政府資金以外の資金で活動する社会福祉領域のNPO[9]

<児童・青少年・家族>

団　体　名	活　動　内　容
American Youth Foundation [10]	青年層におけるリーダーシップの育成。
Boys and Girls Town of Missouri	問題行動のある児童とその家族への治療プログラムを提供。
Birthright of Hillsboro, INC.	望まない妊娠をした母親への支援と、出産後のアフターケア。
The Cathedral Mission Society	キリスト教理念に基づき、危機状態にある児童や家族を支援。
Children's Shelter Care	犯罪に関与した10代の少年少女のための中間施設。
Citizens for Missouri's Children	児童の権利と安全を維持・向上させるための会議や立法活動の支援。
Clayton Child Center	2～6歳の児童の福祉と健康を維持・向上させるための学外プログラム。
Cochran Community Center	5～13歳の児童の放課後プログラム。
Children's Advocacy Center of St. Louis	性的に虐待された児童に必要な診断やカウンセリングを行い、環境を変えるための適切な介入を実行する。
Christian Family Services	里親の斡旋、妊婦や危機状態にある家族への支援。
Educational Center on Family Violence	家庭内暴力のfamily chainを断ち切るための教育、スタッフトレーニング、調査・研究活動。
Father Dunne's Newboy's Home	各種の問題を持つ13歳から21歳の少年のためのシェルター、治療入所施設。
General Protestant Children's Home	情緒的に問題のある青少年とその家族の治療・支援プログラムを提供する入所施設。
Greater St. Louis Crisis Pregnancy Center	望まない妊娠をした母親へのカウンセリング、出産後の支援。
Help for Mom	2～12歳児童のための学外プログラム。
Make-a-Wish Foundation of Metro St. Louis	死期を間近に控えた児童や、18歳まで生きることが困難と思われる児童の望みをかなえる。
Missouri Baptist Children's Home	家庭内に問題を持つ3～18歳の児童のためのシェルター、里親斡旋。キリスト教理念に基づく。
Missouri Girls Town Foundation, INC.	支援を必要とする10～21歳の少女のための入所施設、カウンセリング、その家族の治療等。
Operation Liftoff, INC.	重篤な疾患を持つ児童へのレクリエーションプログラム。
Second Chapter	別居や離婚後の生活再建を支援。
Shaw Avenue Children's Center	チャイルドケア。

団 体 名	活 動 内 容
SHARE：Pregnancy and Infant Loss Support, INC.	流産、死産、出産直後の子供の死を経験した親とその家族のためのサポートプログラム。
SPROG, INC.	5歳〜15歳児童のための夏期キャンプ。16〜22歳青少年のための就労のための訓練と斡旋。
Tower Grove Baptist Day Care And Preschool	キリスト教理念に基づく早期教育とチャイルドケア。
Zelda Epstein Day Care Center	低・中経済階層の2〜6歳児のためのデイケア。

9 米国ミズーリ州セントルイス地域におけるNPOで、Metropolitan Association for Philanthropy（MAP、広益組織連盟）による1995年から1996年にかけての調査で把握された連邦政府資金率0（ゼロ）の団体。

10 昨年より、連邦政府プログラムのAmeriCorpsの実施団体となったので、現在では連邦政府資金の支援を受けている。

資料6　連邦政府資金以外の資金で活動する社会福祉領域のNPO

<障害者>

団　体　名	活　動　内　容
ADAPT-ABILITY, INC.	テクノロジーを活用して障害者の自立を支援する。
Archdiocesan Department of Special Education	キリスト教の理念に基づき、障害等を持つ児童に特別教育を提供する。
Boone Center, INC.	心身に障害を持つ市民の尊厳を維持・増大させることを目的に、就職を斡旋する。
The Children's Home Society of Missouri	心身に障害を持つ児童のquality of lifeと安寧の維持・向上のための入所施設。
Camp Happy Day	4～14歳の障害を持つ児童に特別教育を提供する。
College for Living	心身に障害を持つ市民のための生涯教育。
Council for Extended Care of Mentally Retarded Citizens, INC.	精神発達遅滞の児童・市民の尊厳と自立を支援するための日常生活支援やキャンプ活動。
Deaf Services	聴覚障害者のための各種支援サービス。
Delta Gamma Center for Children with Visual Impairments	視覚障害児とその家族のための教育・治療サービス。
Gazette International Networking Institute	障害者のための自立と尊厳を維持・向上させるための国際的ネットワーク。
Howard Park Early Intervention Center	障害などにより特別なニーズを持つ幼児への早期介入プログラム。
Impact, INC.	障害者の完全な社会参加を実現するための情報サービス、支援グループ組織、トレーニングの提供。
Independence Center	精神障害者の治療、社会復帰、自立生活を支援。
Jamestown New Horizons	心身に障害を持つ市民の健康と福祉増進のための治療的・レクリエーション的乗馬プログラム。
Jefferson County Association for Retarded Citizens	精神発達遅滞児童の家族へのレスピットケア、各種の支援、アドボカシー。
Lafayette Work Center, INC.	発達障害者のための作業所。
Life Skills Foundation, INC.	精神発達遅滞者の自立生活を促すための就職・住宅斡旋、サポートグループの育成。
Lighthouse for the Blind, INC.	視覚障害者の自立を促すための就職斡旋、訓練。
Linc. INC.	各種の障害を持つ市民のための社会福祉的サービス、アドボカシー、教育等。
Interfaith Residence DBA Doorways	HIV/AIDS患者への住宅提供。コミュニティへの参加支援。
Magdala Foundation	精神障害、精神発達遅滞、アルコール依存、麻薬依存、児童虐待等の問題を持つ児童や成人への入所プログラム、その家族へのカウンセリング等。
Mary Culver Home	視覚障害者のための24時間ケア(28人を上限とする)。

団 体 名	活 動 内 容
Mirian Foundation	障害を持つ児童への特殊教育。その家族への支援。
Missouri Special Olympics, St. Louis	精神障害児童・者のための体育教育と競技会の開催。
New Horizon Center, INC.	発達障害を持つ児童とその家族への支援。
Options for Justice for Persons With Developmental Disabilities	発達障害を有する若年者の犯罪行動への参加予防活動。
The Recreation Council of Greater St. Louis	障害者とその家族のためのレクリエーション情報の提供と照会。
St. Louis Office for MR/DD Resources	発達障害を持つ市民のための活動への財政的支援等。
St. Louis Wheelchair Athletic Association	恒常的な身体障害を持つ市民のための各種スポーツプログラム。
St. Elizabeth Adult Day Care Center	支援を必要とする成人のためのデイケア。
Therapeutic Horsemanship	心身に障害を持つ児童・成人のための乗馬プログラム。
Universal Workshop, INC.	心身に障害を持つ人々を雇用する。

資料7　連邦政府資金以外の資金で活動する社会福祉領域のNPO

<高齢者>

団　体　名	活　動　内　容
The Charles Home	高齢女性に老人住宅を提供。
The Crown Center	経済的に困窮する高齢者のための住宅斡旋、食事サービス、在宅ヘルプサービス。
Housing Options Provided for The Elderly	高齢者の自立を維持するための住宅取得・改善のための相談、照会サービス。
Mary, Queen and Mother Center	キリスト教理念に基づく老人ホーム。
Meals on Wheels of Greater St. Louis	連邦政府資金を得て高齢者と障害者のための給食配達サービスを行っている団体の連絡会。
Madison County Sheltered Care Home	65歳以上の高齢者及び障害者のための在宅支援プログラム。
Senior Net	55歳以上の高齢者を対象とするパソコントレーニング。
Spirit Housing Corporation	低・中経済階層の高齢者のための集合住宅施設の建設・運営。
U.S. National Senior Sports Organization	55歳以上の高齢者のための運動競技会の企画・運営。

資料8 連邦政府資金以外の資金で活動する社会福祉領域のNPO

<犯罪・貧困問題・ホームレス>

団　体　名	活　動　内　容
Almost Home, INC.	ホームレスの10代の母親とその子供のための中間施設。
Anti-Drug Abuse Education Fund	麻薬使用とそれに関連しての犯罪や、学校での問題、家庭問題、職場での問題の発生を予防する。
Assistance League of St. Louis	犯罪や貧困が多発する地域に居住する児童やその他の住民に対する支援活動を企画・実施する。
Berean House Christian Care Center	ホームレスに緊急時のシェルターとスープキッチンサービスを提供する。
Christmas in April, Metro St. Louis	経済的に困窮する人々の家の補修や改築費用を支援。
Circle of Concern, INC.	経済的に困窮する家族への食物提供や経済的支援。
Consumer Credit Counseling	経済的に困窮している市民への無料カウンセリングサービス。
Greater East St. Louis Community Fund, INC.	裁判所で支援の必要性が認められた住民に自立・更生のための支援を提供する。
Habitat for Humanity, St. Louis	経済的に困窮する市民への住宅提供サービス。
Hosea House	経済的に困窮する家族への各種社会福祉的サービス。
Metroplex	経済的に困窮する地域住民のための各種社会福祉的サービス。
PAYBACK, INC.	犯罪を犯した青少年によるコミュニティのためのボランティア活動の企画・実施。
Five Church Asslcoation	経済的に困窮する地域でのフードパントリー、児童のための夏期キャンプなど。
New Evangelistic Center	貧困者やホームレスへの支援を通じてキリストの愛を伝導する。
Operation Food Search, INC.	寄付によって集められた食物を、必要とする人々や機関に分配する。
Our Lady's Inn	ホームレスの妊婦とその子供たちのためのシェルター、各種の社会福祉サービス。
The Salvation Army（救世軍）	市民の健康、住宅、教育、コミュニティ生活の向上。
Shelter the Children, INC.	ホームレスと虐待された16～21歳の女性のための社会教育。
Someone Cares, INC.	貧困者のためのフードパントリー、他のフードパントリーへの食物供給、初回ホームレス男性のためのシェルター。
Volunteers in Probation and Parole	執行猶予中、保釈中の犯罪者への社会復帰訓練、精神的支援、薬物依存治療などのプログラムを提供。

資料9　連邦政府資金以外の資金で活動する社会福祉領域のNPO

＜暴力・虐待・女性＞

団　体　名	活　動　内　容
Court Appointed Special Advocates of St. Louis County	裁判所に任命されたボランティアを訓練し、虐待された児童の利益を代弁する。
Legal Advocates for Abused Women	各種の虐待を受けた女性とその子供たちのためのアドボカシー活動。
Life Source Consultants	各種の虐待を受けた女性のための支援グループ。
Missouri Foundation for Women's Resources, INC.	女性の福祉と地位向上のための各種の活動。
Missouri Women's Network	女性と家族の安寧を促進するためのセミナー、出版活動、アドボカシー。
New Life Style Program	売春行為やその行為をする可能性のある女性の自立・更生のための支援プログラム。
Sexual Assault Victims First, INC.	性的虐待被害者のための24時間ホットライン、精神的支援。
Women's Crisis Center of Metro East	家庭内暴力の被害者となった女性たちのための24時間ホットライン、シェルター等のサービス提供。

資料10 連邦政府資金以外の資金で活動する社会福祉領域のNPO
＜その他＞

団 体 名	活 動 内 容
Association of St. Louis Psychologists Referral Services	カウンセリングサービスを必要とする市民を、カウンセラーに紹介する。
Baptist Charities of Greater St. Louis, INC.	キリスト教理念に基づいたプログラムの評価、効果的なプログラムの支援・実施をする。
Belleville Area Christian Counseling Center	Belleville地域住民に治療的、教育的、あるいは問題予防のためのカウンセリングサービスを提供する。
Beam Catholic Social Ministry	各種の社会福祉的サービスを通じて、地域住民のquality of lifeの向上に貢献する。
Care and Counseling	キリスト教理念に基づき、カウンセリングサービスやカウンセラーへのトレーニングプログラムを提供。
Catholic Community Services	キリスト教理念に基づき、支援を必要とする人々に各種の社会福祉的サービスを提供。
Christian Linked in Mission	政治囚や貧困に苦しむ他国の人々への支援活動。
Evangelical Children's Home	キリスト教の理念に基づき、心理的虐待や情緒障害、学習障害のある児童とその家族を支援、経済的に困窮する児童とその家族の自立生活を支援。
Help, INC.	孤立していたり、支援を必要とする市民のためのデイケア、手芸教室、各種の社会福祉的プログラム。
Lutheran Ministries Association	キリスト教理念に基づき、刑務所内の犯罪者への精神的支援と社会復帰支援を提供、老人ホーム入所者への訪問、ホスピスでの霊的支援。
National Association of Social Workers, Missouri Chapter	社会福祉サービス受給者とソーシャルワーカーの権利保護。
National Benevolent Association	保護を必要とする児童、青年、高齢者、障害者のための入所施設。

アメリカ社会保障（重要事項・日本語訳・略語・人名）索引

A　accreditation　　　　　　　　　　　　　　　認定 …………………………………279
　　Accreditation Council For Home Care　　在宅ケア認定評議会 ……………280
　　Activities of Daily Living: ADL　　　　　　日常生活活動 …………………226, 261,.262
　　adequacy　　　　　　　　　　　　　　　　適用 …………………………………3
　　Adoption　　　　　　　　　　　　　　　　養子縁組 ……………………………120
　　adult day care　　　　　　　　　　　　　　デイケア ……………………………218, 219
　　adult/foster homes　　　　　　　　　　　　アダルト／フォスターホーム ………222
　　Adult Protective Services: APS　　　　　　成人虐待保護サービス ……………120, 121, 122, 123
　　Advisory Council on Social Security　　　社会保障諮問委員会 ………………33, 35, 38, 62, 88,
　　Aid to Families with Dependent Children: AFDC　被扶養児童家庭扶助 ………4, 57 60, 87, 90,
　　　　　　　　　　　　　　　　　　　　　　　　　　　　　　　　　　　　　　　245
　　AFDC Family Group: AFDC-FG　　　　AFDC家族適用 ……………………93, 94, 100, 101,
　　　　　　　　　　　　　　　　　　　　　　　　　　　　　　　　　　　　　　　103
　　AFDC Foster Care: AFDC-FC　　　　　　AFDC里親養育適用 ………………93, 94, 100, 103
　　AFDC Unemployed Parent: AFDC-UP　　AFDC失業両親適用 ………………92, 94, 100, 103
　　almshouses　　　　　　　　　　　　　　　救貧院 ………………………………67
　　Ambulatory Patient Groups: APG　　　　医療資源患者分類 …………………145, 154, 206
　　Ambulatory Payment Classification: APC　外来包括支払い方式 ………………167, 195, 206
　　American Academy of Pediatrics: AAP　　アメリカ小児学会 …………………168
　　American Association for Labor Legislation : AALL　アメリカ労働立法協会 ……67
　　American Association for Old Age Security: AAOAS　アメリカ老齢保障協会 …17, 18
　　American Association for Social Security: AASS　アメリカ社会保障協会 ………18
　　American Association of Home and Services for the Aging
　　　　　　　　　　　　　　　　　　　　　　アメリカ高齢者在宅ケア協会 ………223
　　American Association of Retired Persons: AARP　アメリカ退職者協会 ………302, 325
　　American College of Physicians-Americn Society of Internal Medicine: ACPASIM
　　　　　　　　　　　　　　　　　　　　　　アメリカ内科専門医会／アメリカ
　　　　　　　　　　　　　　　　　　　　　　内科学会 ……………………………168
　　American College of Surgeons: ACS　　　アメリカ外科学会 …………………168
　　American Federation of Labor: AFL　　　アメリカ労働総同盟 ………………18
　　American Health Information Management Association: AHIMA
　　　　　　　　　　　　　　　　　　　　　　アメリカ健康情報管理協会 …………168
　　American Hospital Association: AHA　　アメリカ病院協会 …………………132, 134, 168
　　American Medical Association: AMA　　アメリカ医師会 ……………………41, 133, 168
　　Americans with Disabilities Act: ADA　　アメリカ障害者法 …………………113, 300
　　AmeriCorps　　　　　　　　　　　　　　　アメリコア …………………………337
　　Arizona Long Term Care System: ALTCS　アリゾナ介護システム ……………293
　　Assembly Bill, AB　　　　　　　　　　　　下院州議会法案 ……………………91
　　assessed value　　　　　　　　　　　　　　課税評価額 …………………………102
　　assistance　　　　　　　　　　　　　　　　扶助 …………………………………28

	assisted living facility	アシスティッド・リビング	217, 218, 222, 263
	Association of Social Work Boards	ソーシャルワーク委員協会	118
	asylums	保護施設	67
B	Bachelor of Social Work: BSW	ソーシャルワーク学士号	115, 116
	Back to Richmond	リッチモンドに帰れ	114
	Balanced Budget Act: BIBA	均衡予算修正法案	194
	Balanced Budget Act: BBA	均衡予算法	194, 207, 220, 238, 240, 275, 290
	Baylor University Hospital	ベーラー大学病院	68
	Beveridge Report	ベバリッジ報告	43, 45
	Bill Clinton	ビル・クリントン	104
	Bill of Rights	権利章典	44
	block contract	ブロック契約	327
	Blue Cross: B/C	ブルークロス	68, 70, 131, 133, 152, 207
	Blue Shield: B/S	ブルーシールド	70, 71, 131, 133, 152, 207
	board and care homes	ボード・アンド・ケアホーム	80, 222
	bureaucracy	官僚化	326
	bureaucrats	官僚	87
	burnout	燃え尽き	122
C	California Work Opportunity and Responsibility to Kids: CalWORKs	カルフォルニア州就労機会・児童責任事業	108, 120
	Capitation	キャピテーション（人頭制に基づく前払い定額制）	155
	care management	ケアマネジメント	122, 264, 291, 294
	care management provider	ケアマネジメント機関	264, 299
	case management	ケースマネジメント	122
	cash benefit	現金給付	298, 299
	Categorically	制度的困窮対象者	245
	Centers for Disease Control : CDC	国立疾病防疫センター	75
	Centers for Medicare and Medicaid Services: CMS	メディケア・メディケイド庁	164, 193, 207, 221, 226, 288
	certificate of need	（参入の）必要性の証明	225
	certification	（メディケア等の取扱機関としての）指定	266
	Child Care and Development Fund: CCDF	児童保護・育成基金	109
	Child Protective Services	児童虐待保護サービス	120
	Children' Shelter	児童緊急保護施設	120
	chiropractic	カイロプラクティック	75
	clinical respiratory services	臨床呼吸治療サービス	281

coder	コーダー	167, 207
cognitive impairment	認識障害	261, 262
co-insurance	定率共同負担	79
commercialization	商業化	325
Commission on Income Maintenance Programs	収入維持計画諮問委員会	61
Committee on Economic Security: CES	経済保障委員会	19, 20, 21, 22, 25, 64
common stock price	一般株価指数	15
Community Health Accreditation Program: CHAP	地域保健医療認定プログラム	280
community hospital	地域一般病院	225
Community Services Agency: CSA	地域サービス機関	118, 119
comprehensive care	包括的医療	77
Comsumer Price Index	消費者物価指数	63
Conference on Aging	高齢化委員会	62
congregate homes	集合ホーム	222
congregate housing center	集団住宅センター	85
congregate meals	集団給食サービス	218, 219
Congressional Budget Office: CBO	議会予算局	216
Consolidated Omnibus Budget Reconciliation Act of 1985: COBRA'85	1985年包括予算調停強化法	143, 207
Consumer Driven Health Plan: CDHP	消費者主導型医療保険	198
Continuing Care Accreditation Commision	継続的ケア認定委員会	223
continuing-care retirement communities: CCRC	継続的ケア提供型退職者コミュニティ	223
cost containment	医療費抑制策	84
cost sharing	医療費負担分担	84
cost-of-living adjustment: COLA	生活費用調整	63
cost-volume contract	コスト契約	327
Council of Economic Advisers: CEA	経済諮問委員会	52, 54
Council on Social Work Education: CSWE	全米ソーシャルワーク教育協会	115
countable assets	算入（利用）可能資産	249
cream-skimming	クリーム・スキミング（手のかからない者のみを対象とする行為）	291
Critical Pathways: CP	クリティカルパス	168, 170, 171, 173
cross-subsidization	内部相互補助	326
crowding-out theory	閉め出し理論	319
Current Procedual Terminology 4th Edition: CPT4	全米診療報酬共通コード第4版	164, 207
custodial care	補助的ケア	74, 223
Customary Prevailing Reasonable: CPR	償還額決定方式	139, 143, 207

D
daughter-in-law	嫁	217

	deductible	定額自己負担	79, 303
	deemed status	みなし指定	283
	Deficit Reduction Act of 1984: DRA'84	財政赤字削減法	96
	Defined Contribution	確定拠出年金	201
	delivered meals	食事宅配サービス	218, 219
	Department of Health and Human Services: HHS	連邦保健福祉省	105, 242
	Department of Health, Education and Welfare: HEW	連邦保健教育福祉省	55, 60, 72
	Department of Veterans Affairs	退役軍人省	254
	Diagnostic Related Groups: DRG (Diagnosis-Related Groups)	診断群別	66, 141, 142, 156, 157
	Diagnostic Related Groups-Prospective Payment System: DRG-PPS (Diagnosis-Related Groups/Prospective Payment System:DRG/PPS)	診断群別所定報酬額支払方式	85, 139, 140, 141, 145, 146, 147, 153, 154, 155, 157, 158
	Disability Insurance: DI	障害保険	49, 64, 86
	disability-freeze	障害凍結	46
	Disease Management: DM	疾病管理	168, 169
	Disease Procedure Combination: DPC	診断群分類	170
	dispensaries	医務室	67
	dole	失業手当	29
	domestic violence	家庭内暴力	111, 121
	durable medical equipment	耐久性の医療機器	239
	Dwight Eisenhower	ドワイト・アイゼンハワー	46
E	Earned Income Tax Credit: EITC	勤労所得税額控除	91
	Economic Bill of Rights	経済権利法	70
	Economic Opportunity Act of 1964: EOA'64	1964年経済機会法	92
	Emergency Assistance: EA	緊急扶助	105, 109, 111, 119
	Emergency Room: ER	救急治療室	196, 229
	Employment Act	雇用法	44
	Environmental Protection Agency	環境保護機関	75
	Equipment management services	機器管理サービス	280, 281
	equity	公平	3, 24
	euthanasia	安楽死	81
	Experience Rating	病歴価格決定方式	133
	Experts	専門家	87
F	Family Assistance Plan: FAP	家族扶助計画	61
	family care giving	家族介護	298
	Federal Civil Service Retirement System	連邦市民退職サービス制度	14
	Federal Emergency Relief Administration : FERA	連邦緊急救済管理局	69
	Federal Housing Administration	連邦住宅管理局	73
	Federal Insurance Contribution Act: FICA	連邦保険拠出法	7, 37, 48
	Federal Security Agency	連邦社会保障機関	72

索引　353

	fee-for-service	出来高払い	69
	Field Practicum	社会福祉現場実習	117
	Food and Drug Administration: FDA	食品医薬品局	75
	food stamps	食糧スタンプ	4, 90, 104, 120
	Foster Care	里親	120
	Foundation for Hospice and Homecare	ホスピス・在宅介護財団	277
	Franklin Derano Roosevelt: FDR	フランクリン・デラノ・ルーズベルト	2, 12, 18, 20, 26, 27, 33, 38, 42, 44, 56, 88, 91
	from cradle to grave	ゆりかごから墓場まで	2, 12, 44
G	General Accounting Office	会計検査院	214, 277
	General Assistance: GA	一般扶助	90, 120
	Geographic Adjustment Factor: GAF	地域差調整係数	145
	George W. Bush	ジョージ・W・ブッシュ	221
	Gerald Ford	ジェラルド・フォード	6
	Greater Avenue for Independent: GAIN	拡大自立支援	100
	group hospitalization	団体入院支払い	68
	Guaranteed Insurability Option: GIO	給付増額保障特約	260
H	Harry S Truman	ハリー・トルーマン	41, 45, 46, 56
	Health Care Financing Administration: HCFA	連邦医療保険財政庁	145, 164, 191, 221
	HCFA Common Procedure Coding System: HCPCS	HCFA診療報酬コード体系	164, 207
	Health Care for All Americans Act	アメリカ皆医療法	77
	Health Insurance Association of America: HIAA	全米医療保険協会	219, 255, 295
	Health Insurance Portability and Accountability Act: HIPAA	医療保険の携行性と責任に関する法律	254, 262, 296
	Health Maintenance Organization Act of 1973	HMO法	126, 128, 137, 148
	Health Maintenance Organization: HMO	健康維持組織	75, 126, 128, 130, 133, 137, 148, 150, 151, 153, 154, 177, 207, 208
	Herbert Hoover	ハーバート・フーバー	18
	Hill-Burton Act	ヒル・バートン法	70, 134, 208
	Holiday Sharing	祝日補助	119
	home- and community-based care/services	在宅サービス	219, 238, 269, 275
	home- and community-based waiver	（メディケア・メディケイドに関する）在宅給付に関する特例	222, 252, 299
	Home Care Quality Assurance of 1987	在宅ケア品質保証法	191
	home care workers	在宅サービス提供者	269
	home health aide services	身体介護	218, 219
	Home Health Aides	介護士	189, 268, 301
	home health care agency	在宅サービス事業者	269

	Home Health Quality Initiative	在宅サービスの質の改善イニシアティブ 278
	Home Health Resourse Groups: HHRG	在宅サービス資源利用度別グループ 240
	home health services	ホームヘルスサービス …………………280
	Homemaker	家事サービス提供者 …………………189
	hospice	ホスピス …………………………………85, 281
	Hospital Insurance: HI	入院保険（メディケア・パートA）…55, 56, 87, 232, 234
	Hospital Survey and Constructuon Act of 1946　病院調査・建設法 ………………134	
	House Ways and Means Committee	下院歳入委員会 ……………………………40
	housemaker/chore services	家事援助 ………………………………218, 219
I	International Classification of Disease: ICD　国際疾病分類　………………………162, 208	
	ICD-9-Clinical Modification: ICD-9-CM　第9回修正国際疾病手術処置分類 …162, 208	
	ICD-9-CM Coordination and Maintenance Committee　ICD-9-CM調整管理委員会164	
	ICD-9th Revision: ICD-9	第9回修正国際疾病分類 ……………162, 208
	ICD-10th Revision: ICD-10	第10回修正国際疾病分類 ……………162, 208
	inaccessible assets	アクセス不可能資産 …………………249
	Indeminity	伝統的医療保険 …………………129, 152, 210
	Independent Practice Association: IPA	開業医組織 ………………………138, 175, 176, 183
	institutional care	施設サービス ……………………223, 236, 269, 272
	Integrated Benefit Plan	給付統合型プラン …………………………265
	Integrated Delivery System: IDS	相互的医療供給システム ……………161, 162
	intermediary	中間支払機関 ………………………………232, 236
	intermediate care	通常の看護・リハビリテーション …76, 208, 223, 224
	Intermediate Nursing Facility: INF	インターミィディエイト・ナーシング・ファッシリティ ……………………224, 267
	Internal Revenue Services: IRS	アメリカ国税庁 …………………………314
J	Jimmy Carter	ジミー・カーター ………………………6
	Job Opportunities and Basic Skills Training: JOBS　就業機会基本技能訓練………105, 109, 111	
	Job Training	職業訓練 ……………………………………120
	John F. Kennedy	ジョン・F・ケネディ ………………51, 52
	Joint Commission on Accreditation of Healthcare Organization: JCAHO	医療機関合同認定委員会 ……………135, 159, 160, 208, 279, 280, 281, 307
	Joint Commission on Accreditation of Hospitals: JCAH	医療機関合同認定委員会の前身 ……135
K	Kaiser Plan	カイザープラン …………………………71
	Kerr-Mills Bills	カー・ミルズ法案 ………………51, 56, 135, 209
L	Lawmakers	立法者 ………………………………………87
	Leviathan	リバイアサン ……………………………18, 19
	liberals	自由主義者 ………………………………48
	licenced heath care practioner	有資格の医療福祉職 ……………………305
	Licensed Clinical Social Worker: LCSW	有資格の臨床ソーシャルワーカー …116, 118

索　引　355

licensed nurse	有資格の看護師	267
licensed social worker	有資格のソーシャルワーカー	305
licensure	許可	269
Long-Term Care Ombudsman	介護オンブズマン	212, 254, 267, 270
Long-term Care Evaluation and Accreditation Program: LEAP	介護評価認定プログラム	280
long-term volunteer	長期ボランテイア	327, 328
low-income home energy asistance program	低所得家庭エネルギー扶助事業	4
Lyndon B. Johnson	リンドン・ジョンソン	55, 56, 75, 92

M
Maintenance of Efforts: MOE	持続的努力要求	106, 109
Major Diagnostic Categories: MDC	主要診断群	165, 166, 209
Managed Care	マネジドケア	125, 128, 131, 152, 153, 154, 155, 182, 190, 209, 212, 285
Managed Competition	マネジド・コンペティション	130, 198
Managed Long-Term Care	介護版マネジドケア	287, 289
mandatory categorically needy	義務的制度困窮対象者	97, 245
Manpower Development and Training Act	人的資源訓練法	54
Master of Social Work: MSW	ソーシャルワーク修士号	115
means test	ミーンズテスト(所得や資産の調査)	72, 244, 297
Medicaid (Title XIX)	メディケイド	4, 56, 87, 90, 91, 126, 135, 136, 209, 228, 231, 243, 291, 297, 299
Medical Economic Index	医療経済指数	143
Medical Management Service: MMS	運営の委託会社	176, 181
medically needy	医療困窮対象者	74, 97, 98, 245
medical-industrial complex	医療産業複合体	67, 82
Medicare (Title XVIII)	メディケア	55, 56, 86, 87, 126, 135, 190, 191, 192, 209, 228, 230, 231, 291
Medicare Catastrophic Coverage Act	メディケア高額医療保障法	188, 225
Medicare Choice Program	メディケア・チョイス・プログラム	209
Medicare Health Maintenance Organization: Medicare HMO	メディケアHMO	209, 233, 292
Medicare Supplement Insurance: Medigap	メディケア補足保険	242
Medigap Standardization Law	メディケア補足保険標準化法	242
Metropolitan Association for Philanthorophy: MAP	広益組織連盟	342
Minimum Data Set: MDS	ミニマム・データ・セット	238, 274
Minimum Monthly Maintenance Needs Allowance: MMMNA	月間最低必要手当	249

N
| National Association for Home Care: NAHC | 全米在宅ケア協会 | 189, 220, 301 |
| National Association of Insurance Commissioners: NAIC | 全米保険監督官協会 | 257, 305 |

National Association of Manufacturers	全米製造業者協会	30
National Association of Social Workers	全米ソーシャワーカー協会	115
National Cancer Act	米国がん法	70
National Center for Health Statistics: NCHS	全米医療統計センター	164, 168
National Civilian Community Corps: NCCC	コミュニティサービスプロジェクト	338
National Commission on Social Security Reform: NCSSR	全米社会保障改革審議会	6, 7, 66
National Committee of Quality Assurance: NCQA	全米品質管理協会	198, 199
National Conference on Economic Security	経済社会保障国民会議	19
National Health Act	全英国民健康法	45
national health insurance	全米国民医療保険	69
National Health Insurance Act	全米国民健康保険法	45
National Health Planning and Resources Development Act of 1974	1974年国家医療計画・資源開発法	138
National Institute of Health : NIH	米国国立衛生研究所	70
National Institute on Aging	米国国立高齢化研究所	301
National Nursing Home Survey	全米ナーシングホーム調査	224, 225, 236
National Resources Planning Board: NRPB	全米資源企画委員会	42, 43
National Welfare Rights Organization	国民福祉権利組織	62
Neoconservatives	新保守主義者	9
Neoliberals	新自由主義者	9
New Deal	ニューディール政策	18, 37, 64
New Federalism	新連邦主義	77, 90, 104
non-countable assets	算入（利用）不可能資産	249
non-forfeiture	保険給付の没収禁止	261
non-profit organization, not-for-profit organization: NPO	民間非営利組織	313, 314
nurse assistant	看護補助員	114, 115
nurse aide	看護助手	114, 268
nursing home	ナーシング・ホーム	134, 146, 147, 184, 209, 218, 223, 224, 225
Nursing Home Compare	ナーシングホーム比較プログラム	212, 274
Nursing Home Quality Initiative	ナーシングホームの質の改善イニシアティブ	273, 274, 278
Nursing Home Quality Reform Act: OBRA '87	ナーシングホーム改革法	267, 272
nursing services	訪問看護	218, 219

O
OASI Trust Fund	老齢遺族保険信託基金	37
Occupational Safety and Health Administration	労働安全健康局	75
Office of Economic Opportunity	経済機会局	59
Officials	役人	87
Old-Age and Survivors Insurance: OASI	老齢遺族保険	4, 45, 65, 72, 86
Old-Age Assistance: OAA(Title Ⅰ)	老齢扶助	22, 28, 45, 63

索 引　*357*

Old-Age Insurance(Title Ⅱ)	老齢保険	22, 24, 45, 46, 47
Old-Age Reserve Account	老齢積立口座	37
Old-Age, Survivors, and Disability Insurance: OASDI	老齢遺族障害保険	4, 7, 57, 78, 79
Old-Age, Survivors, Disability, and Health Insurance: OASDHI		
	老齢遺族障害健康保険	5, 7, 8, 9, 57, 58, 63, 86
Older Americans Act: OAA	アメリカ高齢者法	55, 119, 253, 271, 306
Olmstead Decision	オルムステッド判決	300
Omnibus Budget Reconciliation Act of 1981: OBRA'81　1981年包括予算調停法	77, 91, 95
Omnibus Budget Reconciliation Act of 1987: OBRA'87　1987年包括予算調停法	191, 210, 212, 267, 268, 272, 273, 306
Omnibus Budget Reconciliation Act of 1989: OBRA'89　1989年包括予算調停法	142, 143
Operating Room: OR	手術室	196
optional categorically needy	選択的制度困窮対象者	97
Organization for Economic Cooperation and Develomment: OECD		
	経済協力開発機構	144
Outcome and Assessment Information Set: OASIS　在宅サービス版評価表	240
out-of-pocket cost	自己負担	265

P
Part A	メディケア・パートA	55, 127, 136, 143, 209, 232, 234, 241, 242
Part B	メディケア・パートB	56, 127, 136, 142, 209, 232, 234, 241, 242
Partnership Program	パートナーシップ・プログラム	297
Patient Dependency Group: PDG	依存度別患者グループ	147, 210
Peer Review Organization: PRO	同僚審査委員会	234
personal care	身体介護	219, 222, 280
Personal Responsibility and Work Opportunity Reconciliation Act of 1996: PRWORA		
	1996年個人責任・就労機会調整法	104
pesthouses	隔離病院	67
pharmaceutical services	調剤サービス	281
philanthropic amateurism	民間による社会貢献活動の素人性	322, 323, 324
philanthropic insufficiency	民間による社会貢献活動の不徹底性	322, 323
philanthropic particularism	民間による社会貢献活動の偏在性	322, 323
philanthropic paternalism	民間による社会貢献活動の干渉性	322, 323
Physician Payment Review Commission: PPRC　診療報酬検討委員会	143, 207
Physician Practice Management Company: PPMC　開業医総合管理会社	176, 177, 178, 183, 184, 210
podiatry	足治療	75
Point of Service: POS	受診選択プラン	152, 210

	Policymakers	政策立案者	87
	Policy Practice	社会福祉政策演習	117
	Poorhouse	救貧院	29
	poverty index	貧困指数	52, 59
	poverty level	貧困水準	94
	poverty line	貧困線	316
	Preferred Provider Organization: PPO	選定医療提供者組織	129, 148, 151, 152, 210
	Prepaid Group Practice: PGP	前払い型グループ診療	138
	price bycase contract	単価契約	327
	Principal Inpatient Diagnostic Cost Group: PIP-DCG	主要入院診断群別グループ	303
	Private Long-Term Care Insurance	民間介護保険	254, 295
	privatization	民営化	326
	Professional Review Organization: PRO	診療審査機構（82年以後）	136, 138, 210
	Professional Standard Review Organization: PSRO	診療報酬支払い審査機構（82年以前）	76, 136, 138, 210
	professionalization	専門化	327
	Programs of All Inclusive Care for the Elderly: PACE	高齢者向け包括ケアプログラム	192, 210, 212, 288, 290, 291
	Prospective Payment Assessment Commission: Pro-PAC	包括支払い方式アセスメント委員会	146
	Prospective Payment Sysyem: PPS	所定報酬支払い方式	139, 140, 141, 154, 155, 158, 207, 225, 238
	public assistance	公的扶助	72, 90, 104, 120
	Public Guardian	公的後見人	120
	Public Health Service Act	公衆衛生法	137
	public health	公衆衛生	69, 70
Q	Quality Improvement Organization: QIO	医療の質改善委員会	234, 236
	Quality Improvement: QI	継続的改善活動	159
	Quality Control: QC	品質管理活動	158
R	Racketeer Influenced and Corrupt Organizations Act of 1970: RICO'70	1970年事業への犯罪組織等の浸透の取り締まりに関する法律	201
	re-certification	（メディケア等の取扱機関としての）再指定	266
	recovery	回復	18
	reform	改革	18
	Refugee Services	難民サービス	120
	registered nurse	登録看護師	189, 223, 267, 305
	Relative Value Units: RVU	相対価値単位	142, 145

索引　*359*

	relief	救済	18, 28
	residential community care	地域居住施設サービス	217, 221
	Resource Utilization Groups, Version III: RUG-III	資源利用度別グループ	210, 238
	Resource-based Relative-value Scale: RVSまたはRBRVS	資源準拠相対評価指数	139, 142, 143, 144, 145, 210
	respite care	ショートスティ	218, 220
	Rest Homes	憩いの家	29
	retirement test	退職検査	34, 50
	Richard M. Nixon	リチャード・ニクソン	51, 61, 62, 63, 137
	Ronald Reagan	ロナルド・レーガン	6, 60, 101
S	safety net	安全ネット	2, 16
	self-determination	自己決定	298
	Senate Finance Committee	上院財務委員会	40
	senior center	高齢者福祉センター	220
	Senior Nutrition	高齢者給食	120
	Servicemen's Readjustment Act	軍人再調整法	44
	short-term volunteer	短期ボランティア	327
	skilled care	専門的な看護・リハビリテーション	222, 224, 223, 226, 236, 257
	Skilled Nursing Facility: SNF	スキルドナーシングファッシリティ	147, 185, 210, 224, 236, 251
	skilled nursing home	スキルド・ナーシング・ホーム	63, 76
	Small Business Administration	中小企業局	73
	social adequacy	社会的適用	34
	Social Health Maintenance Organization: Social HMO　SHMO		218, 288, 292, 293
	Social Policy Analysis	社会福祉政策分析	117
	Social Resources	社会資源	122
	Social Security Act	社会保障法	3, 6, 7, 8, 12, 20, 24, 26, 28, 31, 33, 34, 46, 60, 62, 253
	Socail Security Administration: SSA	社会保障庁	5, 48, 51, 52, 57, 58, 59
	Social Security Board: SSB	社会保障委員会	30, 32, 39
	Social Services	ソーシャルサービス	114
	Social Services Agency: SSA	ソーシャルサービス機関	120
	Social Services Block Grant: SSBG	社会サービス包括補助金	109, 253
	Social Welfare	社会福祉	113
	Social Work Practicum	社会福祉現場実習	117
	Social Work Practice	社会福祉援助技術	117
	spend-down	資産の使い果たし	231, 247, 266
	Stagflation	スタグフレーション	6

	state of the union	年頭教書	44
	subacute care facility	亜急性ケア施設	218, 226
	superannuation	退職者恩給	14
	support services	生活支援サービス	280
	Supplemental Medical Insurance: SMI	メディケア・パートB（補足的医療保険）	87, 232, 241
	Supplemental Security Income: SSI	補足的所得保障	63, 64, 87, 90, 104, 245, 309
	Surgeon General	公衆衛生局長	70
	survey	監査	266, 268, 270, 273, 277
T	tax code	タックスコード	314, 315
	Tax Equity and Fiscal Responsibility Act of 1982: TEFRA'82	1982年税制均衡財政責任法	66, 77, 96, 138, 210
	Tax Revolt	納税者の反乱	102
	Temporary Assistance for Needy Families: TANF	貧困家庭一時扶助	104
	terminal care	終末期治療	81
	therapy services	訪問リハビリテーション	218, 219
	Thomas Jefferson	トーマス・ジェファーソン	8
	Title Ⅰ	タイトル　Ⅰ（老齢扶助）	20, 22, 25, 28, 31, 33, 34, 43, 45, 47, 48, 56, 63, 72
	Title Ⅱ	タイトル　Ⅱ（老齢遺族障害保険給付）	22, 23, 24, 25, 26, 29, 31, 32, 33, 34, 36, 37, 38, 40, 43, 44, 45, 46, 47, 48, 56, 57, 64, 73, 74
	Title Ⅲ	タイトル　Ⅲ（失業補償）	26, 35
	Title Ⅳ	タイトル　Ⅳ（被扶養児童家庭扶助）	26, 35, 60
	Title Ⅴ	タイトル　Ⅴ（母子福祉）	26, 69
	Title Ⅵ	タイトル　Ⅵ（公衆衛生）	69
	Title Ⅷ	タイトル　Ⅷ（老齢年金拠出）	37
	Title Ⅸ	タイトル　Ⅸ（使用者課税）	26
	Title Ⅹ	タイトル　Ⅹ（視覚障害者扶助）	26, 35
	Title ⅩⅧ	タイトル　ⅩⅧ（メディケア）	55, 56
	Title ⅩⅨ	タイトル　ⅩⅨ（メディケイド）	56
	Total Quality Management: TQM	総合的品質経営活動	158, 210
	transportation	送迎	219
	twenty-four(24)-hour protective oversight	24時間見守り	222
U	United Auto Workers: UAW	全米自動車労働者組合	50, 204

	United Mine Workers: UMW	全米鉱山労働者組合	50
	US Chamber of Commerce	アメリカ商工会議所	22, 46
	Usual Customary Reasonable: UCR	支払額決定方式	210
	Utilization Review Committee: URC	施設利用調査委員会	234, 236
	Utilization Review Management: URM	施設利用管理	168
V	Veterans Administration	退役軍人管理局	70
	Veterans Services	退役軍人サービス	120
	Visiting Nurse Association	訪問看護協会	220
	voluntary failure	市民セクターの失敗	322
W	Wagner-Murray-Dingell bill	ワグナー・マレー・ディンゲル法案	43
	Ways and Means	財務委員会	74
	welfare	福祉	3, 72
	welfare capitalism	福祉資本主義	14
	welfare policy	福祉政策	90
	welfare state	福祉国家	313
	Work Incentive Program, WIN	労働奨励計画	92
	World Health Organization: WHO	世界保健機関	162

執筆者一覧

W. Andrew Achenbaum
(アンドル・アッカンバウム、ヒューストン大学学部長、前ミシガン大学老年学研究所教授)
(第1章第1～3節執筆；訳　住居広士)
Dean, College of Humanities, Fine Arts, and Communication, University of Houston, achenbaum@UH.EDU
アンドル・アッカンバウム博士は、退職とその老化に及ぼす影響を研究しています。彼の社会保障における歴史の分析は、連邦政府の政策にも関係していました。彼には多くの著書はありますが、特に「Social Security-Visions and Revisions- (A Twentieth Century Fund Study, Cambridge University Press, 1986)」と「The New Generational Contract (1992)」が有名です。前回は、Social Security -Visions and Revisions-のIntroduction, 第1部の1節と2節、新版では第2部の8節の日本語訳をしました。

MMPG総研（第2章執筆）川原邦彦　監修（MMPG理事長、川崎医療福祉大学教授）
MMPG（Medical Management Planning Group）は、現理事長の川原邦彦が、1985年4月に創設した職業会計人（公認会計士・税理士）を中心とした我が国最大級の医療経営コンサルタントグループです。
　設立以来、激変する医療制度・環境の中、正しい経営のあり方を提唱しながら全国ネットで病院・診療所の経営コンサルタント活動を積極的に行ってきました。その結果、医療界から多大の信頼と評価を獲得し、医療経営者の良きアドバイザーとしての地位を確立しております。
　また昨今では、介護保険制度導入に伴い、同じく経営環境の激変が予想される社会福祉法人に対する経営指導を強力に推進するため、福祉事業経営コンサルタント部会を新たに設立し、福祉分野へも積極的なコンサル活動を展開しております。
　MMPG総研は、このようなMMPGを支援する組織として、行政等から最新情報を収集・分析するなど、日夜医療・福祉経営の調査・研究に専念する総合シンクタンクです。

伊原　和人（いはら　かずひと）（第3章執筆）
　1987年　東京大学法学部卒業
　同　年　厚生省入省
　1990年　兵庫県伊丹市役所（伊丹ふれあい福祉公社）
　1992年　厚生省復帰。その後、高齢者介護対策本部課長補佐等を経て
　1997年　日本貿易振興会（ジェトロ）ニューヨークセンター
　2000年　厚生省保険局企画課課長補佐
　2002年　厚生労働省政策企画官（社会保障担当参事官室併任）

論文・著書
「公的介護保険のすべて」（共著、朝日カルチャーセンター、1995年）、「高齢社会における社会保険制度の課題」（「社会保険旬報」、1997年）、「米国における介護サービスの質の確保――第三者評価機関によるアプローチを中心に」（共著、「週刊社会保障」、1998年）、「アメリカの高齢者」（「生きがい研究 Vol.5」、1999年）、「米国のマネジドケア―強まる反発と新しい展開―」（共著、「社会保険旬報」、2000年）他多数

須田　木綿子（すだ　ゆうこ）（第4章執筆）
　　1987年　東京大学医学系研究科保健学専攻後期博士課程2年次修了（1993年保健学博士号取得）
　　1987年　東京都老人総合研究所
　　1993年　米国ミズーリ州ワシントン大学ポストドクトラルフェロー
　　1999年　米国ミズーリ州セントルイス大学アドジャンクトプロフェッサー
　　2001年　東洋大学社会学部社会福祉学科助教授
　　2003年　東洋大学社会学部社会福祉学科教授

　　論文・著書
　　「素顔のアメリカNPO」（青木書店、2000年）「アメリカの高齢者アドボカシー活動に関わるNPOの商業化と市民社会の変容」（ソーシャルワーク研究Vol.107, p.43-49. 2001年）"Examining the Effect of Intervention to Nutritional Problems of the Elderly Living in Inner City Area: A Pilot Project."（The Journal of Nutrition, Health and Aging. Vol. 5, No. 2. p.118-123. 2001）「高齢者の社会参加と世代間交流」（老年精神医学雑誌第14巻第7号、p.878-887、2003年）、他多数

難波　利光（なんば　としみつ）（第1章第4節第5節執筆）
　　1997年　岡山大学大学院経済学研究科修了　経済学修士
　　2000年　岡山大学大学院文化科学研究科博士課程単位取得
　　2004年　東日本国際福祉環境学部精神保健福祉学科専任講師

　　論文・著書
　　『地方財政改革の国際動向』（共著、日本地方財政学会編、勁草書房、1999年）、「レーガン知事時代におけるカリフォルニア州の福祉改革－1971年の福祉改革とWINプログラムの影響を中心に－」（岡山大学大学院文化科学研究科紀要第13号、2001年3月）、「1996年の福祉改革とアメリカの州福祉計画」（介護福祉研究第11巻1号、2003年6月）、他多数

江原　勝幸（えばら　かつゆき）（第1章第6節執筆）
　　1985年　駒澤大学文学部社会学科卒業
　　1990年　日本社会事業学校研究科卒業
　　1997年　カリフォルニア州立大学大学院ソーシャルワーク科卒業
　　1997年　ファミリーソーシャルワーク研究所所長
　　2001年　ニューサウスウエールズ大学ソーシャルポリシー研究所客員研究員
　　2003年　静岡福祉医療専門学校専任教員
　　2004年　静岡県立大学短期大学部社会福祉学科助教授

　　論文・著書
　　「高齢者及び依存性の高い成人の虐待を取り扱うソーシャルワーカーの職務満足度に関する一考察」（『社会福祉学第39－1号』、1998年）、『ケーススタディをはじめよう！介護事例研究の手引き』（共著、日総研出版、2003年）、『関係法規・社会福祉』（共著、医学芸術社、2003年）、他多数

編訳者

住居　広士（すみい　ひろし）（第1章第1～第3節訳ならびに編集）
　　1956年　広島県三原市生まれ
　　1982年　鳥取大学医学部卒業
　　1987年　岡山大学大学院医学研究科修了　医学博士
　　1993年　岡山県立大学短期大学部助教授
　　1998年　ミシガン大学老年医学センター留学（文部省在外研究員）
　　1999年　広島県立保健福祉短期大学教授
　　2000年　広島県立保健福祉大学教授
　　現　在　医学博士、社会福祉士、介護福祉士、日本介護福祉学会初代
　　　　　　理事、広島県社会福祉士会理事、他多数

主　著
『リハビリテーション介護』（編著、一橋出版、1997年）、『介護モデルの理論と実践』（単著、大学教育出版、1998年）、『わかりやすい介護技術』（編著、ミネルヴァ書房、1999年）、『納得できない要介護認定』（共著、萌文社、1999年）、『アメリカ社会保障の光と陰』（編訳、大学教育出版、2000年）、他多数

E-mail：sumii@hpc.ac.jp
ホームページ：http://www.kaigo.gr.jp/

編集協力者／稲津隆夫、坂井浩介、徳山ちえみ、大庭三枝、有村大士、武田瑠美子、村上須賀子、山岡喜美子、橋詰博行、河村　純、国定晋香、Megumi N. Barrus, Kris Desrosiers, Michele Eisemann Shimizu

---

新版 アメリカ社会保障の光と陰
—マネジドケアから介護とNPOまで—

2000年1月10日　初版第1刷発行
2004年8月10日　新版第1刷発行

■編訳者──住居　広士
■著　者──アンドル・アッカンバウム
　　　　　　MMPG総研、伊原　和人、須田木綿子
■発行者──佐藤　守
■発行所──株式会社 大学教育出版
　　　　　　〒700-0953　岡山市西市855-4
　　　　　　電話（086）244-1268　FAX（086）246-0294
　　　　　　info@kyoiku.co.jp　http://www.kyoiku.co.jp/
■印刷所──互恵印刷(株)
■製本所──(有)笠松製本所
■装　丁──ティーボーンデザイン事務所

■ Hiroshi Sumii 2004, Printed in Japan
検印省略　落丁・乱丁本はお取り替えいたします。
無断で本書の一部または全部を複写・複製することは禁じられています。

ISBN4-88730-553-2